21世纪高等院校教材·公共管理系列

公共管理学教程

黄德林　陈世香　主　编
王林丽　侯　翔　副主编

科学出版社
北　京

内 容 简 介

本书主要研究公共管理环境、公共部门角色及职能定位、公共管理人员道德修养、公共部门人力资源管理与开发、公共政策的制定与执行、公共管理法治与监督、公共财政管理、公共部门绩效管理、电子政务管理、第三部门、公共危机管理、公共管理的变革与创新等内容。

本书的特色体现在以下三个方面：第一，体系完整。既包括基本概念界定、基础理论探讨，也包括公共管理实务的研究。第二，吸收学术界最新研究成果，研究最新的公共管理问题。第三，便于学习和教学使用。每章后附有思考题，多数章后还安排了案例，方便学生学习以及教师教学。

本书既可供公共管理相关专业的本科生使用，也可供公共管理专业的硕士生、博士生使用，同时还可以作为行政部门和事业单位的公务员、职员的培训教材。

图书在版编目（CIP）数据

公共管理学教程 / 黄德林，陈世香主编. —北京：科学出版社，2014

21世纪高等院校教材·公共管理系列
ISBN 978-7-03-039662-4

Ⅰ.①公… Ⅱ.①黄…②陈… Ⅲ.①公共管理-高等学校-教材 Ⅳ.①D035

中国版本图书馆 CIP 数据核字（2014）第 017748 号

责任编辑：王京苏 / 责任校对：黄江霞
责任印制：徐晓晨 / 封面设计：蓝正设计

科学出版社 出版
北京东黄城根北街16号
邮政编码：100717
http://www.sciencep.com

北京九州迅驰传媒文化有限公司 印刷
科学出版社发行　各地新华书店经销

*

2014年2月第 一 版　开本：787×1092　1/16
2021年2月第五次印刷　印张：18
字数：422 000
定价：35.00元

（如有印装质量问题，我社负责调换）

主 编 简 介

黄德林　男，1959 年 10 月出生，湖北省老河口市人。工学博士，中国地质大学（武汉）公共管理学院教授、博士生导师。主要研究领域：资源环境公共政策与法律。

学术兼职：中国环境资源法学研究会常务理事、湖北省环境资源法学研究会副会长、湖北省行政法学研究会副会长。

陈世香　男，1973 年 12 月出生，湖北省鄂州市人，政治学博士，武汉大学政治与公共管理学院行政管理系主任，教授、博士生导师。主要研究方向为公共（行政）管理与公共政策，专长于行政伦理与行政价值、公共政策与公共服务创新研究。

学术兼职：中国行政管理学会教学研究会常务理事兼副秘书长、中国软科学研究会理事会理事、湖北省行政管理学会副秘书长、湖北省公共管理研究会副秘书长。

目 录

第1章 导论 1
  1.1 公共管理范畴的界定 1
  1.2 公共管理学的定义与特征 7
  1.3 公共管理理论的发展变迁 11

第2章 公共管理环境 24
  2.1 公共管理环境概述 24
  2.2 公共管理内部环境 28
  2.3 公共管理外部环境 36
  2.4 我国当前公共管理环境面临的机遇与挑战 41

第3章 公共部门角色及职能定位 48
  3.1 公共部门角色与职能概述 48
  3.2 政府角色及职能定位 50
  3.3 非政府公共组织角色及职能定位 53
  3.4 转型期我国政府部门的角色与职能转变 57

第4章 公共部门人力资源管理与开发 63
  4.1 公共部门人力资源管理概述 63
  4.2 公共部门人力资源管理的内容 69
  4.3 国家公务员制度 73
  4.4 公共部门人力资源管理的发展 81

第5章 公共政策的制定与执行 90
  5.1 公共政策概述 90
  5.2 公共政策系统 92
  5.3 公共政策的制定 96
  5.4 公共政策的执行 101
  5.5 公共政策的监控、评估与调整 105

第6章 公共管理法治与监督 109
  6.1 公共管理法治 109
  6.2 公共管理监督 121

第7章 公共财政管理 136
  7.1 公共财政管理概述 136
  7.2 公共预算管理 142
  7.3 公共收入管理 148

7.4　公共支出管理 ·· 157
　　7.5　政府审计与监督 ·· 162
第 8 章　公共部门绩效管理 ·· 168
　　8.1　公共部门绩效管理概述 ··· 168
　　8.2　公共部门绩效评估 ·· 175
　　8.3　我国目前公共部门绩效管理的问题与对策 ································ 188
第 9 章　电子政务管理 ··· 196
　　9.1　电子政务概述 ··· 196
　　9.2　电子政务的框架体系与基本模式 ·· 202
　　9.3　电子政务与公共管理模式创新 ·· 209
　　9.4　国内外电子政务建设与发展趋势 ·· 215
第 10 章　第三部门 ·· 227
　　10.1　第三部门的概念 ·· 227
　　10.2　国际第三部门的发展分析 ··· 229
　　10.3　我国第三部门的发展状况 ··· 232
　　10.4　我国第三部门现状的成因分析 ·· 236
第 11 章　公共危机管理 ··· 241
　　11.1　公共危机管理概述 ··· 241
　　11.2　公共危机管理机制 ··· 246
　　11.3　我国应对群体性事件的机制 ·· 252
第 12 章　公共管理的变革与创新 ·· 257
　　12.1　当代西方国家公共管理的改革 ·· 257
　　12.2　我国公共管理的改革 ··· 261
　　12.3　公共管理新治理模式 ··· 271
参考文献 ··· 277
后记 ·· 279

第1章

导　论

公共管理作为一个相对独立的研究领域和学科，形成于19世纪末20世纪初。随着全球政治经济的不断演变和发展，以及各国公共管理学术界和实务界对于政府管理活动的高度重视，公共管理经过百余年的探索研究已经产生了新的研究视角，其内涵及外延有了新的拓展。传统公共管理学研究的改进与升华在不断变化的理论和实践中变得势在必行。

随着我国社会主义市场经济体制的不断完善以及各种国际性组织的不断加入，政府公共管理的性质、范围、内容和方式有了很大的改变。为了适应不断变化的国际、国内形势，改变我国传统的公共管理方式也迫在眉睫，为此必须转换研究视角，引入新的研究方法，进行理论的新探索。为便于对公共管理学的总体把握，在导论中，我们将探讨公共管理与公共管理学的相关概念、公共管理学的研究对象和方法以及公共管理理论的发展变迁等一系列问题。

1.1　公共管理范畴的界定

1.1.1　公共管理的概念、含义

公共管理成为学科，酝酿于欧洲，出现于美国。公共管理译自英语 public administration，后来也有的称为 public management。administration 是多义词，可译为管理或行政，因开始时主要研究政府管理，故中国和日本均将其译为行政，其内涵拓宽后，原名未改。现在我国的学科分类中，将公共管理作为管理学门类下的一级学科，而把行政管理作为公共管理学科之下的二级学科。

目前对于公共管理的概念还没有一个统一的定论，它作为一个独立的新兴学科，无论是在其发源地西方还是在起步不久的中国都尚未成熟。公共管理学理论及其范式的成熟和完善任重而道远。对于公共管理的内涵，国内外学者从各个角度进行了阐述，可谓仁者见仁，智者见智。

波兹曼（Barry Bozeman）和史陶斯曼（Jeffrey D. Straussman）认为，"公共管理就是对

政治权威的管理。如果不考虑组织的性质，大部分管理工作和任务是具有共通性的。但公共管理的主要领域是在政治系统下，一旦政治权威进入管理戏局，管理的游戏规则就会改变"。在波兹曼和史陶斯曼看来，在其书中运用公共管理一词有两个原因：一是他们的著作讨论战略问题，公共管理一词含有这个意思，远比内部行政具有更广的含义；二是公共行政一词几乎与政府官僚组织相关联，而公共管理一词更具有弹性。

美国的梅戈特（Astrid Merget）教授认为，公共管理是一个很新的术语。这是一个政策分析学院所使用的术语——当政策分析学院的教授们认识到他们的学生需要知道如何在公共机构和非营利机构中完成任务时，他们不想使用公共行政这个术语，因为公共行政在历史上与官僚机构及官僚联系密切。公共管理这个术语现在更为时髦，更受欢迎。某人从事公共管理表明他不仅能够熟练地执行政策、运作机构，而且能够娴熟地与所处的政治环境沟通，他应该能够与关心他所在机构和项目的组织和利益集团打交道。公共管理对于公务员行为的理解更为宽泛。就是说，那些致力于政策形成、政策执行和政策评估的过程都可以理解为公共管理。

卡尔森（G. D. Garson）和欧尔曼（E. S. Overman）则把公共管理定义为对行政的一般方面科学整合的研究，它将人力、财政、物资、信息和政治资源的管理与管理学的计划、组织、控制职能相融合。

澳大利亚莫纳什大学公共管理学系欧文·E. 休斯（Owen E. Hughes）教授认为，"与管理相比，行政的范围更狭小、功能更有限，因此，从公共行政到公共管理的变化意味着理论和功能的变化"。"公共行政是服务公众的活动，公务员执行从其他方面产出的政策。它关注程序，将政策转化为行动以及机关管理。管理包括行政，但同时意味着以最大化的效率实现组织目标以及对结果的责任。公共行政的焦点在于过程、程序以及顺序性，而公共管理包括的更多。公共管理者不仅仅遵循指示，而且关注达成结果以及为达成结果而承担的责任。"

奥托（J. S. Otto）、海蒂（A. C. Hyde）和沙夫里茨（J. M. Shafritz）的观点是："公共管理是公共行政或公共事务广大领域的一部分，其可谓综合了公共行政的方案设计与组织重建、政策与管理规划、经费预算制度、资源分配、财务管理、人力资源管理以及各种方法与艺术。公共管理将公共行政视为一门职业，将公共管理者视为职业的实践者。公共管理关注那些能够将理念、政策转化为行动规则的管理工具、技术、知识和技巧。"

另外，我国学者也对公共管理进行了不同的阐述，如我国行政学的元老、中山大学夏书章教授在其《现代公共管理导论》中认为：公共管理有狭义和广义之分，狭义的公共管理是指政府对社会公共事务的管理（即狭义的行政管理），广义的公共管理包括政府、公共事业单位和所有非政府组织（non-governmental organization，NGO）部门的公共事务管理。夏书章教授认为公共管理指的应当是狭义的公共管理，即狭义的行政管理，因此，公共管理学与公共行政学是同一个东西。

北京大学陈庆云教授给公共管理下了一个鲜明的定义："所谓公共管理是指那些不以盈利为目的，旨在追求有效增进与公平分配社会公共利益的调控活动。"

张成福和党秀云教授在其著作《公共管理学》一书中，将公共管理定义为："以政府为核心的公共部门整合社会的各种力量，广泛运用政治的、经济的、管理的、法律的方法，强化政府的治理能力,提升政府绩效和公共服务品质,从而实现公共的福祉与公共利益。"

张良教授在其所著《公共管理导论》中认为:"所谓公共管理是指政府为促进社会整体协调发展,采用各种方式对涉及社会全体公众整体的生活质量和共同利益的一系列活动进行调节控制的过程。"

厦门大学陈振明教授在《公共管理学》一书中没有对公共管理的内涵作明确的界定。他说:"公共管理是一种客观的社会活动及过程,它构成公共管理学的研究对象。"但什么是公共管理的内涵呢?他通过公共管理与私人管理的比较,论述了公共管理的若干重要特点,但始终没有给公共管理下一个明确的定义。

从以上国内外学者对公共管理内涵的理解来看,我们认为,公共管理是以政府为核心的公共部门,综合运用政治的、经济的、管理的、法律的等多种方法,合理配置公共资源,依法对社会公共事务进行管理,提升公共部门活动的绩效,提供公共产品,从而达到增进公共利益目的的一种管理活动。

1.1.2 公共管理的界定

为了更好地理解什么是公共管理,我们还需要清楚地辨别公共管理与其他相关概念的关系,这就有必要对公共管理与公共行政、企业管理的联系和区别进行分析,科学地对公共管理进行界定。

1. 公共管理与公共行政

对于公共管理与公共行政的关系,目前在学术界有三种看法:①公共行政与公共管理并没有本质区别,公共行政从历史上看有它独有的特征,公共管理的名称尽管是后来才有的,却大有取代公共行政之势。不过在现阶段,公共行政和公共管理已经在很大程度上趋同,从本质上看,公共行政与公共管理已经没有什么区别。②公共管理是公共行政的一个分支,是专门研究公共行政中的方法、技巧和技术的部分,公共管理的具体活动主要是公共行政中的项目设计、组织结构规划、制定政策和管理计划、有效配置人力资源和其他公共资源等。③公共管理是不同于传统公共行政的新的管理模式,不能简单地将公共管理等同于公共行政,公共管理在管理内容、管理思想、管理手段等许多方面都有自己的特性,都区别于传统的行政管理。三种观点比较起来,我们认为第三种观点有比较大的合理性。

公共管理与行政管理的联系体现在:第一,两者都把社会公共事务作为自己的管理对象,都要通过对社会公共资源的合理配置,通过为社会公众提供公共产品和公共服务,通过协调、平衡公共利益,来维护社会的协调发展,增进社会公众的政治、经济等利益。第二,在公共管理和行政管理中,政府机构都是重要的主体,在行政管理中政府机构的主体性地位是不言而喻的,即使在公共管理中,无论是在中国还是在西方发达国家,政府也都毫无疑问地居于主要地位。第三,无论是行政管理还是公共管理,其都要借助于政治的、经济的、法律的、伦理的等手段,通过直接管理和间接管理,来实现对社会公共事务的管理职能。

公共管理与行政管理的区别表现在:

第一,公共管理与行政管理的管理主体有差别。公共管理的主体是指公共管理活动的组织者、执行者和承担者,也就是公共管理活动中享有管理权力和承担管理义务的组织。

行政管理的主体是指行政管理活动的组织者、执行者和承担者。公共管理的主体和行政管理的主体是有明显区别的。行政管理的主体仅仅局限于政府机构，也就是行政组织。公共管理的主体尽管以政府机构为主，但是并不局限于政府机构，还包括承担社会公共管理职能的其他组织，如非营利非政府组织，其中有慈善机构、社会公益组织、资助学术研究的基金会等机构。

在公共管理主体所包含的具体内容上，有学者认为，公共管理的主体与客体不仅是由公共管理的定义决定的，同时也是由具体的国情实际，特别是政治体制、经济体制决定的。因此，不论我国学术界对公共管理如何定义，我国与西方国家政治体制、经济体制的差异必然导致公共管理主体与客体的差异，也就是说，公共管理的主体和客体也必须实现本体化。朱广忠的结论是："我国公共管理的直接主体是各级政府，我国公共管理的间接主体是中国共产党，企业不属于公共管理的主体。"这个定义中不包含非营利非政府组织，如中介组织，因此，这个有关公共管理主体的定义是不完整的。

学术界存在着对公共管理主体的不同观点，其中有一种观点将公共管理主体分为狭义和广义两种。狭义的认识是，公共管理就是政府行政管理，因此，管理主体就是政府，这里的"政府"一词不仅包含了立法、行政、司法等国家机构的广义政府，而且还涉及了执政党的机构。广义的认识是，公共管理是对一切社会公共事务的管理，因此，管理主体是一切服务于社会公共利益的组织，包括政府和一切非营利组织（non-profit organization, NPO）。也有人认为，公共管理主体是以政府为核心的多元化体系。除政府以外的公共管理主体是指利他性、自愿性的非政府组织。也有的学者依据管理主体与公共权力中心的距离，将公共管理主体系统地概括为六种类型：第一类是直接掌握公共权力、处理公共事务的国家机关（广义的政府），也可以称为权力组织；第二类是执政党，它在权力组织的形成和运行过程中有着正式的、合法的、重要的地位与作用；第三类是政治团体，它们与国家权力不具有正式的、直接的、法律程序上的联系，但是也与国家权力相关，如工会、妇联、共青团等；第四类是依靠法律和政府授权来处理公共事务的公共部门，如各类事业单位等；第五类是在政府指导下，由基层群众组成的"自我管理、自我教育、自我服务"的自治组织；第六类是不依靠公共权力来处理公共事务的民间组织，一般分为社会团体和民办非企业单位两类。在社会转型时期，上述第五类和第六类组织将伴随政府职能的转变而发挥越来越显著的作用，成为不可或缺的公共管理主体。

在我们看来，严格地讲，公共管理的主体中不应该包含立法、司法等广义的国家机构，而只应该包含执行管理职能的狭义的政府机构，包括承担社会公共管理职能的非营利非政府组织。从这一认识出发，我们可以清楚地看到，行政管理主体与公共管理主体的差异主要表现在：①是否包含承担社会公共管理职能的非营利非政府组织。②在行政管理中，多数学者的观点没有把中共各级党委、各级人民代表大会（简称人大）及其常务委员会（简称常委会）等作为行政管理的主体进行研究，而在公共管理中，有相当一部分学者将中共各级党委、人大甚至法院、检察院都包含在公共管理主体之中。

第二，公共管理与行政管理的管理客体有一定差异。所谓管理客体，指的是管理活动中具体的权利和义务所指向的对象，也就是权利和义务得以产生的凭借物。有人认为，公共管理活动所涉及的内容比较宽泛，因此，公共管理的客体所包括的内容也就比较广，它主要包括公共行为、公共项目、公共人力资源、公共财产和资源、公共收费等。公共行为包括公共管理行为和公众行为；公共项目是具体的公共服务工程；公共人力资源主要是政府和社会公共服务的人力资源；公共财产和资源主要包括公共设施、公共物品和产品、公共信息资源；公共收费是指公共管理过程中的收费项目。相比之下，行政管理的客体所包含的内容就比较狭窄一点，一些被包含在公共管理客体中的内容，并没有包含在行政管理的客体之中。

第三，公共管理与行政管理的管理内容有所差别。管理内容是指管理活动中具体的权利和义务。这些权利和义务既包含管理者的权利和义务，也包含被管理者的权利和义务。公共管理的管理内容比行政管理的管理内容要宽泛一些。从管理人的角度来说，权利主要是指组织和管理的权利、强制和处罚的权利、委托和监督的权利；义务包括执行的义务、服务的义务、保护合法和查处违法的义务。从被管理人的角度来说，权利主要包括依法行为的权利、监督管理人的权利、申诉和控告的权利；义务主要包括遵纪守法的义务、接受委托代理执行的义务、违法后接受处罚的义务等。

第四，公共管理与行政管理的管理目标有所不同。从管理目标上看，公共管理从传统公共行政的"内部取向"转变为"外部取向"，从重视机构、过程和程序的管理转变为重视项目、结果与绩效的研究和管理。公共行政强调管理过程的规范性，而公共管理更强调结果。对于公共管理来讲，其目标是实现效率和公平，因此，除了要掌握好决策、计划、控制等环节外，还要认真履行公共责任，用好公共权力，提倡公共道德；要解决资源配置中的矛盾，更要解决社会问题，要研究如何增进并公平分配公共利益。因此，公共管理既注重过程管理，也注重结果管理。

第五，公共管理与行政管理的管理手段有一定差别。从管理手段上看，公共行政重视计划、组织、指导、协调、报告等基本技能，而公共管理集中关注那些可以用来将思想和政策转变为行动的管理工具、技术、知识和技巧。其包括职位分类、招聘和选择程序、预算分析和规划、监督技巧、反馈和控制等，这些工具在传统的公共行政中很容易被忽视。

第六，公共管理与行政管理的管理思想有所差异。公共管理将企业管理的思想引入到公共管理中来，强调"管理市场化"。而公共行政中强调执行规范，注重"政策科学化"。

2. 公共管理与企业管理

自20世纪80年代以来，英国等国家开展了新公共管理运动。新公共管理运动的主要内容之一是追求政府管理的效率和效益，强调借鉴企业管理的经验和技术，对政府公共管理进行改造，因此，有人将新公共管理运动称之为用企业家精神改造政府。那么，公共管理与企业管理究竟是否可以完全同化？公共管理与企业管理有什么相同之处和不同之处？

公共管理与企业管理的相同之处表现在二者都属于管理的范畴，都强调效率、效益，要求进行科学管理，科学地调配人力、物力、财力，实现组织效率的最高化和效益的最大化。

公共管理与企业管理在技术和思想上虽然可以互相借鉴、学习，但是两者毕竟有着本质的区别。公共管理与企业管理的不同之处表现在：

第一，公共管理与企业管理的主体不同。公共管理的主体是政府组织以及承担社会公共事务管理职能的非营利非政府组织。而企业管理的主体是各种企业组织，包括股份有限公司、国有企业、合资企业、合伙企业、非法人企业等。

第二，公共管理与企业管理的领域不同。公共管理研究的是公共领域的管理问题，所要解决的是公共问题，所要提供的产品是公共物品。公共问题是指社会成员在公共生活中共同受其广泛影响，具备不可分性，与公共利益密切相关的那些公共性社会问题。公共问题无疑是社会问题，但并非所有社会问题都是公共问题。公共问题是社会问题中超越了"私域"而具有广泛影响的问题，如环境保护、交通安全、食品卫生监督、产品的质量和安全等。

与公共管理相反，企业管理是以私人领域或部门的管理为对象，是营利性组织的管理。企业是指从事生产、流通等经济活动，自主经营、独立核算，并具有法人资格的基本经济单位。

第三，公共管理与企业管理追求的价值目标不同。公共管理的核心主体是政府，政府组织是一种公共服务组织，是社会公共利益的代表。所以公共管理追求的是公共利益，这是公共管理的本质。对公共管理的评价，不仅要看其效率，更重要的是看它在多大程度上实现了公共利益，满足了社会大多数人的需要。公共管理把社会公平和社会公正放在显要的位置上，公共管理的价值目标就是有效地增进公共利益，并且把增进的公共利益公平地分配给社会的每一个成员，促进社会福利的最大化。

与公共管理不同，企业管理是营利性组织的管理，是"私域管理"，其价值目标是追求本企业利润最大化、收益最大化。企业管理的主体是"经济人"、"自利人"，它遵循的是市场规则，被市场规律所支配。企业管理的核心是效率，是以相同的投入获取最大的产出，其本质是追求私人利益的最大化。虽然企业提供了社会需要的产品，上缴了利税，创造了有益于整个社会发展的价值，实现了其社会责任，但是就其基本动机而言，为社会提供产品只是手段，追求自身利润的最大化才是其目的。

第四，人事管理（personnel management）制度不同。与企业中的人事管理制度相比，公共管理组织中的人事管理制度较为严格，特别是政府组织中的工作人员大多是国家公务员，其录用、晋升、奖惩、辞退等许多环节，都必须依照国家有关公务员的法律法规运行，不得随意进行。总统、副总统、总理、副总理、部长等重要职位，必须经过法定的程序产生、罢免。而企业中的人事管理制度，在不违反国家有关劳动及社会保障的法律法规的前提下，如何录用、晋升、奖惩、辞退等，可以由企业自行决定，包括企业经理人员的选拔、任用、薪金等，可以由企业董事会决定。一般而言，政府公务人员需要经过公开选拔程序。企业需要的人员可以很快录用，很快晋升。而在公共部门中，特别是政府部门中，其工作人员的晋升一般都要循序渐进，一步一步地晋升。

第五，公共管理与企业管理相比，其追求经济效率和效益的意识不强。由于政府部门的资金大部分来源于财政无偿的拨款，政府官员没有创造利润的指标和压力，因此，政府官员并不积极地去削减开支，对于提高财政资金使用的效率也不是十分关心。而企业是股东投资建立的，股东要求有明显的经济效益。经济效益不明显或者低下，企业在激烈的市场竞争中就会处于十分不利的地位。经济效益决定着企业的生死存亡。因此，企业追求经济效率和效益的动机十分强烈。

第六，与政治的关系不同，做出决策时受政治因素影响的大小不同。不管学术界对公共管理的内容如何看,也不管学术界对公共管理与政治的关系如何评价,不可否认的是,公共管理受政治的影响比较大。公共管理人员在做出一个决策、执行一个决策或者修正一个决策的时候,都必然要考虑到政治因素的影响。而企业管理的目的,就是追求最大的经济利益,做出管理决策时,首先考虑的是经济效益,其次才有可能考虑到政治因素。例如,在社会上出现粮食短缺时,公共管理组织首先想到的是拨出款项,组织粮食来救济民众。而企业首先想到的可能是囤积居奇,等粮食价格上升到很高的时候,再抛售粮食以获取暴利。

1.2 公共管理学的定义与特征

1.2.1 公共管理学的定义

一般来说,公共管理学是研究公共管理实践活动及其发展规律的科学。然而对于什么是公共管理学,国内外学者莫衷一是,并没有形成统一的说法。

在国外,有学者将公共管理学等同于公共行政学,如罗森布鲁姆(D. H. Rosenbloom),他力图将当代公共部门管理理论与实践的新变化纳入公共行政学的框架中。这些学者并不承认公共管理是一个新术语,认为公共行政学早已提出公共管理一词。也有学者则把公共管理学当做公共行政学的一个分支学科,其代表人物是奥托、海蒂和沙夫里茨。另外,多数学者认为公共管理学是一种不同于传统公共行政学和政策分析的新途径、新范式,其代表人物有波兹曼和史陶斯曼、卡尔森和欧尔曼等。

在国内,大量学者也进行了探讨。有学者认为,"公共管理学以公共管理活动为基本(研究)对象,主要研究以政府为核心的公共部门,管理什么以及如何进行管理。从这个角度看,公共管理学不是对公共行政学的简单否定,而是对公共行政学的积极发展"。"公共管理学应该是价值理性与工具理性的统一体,不仅要解决'如何做'的问题,也要解决'为谁做'的问题;不仅要回答在实践中出现的各种公共事务和社会问题如何解决的'管理'问题,同时更要回答'为何做'和'为谁做'的'公共'问题。"也有学者认为:"公共管理学是一门新兴的学科与学派,旨在帮助公共管理者获取解决公共问题、处理公共事务所需的知识、技能与策略。作为一门学科,它以公共管理者为教学与研究的对象;既重视公共管理的外部环境,又重视内在的管理;公共管理重视私部门的管理方法与技术,但未改变公共部门的主体性;作为一门学科,它是科际整合的。"

中国人民大学彭和平教授在列举了一些关于行政及行政管理学的定义后,将公共行政学定义为:"一门研究国家行政组织及其管理社会公共事务的活动、过程、方式、责任和效果的科学。"

陈振明教授在其主编的《公共管理学》中将公共管理学定义为:"公共管理学是一个研究公共管理活动或公共管理实践的学科,可以将它界定为一门综合地运用各种科学知识和方法来研究公共管理组织和公共管理过程及其规律性的学科。"

综上所述,我们认为,公共管理学就是研究以政府为核心的包括非政府组织在内的公共管理部门的管理范围、管理职能、管理机构设置、管理手段、管理人员、效能、公共政策分析、信息沟通、公共管理环境、公共管理发展与改革等内容及其规律性的一门学科。

1.2.2 公共管理学的研究对象

当我们在探讨公共管理和公共管理学的定义时，我们已经不可避免地在一定程度上接触到了公共管理学的研究对象。任何一门学科都是以客观世界的某一类事物、现象或过程作为研究对象的，科学研究就是要探讨这类事物或现象及过程的本质联系或规律性，从而形成学科的概念、范畴、定理、原理和方法的理论体系。公共管理是一种客观的社会活动及过程，它构成公共管理学的研究对象。公共管理学所要研究的是作为公共事务管理主体的公共组织，特别是政府组织的结构、功能及其与环境的关系，研究公共管理活动的过程及其环节(如组织、决策、沟通、协调、监控、评估等)。它要求我们从更广泛的意义上去看待政府、公共部门以及公共政策，研究政府与公众或社会之间的互动关系。

公共管理学的研究对象包括公共管理的过程、公共组织的结构、公共管理者的行为、公共管理的战略与决策、公共管理的目标及控制以及公共管理的绩效等方面。如果进一步作具体分析，我们认为公共管理学的研究对象可以划分为四个大的部分：第一部分是基础部分，研究公共管理学的基础理论，如公共管理的定义、历史、作用，公共管理研究中的主导理论，公共管理的环境，公共管理的界定等。第二部分是主体部分，主要研究公共管理主体的构成、职能等。第三部分是客体部分，主要研究公共管理的各种事务。第四部分是技术与方法部分，如定性研究方法、定量研究方法等。

1.2.3 公共管理学的研究途径和方法

1. 公共管理学的研究途径

公共管理学是一个跨学科、综合性的研究领域，它可以有不同的研究途径。具有代表性的有：一是公共政策途径(public policy approach，简称 P 途径)；二是企业管理途径(business policy approach，简称 B 途径)；三是 P 途径与 B 途径的综合——公共管理途径。

(1) P 途径下的公共管理研究认为，公共管理必须与公共政策的形成和制定密切联系。公共管理学者列恩(L. E. Lynn)直接将公共管理界定为政策管理，认为只有从管理的观点探讨公共政策，才能落实政策目标与理想。依据他的观点，政策管理就是指具有行政责任的公共官员对于政府行动予以在政治上有利的诠释。

P 途径下的公共管理研究一般将公共管理者界定为那些处于高层次政策管理职位的人，而非日常行政事务的管理者，同时特别强调具有政策制定权的局级行政主管的管理策略。依此，其比较重视公共管理的政治向度。就研究取向而言，P 途径十分重视非理论性的、非量化的、以实务为基础的规范取向；在研究方法上，其大多是采用个案研究法。因此，对于这种公共管理理论而言，公共政策代表公共事务管理中的"柔性面"，而政策分析则代表公共事务管理中的"硬件面"。

(2) 20 世纪 70 年代，在管理思潮的影响下，各国的企业行政管理学院不再专注于对企业内部行政管理过程的研究，转而开始注重研究工商政策与管理战略，于是纷纷改名为管理学院(school of management)。在此背景下，B 途径的公共管理研究也逐步发展起来。

B途径的公共管理与P途径的公共管理相比，有以下不同之处：①B途径的公共管理研究在课程设计上依循商学院的传统，P途径的公共管理研究则依循公共政策学院的传统；②B途径的公共管理研究并不强调公共组织与私人组织的差异性，P途径的公共管理研究则特别凸显公共组织的特殊性；③B途径的公共管理研究企图与公共行政合流，P途径的公共管理研究则企图摆脱公共行政，开辟一个独立的管理研究领域；④B途径的公共管理研究重视策略与组织间的管理，是过程取向的，因而非常强调组织设计、人事与预算等问题，但P途径的公共管理研究则强调政策与政治问题；⑤B途径的公共管理研究主张采用量化分析(如集群资料分析、实验设计)，P途径的公共管理研究则强调采用个案研究法。

(3) 公共管理的P途径和B途径经过20世纪七八十年代的孕育和发展逐渐汇合，形成公共管理途径。1991年9月20～21日，来自美国的73位学者汇集于MPA(master of public administration)项目发源地的雪城大学(Syracuse University)麦克斯韦尔学院，举行第一次美国的公共管理学术研讨会，这可以说是公共管理途径诞生的象征性标志。

波兹曼在《公共管理：学科现状》的导言"两种公共管理概念"中则力图将P途径和B途径加以综合，认为公共管理途径应具如下特征：①既关心战略，又关心过程，但以一种外部的焦点为取向；②在强调"硬"知识(管理方法、技术，尤其是定量分析技术)的同时，继续关注"软"知识(管理的政治环境、价值等)；③以资深公共管理者(中层和高层管理者)为方向；④给公共管理中的"公共"下更广泛的定义，以便将非营利组织、私人企业的公共方面包含于其中；⑤关注理论和规范研究。

此外，比较有影响的学科途径还包括政治学途径、法学途径以及经济学途径。公共管理学是一个跨学科、综合性的研究领域，所以研究途径随着形势的变革而有所不同、有所创新，因此，公共管理学的研究途径还有待于探索和深化。

2. 公共管理学的研究方法

研究和学习公共管理，有许多方法，这些方法主要有以下几种：

(1) 比较分析法。有比较才有鉴别，比较分析法就是对不同国家(地区)的公共管理制度通过比较加以学习研究，也可以对同一个国家(地区)不同时期的公共管理状况进行比较研究。这种方法便于揭示不同国家(地区)、不同国情条件下的公共管理的特点和相同国家(地区)不同历史时期的公共管理的特点。在公共管理比较分析研究中，运用较多的是模式比较，也就是将各个国家和地区的政治经济状况和公共管理情况加以归纳、分类，总结出不同的模式。

(2) 抽样分析法(包括随机抽样和非随机抽样)。所谓抽样分析法，就是按照随机或者非随机原则，从全部事实、案例中抽取一定比例的样本进行调查、分析和研究，依据对样本的调查、分析和研究，推断、总结对公共管理活动规律性认识的方法。运用抽样分析法，必须科学地选取样本，保证样本的真实性和代表性，以保证研究结果的真实性和代表性。

(3) 系统方法和生态方法。系统方法是从系统工程理论移植过来的一种科学研究方法，这种方法强调从整体和内在联系中把握研究对象，运用这种方法可以把公共管理看做整个社会大系统中的一个子系统，进而探讨子系统内部以及子系统与社会大系统之间的必然联系，总结其中的规律性。生态方法则是借用现代生物学的研究方法，揭示公共管理活动与其周围环境之间的辩证关系，更全面地总结公共管理活动的特点及其发展趋势。

(4) 案例分析法。案例分析法是通过对公共管理个案的分析研究，总结出带有规律性的理论，用这种理论指导公共管理的实践。这种研究方法采用统计调查、个案分析等手段，对具体的公共管理事例进行分析研究，具有联系实际、简单明了、针对性强等特点，比较实用。但是案例分析法具有一定的缺陷，因为每一个公共管理案例都具有自己的特点和环境，从一个特定的公共管理案例总结出的理论，不一定能适用于另一个环境的公共管理活动。所以，运用这一方法要注意分析问题的个性与所选择案例的代表性。

(5) 定量分析法。定量分析法就是在广泛收集有关数据的基础上，运用现代数学方法和计算机手段，把复杂的公共管理活动转化为一定的数量关系、数据模型，以从数量的角度来揭示公共管理的规律和原理。采用定量分析法必须以准确的数据统计、调查资料为依据，并且要求将定量分析与定性分析相结合。

1.2.4 公共管理的学科特征

公共管理学是当代社会科学的总括，表现出交叉性的特征，它是人们应用各种学科知识研究公共管理过程的一个综合性研究领域。具体地说，公共管理学具有以下几方面的基本特征：

第一，跨学科与专门化的统一。一方面，公共管理学是在当代政治学、经济学、管理学、社会学、政策学等学科基础上，融合各种理论逐步发展起来的；另一方面，公共管理学作为一门独立学科，其地位也毋庸置疑，且日趋巩固，它已经在吸收其他学科理论和方法的基础上，逐渐形成本学科的"研究范式"或"研究纲领"，并且已取得丰硕的研究成果。

第二，在综合运用多学科理论与方法的同时更重视从经济学视角来研究公共管理问题，在重视定性分析的同时更强调定量分析工具的运用。

第三，公共管理学是实证性与规范性的统一。它既重视经验研究，从经验中汲取出知识，又提倡研究"应该不应该"的问题，用以规范公共管理行为。因此，案例分析成为公共管理的一种核心研究方法，这就有别于传统公共行政学过多地局限于规范研究，囿于普遍使用的"行政原则"的探讨。

第四，公共性与管理性的统一。这个特征就是通常人们所说的政治性与社会性、可操作性的关系。公共管理主体所涉及的是国家、政府或其他公共组织，它们大多是政治组织。与私人管理不同，公共管理过程更多的是一种政治过程，因而公共管理的公共性或政治性特征十分显著。但是，公共管理学也具有明显的管理性特征，它从属于一般管理过程，同样包含决策、计划、沟通、协调、监控等基本环节，并采用某些共同的管理方法和技术。

第五，以公共利益为核心展开对公共机构与其他社会机构(各类企业和公共组织等)以及与个人之间的利益关系问题的研究，大大拓展了以往公共行政学的研究领域。它涉及的对象，除了政府组织管理外，还包括一般的社会公共组织、公益性组织或非政府组织、非营利组织的管理问题；它涉及的主题众多，如政府与市场、政府与企业、政府与社会、外部性、公共物品、公共选择、政府失灵、公共政治管理、公共资源(人力、财力、信息)管理等。

1.3 公共管理理论的发展变迁

1.3.1 西方公共管理理论的发展与演变

西方公共管理理论的发展与演变，显然是一个比较有价值的研究领域。在我们看来，要研究公共管理的历史，离不开对行政学历史的研究。因为，一方面，公共管理学研究是从公共行政学开始发展起来的，与行政学有着密不可分的联系；另一方面，公共管理与行政管理的管理主体、管理内容和方式都有交叉、重叠之处，以至于公共管理至今仍然被一些学者视为公共行政的一个分支。因此，研究公共管理与公共管理学的发展与演变，必须从对行政学历史的研究开始。依据这种观点，我们把西方公共管理理论的发展与演变分为公共行政理论的产生与形成时期、公共行政理论的发展时期、公共管理与新公共管理时期三个阶段。

1. 公共行政理论的产生与形成时期

西方现代公共行政理论的研究发端于19世纪末、20世纪初。有几个事件标志着西方公共行政学研究的起步。首先是美国学者伍德罗·威尔逊（后来当选为美国总统）于1887年在《政治学季刊》上发表了一篇题为《行政研究》的文章，提出现实的发展要求行政研究具有自己的资金、队伍、出版物和社会地位。他主张着重研究欧美国家的差别，建立政治上中立、职业上学有专长、道德上清廉、工作上富有效率的公共体制。为了做到达一点，就必须对行政进行合理的分析。行政研究应当注重结果、过程、目的、方法及一切与公共行政有关的课题。其次，哥伦比亚大学教授古德诺于1900年出版《政治与行政》一书，主张政治与行政分离，提出了"政治是国家意志的表现，行政是国家意志的执行"的著名论断，也就是"政治与行政二分法"，从功能上区分了政治与行政。1926年，美国行政学者怀特出版了大学教科书《公共行政导论》，1927年又出版了《城市管理》。1927年，行政学者魏洛比出版了大学教科书《公共行政原理》。这些著作的出版标志着行政学作为一门科学已经正式形成。

这个时期行政学的发展产生了下述思想：①把政治和行政分开被认为是理所当然并且也应该为之努力的目标，行政被视为一个独特的领域，它有自己独特的价值、规则和方法；②在科学管理理论的范围内确定组织理论，组织理论包括等级体制、参谋机构、控制幅度、分工体系等课题；③执行预算被视为合理性、合作、计划和控制的工具；④人事管理被确定为另一个合理性的因素，如行政人员的工作、行政人员的选择和报酬等；⑤行政应是中性的、无党派的职业，以保证权威性、专业性和合理性；⑥应当设立一套行政法，规定行政过程的标准。这一时期的代表性理论是科学行政理论，科学行政理论的基本内容是：①时间和动作研究；②任务管理；③组织职能化原理。

2. 公共行政理论的发展时期

20世纪30年代至70年代可以看做公共行政理论的发展时期。公共行政理论产生与形成时期取得了许多成就，但是也存在着一些问题，具体体现在对公务员作为人的人性一面研究不够，研究行政机构时局限于行政机构本身，没有对行政所处的环境进行研究。这些缺陷在公共行政理论的发展时期得到了纠正和弥补。

这一时期出现了许多行政学学派，其中比较有名的学派有行为学派、系统学派、决策学派等。这些学派的学说丰富了公共行政的理论，开拓了公共行政研究的领域。

(1) 行为学派。早期的行政研究注重组织结构、组织程序以及行政管理原理的研究，对人的假设是"经济人"，忽略了对于"社会人"的研究。行为学派认为，行政体制要提高效率和扩大能量，不能局限于研究和改善行政组织和行政条件，而应当把在行政过程中活动着的人当作分析的中心，因此，行为学派注重研究人的行为，以及影响人的行为变化的各种因素和条件。行为学派的研究者注重研究激励、个人动力、团体关系等课题。20 世纪二三十年代进行了有名的霍桑实验，由哈佛大学教授梅奥主持。这一实验证明，人不是单纯追求经济利益的，生产的效率主要取决于员工士气的高低；同时，任何正式组织中都有非正式组织的存在，在重视正式组织的作用的同时也不能忽视非正式组织的作用。20 世纪 40 年代，美国学者马斯洛提出了"人类需求层次论"，认为人的需要可以分为五个层次，这五个层次依次为：①生理需要。这是人类最基本的需要，若得不到满足，就无法生存。②安全需要。满足了生理需要，接着就会产生安全需要，如摆脱失业、生活有保障等，总之，要有一种安全感。③社交的需要。人生活在世界上，除了生存和安全外，还需要友情、爱情，彼此关心和照顾。④尊敬的需要。其包括自尊和受人尊敬，如个人的成就和才干被人承认。⑤自我实现的需要。即希望实现自己的理想和抱负。

(2) 系统学派。系统学派是系统论与行政学研究相结合的产物，它运用系统论来研究行政活动和行政关系。系统学派认为，行政体系是一个系统，它是由各个部分所构成的；同时，行政系统还受到行政系统之外的各种社会因素的影响，与行政系统外的各种因素构成一个更大的系统。系统学派强调研究行政时要结合对行政组织、行政活动外部因素的研究。20 世纪六七十年代，系统学派又引发出两大理论：一是生态理论，里格斯是这一理论的代表人物。里格斯认为，生态行政要探讨的是各国的具体国情如何影响各国的行政，反过来，各国的行政又是如何影响该社会的变迁和发展的。二是权变理论。权变理论认为，不存在一种对所有管理者都适用的一般理论，管理都是因时、因人、因条件而发生变化的。

(3) 决策学派。决策行政理论由美国学者赫伯特·西蒙提出。他认为，任何行政首先需要决策，决策决定着行政的效率。"管理就是决策。"在行政系统中，最高行政人员决定整个行政的总目标和总方针，中层行政人员贯彻执行最高行政人员决定的总目标和总方针，决定部门的目标和计划，再传达给下级行政人员，下级行政人员就日常的行政做出决策。在做出决策时，组织目的、效率标准、公正标准和个人价值均会成为决策的价值前提。在整个行政过程中，要注意克服知识和信息的不完整性，克服团体行动的不稳定性，克服价值体系的不稳定性。行政过程中的各种活动和关系均应放在决策的范围内得到分析和研究。西蒙不同意传统的理性决策模式，认为决策者在决策过程中的理性是有限的，因而主张以"满意"来代替理性决策模式追求的"最佳"。决策学派中另外比较有影响的是林德布洛姆的渐进决策理论以及埃佐尼的综视（也叫混合扫描）模式。

3. 公共管理与新公共管理时期

20 世纪 80 年代起，西方一些主要国家进行了一场被称之为"新公共管理"的改革。这场改革的影响波及几乎所有西方主要国家，持续时间比较长，至今仍然在产生作用。这场运动开始于 1979 年英国首相撒切尔上台。她上台后，针对当时英国政府管理中存在的问题，采取了一系列改革措施：发起了反对浪费、反对低效率的运动，成立了一个效率工作组，对政府的有关项目计划和工作进行效率审计；大力改革公共部门的工会；实行大规模的私有化，将四十多家主要国有企业卖给私人；对地方政府的预算开支实行总量控制；要求所有的地方建筑和公路建设项目实行公共部门和私营部门公开竞标。根据政府所成立的效率小组的报告《改善政府管理：下一步行动方案》中提出的建议，英国政府开始将提供公共服务的职能从政府各部门分离出来，成立专门的半自治性的"执行局"来承担公共服务的职能。澳大利亚和新西兰分别于 1983 年和 1984 年开始了公共行政改革，在公共部门中引入私人部门的管理方式以及市场机制。新西兰的公共部门管理改革有三个基本趋向：①政府使许多由公共组织行使的功能商业化；②只要可能，就将商业活动与非商业活动区分开，并将交易活动转移到公共公司；③人力资源管理政策上的变化（尤其是引入合同制、绩效工资制和新的责任制）。欧洲大陆各国（荷兰、瑞典、法国、德国等）的公共行政改革虽然有所不同，但是它们的改革趋势同样带有公共管理的色彩。德国公共行政改革的基本内容是调整公共事业、"给国家减肥"（或"苗条国家"）、削减公共服务人员、压缩公共人事开支、转变公共组织结构等。德国、荷兰等国所进行的地方政府改革与英国、美国的"新公共管理"模式十分相似：产出与结果控制、项目预算和绩效指标、服务和顾客导向、康采恩式的权责划分、责任委托给商业单位等。被卷入这场公共行政改革浪潮的国家不仅局限于欧美，亚洲的少数国家也在一定程度上开展了改革运动。

新公共管理是公共管理的重要实践之一。它的核心是在公共部门中引入市场机制和竞争机制。新公共管理有两方面的重要特点：首先，新公共管理从现代经济学中获得许多理论依据，例如，从理性人的假定中获得绩效管理的依据；从公共选择和交易成本理论中获得政府应该以市场或者顾客为导向，提高服务效率、质量和有效性的依据；从成本-效益分析中获得对政府绩效目标进行界定、测量和评估的依据；等等。其次，新公共管理又从工商管理理论方法中获得启示。新公共管理认为，那些已经或者正在为私营部门所成功运用着的管理方法，如绩效管理、目标管理、组织发展、人力资源开发等，并非为私营部门所独有，它们完全可以运用到公共部门管理中。

结合各国的实践，学者们对新公共管理的主要内容进行了归纳。公共管理专家胡德（C. Hood）把新公共管理归纳为七个方面：①即时的专业管理（hands on professional management）。这意味着让公共管理者管理并承担责任。②标准明确与绩效衡量（explicit standards and measures of performance）。即管理的目标必须明确，绩效目标能被确立并加以衡量。③强调产出控制。用项目与绩效预算取代传统的预算，重视实际成果甚于重视程序。④转向部门分权。打破公共部门的本位主义，破除单位与单位之间的藩篱，建构网络型组织。⑤转向竞争机制。引进市场竞争机制，降低成本及提高服务品质。⑥强调运用私营部门的管理风格、方法和实践。⑦强调资源的有效利用。从总体上来看，新公共管理以自利人（self-interest）为假设，基于公共选择理论、交易成本理论，以传统的管理主义和新泰罗主义为基点而发展起来，其核心点在于：强调经济价值的优先性，强调市场机能，强调大规模使用企业管理的哲学与技术，强调顾客导向的行政风格。

新公共管理是西方特定的社会政治经济条件下的产物，在一定程度上呈现出公共行政发展的趋势，因而具有一定的借鉴作用。首先，新公共管理调整政府与社会、市场之间的关系，将竞争机制引入政府公共服务领域，打破政府的垄断，提高了公共服务的效率和质量，同时也缓解了政府财政困难。我国在公共服务领域特别是基础设施行业长期存在着因资金短缺而造成"基础瓶颈"的状况，严重制约了国民经济的整体发展和市场机制的有效运作。因此，可以借鉴西方的做法，在加强产业管制的同时，在一定范围内允许和鼓励非国有产权进入这些领域，与国有产权合作或单独投资和经营，这样有利于形成公共服务供给的竞争机制和压力结构，提高经济效益和社会效益。

其次，新公共管理从注重遵守既定的法律和规章制度，向注重实际工作绩效，特别是顾客（社会公众）的满意程度方面发展，这可以视为西方公共行政管理和人事管理更为成熟的一种标志。我们的政府归根到底是人民的公仆，因此，在制定和实施法律法规时，应始终以人民的根本利益为取向，始终贴近社会现实，贴近公众需求。

最后，新公共管理把一些科学的企业管理方法，如目标管理、绩效评估、项目管理、成本核算等引入公共行政领域，这对提高政府工作效率是有促进作用的。尽管公共行政管理与企业管理、公有部门与私有部门在各自的目的、对象和方法上有种种差异，完全采用企业管理特别是私营企业的管理方法来实施公共行政管理并不可行，但企业管理的科学性、重视市场需求和顾客的反馈这些方面则可为公共行政所借鉴。

新公共管理运动是公共行政实施活动的最新范式，是公共管理理论的具体应用，以这一范式为代表的公共行政改革在一些国家已取得了成效，因此，新公共管理已被越来越多的国家政府所效仿，正在成长的我国公共行政学术界也应该对之予以极大关注。

应当看到，新公共管理并非包治百病的万能良药。新公共管理在西方各国日趋流行的同时，也遭受到许多批评和指责。对新公共管理的批评主要有以下几方面：①新公共管理无视公营部门与私营部门的根本差别，盲目采用私营部门的管理方法，但两者在根本目标上并不相同，前者是提供公共服务，后者则以利润为最终目的。②新公共管理用经济学的眼光看待公共服务的供给，这是不适当的，把政府与公众的关系完全等同于供方与顾客的市场关系，实际上是把前者简单化。因为相对于政府来说，公众具有彼此冲突的双重角色，他们既是享受政府服务的"顾客"，又是作为政府税收来源的纳税人。一方面，他们要求政府提供更多的服务，另一方面又抱怨自己所缴纳的税太多。③新公共管理强调对产出或绩效目标进行精确的界定、测量和评估，但政府的许多服务项目，其产出、成本以及绩效都是难以量化的，因而也就难以准确测量和评估。④新公共管理主张公营部门私有化，实际上是放弃政府公共服务职能，逃避提供社会福利的责任。⑤新公共管理主张对高级文官实行政治任命，以加强对他们的政治控制，破坏了传统的文官政治中立原则，在一定程度上会导致政治上的腐败和滥用职权。尽管新公共管理受到了各种指责和批评，但在西方公共行政领域，其已成为一种不可逆转的时代潮流，20世纪80年代以来西方许多国家开展的一系列的行政改革便是这一潮流的集中反映，从美国的"重塑政府"运动到英国的"宪章运动"，以及其他西方国家普遍实行的市场导向和顾客导向的行政改革措施，都在不同程度上实践着新公共管理，体现出新公共管理的各种特征。

1.3.2 当代西方公共管理研究影响较大的理论

西方公共管理研究及其成果受到经济学、管理学等许多学科理论成就的巨大影响,包括现代西方公共管理中的一些概念、思维方式等,都明显地体现出西方经济学、管理学著名学派的风格。对西方公共管理研究影响比较大的理论主要有公共选择理论(public choice theory)、政府失效论(government failure theory)、企业再造理论、虚拟企业和团队精神。

1. 公共选择理论

公共选择理论也被称之为集体选择理论、政治的经济学等,是当代西方经济学的一个分支,也是一门介于经济学与政治学之间的综合性理论。公共选择理论产生于 20 世纪 40 年代,形成于 20 世纪 60 年代末 70 年代初。英国北威尔士大学经济学教授邓肯·布莱克(Duncan Black)于 1948 年在《政治经济学杂志》上发表的文章,奠定了公共选择理论的基础。1958 年他出版了《委员会和选举理论》,该书是公共选择理论早期的一部代表作。公共选择理论的另一位创建人是詹姆斯·布坎南(James M. Buchanan),他出版的有关公共选择的著作和发表的论文比较多,主要有《社会选择、民主政治与自由市场》、《自由、市场和国家》、《同意的计算——立宪民主的政治基础》(与塔洛克合著)等。作为公共选择理论最重要的创建人之一和这一理论的主要传播者,布坎南教授获得了 1986 年度诺贝尔经济学奖。瑞典皇家科学院在为他颁奖的公告中指出,布坎南的贡献在于他将人们从相互交易中各自获益的概念应用于政治决策领域,他提出的公共选择理论弥补了传统经济理论缺乏独立的政治决策分析的缺陷,有助于解释政府预算赤字难以消除的原因。

公共选择理论是研究非市场决策的集体决策的科学。这里集体决策包含三层含义:其一,集体性。单个人自己的决策不在研究范围之内。其二,规则性。决策就是制定规则,在人与人之间存在偏好差异的情况下,必须通过规则使人们的行为协调起来,因此,必须进行决策以选择那些能够反映和满足一般公众偏好的规则。其三,非市场性。公共选择理论研究的集体范围包括政府、社会团体、国际、教育、福利、环保等政治问题。在这些领域,市场经济的运行规则不能对资源进行合理配置,只有通过非市场的集体行动来决定公共物品的供给。也就是说,政治市场上的集体决策成为公共选择理论研究的主要内容。

集体决策是指各参与者依据某项协商规则,相互协商而确定集体行动方案的过程。这里的协商规则就是人们常说的投票规则,具体投票规则有一致同意规则、多数票规则、加权投票规则、否决投票规则等。公共选择理论感兴趣的是集体(尤其是政府)如何选择以及按什么标准选择投票规则。

公共选择理论的出发点是人。公共选择理论认为,任何个人,无论处于什么地位,他们的行为动机都是一样的,即以追求自身利益为目标;而且,任何个人的行为又是理性的,即能够最充分地利用其所能利用的一切,来促使其自身利益的最大满足。这种理性的自利主义者就是经济人,它是公共选择理论方法论的基础。

公共选择理论认为,与经济市场相类似,政治市场也是由供求双方组成的。需求者是选民和纳税人,供给者是政治家和政府官员。政治家和政府官员负责向社会提供一定数量和质量的公共物品,选民和纳税人获得公共物品并支付一定的税收款项,至于具体的公共物品种类、数量、税收额等内容的确定,则是通过选举过程"讨价还价"完成的。每一个政治市场的参与者，无论是选民还是政治家，在进行选择时，都如同"经济人"一样，先要对个人的成本与收益进行计算，如果一项集体决策给他带来的收益大于他投赞成票时所承担的实际成本，那么，他就会支持这项决策；否则，就不支持甚至反对。

由于政治市场与经济市场运行特点及其供给产品的特性不同，这两个市场中的个人选择存在很大的差异性，具体表现为：①选择结果的不确定性。在经济市场上，个人既是进行选择的单位，又是做出最终决策的单位。而在政治市场上则不同，个人虽然也是进行选择的单位，但是做出最终决策的通常不是个人，而是集体。因此，政治市场上个人选择的结果，相对于经济市场具有不确定性。②社会参与程度和参与意识不同。在经济市场选择中，个人所面对的是一组标有确定价格的商品与劳务，作为买方或卖方的经济个体，通常无力改变可供选择商品的价格和范围，也难以直接了解其个人的行动对同一市场上其他人的行为以及经济资源的配置所产生的影响。因此，从主观上说，经济市场上的个人选择具有非参与性。而在政治市场中，个人不仅很容易意识到他的投票行为将对集体的最终选择产生一定影响，而且也能明显地感觉出自己在参与社会的决策活动。从主观角度看，政治市场上的个人选择具有社会参与性。③可选择对象的特性不同。在经济市场中，供消费者选择的私人物品与劳务以及个人为购买商品与劳务所投入的货币是完全可分开的，各种选择是互不排斥的。而在政治市场中，公共物品与单个选择者所掌握的选票是完全不可分的，可选择的方案之间通常是相互排斥的。④强制程度不同。经济市场上的个人选择不具有强制性，因为经济市场中的个人选择完全出于自愿，而且选择过程与结果完全一致。而政治市场上的选择具有内在强制性，因为选择过程与结果是分离的，个人选择不过是整个集体选择的一个组成部分，甚至是极其微小的一部分。当个人偏好与集体统计偏好不一致时，个人投票赞成的结果最终将被集体的统计偏好所否决。因此，在政治市场的选择中，尽管个体选择者在进入市场之前处于平等的地位，一人一张选票，但是在政治选择过程结束后，所处的地位却是不平等的。⑤职责相关程度不同。在经济市场上，经济个体只是在纯个人的范围内进行选择，一旦做出决策，决策所带来的损益完全由个体自己承担。而在政治市场上，从集体角度看，选民个体是作为整体行为的一部分在进行选择，最终决策的结果并不完全取决于某一选民个体，而是取决于作为集体的所有选民行为的统计倾向。因此，作为个体的选民一般不太重视集体选择所带来的损益，换言之，在政治市场上，个体选择者的职责是可分的，有时甚至是完全分离的。

公共选择理论强调交换关系的重要性，并认为，经济学中的基本命题不是"选择"，而是交换，即不同经济个体（生产者与消费者）之间的交换。在政治领域也一样重要的命题并不是政府、党派、社会团体自己的选择行为和选择过程，而是这些集团之间与组成集团的个体之间，出于自利动机而进行的一系列交易过程。有效率的政策结果并不是出于某个政治领袖的头脑，而是产生于集团或组成集团的个体之间相互讨价还价、妥协与调整的政治过程。

从这一基本命题出发，布坎南教授认为，经济学的关注中心不应该是资源的稀缺性，人们也没有必要去为资源的分配和效率过多操心，而是应当关注交换的起源、性质和制度。

如果把这些观点扩展到政治活动与政治决策过程之中，可以发现：第一，政治活动的目的发生了改变。过去，人们相信集体活动基本上是没有收益的，因此，国家的任务主要局限于最低限度地保护市场秩序的正常运行。但是，这却无法解释为什么政府能够产生有利于社会的行为，如国防与教育等，也无法说明在经济市场上自利的经济人为什么一到政治领域就对个人利益变得无动于衷了。在公共选择理论看来，人们参与政治活动并不是为了追求真善美等超个人主义的社会目标，经济市场与政治市场之间的主要差别也并非人们所追求的目标不同，而在于人们追求个人利益时所选用的方法不同。政治是人们相互之间的一种复杂的交易结构，通过这个结构，人们希望达到各自不同的个人目标，而这些个人目标在市场交易过程中无法有效实现，只能以集体的形式来完成。没有个人利益也就没有集体利益，追求个人利益是实现集体利益的前提与保障。第二，政治活动的自愿结合性。国家曾经被看做是大公无私的，现在则被当成是参与政治活动者进行交易的市场。交易的前提与经济市场一样，是自愿者的自愿合作关系，人们也能通过政治交易相互获益。尽管在政治市场上存在某种强制性，特别是采用多数规则时集体决策结果具有强制性，但是，只要每个人都有选择的自由、合作与不合作的自由，政治选择的强制性也不会影响各方的相互获益。

不难看出，无论人们是处于经济活动还是政治活动之中，公共选择理论强调的都是自由——选择自由、相互交易与合作的自由等，国家的作用就是通过规则的制定与实施来保证人们的这种自由。如果要改变政治活动的效率，只能通过改变规则，也就是改变人们进行政治"游戏"的条条框框。公共选择理论明确提出，如果在一个体制下产生了不好的政策或不好的结果，原因要么是现有的政治体制所对应的规则产生了错误的领导人，要么是在政治决策与执行过程中缺乏有效率的制约机制。因此，唯一的决定因素是规则——产生领导人与约束领导人的规则。

2. 政府失效论

政府失效论是公共选择理论运用于对政府行为的分析而产生的。新自由主义经济学家把"经济人"的假定引入对政治市场的研究后发现，类似于经济市场有生产者和消费者一样，政府和选民就是政治市场上的"生产者"和"消费者"。选民在投票选举行为中为了实现其利益最大化，总要进行"成本-收益"分析，同样，公务人员也丝毫没有改变其经济人的本性，在公共活动中也要考虑个人的得失，即进行"成本-收益"比较。在政治市场上，公务人员是"政治企业家"，他们向"消费者"（即选民）出售的是公共物品及由公共物品形成的公共利益。公共利益的分配决策虽然是由公共部门"集体"做出的，但是，公务人员对个人利益的追求可能会损害公共利益。在许多公共决策中，公务人员出于经济人的本性，出于追求个人利益的本能，很可能在公共利益与公共资源的分配过程中，与各种利益集团或者各种个人进行交易，以实现公务人员个人利益的最大化，在一定情况下就会不惜牺牲选民的利益。

既然公务人员也是经济人，也具有任何人所具有的一切缺点，而政府又是由这些普通的有缺点的人所组成的，那么，政府也就必然带有人类本性所不能克服的一切缺点。从这个意义上来说，政府本身并不必然地比其他任何机构更有效率、更加正确，或者说，政府也存在失效的问题。政府失效具体体现在以下几个方面：①成本和收益的分离导致供给过剩和成本提高。由于政府获得资金和物质是无偿的，也就是没有任何成本的，因此，政府对政府活动的生产成本毫不关心，这就会导致资源的浪费，导致政府活动的生产成本大幅度增加，从而造成社会资源的浪费。政府预算也会因为各种利益集团的游说而造成生产过剩和重复投资。②滥用权力的倾向。在政治市场上，公务人员追求权力的努力远比建立相互交换关系的努力更为有利可图。虽然法律上对政府行为规定了一定的约束条件，但是，公务人员所表现出来的对权力运用的偏好和冲动丝毫没有削弱，追求公共资源的局部目标和扩大权力运用的倾向同时在不断强化。③严重的官僚主义。政府的调节是一种"事前"的调节，带有很大的预测性和计划性，而政府的调节决策又是"集体"决策的结果，因此，在失误面前往往首先寻找种种主观和客观理由来开脱政府及其公务人员的责任，避开政治市场的惩罚。由于对决策后果无须承担相应的责任，那么，低效、随意等官僚主义的表现就不可避免。④较大的盲目性。政府全面而科学地决策的前提是信息的完备性和准确性，但是，从经济上讲，获取信息需要付出一定的代价，从技术上讲，信息是在无数分散的个体行为者之间发生和传递的，因此，对所有信息全部占有和准确处理是不可能的。这样，政府决策的盲目性就必然会出现。⑤政府部门扩张的内在动机。组成政府的政治个体的自利特性，决定了政府部门有一种内在的超编和超支的扩大倾向。政府部门千方百计地通过各种关系试图增加本部门的财政预算，并且很不负责任地将预算花掉，造成公共资源的浪费。

政府失效论认为，政府失效既有需求方面的原因，也有供给方面的原因。

从需求方面来看，对政府提供服务的需求存在被夸大的状况：①对市场缺陷的强化增加了公共意识。最近几十年来，尤其是20世纪30年代至80年代这段时间中，公众对市场缺陷的意识急骤增加。这种变化一方面是由于人们承认市场在获得理想的社会结果方面是失败的，另一方面也是由于有关这些失败的信息的广泛传播。这种不断增加的对市场缺陷的公共意识，自然会减少人们对市场缺陷的忍耐程度。②政治组织与公民参政权利的变化。实际的市场缺陷以及公众对这些缺陷意识的增加，已经反映在许多集团和利益组织的政治参与当中，并且受到其影响。这些集团一直迫切要求政府运用立法、规制及其他手段来修补市场的缺陷，以产生他们所期望的结果。③政治报酬的结构。在政治过程中，立法者和政府官员的报酬经常增长。他们把问题说得头头是道，并制定解决问题的法令，却不考虑执行这些法令所负的责任。④政治角色的高时间贴现率。这种报酬结构和选举官员的短期任职，可能使得政治角色的时间贴现率要高于社会的时间贴现率。其结果通常是政治角色的短期行为和长远利益之间产生明显的脱节。因为要证实对市场的修补是否真正存在，必须要在长时期内进行分析、实验以及详细了解特殊的问题或市场缺陷。因此，未来的成本与收益会被大打折扣或被忽视，而短期的或当前的成本与效益却被夸大了。⑤负担与义务的分离。从政府项目获利的一方与支付政府项目成本一方之间的分离，在收益与支付分别由不同集团承担的情况下，政治组织和未来受益者进行游说的动机将会导致政治上有效而经济上低效这样一种需求的出现。

从供给方面来看，政府活动的供给也受制于几种因素，导致政府失效：①政府活动中，确定和衡量产出的困难。在评估政府投资决策时，很难按社会共同认可的原则去规定政府的产出，而且很难进行定量的衡量和定性的评价，质量的确定尤其困难。造成这一状况的主要原因是缺少有关政府产出的各种信息，以及政府活动效益与私人部门生产活动效益具有不同性质。②由于政府垄断地位而产生的单一的生产来源。政府中某单一机构的产出在特定的领域中处于垄断地位，这种垄断地位通过立法和行政的方式被固定下来。由于缺少持续竞争，无法对政府产出的质量予以评估。③政府建设活动中生产技术的不确定性。政府产出所需的技术对社会公众来说经常是未知的，即使知道，也是明显的不确定和模棱两可。④衡量政府活动缺乏"基准线"和终止机制。同市场产出的效益-成本描述相比，政府产出总的来说没有一个评价成绩的基准。同这种缺乏基准线的状况密切相关的是当政府活动不成功时，缺乏一种可靠的终止这种活动的机制。

上述需求和供给的状况造成了政府失效，同时，政治过程中所具有的一些特征，进一步加剧和延长了政府失效的程度和影响。

寻租(rent-seeking)活动就是现实中政府失效的具体表现。"寻租"是指在某种政府保护的制度环境中个人寻求财富转移的活动，或者追求非生产性利润的活动。在经济学中，"租"或"经济租"的原意是指在一种生产要素的所有者获得的收入中，超出这种要素的机会成本的剩余。在社会经济处于总体均衡状态时，各种生产要素在各个产业部门中的使用和配置都达到了其机会成本和要素收入相等的状态。如果某个产业的要素收入高于其他产业的要素收入，在该产业中就存在着该要素的经济租。在自由竞争条件下，租的存在必然要吸引要素由其他产业流入有租存在的产业，从而增加该产业产品的供给，促使该产品价格降低，最终使要素在该产业中的收入和在其他产业中的收入一致，从而达到均衡。因此，只要市场是自由竞争的，要素流动在各产业之间不受阻碍，任何要素在任何产业中的超额收入，即经济租都不可能长久而稳定地存在。而企业通过开发新技术或新产品赢得超额收入的活动，在经济学中被称为"创租活动"，或者称为"寻利活动"。创租活动是正常的市场竞争机制的表现，其特征是对于新增社会经济利益的追求，因而利于增进社会的利益。

寻租和寻求利润不同，寻求利润是企业或者个人生产者通过生产和市场而获得高于生产成本的那部分收入，而寻租则是通过政府干预活动而获得的。在现代社会中，通常的寻租活动是利用行政的和法律的手段，想方设法争取政府的干预，通过阻碍生产要素在不同产业之间的自由流动和自由竞争来维护既得的经济利益或是对既得的经济利益进行再分配，使寻租者获得更高的经济利益。

寻租活动造成的后果是：①造成社会经济资源配置的扭曲，阻止了更有效的生产方式的实施；②使本来可以用于生产性活动的社会经济资源浪费在一些于社会无益的活动上；③寻租活动使政府官员享受特殊利益，扭曲政府行为，这些特殊利益的存在会引发无休止地追求行政权力的寻租竞争；④寻租活动还会引起"避租"行为的抗衡，从而使社会经济资源更多地耗费在无益的方面。

寻租是寻租者从政府那里获得特许，从而对某项社会经济资源具有垄断权，保证寻租者的更高的经济利益，因此，政府在寻租过程中所扮演的是一个被动的角色。但是，在长期寻租活动的影响下，政府所扮演的角色正由被动走向主动。政府通过"政治创租"和"抽租"的方式来获得自身的利益。政治创租是指政府官员利用行政干预的办法来增加私人企业的利润，人为创造租，诱使私人企业向他们"进贡"作为得到这种租的条件。抽租是指政府官员故意提出某项会使私人企业利益受损的政策作为威胁，迫使私人企业割让一部分既得利益给予政府官员。政治创租和抽租的存在，促进了寻租活动的普遍性和经常性，也使政府的有效作用大为降低。

3. 企业再造理论

1993年,美国麻省理工学院教授迈克尔·哈默和管理咨询专家杰姆斯·钱辟合著出版了《再造企业——工商管理革命宣言》一书,提出了企业再造理论。

企业再造是指"为了取得业绩的革命性进步,从根本上重新思考,彻底改造业务流程"。其中,衡量绩效的关键指标包括产品和服务质量、顾客满意度、成本、员工工作效率等。在这个定义中有四个关键词:

第一,革命性进步。企业再造是要在业绩上取得突破,取得"大跃进"式的质的飞跃。哈默为"革命性进步"制定了一个具体目标,即周转期缩短70%,成本降低40%,顾客满意度和企业收益提高40%,市场份额增长25%。

第二,从根本上重新思考。企业再造需要从根本上重新思考已经形成的基本信念,即对长期以来企业在经营中所遵循的基本信念,如分工思想、等级制度、规模经营、标准化生产、官僚体制等进行重新思考。这就要求打破原有的思维定式,进行创造性思维。

通过重新思考,迫使企业对原有的经营策略和手段加以审视,找出其中过时的、不当的和缺乏生命力的因素。因此,根本上重新思考意味着企业要重新定位,而不是在原有的框架内进行局部调整。

第三,彻底的变革。企业再造不是对组织进行表面化的调整修补,而是要进行脱胎换骨式的彻底改造,抛弃原有的业务流程、组织结构和各种习惯,建立起适应新的环境和目标的企业管理制度、管理方式、业务流程等。哈默认为,企业再造不是改进现有的东西,而是把现有的东西扔掉,从一张白纸开始,重新创造工作方法。

第四,重新设计业务流程。所谓业务流程,是指一组共同为顾客创造价值的相关生产或服务的过程和方法。在一定程度上,业务流程决定着企业的运行效率。在传统的企业组织中,业务流程被分散在不同部门中,无法从整体上把握和管理业务流程,进而影响到企业为顾客提供的产品或服务的质量,也影响到企业运行效率的提高,正因为如此,企业再造要从重新设计业务流程开始。

由以上分析可以看出,企业再造与以前的渐进式变革理论有本质的区别。企业再造是组织的再生策略,它需要全面检查和彻底翻新原有的工作方式,把被分割得支离破碎的业务流程,根据新的要求进行重新组装。从重新设计业务流程着手,建立一个扁平化的、富有弹性的新型组织。

4. 虚拟企业

知识经济的兴起和信息技术的日新月异,带来了经营意识的改变,消除了人们之间信息传递的障碍;网络技术的发展改变了企业经营管理的技术基础。在此背景下,构建虚拟企业,实施虚拟经营,正逐步成为许多企业迅速发展的有效途径,管理学家也预言,虚拟企业将成为21世纪企业管理的主流模式。

虚拟企业是指"把不同地区的现有资源迅速组合成为一种没有围墙、超越空间约束的企业模式,它是依靠电子网络手段的联系,实现统一指挥的经营实体,并能以最快的速度推出高质量、低成本的新产品"。从某种意义上说,虚拟企业就是将别人的资源为己所用,从而突破企业的有形界限,延伸自身的功能,进而增强企业自己的实力。

虚拟企业具有下列特点：

第一，实现核心功能与有形部门的分离。所谓核心功能，包括企业拥有的专利、品牌、商标和专有技术等有形或无形资产。虚拟企业突破了传统企业的有形界限，虽仍具有生产、营销、设计、财务、人事等功能，但企业内部却没有执行这些功能的有形的组织，而是通过外部力量进行组合，把这些功能的具体执行交给企业之外的其他组织，使传统企业中这些有形组织虚拟化。

第二，由纵向管理向横向管理的转移。对于虚拟企业来说，企业内部与外部的划分已经不明显，对于企业内部各个组成团体来说，其拥有很大的相对自由度和独立性，它们之间既可以自由组合，也可以自由拆分。虚拟企业的管理强调企业内各个层次之间直接便利的联络和沟通，使虚拟企业具有较大的弹性。

第三，实现信息流支配物质流。虚拟企业改变了传统企业的物质流程，通过信息流重组企业流程。信息技术支撑的虚拟企业利用大量先进的网络应用程序扩大虚拟销售市场，使企业交易成本大大减少，交易速度大大加快。随着互联网络的迅猛发展和普及，出现了专门从事网络服务的服务商，使虚拟企业能够利用公共网络资源实现更加快捷的信息交流，从而正确地指导生产和销售。

第四，实现从命令控制到集中协调。虚拟企业可以分为两个层次：一个层次是企业内部通过部门间的灵活组合加速企业的应变力；另一个层次是企业之间通过建立策略联盟进行优势分工。

在任何一个层次上，各个构成部分是相互平等和相互影响的，存在着利益相关的依存关系。因此，虚拟企业在运作中要求沟通、对话、协调，实现企业发展中的"双赢"。

总之，虚拟企业彻底打破了传统企业所受到的时空上的限制，使现代企业管理方式从内部资源组合发展到充分利用外部资源，不仅提高了效率，降低了成本，而且能够高弹性地适应环境的迅速变化。

5. 团队精神

20 世纪 90 年代以来，团队精神在国际企业界盛行。所谓团队，是指所有成员拥有共同的目标，每位成员的行为之间相互依存和相互影响，能够很好合作，追求集体的成功。在团队这个概念的基础上提出的团队精神，有着特定的含义。

团队精神被理解为团队成员为了团队的利益和目标而相互协作、尽心尽力的意志。首先，团队精神更加强调一个团队共同的价值观和共同的目标。其次，团队精神更加强调成员之间的相互协作，这种协作的含义是在每个位置上都有最合适的成员。再次，团队精神更加强调拥有扩大的自主权，成员的民主参与程度较高。最后，团队精神更加强调成员对团队的归属感和一体感。

团队精神盛行的根本原因是技术的迅速变化和市场的个性化需求，要求企业增强适应性，提高应变力。实现这些要求有赖于企业员工积极性和创造力的充分发挥，这不仅需要给员工更多的自由度，强化员工的责任感，而且需要员工之间相互协作、启发和促进。

在企业管理的实践中，团队精神是通过培养和认同的方式铸造而成的。其一，注重培养团队成员相互协作、共为一体的关系。团队成员彼此视为"一家人"，互相敬重，互相宽容，互相信任，互相协作，互相礼让，在互动过程中，逐渐形成一系列行为规范和团队的凝聚力，追求团队的整体绩效。其二，妥善处理个体与团队的关系。一方面，团队成员把自身的发展和前途与团队牢牢联系在一起，为团队的利益与目标尽心尽力；另一方面，团队也鼓励个体的充分发展，使个体对团队的活力起到支撑作用。其三，兼顾效率与公平的关系。团队既鼓励个体的发展，又控制成员间的差距，避免其扩大，使团队成员和谐共处；在形成团队精神的同时，也建立激励与约束机制，完善考核评价体系，使团队的管理更加规范化、科学化。

1.3.3 中国公共管理学研究的历史与现状

要研究中国公共管理学的产生与发展历史，必须从中国行政学的产生与发展历史开始研究。

在新中国成立以后，中国对行政学有过零星的研究，但是到"文化大革命"时期就完全停顿了。1979年3月30日，邓小平同志在理论工作务虚会上指出："政治学、法学、社会学以及世界政治的研究，我们过去多年忽视了，现在需要赶快补课。"这样，过去长期被忽视的一些社会科学开始在中国逐步得到恢复和发展。行政学作为政治学的一个分支，也逐步得到了恢复和发展。1982年，中国政治学会在复旦大学举办了全国行政学讲习班，为行政学在全国的发展培训了一批骨干力量。1982年1月29日，《人民日报》发表了题为《把行政学研究提上日程是时候了》的文章，全文从行政组织问题、人事管理问题、工作方法问题、机关管理问题等几个方面，分析了导致行政效率不高的原因。这篇文章给探索中的中国行政学指明了最初的研究方向。这篇文章发表后，一批理论工作者和实际工作者陆续出版了一些行政学方面的论文和著作。这些论文和著作主要都是通论性、概论性的，起到了知识普及的作用。

1983年，联合国文官制度改革国际研讨会在北京召开，中国学者与来自二十多个国家和地区的学者及政府官员进行了交流和探讨。1984年，国务院办公厅和劳动人事部在吉林省吉林市举办了全国行政学研讨会，全国有关部门领导和学者聚集到一起，共同探索发展中国行政学的有关问题，会议建议成立中国行政管理学会和国家行政学院。

1988年10月31日，中国行政管理学会在北京正式成立，标志着行政学作为一门独立的学科在中国已经得到承认。中国行政管理学会成立以后，每年配合各个时期行政改革的热点问题，举办有关的研讨会，成为中国行政学研究的重要阵地和推进者之一。

1992年江泽民总书记在党的"十四大"报告中、1993年李鹏总理在第八届全国人大第一次会议工作报告中，已经明确地把行政管理体制改革作为一项战略任务提出来，把建立具有中国特色的适应社会主义市场经济的行政管理体制作为行政体制改革的目标。

中国行政管理中存在的实际问题，以及中国行政管理改革的实践，使得中国公共管理以及公共管理教育的出现成为时代的必然。1996～1997年，国务院学位委员会组织修订中国研究生专业目录，在一级学科中首次设立了"公共管理"学科，行政管理成为其下属的二级学科。1998年3月，中国人民大学、复旦大学、中山大学获得了行政管理学专业的博士学位授予权。

1998年9月，《中国行政管理》杂志发表了《行政学发展的生长点——MPA》一文，呼吁尽快开展中国的公共管理教育。国家行政学院与美国合办MPA班，厦门大学开始试办

MPA班。1999年3月,《学位与研究生教育》杂志发表了《从国外的经验看我国MPA教育及其课程设置》一文。中国人民大学出版社推出了公共管理与公共政策分析丛书,首批共计4本,即《公共管理学》、《政策科学》、《政策分析的理论与方法》、《公共政策》。

1999年5月,国务院学位委员会第17次会议通过了《公共管理硕士专业学位设置方案》。该方案的通过,标志着中国公共管理专业学位设置已经得到了国家正式的认可,是中国公共管理教育发展的一个里程碑。2001年2月24日,中国公共管理硕士(MPA)专业学位教育指导委员会在北京举行成立会暨第一次工作会。国务院学位委员会、教育部、人事部有关领导和负责人,MPA教育指导委员会委员,共四十余人出席了会议。第一批获得MPA授予权的有全国24所重点大学。截至2012年12月21日,全国共有公共管理硕士(MPA)专业学位教育试点院校147所。

2011年,国务院学位委员会通过了《关于下达2010年审核增列的博士和硕士学位授权一级学科名单的通知》,至此,全国共有公共管理一级学科博士学位授权点36个,包括北京大学、清华大学、中国人民大学、中山大学、浙江大学、复旦大学、南京大学、上海交通大学、中国科学技术大学、西安交通大学、华中科技大学、武汉大学、南开大学、厦门大学、吉林大学、山东大学、北京师范大学、四川大学、北京航空航天大学、天津大学、兰州大学、中国矿业大学、中国农业大学、华东师范大学、中南财经政法大学、东北财经大学、东北大学、南京农业大学、华中师范大学、哈尔滨医科大学、郑州大学、湘潭大学、国家行政学院、国防科学技术大学、第二军医大学、第四军医大学。

在中国MPA教育开始起步的同时,中国公共管理研究也进入了一个新的阶段。短短几年的时间,学者们发表了数以百计的学术论文,出版了数十部学术著作,加强了与国外同行的交流。可以预言,随着中国学者对国外公共管理理论研究的深入,以及中国学者从介绍、研究西方公共管理理论向研究中国国内公共管理问题的转向,中国的公共管理研究将逐步进入一个快速发展的时期。

本章思考题

1. 如何理解公共管理?
2. 简述公共管理与企业管理的异同。
3. 公共选择理论的主要内容是什么?
4. 简述新公共管理的主要特征,并指出它的不足。
5. 公共管理学的研究途径有哪些?

第 2 章

公共管理环境

2.1 公共管理环境概述

2.1.1 公共管理环境的含义

环境,是指存在于某一事物周围的一切情况和条件。任何事物都有自己的环境,因为任何事物都不可能孤立地存在。

生态环境,亦指生态,是指生命体的生存空间和生活条件。在大自然生态系统中,人类和其他生物同生态环境进行物质、能量、信息的交换和循环,才得以维持生命的新陈代谢。生态学强调生态平衡,即人类与其生态环境之间保持一种平衡的良性关系——生态平衡,否则就会受到大自然的惩罚。

公共管理环境,是指所有直接或间接作用于公共管理主体、客体等公共管理活动的诸因素的总和。这里应注意:第一,公共管理环境并非广义地包含公共管理主客体之外的全部外界客观情况,而是指与公共管理主客体有密切联系并直接或间接作用于公共管理主客体的外界诸因素的总和;第二,公共管理环境包括影响或作用于公共管理主客体等公共管理活动构成部分的外界诸因素;第三,公共管理环境是由诸多因素构成的复杂系统,是政治、经济、文化、人口、自然状况、民族等各部分环境因素的总和,与公共管理的状况直接相关。

2.1.2 公共管理环境的特点

公共管理环境是环境中的一种特殊子系统,其特点是:

(1)复杂性。公共管理环境因素内容广泛,可谓无所不包,有物质的,也有精神的;有社会的,也有自然的;有有形的,也有无形的;有国内的,也有国际的。众多环境因素在某种特定的公共管理活动中所产生的影响或作用不同,有的直接、重要些,有的间接、次要些。例如,政治体制因素对公共管理的作用很大,而自然地理环境对公共管理地位性质的影响就不那么大,但对一个地区的社会经济发展的公共管理决策却会产生很大的影响。

(2)变动性。公共管理环境因素随时间、空间以及其他因素的变动而变动。从历史发展角度看,公共管理环境经历了巨大的变化。公共管理环境的变动在现代社会中表现得更为明显和迅速。

(3)差异性。各国公共管理环境的差异既表现在地理环境、地形地貌、气候资源等自然条件方面,也表现在社会结构、经济发展、政治制度、民族文化、人口构成、历史文化等方面。这种差异是人类文明发展多样性的表现之一,它造成了各国家、各地区公共管理风格的特殊性。

(4)综合性。公共管理环境诸因素是相互联系、相互制约的,某一环境因素的变化常会引起一系列环境因素的变化。所以,某一事物受环境影响而发生变化,是多种环境因素的综合作用,而不是某一环境因素单独作用的结果。

2.1.3 公共管理环境的分类

公共管理环境包含着众多的环境因素,广泛而复杂,可以从不同角度、不同侧面进行分类,主要的分类方法有以下几种。

1. 从环境内容上可分为公共自然环境和公共社会环境

公共自然环境,是指与公共管理发生密切联系和交互作用的自然条件,包括生物因素(即动物和植物等各种生物)、非生物因素(即山川、河流、湖泊、海洋、土壤等)、宇宙因素(即空气、气候等),也可以说包括自然生态系统、人工生态系统、半自然生态系统。

公共社会环境,是指人及人的活动形成的并对公共管理产生直接或间接影响与作用的各种社会因素之和。社会环境的进化要比自然环境迅速得多。随着人们生产斗争、阶级斗争和科学实验这些社会实践的发展,社会环境的进化正在日益加速。一切社会环境因素无不与人的生活密切相关,所以人是社会环境中起主导作用的因素。构成公共管理社会环境的因素很庞杂,可以大体划分为三类,即政治环境、经济环境和文化环境。

(1)政治环境。政治环境是指直接或间接影响和作用于公共管理的国家政治制度、政党制度、阶级状况、法律制度等政治条件,也可以说是与政府共同构成政治结构的政党、立法机关、司法机关、军事机关、社会团体等组成部分及相互关系的情况。

(2)经济环境。经济环境是指直接或间接影响和作用于公共管理的经济发展水平、经济制度和体制、经济秩序、经济形式等经济条件,也可以说是社会生产力和生产关系状况构成的社会生产方式。

(3)文化环境。文化环境是指直接或间接影响和作用于公共管理的价值观念、伦理道德、社会心理、教育科学、文化艺术、文化等条件,也可以说是社会精神文明状况。

此外,人口的数量、质量、分布、结构等人口环境因素和民族的成分、分布、关系等民族环境因素也是对公共管理产生重要影响的社会环境因素。

2. 从区域和范围上可分为国际环境和国内环境

国际环境,是指直接或间接影响和作用于公共管理的一个国家同世界上各国家、各地区之间的政治、军事、经济、文化、自然地理等方面的关系,其他国与国之间的相互关系以及与国际组织的关系等外部条件。

国内环境,是指直接或间接影响和作用于公共管理的本国内部的社会经济、政治、文化、人口、民族和自然条件等各种客观环境因素之和。

3. 从不同作用上可分为有利的公共管理环境和不利的公共管理环境

有利的公共管理环境，也称良性公共管理环境，是指对某项公共管理活动直接或间接产生有利的、积极的影响和作用的客观因素，可以是国内的社会人文因素或自然因素，也可以是国际的社会人文因素或自然因素。

不利的公共管理环境，也称恶性公共管理环境，是指对某项公共管理活动直接或间接产生不利的、消极的影响和作用的客观因素，可以是国内的社会人文因素或自然因素，也可以是国际的社会人文因素或自然因素。

4. 从与公共组织的不同距离上可分为大环境、中环境和小环境

大环境，即指直接或间接影响和作用于公共管理的社会环境和自然环境，包括国内的和国际的，也即通常讲的国情、区情。

中环境，即公共管理系统的各方面情况，也是影响公共管理的重要环境因素。

小环境，即公共部门内部的一个具体单位中的人际关系、制度建设等因素。

2.1.4 公共管理环境与公共管理的互动

1. 互动的基本形式

公共管理环境与公共管理互动的基本形式是：输入—转换—输出。

按系统理论的认识，外部环境是政府行政管理生存和发展的外部条件，公共管理环境的稳定性是政府系统发挥正常功能的前提。就像细胞在有机体中的生存一样，为了保持自己在环境中的生存活动，必须凭借自己的内部功能，不断地从周围环境中吸取动能，以确定目标方向；同时又不断地向环境提供产品输出。外部环境对公共管理的生存和发展的作用更为显著，输入即外部行政环境对公共管理的要求、支持和反对，使之与外部行政环境相协调；输出即政府通过转换之后，重新向外部行政环境输出各种信息和产品。这种输入和输出，使政府行政管理与行政环境构成一个矛盾对立统一的整体，特别在现代条件下，公共管理环境的变化是很快的，但应该是相对稳定、有序发展，而不是剧烈动荡的。如果一个国家社会秩序严重紊乱，在这种生存和发展条件下，公共管理无法发挥正常功能。要使公共管理在迅速变化的公共管理环境中生存和发展，就需要政府系统对环境的变化和要求有敏感性很高的适应能力，相互间在动态中保持平衡。

2. 公共管理环境对公共管理的制约

1）公共管理环境对公共管理制约作用的基本内容

公共管理环境对公共管理的方方面面都有影响和作用，其基本内容有：

第一，公共管理环境影响公共行政性质和公共行政体制。特别是政治环境对一国的公共行政性质和公共行政体制影响最大，因为它们同属于上层建筑组成部分，关系密切。政治制度、政党制度、政治体制等环境因素，对公共行政管理的根本性质和公共行政体制具有直接的作用。例如，目前世界上大多数国家都在不同程度上实行议会民主、多党制度（如西方国家的上院、下院），这就决定了其公共行政性质和公共行政体制，执政党的主张通过立法机关转变为国家意志而成为政府行政机关决策的法律依据，政府是执行机关。我国是议政合一的政治制度，最高权力机关只有一个，一切国家权力属于人民，决定了人民政府是人民代表大会的执行机关，其必须向人民代表大会负责，并报告工作和接受其监督。

第二，公共管理环境影响公共行政职能的内容和实现程度。公共管理环境决定一国政府具有什么样的具体职责和任务，管理对象具体包括哪些，公共管理环境的变化必然对政府提出新的要求和条件，公共行政职能必然要随之变化。公共行政职能的实现，也必须适应公共管理环境的支持条件及当时的价值观系统。如果公共管理环境对公共行政职能提出了新的要求，政府没有及时认识或者虽然实施新的职能但其产品不适应环境要求，因而得不到环境的承认，人民群众不满意，政府的生存和发展就可能受到阻碍甚至威胁。

第三，公共管理环境影响公共行政组织的建设。公共管理要建立什么样的组织结构，需要什么样素质的工作人员，都要根据客观公共管理环境提出的职能要求和实际可能条件来确定，公共管理环境和行政职能的变化，是建设公共组织和人员队伍的最根本依据。例如，我国由计划经济转向社会主义市场经济这一环境的变化，决定原国务院的纺织工业部改为中国纺织工业总公司，航空航天部改为中国航空工业总公司和中国航天工业总公司，由中央的行政组织变为经济实体以适应市场经济的需求。

第四，公共管理环境影响公共管理过程和管理方法。公共管理环境可以影响公共管理的运行，或加快运行，或延缓运行，甚至使活动完全终止。我国西部有的乡面积宽广，资源丰富，但交通不便，信息不灵，人口很少。这类行政乡的行政环境决定其不可能具有我国沿海地区经济交通发达的大行政乡的行政管理的运行情况。公共管理环境对公共管理过程的影响主要是对决策和执行两项活动的影响。公共决策必须充分考虑环境因素，才可能有正确的决策目标和方案，有条件实现决策目标和方案。公共行政执行活动是否顺利，也要受到公共管理环境对执行活动的支持、参与程度的影响。不同的公共管理环境，其采用的公共管理方式方法也有不同，日本和中国公共管理环境不同，公共管理方式就有差距。在党的十一届三中全会之后，党的工作重心有了很大转变，公共管理的方式方法也发生了很大的变化。

2) 公共管理必须适应公共管理环境的要求、条件和变化

公共管理适应公共管理环境，是指公共管理必须符合特定的公共管理环境提出的要求和提供的条件及其变化。首先，公共管理环境对公共管理的要求是多种多样的，涉及体制、原则、职能、机构、人员、方式方法等。例如，近几年我国行政环境向政府机构行政管理提出的转变政府职能、加强廉政建设与道德建设、坚持社会公平分配、健全社会保障制度、保护环境和治理污染等要求。其次，公共管理环境对公共管理也提供种种有利条件或不利条件，公共管理要因地制宜，既应充分利用有利条件的支持，如地理位置优势、丰富的矿藏资源、各社会团体对政府某项决定的赞成和认同态度、良好的社会治安条件、特有的技术队伍等，从而提高公共行政效能；也要高度重视不利条件，扬长避短，或者创造条件，变不利为有利。最后，公共管理环境会不断变化，公共管理要适应公共管理环境的变化，既不能长期滞后，又不能过急、过猛，不能主观随意地进行改革。

公共管理环境的构成因素众多，各有自己的特点和发展规律，对不同的公共管理系统、不同的公共管理对象的重要性和所起的作用及作用方式也有不同。自然环境因素包罗万象，分布很广，其变化与社会环境因素相比是比较缓慢的，又都是客观存在的"独立现

象",只有当它们与某一公共行政活动联系而发生关系时,它们才成为该活动生存和发展的必要条件。公共管理不同领域,自然环境因素所起作用大小不同,其对工农业生产等经济领域的公共管理活动作用比较大。社会环境因素有许多不同于自然环境因素的特点,繁多而复杂,相互关系密切,形成一定结构整体,变化迅速,依赖于人的活动等,正是社会环境因素的这些特点,决定了它对公共管理的作用方式有以下特点:①常态影响结合非常态影响。在一定条件下,公共管理环境的变化和发展有一般的规律性,它对行政管理呈现出常态影响,而公共管理环境因素由于人为活动有时又出现特殊的非常状态,对公共管理产生非常态的影响作用,使行政系统感到意外和突然,如外敌入侵等。②综合影响结合单一影响。一般来说,社会环境因素多是几种因素交叉在一起,对公共管理起综合影响作用,但也不排除一个社会环境因素对某一公共管理活动起主要影响作用,而对另一个公共管理活动则只起次要影响作用。

3. 公共管理对公共管理环境的反制约

1)公共管理可以对公共管理环境产生巨大的反作用

公共管理环境对公共管理起着决定性的影响作用,公共管理必须适应公共管理环境。但是这并不是说公共管理是完全被动的、消极的,公共管理这一上层建筑组成部分之所以产生和发展,就因为它是有反作用的,能影响经济基础,公共管理可以在一定程度上改变自己的发展土壤和生存空间。

2)公共管理对公共管理环境有两类作用

公共管理对公共管理环境的反作用有正、负两个作用方向。我们研究公共管理适应公共管理环境,实施科学管理,就是激发公共管理发挥正面作用,限制负面作用。

3)政府不同的构造类型对环境反作用力程度不同

这里说的政府不同的构造类型是指政府对公共管理环境的反映状况和主动程度的差异,形成封闭式的和开放式的两类行政系统构造。封闭式的政府构造类型是把政府与社会环境相对分离开来,依靠国家权力和自身享有的垄断地位来进行行政管理,对公共管理环境的各种冲击和反应漠不关心。由此它对公共管理环境的调控不得力、不对路。过去我国计划经济下区域政府就带有封闭式色彩,政府之间缺乏横向联系和交流,条块分割,重复建设,资源浪费,不能形成整体优势和外向能力。开放式的政府构造类型是政府与公共管理环境之间始终保持着有机的、动态的交流关系,政府对公共管理环境的要求和条件反应都十分敏感,能与公共管理环境之间保持着平衡关系。为此,它能通过多种手段如规划建设、发展高新企业、移风易俗宣传等有效地引导整个社会协调发展,甚至创造出新的环境。根据各区域的地理位置、自然资源、产业结构、交通设施、民族习惯等的不同,在不同的地区发展不同的主导产业,制订不同的社会经济发展战略计划,吸纳优势,以才引业,以业引财,以财引业,以业引才。当今时代和我国社会主义市场经济体制,都要求营造开放式的政府构造类型,这样才能抓住机遇,加速发展社会经济。

2.2 公共管理内部环境

如果以公共管理组织为界来看影响公共管理行为的因素,则这些因素分别来自组织内部和组织外部,相应地,公共管理环境可以分为内部环境和外部环境两个方面。所谓内部环境,主要是指公共管理机构内部的各种关系和要素组合(包括内部人事管理问题)等。所谓外部环境,主要是指公共管理机构之外的影响因素,如政治、经济、地理、人口、文化、民族、宗教等。在本节我们将主要讨论公共管理内部环境。

公共管理内部环境包括公共管理的物质条件、制度条件和人群关系。公共管理内部环境中的诸构成要素各自处于不同的地位,对公共管理有不同的作用。

2.2.1 物质条件对公共管理的影响

1. 公共管理的物质条件的含义

公共管理的物质条件是指展开公共管理活动所必需的人员、物资设备、图书资料和经费等实体性客观要素的总和。其中,人员是指根据工作职位的要求和用人标准,按照一定的程序和方式吸收录用,并经正式任命的国家公共管理成员。人员是公共管理的主体性要素,离开人员的公共管理是不可想象的。

物资设备是指公共管理成员借以开展公共管理与组织自身管理活动的一切物质手段的总和,包括房产、设备和办公用品等。其中房产又包括办公用房和生活用房。设备是指在一定期限内使用、不丧失原有使用价值形态的非一次性消耗的物品的总和,包括通常使用的桌椅、工具、仪器,以及现代化的办公自动化设施。办公用品是指使用一次后即失去效能的消耗性物品,包括笔、墨、纸张、日历等。物资设备是公共管理进行管理活动所必不可少的物质前提。

图书资料是指供公共管理成员阅览、查阅的各类书籍、报刊及其他信息载体,包括地图、字典、图表、报纸、杂志、音像材料等。图书资料是公共管理有效运转的一个重要保证。

经费是指由国家财政预算支出拨付给公共管理组织的行政事业费,包括人员经费和办公用经费两部分。其中,人员经费是指直接用于人员支出的各种经费,包括在职人员的工资、职工的福利费、职工的补助费、离退休人员的工资费用等;办公用经费是指用于行政管理的公务费、物资设备和图书资料的购置费、设备安装与修缮费等。经费是公共管理组织维持生存和开展活动的财力基础。

2. 公共管理的物质条件对公共管理的影响

1)人员决定公共管理的生存、结构与活动效率

人是公共管理的主体,离开一定数量的行政工作人员就不存在现实的公共管理。行政人员的有无及其数量直接决定着公共管理能否现实存在;而行政人员的质量与结构则直接影响公共管理的结构是否合理,影响公共管理运转效率的高低。在管理实践中,影响组织结构与效率的因素固然很多,但人员的素质和结构是其中决定性的因素。

所以,当代世界各国都十分重视对行政工作人员的选拔与培养,都十分重视各种类型的公务员的合理组合。

2)物资设备制约公共管理的活动及其效率

物资设备是进行公共管理的必要物质条件,是行政工作人员推行政务所必需的物质手段。没有最低限度的物资设备,公共管理的活动就会停滞;没有必要的物质手段,公共管

理工作就只能是"无米之炊"。

物资设备对公共管理的影响，不仅表现在物资设备的有无，直接制约着组织活动能否展开；还表现在物资设备的先进程度，影响着组织活动效率的高低。"工欲善其事，必先利其器。"当代公共管理，面对着结构复杂的社会，面对着多变的环境和急待处理的大量信息，迫切要求把公共管理建立在先进的物质基础之上，迫切要求尽快地实现办公自动化，利用现代的科学技术，不断地使部分人工的办公业务转化为人以外的物资设备的机械运动和电子运动，形成一个以人为中心，人、机械、电子装置相结合的人-机信息处理系统，从而高速地、准确地处理行政信息，开展公共管理活动。

在我国，物资设备的技术水平会促进或制约公共管理活动效率已为越来越多的人所接受，并在办公自动化等领域开始了自己的探索。

3）经费是影响公共管理全部活动的命脉

"财力庶政之母"，公共管理活动的开展，需要有财力上的保证，经费是公共管理生存与发展的基础。公共管理活动如果缺少人员经费，就必然导致人员外流、工作积极性下降，从而使公共管理陷于瘫痪甚至解体；公共管理活动如果缺少公务经费，就必然导致有关行政活动减少，甚至停止，从而制约公共管理活动的范围与能力；公共管理活动如果缺少设备的购置费，就必然导致急需的物资不能及时得到供应或维修，从而严重干扰公共管理效率的提高与目标的达成。总之，经费的有无、盈缺，关系到公共管理的生存与发展，关系到公共管理的整个工作状态。

4）图书资料影响行政人员素质及行政工作效率

图书资料是行政人员的精神食粮，为行政人员提供必要的图书资料，不仅能够提高他们的知识水平、改善他们的知识结构、转换他们的思维观念，从而提高他们的素质；还能够为行政决策及执行提供必要的理论与材料准备，从而提高行政管理活动的科学化水平。

2.2.2 制度条件对公共管理的影响

1. 公共管理的制度条件的含义

制度是调整人类社会关系的行为规范，包括法规、条例、规则、规章和章程等。公共管理的制度条件可分为公共管理对外行使功能的制度和公共管理内部自我管理的制度。本节所研究的是后者，即处于公共管理界限之内的有关组织行为的一系列法规、规章的总和，主要包括组织制度、领导制度、人事制度、办公制度、检查监督制度和岗位责任制度等。

组织制度，是规定公共管理组织的法律地位、机构设置、人员编制、职责权限、活动原则，以及对行政机关进行变更、撤销的程序等法律规范的总和。它包括宪法的有关部分，以及行政机关组织法、行政机关编制法、行政机关设置的程序法等。

领导制度，是规定公共管理组织的领导体制，以及领导者的产生方式、任期、职责、权限、决策和指挥活动等法律规范的总和。

人事制度，是公共管理组织关于人事行政（personnel administration）管理的规范，包括对行政工作人员的录用、考核、培训、交流、回避、奖惩、辞职、辞退、工资、福利、退休等一系列管理活动的具体制度。

办公制度，是公共管理组织内部开展行政活动的规程，包括行政机关责任制度、文书制度、会议制度等。

检查监督制度，是指公共管理组织内部对公共管理活动的工作人员的行政行为进行自身检查和监督的规章制度。

岗位责任制度，是指在公共管理组织内部的各个职位之间进行责权划分的制度，也就是根据每个行政机关的任务设置工作职位，进而确定职位的责权范围，充分发挥人的作用的管理制度。

2. 公共管理的制度条件对于公共管理的重要性

1) 制度使公共管理具有相对稳定性

任何社会组织一经产生，就需要具有一定的稳定性。稳定性是社会组织实现其既定目标和完成具体工作任务的必要条件。缺乏稳定性的组织，只能是一个目标不明、权责不清、结构紊乱和工作混乱的拼盘。公共管理组织作为管理国家政务和社会事务的庞大组织，需要更大的稳定性。它不仅要求职责、权限、职能、工作方式与程序基本稳定，而且要求性质、结构、体制上的基本稳定。公共管理组织要达到这种稳定，就必须依靠制度的保证，把各种标准、观念和规则规范化、固定化。离开制度的稳定，就不可能有真正的组织稳定。

2) 制度使公共管理具有统一性

公共管理作为一个系统，是由相互作用的许多个部分构成的。从机构的权限与管辖范围看，它有中央行政机关与地方行政机关之分，其中地方行政机关又可以区分为省、市、县、乡(镇)等多个层次。从一个行政机关内部的构成看，行政机关可分为领导机关、职能机关和辅助机关。结构复杂、规模庞大的公共管理要协调运转，必须在上下层级之间、左右部门之间保持某种一致性或统一性，即要求领导统一、计划统一、指挥统一、行动统一。而这种统一只有通过具有普遍约束力的宪法、法律和行政法规的规定，才能予以确定和得到保证。因而，制度可以使公共管理具有统一的规范，公共管理的统一性要由制度来保证。

3) 制度促进公共管理活动的法制化

公共管理对社会的管理是一种依法行政的执法活动，应当按照法律所赋予的权力执行法定的职责，依照法定的办事规则、程序进行管理。为了保证公共管理对外依法行政，公共管理的自身管理也必须依法进行。为此，要建立健全组织制度、领导制度、人事制度、办公制度、检查监督制度和岗位责任制度等，使公共管理的自身管理做到有法可依、有法必依、执法必严、违法必究。只有公共管理内部管理的法制化水平提高了，才能促进并保障公共管理对外活动的法制化。

健全的制度，在促进公共管理活动法制化的同时，也有利于克服公共管理中存在的官僚主义现象，防止公共管理成员以权谋私的腐败行为。官僚主义作为一种普遍存在的"组织病"，其最突出的表现形式就是长官意志，将长官的意志凌驾于法律制度上。产生官僚主义的原因很多，但其中最重要的根源就在于公共管理及其活动未能实现制度化。而腐败现象的产生，其根本原因之一也是违法行政。因此，通过建立严格的制度(尤其是人事制度和检查监督制度)，并认真执行这些制度，就能在最大限度内防止和克服官僚主义及腐败现象。

4)制度的健全、完善与否,影响公共管理的工作效率

影响行政效率的因素是多方面的,其中公共管理制度的健全、完善与否是一个极重要的因素。公共管理制度愈健全、愈完善,其工作效率就愈高;反之,工作效率就愈低。如果制度不完备、不健全,就会在工作中出现职责不清、权限不明等情况,从而导致各机关、各层次、各部门之间的争功诿过、公文旅行、踢皮球等现象,其结果必然大量浪费人力、物力、财力与时间,致使行政效率低下。所以,公共管理各项制度的完备程度直接影响到行政效率的高低。当然,制度的健全并不意味着规章制度的烦琐化,过于烦琐的规章制度也会降低行政效率。

5)制度的优劣影响公共管理的生存与发展

制度问题是公共管理中一个最根本、最具全局性的大问题,公共管理制度的好坏直接关系到能否最大限度地体现社会整体利益、能否有效地维护国家安定团结。好的公共管理制度能有效地代表社会整体利益,维护社会安定,及时地处理和缓解各种社会矛盾,最终使公共管理成为维护社会利益的有力工具;反之,则不能充分地体现人民的根本利益,不能长期地维持社会稳定,不能有效地处理各种社会矛盾,最终导致国家动乱、政权丧失和公共管理瓦解。鉴于制度的极端重要性,在公共管理的改革过程中,我们始终要把制度的完善放在重要地位。

2.2.3 人群关系对公共管理的影响

1. 人际关系对公共管理的影响

公共管理内部的人群关系包括人际关系、群团关系及组织摩擦等内容,这里首先研究人际关系对公共管理的影响问题。

1)人际关系的含义

人们在社会活动与社会交往过程中所发生的人与人之间的各种社会关系,通常被称为人际关系。公共管理中的人际关系是指公共管理内部各成员之间的交往关系。研究公共管理的人际关系,主要是考察公共管理中各级、各类人员之间的互相理解、互相信任、感情融洽、和睦相处的程度,及其对公共管理的影响。

公共管理内部的人际关系从人员的层次上划分,包括三个方面:一是行政领导者与一般行政人员之间的关系,这是决定一个公共管理组织是否有内聚力的关键;二是行政领导者相互之间的关系,这是决定一个公共管理组织团结或分裂的关键;三是一般行政人员之间的关系,这是整个公共管理是否团结一致的最终反映。

公共管理内部的人际关系,从内容上看,包括公共管理成员之间的相互了解、和睦相处和积极协作三层意思。相互了解是良好人际关系的基础,没有公共管理成员之间的相互了解,便谈不上他们之间真正地和睦相处,更谈不到工作上的积极协作。公共管理成员在客观上存在着各方面的个体差异,如在思想品德上,有优劣之分;在智力水平上,有高低之分;在性格上,有外向、内向之分;在爱好兴趣上,更是千姿百态、差异万千。在这种种差异中,要保证组织目标的共同认可,要谋求组织工作的协调一致,必须相互了解、求同存异。只有相互了解,才能相互理解,只有相互理解,才能相互谅解,从而才能真正地相互学习、相互照顾,以一种宽容的态度和睦相处;而只有和睦相处,才能使组织成员对

公共管理产生真正的归属感，才能自觉地相互协作，保证公共管理顺利运行。

2) 人际关系对公共管理的具体影响

第一，人际关系影响公共管理成员的素质与能力发挥。人际关系在公共管理中无时不在、无处不有，它犹如一个大染缸，可以把在其中生活、工作的组织成员染上不同的颜色、塑造成不同的形象。良好的人际关系，可以让组织成员热爱本职工作、勤于钻研业务，为其天赋和潜能的充分施展提供一个广阔的天地；使人们相互信任、相互帮助、相互学习、取长补短，能够催人上进、发奋图强，最终会把组织成员铸造成道德品质优良、心理健康、素质较高、能力较强的有用之才。相反，不良的人际关系，则使人厌恶本职工作、懒于学习业务，其天赋与创造力也受到压抑或扭曲；使人相互猜忌、互不信任、互相倾轧、争权夺利、假公济私、以权谋私，从而消磨人的斗志与工作热情。总之，它会把组织成员变成道德品质低下、心理不健康、素质与能力都较差的庸才。影响组织成员人格心态的因素是多方面的，外在的社会环境和整个社会的人际关系对公共管理成员的人格均有重要的影响，但公共管理内部的人际关系对其影响毫无疑义是最直接、最经常的。

第二，人际关系影响公共管理的内聚力。领导者与被领导者之间人际关系的好坏，是决定公共管理有无内聚力的关键。领导者独特的角色地位，使其握有行政权力，能代表公共管理组织对其他成员施加影响，并在相当程度上决定他们的晋级、升迁及个人全面发展机会。领导者与被领导者之间如果能相互理解、相互信任、感情融洽，领导者能合理、及时地满足工作人员工作与生活上的种种需求，领导者对下级能客观公允、举贤任能，不存私心，领导者个人品质好、素质高、能力强，具有相当的个人能力，那么行政工作人员就必然对本单位有感情，对自己的本职工作有兴趣，对自己的前途充满希望。行政人员也会热爱与拥护自己的领导，珍视组织的团结与发展。实践已充分证明，一个工作人员是否热爱自己所在的公共管理组织，在很大程度上取决于他与该组织领导之间的关系是否融洽。领导与普通成员之间关系紧张的公共管理组织是不可能有内聚力的。领导者相互之间的关系融洽与否，能否互相信任、支持，是决定某一公共管理组织团结或分裂的关键。现实生活表明，一个公共管理组织的团结，首先是领导集体的团结，领导的团结或分裂具有传染与放大的效应。领导者之间钩心斗角、你争我夺、相互拆台、幸灾乐祸的公共管理组织必然带来下级的仿效，形成不正常的派系争斗。在正式组织之外，形成相互敌对的非正式组织体系，用非正式组织的负面功能来削弱甚至取代正式组织的功能。所以，必须搞好领导班子的团结，使之成为组织团结的基础与榜样。公共管理中一般工作人员之间关系的好坏，是组织团结与否的最终表现。一般工作人员之间的关系是公共管理内部人际关系中最大量、最经常的关系，也是公共管理组织内聚力、吸引力强弱的直接表现。凡是有着良好人际关系的公共管理组织，其成员都对本组织有一种归属感、认同感，对本组织的事业充满热爱，组织成员都生活在一种信任、和睦、和平、进取的积极精神与心理状态之中。反之，组织成员则对本组织有一种厌恶与逃避感，对本组织的前途丧失信心。其结果是，人们将生活在一种猜疑、矛盾、不平、萎靡的消极精神与心理状态之中。

第三，人际关系影响公共管理的工作效率。行政任务不是依靠单个行政工作人员的个人力量，而是通过集体的分工协作来完成的，这就决定了人际关系的好坏将直接影响公共管理的工作效率的高低。一般来讲，良好的人际关系能满足组织成员的合理需要，调动其工作热情和积极性，有利于发挥其主动性与创造性，从而集思广益，保证行政决策的科学化、民主化，保证行政执行的快速与准确，这就使公共管理能有较高的效率；反之，则不能调动组织成员的工作热情和积极性，不能激发其参与决策的主人翁意识，不能保证其执行过程中的严谨与负责的态度，这样必将极大地降低行政效率。

2. 群团关系对公共管理的影响

1) 群团的含义

群团又叫群体、团体，它是指公共管理中为达到共同目标而相互依赖、相互作用的两个以上的人所组成的集合体。群团与公共管理中的职能部门既有联系，又有区别。职能部门是职位组合与人的组合的统一，而群团则主要是人的组合，强调其人际关系层面。

公共管理中的群团具有鲜明的特点：

第一，群团具有共同的目标。群团成员是由共同的利益、共同的兴趣、共同的任务，并通过共同的活动结合在一起的。

第二，群团成员之间具有特定的地位体系。群团成员在群团内部各自占有一定的地位，扮演一定的角色，执行一定的任务。

第三，群团成员相互依存。群团成员在心理上相互联系，在情感上相互影响，在行为上相互作用。

第四，群团也有其自身的组织结构与组织规范。

公共管理内部的群团是多种多样的，按照其构成的原则和方式，可划分为正式群团与非正式群团两大类。正式群团是根据法律、法规的明确规定而构成的群体，其成员有固定的编制，各成员的权力及职责都有明确的规定。非正式群团是指没有明文规定而由于人们的某些共同利益、共同情感、共同爱好而自发形成的群体，其目标、成员地位、组织结构与规范等皆无法律与正式文字的规定。非正式群团按其产生的原因不同，又可划分为利益群团和友谊群团两种。利益群团是指公共管理内部的某些人，为维护其共同的利益或达到相似的目标而自发形成的群团，是个人在共同利益基础上建立的一种自由结合体。友谊群团是指公共管理中的某些人，为满足其共同的情趣和感情需要而自发组织的群团。值得注意的是，非正式群团中利益群团与友谊群团的划分只有相对意义，在实际生活中，各种非正式群团之间既存在利益的需要，又存在友谊的需要。

正式群团与非正式群团之间的主要差别是：

第一，正式群团是有意识地建立的，非正式群团是自发建立的。

第二，正式群团的领导者是正式委任的，非正式群团的领导者则是自然形成的。

第三，正式群团中各成员的地位体系与其职位结构相一致，非正式群团中各成员的地位体系是在领导能力、资历、技能等因素的基础上自发形成的。

第四，正式群团有正式的组织分工和任务分工，非正式群团则没有正式的组织分工，只有自发的分工。

第五，正式群团的成员比较固定，非正式群团则有相对固定的成员，会有一定的变动。

2) 群团及群团关系对公共管理的影响

公共管理内部的群团，无论是正式群团还是非正式群团，根据其功能发挥情况都可以区分为有效群团与无效群团。任何一种群团都同时具有完成公共管理的任务和满足群团成员自身需要的两种功能，以及与其他群团建立良好关系。所谓有效群团是指：

第一，它能同时实现上述的两种功能。如果只能实现上述的第二种功能，或对两种功能均无法完成的群团，则为无效群团。

第二，它能与其他群团之间保持良好、和谐的群团关系。如果某一群团与其他群团之间缺少必要的良好关系，则为无效群团。

有效群团和无效群团对公共管理有不同的影响。有效群团由于其利益和目标与公共管理的利益和目标相一致以及其良好的群团关系，各个群团成员能心情舒畅、积极地工作，因而它有助于公共管理目标的实现和整体效率的提高。无效群团则由于其利益和目标与公共管理的利益和目标不一致，或不完全一致，以及其不良的群团关系，妨碍群团成员的工作热情与态度，进而妨碍公共管理目标的实现和整体效率的提高。

3) 非正式群团对公共管理的影响

公共管理内部客观存在的非正式群团是一种非法定的、不稳定的人的组合，其产生的必然性和对公共管理的重大影响，长期以来不为人们所理解和重视，甚至还存在某些误解。因此，关于非正式群团对公共管理的影响问题，这里有必要进行单独的考察。

非正式群团对公共管理的积极影响主要表现在以下三个方面：

第一，非正式群团能够帮助行政领导全面、及时地掌握信息，非正式群团可以提供许多从正式群团中无法获得的情报和信息，有助于行政领导了解公共管理内部各层级、各部门之间的情况与人的情绪动态，便于公共管理领导者熟悉整个组织的全面情况，对其各种职能活动进行有效的调节与控制，从而保证整个组织系统的有序运转。

第二，非正式群团可以增强公共管理的内聚力。非正式群团成员之间的相互信任和帮助，能使成员在感情与友谊上得到满足。这在客观上往往使其对本组织产生好感，从而增强公共管理的凝聚力。

第三，非正式群团可以弥补正式群团的不足，促进公共管理工作效率的提高。非正式群团可以满足组织成员在正式群团中无法得到的某些需求。非正式群团对其成员的友谊、心理与发展等需求的满足，能解除他们在心理上的紧张与单调感，激发其生活的热情与工作的积极性，从而也能推动行政效率的提高。

非正式群团对公共管理的消极影响主要表现在以下三个方面：

第一，抵制正式群团的目标和政策，妨碍公共管理目标的实现。在大多数情况下，非正式群团不反对正式群团的目标和政策，然而在某些特殊情况下，当正式群团的任务与目标妨碍非正式群团成员的利益与需求时，它们有可能集体抵制正式群团的目标和政策，进而危及整个公共管理目标的顺利实现。

第二，反对变革和创新，妨碍公共管理的自我发展与完善。公共管理的变革和创新意味着行政职位的变换与调整，意味着群团成员政治和经济利益的变化。因此，某些既得利益者就必然要站在个人或非正式群团的立场上来反对变革、反对发展，其实质是要维护旧的权力与利益关系。

第三，破坏公共管理内部的团结与纪律。非正式群团内部的信息流通具有自由性、非正式性，若处理不当，则常会成为谣言的孵化器与传播基地，从而影响公共管理内部的团结。另外，非正式群团为了满足本群团成员的某些特殊的、不合理的个人需要，也可能违反公共管理的规章制度，甚至直接利用行政职位赋予自身的权力来谋取个人或小群团的私利。这就破坏了公共管理的纪律和制度，损害了组织的形象。

综上所述，非正式群团的产生与存在是一个客观的事实，它既能给公共管理以积极的影响，又能给公共管理以消极的影响。公共管理的领导者应该正视非正式群团的存在，注意最大限度地发挥其积极作用，同时尽一切力量来约束或减少其消极作用。

2.3 公共管理外部环境

2.3.1 公共管理外部环境概述

公共管理外部环境主要是指公共管理主体之外的、对公共管理产生影响的各种因素的总和，如自然因素、政治因素、经济因素、文化因素等。由于人们对公共管理主体自身一切要素的研究扩展而言均属于内部环境之列，因而通常所说的公共管理环境主要是指其外部环境。这里需要明确两个问题：一是对公共管理内部环境和外部环境的划分并不具有绝对的性质。尽管特定的公共管理有其特定的边界，但由于组织系统独立性与联系性并存的特点使然，不同类型的公共管理之间可能会出现外部环境的关系。例如，相对于政府组织而言，其他类型的公共管理就可能成为其外部环境；即使是同一公共管理内部的不同部门之间，在彼此关系上也有外部环境的属性存在。二是有些客观存在的环境因素，虽然从理论上说应该与公共管理有一定的联系，但由于其对公共管理本身及其活动没有发生直接的作用和影响，因而就不在公共管理的环境之列。

公共管理与其外部环境是一种相互依存和相互制约的互动关系。一方面，外部环境决定和影响着公共管理；另一方面，公共管理也影响或制约着它周围的外部环境。不同的环境会对公共管理产生不同的作用，提出不同的要求，公共管理也会对不同的环境要求做出不同的应对，对环境做出符合自己需要的选择，并反作用于环境，从而表现为一个互动的过程。公共管理的外部环境十分复杂，其类型也多种多样，在此，采取综合划分法，以内容划分为主体，同时适当采用区域划分法，从自然环境、政治环境、经济环境、文化教育环境、科学技术环境和国际环境这几个角度来对公共管理的外部环境进行分析。

2.3.2 自然环境

自然环境是指与公共管理系统发生密切联系并与之进行物质、能量和信息交换的外部自然条件。自然环境主要包括地理环境、生态环境和宇宙环境。自然环境与一定的公共管理系统发生着这样或那样的联系，影响着公共管理的过程及其结果。构成自然环境的显然不是无边无垠的整个自然界，而是与公共管理直接或间接相关的那一部分自然界。自然界的哪些部分进入公共管理的自然环境的范畴，是随着历史的进展而不断地改变着的。

自然环境对人类社会的发展具有重要作用。例如，自然资源比较丰富的地区，人类获取财富就相对较为容易。中东地区石油资源十分丰富，中东产油国的国民财富就增长得比较快；而资源比较缺乏、气候相对比较恶劣的蒙古等国家，其经济的发展就十分缓慢。但是，自然环境现在已经不是人类社会发展的决定因素。例如，国土狭小、自然条件并不优越的日本、以色列等国家，就克服了自然环境的制约和限制，使国民经济得到了较大的发展。缺水干旱的以色列发明了农业生产的滴灌设备，对本国的农业生产起到了积极的推动作用。这说明人类已经可以克服自然环境的限制，使自身社会得到良好发展。

公共管理的任务就在于科学地认识本国、本地区的自然环境，合理地配置和改造环境资源，在利用环境资源创造经济效益的同时，注重环境资源的保护和可再利用，真正实现双赢。

2.3.3 政治环境

广义的政治环境，是指影响和制约公共管理实现其功能的各种政治因素，包括国家制度、政党制度、法律制度、选举制度、官吏制度、公共政策等方面。政治环境与公共管理的关系最密切、最直接也最复杂，有什么样的政治环境就会产生与之相适应的公共管理，当然，公共管理对政治环境也会产生影响。具体来讲，公共管理的政治环境内容主要包括以下几个方面。

1. 国体与政体

国体就是社会各阶级在国家中的地位。它说明的是一个国家究竟掌握在哪个阶级手里，即由哪个阶级来管理国家的问题。我国是工人阶级领导的以工农联盟为基础的人民民主专政的国家，人民是国家的主人，通过各种途径和形式管理国家事务。这是我国国体的基本特征。

任何国体都有与它相适应的政体。所谓政体指的是政权构成的形式问题，即占统治地位的阶级采取何种形式去组织反对敌人、保护自己的政权机关。国体与政体的关系，也就是内容与形式的关系。内容决定形式，国体决定政体。

从政治制度的角度看，一个国家实行民主政体还是专制政体，就是政治环境中对行政活动起重要影响的因素。如果是专制政体，那么它的行政活动总是围绕着独裁者的利益来进行，缺乏民主，为政腐败，使行政活动失去应有的生机和活力，行政效能低下；反之，民主政体就为行政活动的开展创立了一个良好的环境。

2. 政党政治

当今世界各国大都实行政党政治。因此，公共部门公共关系活动与政党政治的关系极为密切，也是影响其活动的因素之一。政治权力的行使，在正常的情况下都是通过政党政治实现的。执政党的主要作用就是通过组建政府、制定政策来实现国家权力。

3. 法律制度

法律制度系指由国家制定或认可，体现统治阶级意志，以国家强制力保证实施的行为规范的总和，是管理国家事务的法律依据。它包括制定法律和执行法律两个方面。拥有立法权的国家机关依照法定程序制定完备的法律是公共管理活动开展的根本依据；以执行为主要职能的行政机关依法办事是公共管理的根本保证。

政治环境是对公共管理影响最直接也是最大的环境，必须积极营造民主、法治的政治氛围，从而推动公共管理的发展；同时，公共管理活动的不断发展，也会推进政治的民主化、法制化进程。

2.3.4 经济环境

经济环境主要是指特定的经济制度和结构、经济实力和发展水平、经济利益等因素。经济环境对公共管理有着重大的影响,从世界各国的公共管理情况来看,一般而言,经济发达国家和地区的公共管理效率较高,非政府组织比较发达,政府职能相对单纯一些,政府管理的制度化、规范化、现代化、电子化程度较高;而在经济不发达的国家和地区,非政府组织比较不发达,公共管理的效率相对较低,政府管理的制度化、规范化、现代化、电子化程度较低,政府管理的随意性、主观性较大,往往出现较多的混乱和动荡,腐败盛行。

1. 经济制度

经济制度包括财产所有制形式、公共财政收入的渠道与征收手段、国民收入的分配与再分配形式、公民个人的收入来源及形式、社会保障体系的建立情况、市场体制等。

财产所有制形式是经济制度中一项十分重要的内容。财产所有权是指所有人依法对自己的财产享有占有、使用、收益和处分的权利。财产所有制主要是指人们对生产资料的占有形式(个人私有制、集体所有制、国家所有制、混合所有制等),是生产资料以及利用生产资料所生产的成果归谁占有、由谁支配的经济形式。它是一定社会生产关系的基础和核心。所有制作为人们对生产资料和劳动产品的占有关系,是社会物质资料生产的前提,存在于任何社会之中。财产所有权包括占有权、使用权、收益权、处分权等。财产所有权的取得有原始取得和传来取得(买卖、交换、赠予、受赠等)两种形式。我们一定要认清所有制形式及其实现方式,科学地进行公共资源的分配与利用,提高社会资源利用的效益与公平程度。

公共财政收入的渠道与征收手段、国民收入的分配与再分配形式、公民个人的收入来源及形式、社会保障体系的建立情况、市场体制等对公共管理也有着巨大的影响。例如,如果社会保障体系比较健全,国家公共财政实力强大,那么就可以给公民提供更多的社会保障,各项社会经济改革措施也会顺利进行;反之,改革措施就难以进行,或者会遇到很大的困难。我国经济发展水平不高,社会保障体系处于起步阶段,还有许多不够完善之处,国家的经济实力有限,要想向社会提供全面的社会保障,尚需要做很大的努力。

2. 经济发展阶段

由于历史、原有基础、居民素质、自然条件等不同,各个国家可能会处于不同的经济发展阶段。经济学家罗斯托提出了"经济成长阶段论",把世界各国的经济发展归纳为五个阶段,即传统社会阶段、起飞前的准备阶段、起飞阶段、迈向成熟阶段、高速大量消费阶段。有的学者和政治家将世界上的国家分为发达国家、中等发达国家和发展中国家(或者叫不发达国家)。一个国家某个时期只能处于一个发展阶段,具有这一阶段的经济特征。但是,当一个国家处在转型时期,即处在从一个经济发展阶段向另一个经济发展阶段转变的时期时,它就同时具有两个经济发展阶段的特征。

不同的经济发展阶段对公共管理有着不同的影响。一般而言,经济发展阶段较高的国家,公共管理的法制化、制度化程度较高,政府对市场的干预相对较小,非政府组织相对发达,对政府的公共管理职能的发挥进行了有价值的补充和发展。而在经济发展水平不高的国家，政府管理的范围广泛，非政府组织不够发达，甚至处于非法状态，致使政府不能完全承担社会公共管理职能，又缺乏非政府组织来进行补充，因而政府职能出现"缺位"；有时政府又管了不该管的事，出现了政府职能的"越位"；有时政府对自己的公共管理职能定位不准，管理方式和管理手段存在失误，出现了政府职能的"错位"。作为公共管理工作者，要认清所处的经济发展阶段的特点，确定适合这一发展阶段的公共管理目标，制订相应的公共管理工作计划，促进社会经济协调、可持续发展。

3. 经济收入

经济收入是构成经济环境的重要因素，经济收入包括国民收入、个人收入、可支配个人收入、可自由支配个人收入等。国民收入是指一个国家在一定时期（一般以一年为一个统计周期）内新创造的价值的总和。以一年的国民收入总额除以总人口，就得到了人均国民收入。人均国民收入可以反映一个国家的经济发展水平。个人收入是指个人从各种来源得到的经济收入。从国民收入中扣除企业上缴税金、未分配利润、社会安全支出、转移支出等之后，就是个人收入。个人收入的总和除以总人口，就是个人平均收入。各个地区的个人平均收入、个人收入总额，可以用来衡量当地消费市场的容量。个人平均收入反映居民的富裕程度。从个人收入中扣除个人税、公债等，即为个人可以用于消费支出和储蓄的可支配个人收入。可支配个人收入扣除最低生活必需支出后的剩余部分，即为可自由支配个人收入。

经济收入的高低，对公共管理有着一定的影响。国家财政收入如果比较充实，就可以为社会提供比较多的公共产品和公共服务；国家财政收入如果很少，就不可能为社会提供比较多的公共产品和公共服务。城乡居民的个人收入如果比较高，那么国家的税收也就会比较多，公共财政就比较充实；反之亦然。

经济环境是公共管理环境中最基本的要素，经济基础决定上层建筑的性质，使得经济环境对公共管理的性质、原则及其活动方式具有决定性的影响作用。公共管理应该从实际出发，加强对经济环境的研究，特别是要重视对本国生产力状况以及由此而决定的经济制度的研究，努力创造一个优良的相对稳定的经济环境。

2.3.5 文化教育环境

文化教育环境是指影响公共管理系统的人文与教育因素的总和，包括文化及亚文化群、宗教信仰、习俗、价值观念、道德规范等。

1. 文化及亚文化群

文化的概念非常复杂，至今尚未出现一个被人们广泛接受的"文化"概念。不过，一般来说，文化是一个综合体，它包括观点、习俗、道德规范、价值观念，以及表现人类行为的符号和具有历史继承性的人类行为模式等。文化也是在变迁的，文化变迁的速度比社会变革的速度要慢。而且，各个文化因素的变化差别很大，有的文化因素变化很慢，甚至在几十年、几百年间也觉察不出其变化，这类文化就是核心文化。文化因素是在社会因素的影响下形成的，它本身也是一种社会影响因素。

每个人群都有其社会传统，其知识、信仰、习惯与生存方法均不相同，因此每个人群、每个社会都有其独特的文化系统。这样，在同一社会文化环境下的人群，往往会由于文化的某一方面存在着差异,构成不同的"亚文化群"。例如,青少年、歌迷、足球迷、知识分子等,都可以看做一个亚文化群。

文化及亚文化群的存在,对公共管理有多种影响。例如,一些狂热球迷的存在,就对政府组织大型体育比赛在管理上提出了更多要求,政府要考虑比赛场地的安全、观众的安全等。现在,每当一些大型的足球比赛要举行时,特别是一些比较敏感的比赛场次,政府部门都如临大敌,周密安排保安工作,调集许多警察甚至军队进行防范。

2. 宗教信仰

宗教信仰是社会意识形态之一,它相信并且崇拜超自然的神灵,是自然力量和社会力量在人们思想意识中的歪曲和虚幻的反映。宗教信仰产生于原始社会,当时生产力水平极为低下,人们还无法改变和控制自然力量,幻想以祈祷、祭献或者巫术来影响主宰自然界的神灵,形成最初形式的宗教仪式。在人类历史上,由于各种社会形态和政权形式的出现、交错与更迭,以及各种自然环境和社会环境的影响,就陆续出现了各种不同内容、形式的宗教体系,形成了不同的宗教。目前世界上影响较大的宗教主要有佛教、基督教、伊斯兰教等。在长期的历史发展中,在宗教方面也形成了具有约束权力的宗教机构(如教会等)和权威性的宗教领袖,而各种教条、教规、仪式等也更加完备。在某些宗教色彩比较浓厚的国家,宗教组织具有很大的势力和影响力,有时其权威性可以超过国家权力(包括议会和行政当局)。例如,在伊朗,伊斯兰教最高精神领袖的权威比总统和议会议长的权威都要大得多。在这种国家,无论是政府管理还是非政府组织的活动,都受到宗教因素的极大影响。在发达国家,宗教的力量虽然没有在其他国家那样大,但是也有不容忽视的影响力。

文化因素属于上层建筑的范畴,是由其经济基础决定的,但文化因素作为社会意识形态又具有历史沉淀之特性,使得文化因素可以在某种程度上超越物质经济时代,从而对经济基础和政治上层建筑产生影响。各国历史发展有不同的特点,形成了不同的文化传统,给各国公共管理活动的观念和方式带来了不同的影响。

2.3.6 科学技术环境

科学技术环境是公共管理环境中科学技术因素的总和。科学技术是一个比较大的概念,科学与技术所包含的内容有很大的区别。两者最大的不同在于,科学的目的是为了追求真理,以求人类对自然界和社会界认识的进步,而技术的目的则在于追求新产品以及老产品的新功能和新用途。科学技术的发展对社会生活的各个方面有着很大影响。科学技术的每一次进步都给人类生活带来了极大的便利。科技的影响,形成以50年左右为一个周期的科学技术长波。第一长波(1790~1842年)经济发展的动因是纺织与炼铁;第二长波(1842~1897年)经济发展的动因是以铁路建设为中心的蒸汽机技术和钢铁技术的推广;第三长波(1897~1945年)是以电力工业为标志,化学工业与汽车工业技术大发展的时代。现在人类社会已经进入第四长波时期,电子技术、材料科学、生物工程的巨大进步给经济发展带来了极大的发展动力,极大地改变了并且仍然在改变着人类社会的面貌。

科学技术对公共管理也有着重大的影响。以公共管理中的信息沟通与传递为例,在古代,传递信息的方式是邮驿传送、飞鸽传书、烽火传递等。公元前490年,雅典在与波斯军队的战斗中获得胜利，为了将胜利的消息及时告知雅典人民，统帅派出了长跑能手斐力庇第斯从马拉松平原前往雅典传信。斐力庇第斯飞快地从马拉松跑过42千米左右的路程，到达雅典中央广场，向人们说了一声"大家欢乐吧，我们胜利了"，就倒在地上牺牲了。奥林匹克运动会中的马拉松长跑项目就是为纪念这位长跑能手而设立的。随着科学技术的进步，传递信息的方式也在不断发展和进步。中国宋代开始出现刊载官方公文的报纸。后来一些国家开始使用电报、电话传递信息，再后来出现了广播，后来又出现了电视。随着互联网技术的应用，一些国家陆续开始使用互联网传递公共信息，通过互联网进行公共管理。通过互联网进行政府信息传递、办理公共管理事务，被称之为电子政府或者叫电子政务。美国为了适应互联网的出现，对1966年的《情报自由法案》进行了修改，于1996年在国会通过了《电子的情报自由法案》。

科学技术特别是发展高科技，将成为经济发展的决定因素。许多国家以寻求本国经济技术发展为战略中心，制定了雄心勃勃的科技发展规划，加强对科技的投入，以加快科技的发展，促进经济的腾飞，提高本国的地位和竞争能力。当代的公共管理必须将科技作为重中之重。

2.3.7 国际环境

国际环境是以国别区域作为标准来对影响和制约公共管理的因素进行分类的，它是指影响和制约国内公共管理的全球性的各种因素的总和。构成这一国际环境的主要是国际的政治、经济和文化因素等。

国际环境包括国际社会环境和国际自然环境。国际环境是一个国家公共管理活动所处的外部条件，是一个国家变化发展的外因。因此，国际环境中各要素的变化发展，特别是社会的政治、经济环境因素的变化发展，会直接或间接影响一个国家的公共管理活动，其影响作用的大小则取决于一个国家对这种变化发展的输入—转换—输出的程度和平衡状况。

公共管理的国际环境是当代影响和制约公共管理的一个极为重要的因素，因而高层公共管理者必须确立一种"国际"观念，注意国际政治、经济和文化因素对国内公共管理可能产生的影响。只有将生态、政治、经济和文化因素以及公共关系因素综合分析，将国内环境与国际环境的影响通盘考虑，才能适时制定出正确的公共管理政策，选择科学的管理手段和方法，提高公共管理的绩效，增进社会公共利益。

公共管理的外部环境多种多样且复杂多变，必须对其进行认真分析，根据其外部的具体环境进行公共管理活动，并需要用发展的眼光看待问题，随着外部环境的变化不断调整管理措施，使公共管理有序、有效、稳定地进行。

2.4 我国当前公共管理环境面临的机遇与挑战

21世纪生产力飞速发展，社会发生了重大变迁，科学技术得到重大突破，信息技术和通信技术进步迅速，社会各个方面的联系日趋加强，我国的国内和国际环境都在不断变化，给我国的公共管理提供了新的机遇，同时也提出了新的挑战。

2.4.1 我国当前公共管理国际环境面临的机遇与挑战

1. 经济全球化是把"双刃剑"

当前以信息技术为代表的科技革命突飞猛进，知识与技术更新周期大大缩短，科技成果以前所未有的规模与速度向现实生产力转化。经济全球化趋势加快，世界市场对各国经济的影响更加显著，国际竞争与合作进一步加深。思想观念不断更新，各种文化交流日益扩大，开放意识、竞争意识和效率意识明显增强。经济全球化是一把"双刃剑"，对我国既有正面影响，也有负面影响。经济全球化给我国公共管理带来的是机遇与挑战。首先，我国可以更好地引进外资、先进技术和先进管理经验，扩大商品市场，促进我国产业结构调整，推动我国经济发展。其次，经济全球化使各国经济同世界经济的联系更为密切，各国国内经济的稳定将不仅取决于本国国内因素，更大程度上要受到国际因素的巨大影响，会对我国的经济主权和经济安全带来一定的危险；现行的全球经济运行规则不尽合理，大多有利于发达国家，导致利益分配不平衡，这就有可能进一步扩大我国与发达国家的贫富差距。

面对全球化的利与弊，我国在公共管理方面必须加以重视。首先，必须坚定不移、积极主动地参与到经济全球化当中去。经济全球化是生产力发展的客观必然，是世界经济发展的历史潮流，它不是某个国家或者某类国家的政策选择，而是跨世纪国际经济关系变化的总体趋势。如果我们否认乃至拒绝它，既非历史唯物主义观点，也会给我国经济发展带来极大的危害。闭关自守必然导致落后，我国在这方面有过惨痛的历史教训。因此，我们应当解放思想，更新观念，顺应历史潮流，积极主动地参与经济全球化。目前，我国已是一个举足轻重的贸易大国，但是对外投资和跨国经营发展却比较缓慢，对外投资量尚不到世界对外投资的1%，这既与我国经济的总体发展和引进外资的规模不相称，也表明我国在国际分工中处于不利地位。因此，我们应该充分利用加入世界贸易组织（World Trade Organization，WTO）这一机遇，一方面要发挥现有技术优势，扩大对有关国家的直接投资；另一方面，对于发展成熟的劳动密集型产业，可以考虑转移到发展中国家去生产。其次，我们必须把重点放在发展本国经济上，独立自主，自力更生。我们参与经济全球化应对其风险保持清醒的认识，要有步骤、有计划地推进。另外，我们要注重科技发展和人力资源培养战略，实施"科教兴国战略"。科学技术在全球的高速发展和加速传递，为发展中国家经济体制和经济增长方式的转变提供了机会。我国可以从发达国家那里吸取技术发展的宝贵经验和教训，可以根据客观需要和现实可能，直接从比较高的起点开始，在技术水平、生产组织形式等方面利用和借鉴一些现代化国家已有的较为成熟的文明成果。在全球化浪潮中，我国必须与发展中国家积极合作，努力创造公平、平等的国际新秩序，减小与发达国家的剪刀差。

2. 和平与发展是时代的主题，但局部的不安定因素依然存在

和平与发展是我们时代的主题，是现代国际环境的基本趋势和主要特点，构成我国现阶段国际公共管理环境的一个重要特点。所谓和平，是指世界相对和平，局部战争虽然不断，但无世界大战；所谓发展，是指经济发展和社会进步成为世界各国的主流，社会政治制度的变革退居次要位置。我们可以利用这种较为稳定的国际环境，稳步地推进我国政治体制与行政管理体制的改革。我国的政治体制改革与行政管理体制改革需要一个稳定的国际环境，而目前正具备这种环境。在这种环境下进行改革，可以避开国际形势动荡对国内改革产生的冲击，将改革可能遇到的国际风险降到最低程度。

当前的国际形势是以和平与发展为主题的，但是，我们应该看到局部的对抗与矛盾依然存在，巴勒斯坦问题仍然悬而未决，伊拉克重建困难重重，前苏联的东欧地区部分国家的"颜色革命"也分外引人关注，突尼斯、埃及、利比亚统治者被人民推翻，令人深思，最近朝鲜核问题又起风波等，这些都给世界的和平带来了课题。其中还有许多对我国不利的因素。首先，我国与一些国家的关系存在摩擦，如美国等一些西方国家仍然仇视社会主义，经常以人权等问题为借口，干涉我国内政；还不时地制造"中国威胁论"，破坏我国在国际上的形象；美国等为了自身利益，还不时地向我国台湾地区出售武器，极力阻碍我国的统一大业。其次，我国的一些周边国家与我国存在领土纠纷，存在发生冲突的可能性。这些国际环境中的不稳定因素都给我国造成了一定威胁。另外，恐怖组织和右翼势力在国际舞台上表现猖獗，如"东伊运"组织在新疆事件的前后一直暗中通过宣传和鼓噪，挑拨汉族和维吾尔族人之间的仇恨，对暴力行为进行煽风点火。日本右翼势力活跃，近些年还出现了掩盖和美化日本侵略的教科书事件；内阁总理大臣、各省大臣以及国会议员参拜供奉有甲级战犯的靖国神社；一再修改日本法律，容许日本自卫队出国参与军事行动，容许日本海上自卫队在领海内和公海上首先开火等，这些标志着日本已经从第二次世界大战后的和平宪法中摆脱出来，使日本强大的军事实力不受束缚。这些都对世界特别是亚洲及我国的和平构成了严重威胁。面对国际环境中的局部不安定因素，我国在公共管理过程中应该学会在对抗中合作、在合作中对抗。一方面，我国应该加强国际合作，联合各国力量共同打击恐怖主义和右翼势力，维护世界和平；另一方面，我们应该坚决维护我国的主权与领土完整，不容许他国干涉内政，对侵犯我国领土和主权以及阻碍我国全面统一的行为予以打击。

3. 信息技术革命催化公共管理的改革

20世纪80年代以来，信息技术和网络技术在全球范围内加速发展，对社会结构、管理模式、价值观念等产生了全方位的冲击和深层次的震荡。以信息技术为核心的新科技革命是全球公共行政变革的重要动因。在信息技术发展的影响下，传统的公共管理模式正在被新型的公共管理模式所取代，这一变化是全面而深远的。首先，信息技术对传统意义的国家治理提出了严峻的挑战，主要表现在：低成本的交互传播瓦解了统一舆论，影响公众的认知、判断及情感体验方式；互联网技术正逐步淡化公民的民族国家意识；虚拟社区（社团）和网络政治组织的大量出现改变了政治参与方式；等等。其次，随着信息网络的普及，信息技术也为公共管理发展提供了新的契机，如创新了公共管理技术，优化了公共管理环境，重塑了公共管理价值观等。总之，在信息社会，知识与信息是基础，创新是灵魂，高技术是支柱。在信息社会的各种要素，尤其是知识与信息网络的合力作用下，公共管理发展已发生了超越性的创新与变革。在世界信息技术革命的大背景下，我国的公共管理必须顺应大潮流，一方面利用先进技术，提高管理效能；另一方面要注重信息安全立法，并做好信息公开的工作。其中重点之一就是加强电子政务建设。

电子政务又称政府上网过程。它是指利用信息技术行使政府职能、网上办公和为市民服务。在世界各国积极倡导的"信息高速公路"领域中，电子政务被列为首位。政府信息化是社会信息化的基础。电子政务的作用和意义是使政府精简、灵敏、反应迅速和决策有力。1998年，由中国电信、国家经济贸易委员会（简称国家经贸委）经济信息中心和四十多家部委（办、局）信息主管部门倡议发起，联合信息产业界的各方面力量协作的"政府上网工程"正式启动。"政府上网工程"的主站点 http://www.gov.cninfo.net 和 http://www.gov.cn 均已开通，它标志着"政府上网工程"进入了实施阶段。我国电子政务的发展可以分三步走。第一步，从中央到地方各级政府尽快实现在网上亮相，将政府的基本信息，如机构设置、政策法规、规范文件及公共数据库等信息资源在网上定期发布和更新。第二步，将政府对外服务项目在网上公布，如把办理护照、海关报关、报税、申请许可证、办理工商登记等业务办理指南搬到网上，为社会各界提供方便。第三步，进行各种网上业务的受理，如在网上进行电子报关、报税、办理护照、申请许可证等活动，以便达到网上受理的目标。在实施上述三步的同时，逐步把各级政府从横向和纵向上连接起来，形成一个政府大网，最终实现整个国家的"电子政务"。

2.4.2 我国当前公共管理国内环境面临的机遇与挑战

1. 地大物博，人口众多，人均占有量小

我国国情的基本特点是国土面积大、资源丰富、人口众多。我国的陆地国土面积为960万平方千米，居于世界第3位；资源总占有量大，处于世界前列；人口达13亿多人，为世界之最。我国的人均资源占有量偏小。我国陆地国土总面积虽然居于世界第3位，但人均面积仅相当于世界人均土地的1/3；我国耕地面积为12 823.31万公顷，人均耕地仅是世界人均耕地的43%，不到加拿大的1/15，只有印度的1/2；我国水资源总量为28 124亿立方米，总量居世界第6位，但人均拥有量仅相当于世界人均拥有量的1/4，居世界第109位；我国矿产资源虽总量丰富，但人均占有量仅为世界人均水平的58%，居世界第53位。基于这一情况，我国在进行公共管理活动时必须考虑到自身特定的自然环境，合理开发利用资源，树立人均观念；注重新能源的开发、可再生资源的替代和不可再生资源的节约。另外，我国的人口总数虽然比较大，但是人口密度并不算高，根据2006年联合国的统计数据，对世界人口超过5000万人的23个国家的人口密度排名，我国人口密度为每平方千米126人，排在第11位，比日本、印度、英国、德国等国都低，我们不能把我国现行的问题都归结在人口多上。过去片面强调人口多的优点是不对的，现在如果把我国存在的问题都归结到人口多上也是不全面的。应该把重点放在深化教育改革、不断提高人口素质上，从而化劣势为优势，使人力资本成为推动我国经济社会发展的强大动力。

2. 社会生产力发展水平比较低，处于社会主义初级阶段

我国现阶段社会生产力发展水平还比较低，我国处于并将长期处于社会主义初级阶段，这是我国的基本国情。与世界一些国家相比，我国国民经济发展水平还有很大的差距（表2-1）。

表 2-1　2010 年中国国民经济发展水平与世界部分国家比较表

国家	国民总收入/百万美元	人均国民总收入/美元	与中国人均国民总收入之比
美国	14 600 828	47 140	11.1∶1
中国	5 700 018	4 260	1∶1
日本	5 369 116	42 150	9.9∶1
德国	3 537 180	43 330	10.2∶1
法国	2 749 821	42 390	10.0∶1
英国	2 399 292	38 540	9.0∶1
意大利	2 125 845	35 090	8.2∶1
巴西	1 830 392	9 390	2.2∶1
印度	1 566 636	1 340	0.3∶1
俄罗斯	1 404 179	9 910	2.3∶1
菲律宾	164 532	2 050	0.5∶1

资料来源：世界银行数据库

我国处于社会主义初级阶段的基本国情，是我国制定路线、方针、政策的根本依据。社会主义初级阶段理论的提出，使我国国情有了明晰、科学的定位。这一理论既规定了我国的社会主义社会性质，又反映了脱胎于半殖民地半封建社会的还不成熟的社会状态。这对于明确公共管理工作重心，制定科学的公共管理目标体系，形成与现代管理相适应的价值观念、行为模式和管理手段具有指导意义。我们必须根据这一客观情况，在生产力还比较低下的环境下，在公共管理过程中实事求是，在已有的基础上继续以经济建设为中心，寻找一条中国特色的社会主义发展道路。

3. 政治民主化、法制化进程加速，政局较为稳定，但仍存在一些不和谐因素

我国已建立起社会主义的国家政权，共产党作为执政党处于我国政治生活的核心地位，人民代表大会日益发挥其作用，法制建设日臻完备，政治体制改革不断深化，国家公务员制度不断完善，政治民主化、法制化进程日益加快，政局相对稳定等，这些为我国公共管理活动提供了坚强有力的政治保障。但是，我国在政治上仍存在一些不足之处和不安定因素。首先，我国的根本政治制度还需不断完善，人民的民主权力还有待于进一步加强，有法不依、违法不纠的情况仍然存在，党政不分、政企不分、政社不分、政事不分的状况还没有得到根本性的解决，干部队伍中的腐败现象还在蔓延等。其次，我国仍存在许多不安定因素，且近期有所升级。一些国家分裂分子如台独势力等依然存在，反对国家统一；藏独势力、新疆恐怖分子等逐渐抬头，并制造了一些极端恐怖事件，企图破坏国家统一，如 2008 年西藏"3.14"打砸抢烧事件、2009 年新疆乌鲁木齐"7.5"打砸抢烧严重暴力犯罪事件等，给国家和人民带来了巨大损失。近期的一些公共群体事件的频发，也造成群众和政府关系出现紧张，社会出现不稳定，如 2008 年 6 月 28 日发生的贵州瓮安事件、2008 年 7 月 19 日云南省孟连县发生的暴力冲突事件、2012 年江苏省启东市发生的群体性事件等，这些对我国的公共管理和国家的建设事业都产生着重大的影响。我们应该在大局势稳定的形势下不断推进政治体制改革，保障人民民主，加强法制建设，深化监督体制，提高政府效能和人民权利，杜绝腐败；我们必须坚持国家统一，坚持民族团结，坚定地与分裂势力做斗争；同时还应不断转变政府职能，建设服务性政府，提高政府公信力。

4. 经济体制改革成就显著，但社会差距大

通过经济体制改革，我国实行了以社会主义公有制为主体、多种所有制经济成分共同发展的所有制结构，实行了以按劳分配为主体、多种分配方式并存的分配制度，确立了社会主义市场经济体制，划清了政府与市场在资源配置上的不同功能和相互关系，经济管理体制改革取得了突破性进展，确立了分税制的财政体制。国民经济市场化、社会化范围不断扩大，城乡人民生活水平不断提高，各项社会事业全面发展，综合国力不断增强。但社会生产力水平仍然很低，国民经济结构不合理，地区和部门之间发展不平衡，人口结构、产业结构、消费结构、技术结构等内部及相互之间的比例不合理，东部和中西部地区经济发展差距不断拉大，产权关系不明晰、政企不分和政经一体的现象仍然存在，国有企业改革尚未完成等。解决好这些矛盾和问题，是我国政府今后一个时期紧迫而又重要的任务。必须继续坚定不移地实施改革开放，深化经济体制改革；调整产业结构，走"科技含量高、经济效益好、资源消耗低、环境污染少、人力资源优势得到充分发挥"的新型工业化道路；以实现最终富裕为目标，兼顾效率和公平，统筹城乡发展，统筹区域发展；继续推进政企改革，不断完善市场经济体制。

5. 传统文化与现代文化融合，有些文化价值存在冲突

当代我国的文化环境由三种基本要素构成：一是传统文化的遗存；二是西方文化的渗入；三是以马列主义、毛泽东思想为指导的社会主义新文化。其中，以马列主义、毛泽东思想、邓小平理论和科学发展观所构成的政治意识形态是中国的主体文化。这种文化环境对中国公共管理体制的建立与变革、人事制度的发展与完善、政策的制定与执行都有着决定性的影响。同时，随着我国社会的不断转型，从传统社会转向现代社会、从计划经济转向现代市场经济，社会价值观越来越多样化，不同价值观之间的冲突表现出了普遍化、尖锐化和复杂化的趋势，市场经济带来了民主、自由、平等的观念和开放意识、法治意识，同时也滋生了个人主义、拜金主义和享乐主义等，这与我国的集体主义和艰苦朴素的传统价值观念等都是存在一定摩擦的，尤其是集体主义与个人主义矛盾冲突大。在文化多元化的今天，我国公共管理必须注重道德建设，大力宣扬传统文化的精华，接受现代文化的进步成分，追求高尚文化，引导大众文化朝着积极方向发展。

6. 公共管理体制改革不断深化，大部制改革提供有利契机

改革开放以来，我国政府为了适应从高度集中的计划经济向开放灵活的市场经济体制的转变，进行了五次行政体制改革，主要体现为自上而下的政府机构改革。每一次改革都在一定程度上缓解了经济基础与上层建筑之间的矛盾，促进了我国经济的市场化进程，但也存在着许多问题，如各级政府职能的转变不到位、政府机构庞大和人员众多、政府过分涉足于经济工作、与民争利的越位现象与对各项社会事业的漠视、公共服务能力的缺乏等。同时，政府内部的机构和人员"精简—膨胀—再精简—再膨胀"的怪圈仍未得到根本性突破。2008年3月，第十一届全国人大第一次会议正式通过《国务院机构改革方案》，大部制改革正式推行。大部制即为大部门体制，按照业内专家的提法，为推进政府事务综合管理与协调，按政府综合管理职能合并政府部门，组成超级大部的政府组织体制。其特点是扩大一个部所管理的业务范围，把多种内容有联系的事务交由一个部管辖，从而最大限度地避免政府职能交叉、政出多门、多头管理，进而提高行政效率、降低行政成本。大部制改革有利于减少职能交叉，完善行政运行机制；有利于落实"问责制"，建设责任政府；有利于行政体制改革的突破和深化，是加快行政管理体制改革的关键环节，我们必须利用这一契机，提高公共管理效能。

我国当前公共管理环境面临的机遇和挑战，必然要求我国公共管理要从中国的实际出发，坚持对外开放，吸取国外公共管理的先进经验，实施有中国特色的公共管理；要以马列主义、毛泽东思想、邓小平理论和科学发展观为指导，努力建设社会主义；要始终坚持以经济建设为中心；要坚持公共管理体制改革，在改革中不断提高公共管理效率，实现公共管理职能；要充分认识我国现代化建设的艰巨性和长期性，从国力出发，量力而行，循序渐进，积极奋斗，不断推动我国公共管理事业的发展。

本章思考题

1. 公共管理环境的定义和特点是什么？
2. 如何理解公共管理与公共管理环境之间的辩证关系？
3. 如何理解政治环境及其对公共管理的影响？
4. 如何理解经济环境及其对公共管理的影响？
5. 我国现阶段公共管理环境面临的机遇和挑战有哪些？

第3章

公共部门角色及职能定位

3.1 公共部门角色与职能概述

3.1.1 公共部门的界定

公共部门在公共管理中的地位十分突出,在某种程度上决定了公共管理的水平与成效。因此,在公共管理中,如何界定公共部门的角色与职能,将直接影响公共管理的发展趋势。传统意义上,公共部门与私人部门构成社会发展的主要组织。公共部门是指政府组织,其管理公共事务,提供公共服务,促进公共利益;私人部门以实现私人利益最大化为组织目标,以市场机制作为产生影响和联系的基础,具有很强的外溢性。

莱恩在《公共部门:概念、模型与途径》一书中从四个角度对公共部门进行定义:公共部门就是政府活动及其后果;公共部门就是政府消费、投资与转移支付;公共部门就是政府消费与投资;公共部门就是政府生产。莱恩对公共部门的定义进行区分的目的在于强调公与私之间的差别并非只有一种,而是多种,如果要寻找公共部门的对立面,人们必须承认,其对立面是许多不同的实体。约翰·希克斯指出了公共部门的公共性质,他认为公共部门是指这样一种提供服务和产品的部门,其所提供的服务与产品范围、种类不由消费者直接愿望所决定,而是由政府机构来决定,特别是在民主社会代议制民主体制中,这些服务是由公民代表来决定的。政治学家林德布洛姆则认为公共部门是建立在权威关系基础上的组织,权威是较交换、说服更为有效的社会控制方法,尤其是政府权威,它拥有对其他一切人或权利要求的权威,不会遇到来自于一个与之平起平坐的权利要求者的挑战,它在维护自身秩序方面具备居于其他一切组织之上的权威。与之相对的私人部门依赖于私人的收入、私人所有的资产,并且以自身利益为活动的宗旨。

不难发现,社会发展过程中仅仅依靠政府和私人组织是远远不够的,政府行政手段的效果是有限的,同样私人组织也存在固有的缺陷,这就需要公众在政府和私人组织之外,建立各种组织处理那些政府和私人组织不愿处理或者处理不好的公共事务,由此非政府公共组织应运而生。这些组织具备法人资格,以公共服务为使命,享有免税优待,不以盈利为目的，组织盈余不分配给内部成员。从社会功能上来说，政府组织主要提供垄断性公共物品，私人组织主要提供私人物品，而非政府公共组织提供的则是非垄断性公共物品。基于此，不难判断狭义的公共部门是指政府组织，而广义的公共部门则包括政府组织和非政府公共组织。

3.1.2 公共部门的角色与职能

1. 提供公共产品

公共部门要在私人组织做不好、不愿做的事情上发挥作用，弥补市场机制的不足，为社会提供必备的公共产品。诺贝尔经济学奖获得者萨缪尔森对公共产品的定义是："每个人对这一物品的消费并不会导致其他人对这一物品消费量的减少"，公共产品具有非竞争性、非排他性的特点。非竞争性是指一个使用者对该物品的使用并不减少它对其他使用者的供应；非排他性是指其他使用者不能被排斥在对该物品的消费之外。这个理论最早可以追溯到经济学家威克塞尔，他在1896年的《财政理论研究》中开创了"纯公共物品理论"；1919年出现的"林达尔均衡"是公共物品理论最早的成果之一；1954年最直接和最有意义的贡献来自于现代福利经济学代表人物之一萨缪尔森，他在《公共支出的纯粹理论》中归纳了公共物品的经典定义；1965年公共选择学派代表人物布坎南在《俱乐部的经济理论》中首次提出了"准公共物品"的理论，认为其或者只具有非排他性，或者只具有非竞争性，而不能同时满足两个条件。公共产品因为自身因素很难无条件地完全交给市场，因此，对这类具有生产的弱竞争性和消费的弱选择性的消费品的生产与供应，公共部门必须要列入其职能范围内，满足社会发展的需求。

2. 提供公共服务

亚里士多德曾说："凡是属于最大多数人的公共事物常常是受最少人照顾的事务，人们关心着自己的所有，而忽视公共的事务；对于公共的一切，他至多只留心到其中对他个人多少有些相关的事务。"这表明社会公共服务的存在是个人利益实现的保障，没有社会公共服务作为基础，将会导致任何个人都无法受益。在实际生活中，虽然大家都需要公共服务，但由于人们对公共服务达成一致的成本很高，还有"搭便车"的心理，没有人或集团愿意和有动力提供。公共部门就承载着这样的使命登场了，提供公共服务成为公共部门最基本、最经常的职能之一。如何不断提升公共服务水平和质量，已经成为发挥政府公共管理职能的核心问题。其中，公共服务开支占国内生产总值（GDP）的比重是衡量公共部门公共职能履行状况的最主要的指标之一，不论发达国家还是发展中国家，均广泛地介入市场不能发挥作用或不能充分发挥作用的领域，如教育、医疗、国防等。经过多年的发展，公共服务成为公共部门的首要职能，逐渐纳入各个国家的法制进程中，成为国家发展水平的重要判断标准。例如，欧盟国家把公共服务作为政府核心职能的突出体现是两个指标，即社会保障总支出占GDP的比重、社会保障总支出占公共总支出的比重。我国出台的《中华人民共和国社会救助法》也体现了我国政府在社会保障、公共资源配置等方面的转型，明确了以国家为救助主体、以百姓为救助对象的救助体系，推进了我国公共服务的法制化进程。

3. 维护市场经济发展

根据生产力决定生产关系、经济基础决定上层建筑的基本原理，公共部门的第一推动力是经济发展力。经济的发展带来了社会物质财富的极大增长，社会经济发展的自发性要求公共部门能够促进其健康发展。然而，市场机制本身的缺陷难以调节市场发展中的种种困境，很容易产生周期性的经济危机，导致经济萧条、通货膨胀、失业剧增等经济问题，必须有来自市场之外的强制力维护市场机制的运行秩序，通过货币政策和财政政策干预宏观经济平稳发展。公共部门所具有的强大权力以及作为公共利益代表的身份使其责无旁贷地承担起维护市场经济发展的责任。随着市场周期的更替，公共部门对经济活动介入的程度和方式不断变化，公共部门的职能也需相应地做出调整和变革。因此，在社会经济活动中，明确规范公共部门与市场之间的关系，由公共部门进行必要的宏观调控，市场对资源配置起基础性作用，建设规范完善的市场体系，可以促进经济持续快速地发展。

4. 维护社会稳定

公共部门的目标是要实现经济和社会的协调发展，实现效率兼顾公平的可持续发展。社会契约论认为，国家起源于公民对自身权利的让渡，也就是说，一个具有公民身份的人相对于国家而言，就有了一种契约的关系。他在让渡一部分自由并对国家尽相应义务的同时，对这个国家政府权力的产生有权施加影响；反过来政府也就对国家公民的生活状况产生了责任。公民将自身的权利让渡给国家，国家以发挥公共部门的作用行使权力，理应为公民提供稳定的社会环境。但伴随着经济持续快速增长，社会发展的严重失衡日益成为社会稳定面临的严峻问题，如社会保障、公共教育、就业、医疗、收入分配等。这些问题严重影响着社会稳定和社会安全，影响到社会持续发展。这就要求公共部门转变职能，为公民提供一个能体现人的尊严的生活条件，使其享受社会的公正和平等，在困难的时候得到公共部门的帮助，使其从自己的国家那里获得基本的安全保障，使社会发展和经济发展同步进行，建立一个持续、稳定、健康、快速发展的现代社会。

3.2 政府角色及职能定位

3.2.1 西方国家政府角色与职能的发展进程

政府职能是指政府在公共管理中应该和必须承担的职责和功能，是政府全部行政管理活动的核心，决定着政府管理的基本方向。通俗地说，政府职能就是政府"应该做什么"和"能够做什么"。古往今来，政治学和其他领域的学者都意识到了政府职能的重要意义，并对其加以界定。中世纪神学家阿奎那认为，政府的职能主要分为维护社会秩序和推进社会公共福利；政治学家古德诺认为政府职能可以概括为政治职能和行政职能；古希腊的亚里士多德认为政府职能包括军事职能、司法职能和议事职能；孟德斯鸠认为政府职能包括立法、行政和司法三大职能；马克思认为政府作为阶级统治和国家治理的工具，其职能一定是多重复合的，绝不是单一的，政府是国家意志的表达者和国家权力的执行者，其职能归根到底是由阶级的统治取向和国家的性质归属所决定的。现在一般把政府的基本职能定义为政治职能、经济职能、文化职能、社会职能四项，其依据显然是构成社会活动的四大要素，这一界定基本涵盖了政府职能的全部内容。

纵观西方国家政府角色的发展，传统的自由主义经济理论认为，"管得越少的政府就是越好的政府"。代表人物亚当·斯密认为政府的职能主要有三个："君主的义务首要在保护本国社会的安全，使之不受其他独立社会的暴行与侵略。君主的第二个义务，为保护人们不使社会中任何人受到其他人的欺侮或压迫，换言之，就是设立一个严正的司法行政机构。君主或国家的第三种义务就是建立并维持某些公共机关和公共工程。"他主要强调政府的职能在于充当市场的"守夜人"，政府应在提供国防、司法、公共工程等最基本的公共产品方面发挥其作用，充分发挥市场机制的作用，凡是社会能做的，政府不做，凡是市场能运作的，政府决不包揽，减少政府对经济活动的直接干预，发挥市场对资源配置的基础性作用，实行市场交易的自由化。20世纪初期，法国波尔多大学法学院莱昂·狄骥教授曾指出："现有的证据已经断然向我们表明：以前曾经作为我们政治制度之基础的那些观念正在逐步解体，到目前为止仍然正在发生巨大的变化。即将取代它们的新制度建立在截然不同的理念之上。"他认为政府职能的改变应从执政理念出发，树立更加清晰的理念指导，全面系统地建立相适应的公共服务体系。

20世纪30年代，经济危机导致的经济萧条和经济衰退使人们痛定思痛，认为自由放任的市场经济是危险的，国家在很多时候必须予以干预，政府职能因此被空前扩大，政府提供公共物品和公共服务的职能范围大小与经济学家提出的对市场的干预程度相辅相成。以罗斯福新政为代表，把保持国民经济的正常运行和保证公民就业作为政府的责任，政府成了公共产品或服务的主要提供者，政府出资修建了一大批工程项目，包括校舍、桥梁等公共建筑物，成立了公共工程署。经济学家凯恩斯从当时的世界性经济危机里面找到了批评和纠正传统政府管理理论的理由，借此竭力主张政府应当加强对市场运行的干预，全面承担起公共服务和公共物品的生产与供给职能。在此后大约40年的时间里，许多工业化国家把这个主张当作自己政府管理的指导思想，为弥补市场不足和保障社会公平而担负起更多的政府职能，不仅主导，而且竭尽所能来为社会消费者直接生产和提供公共服务产品。这个模式的确在一定时期中克服了"市场依赖"出现的不少弊端，并且为欧洲福利国家的形成奠定了基础。但是，伴随着政府职能的无限扩大，政府一步步由资本主义初期"放任行政"的极端走向"管制行政"的极端，从开始的"守夜人"变成无所不管、无所不干预、无所不服务的"全能型政府"，导致政府职能总量无度，却又存在公共服务职能越位、缺位和错位的现象。

20世纪70年代，石油危机引发的经济滞胀从经济学上宣告了凯恩斯主义时代的结束。撒切尔夫人（英国首相）、罗纳德·里根（美国总统）和赫尔穆特·科尔（西德总理）的登台，从政治学上终结了国家干预者的扩张，人们又开始坚信，公共产品和服务主要应由市场来提供，私人永远要胜于政府的供给。先后在新西兰、欧洲等西方发达国家引出了一场以调整政府职能、改变公共产品提供方式、提高公共服务水平为核心目标的行政改革浪潮。在随后跟进的改革实践者中，既有发达国家，也有发展中国家；既有老牌资本主义国家，也有传统社会主义国家；既有君主立宪制国家，也有民主共和制国家；既有单一制国家，也有联邦制国家；既有内阁制政府，也有总统制政府；既有自由市场经济，也有政府导向型市场经济。这股改革浪潮试图打破传统理论和管理模式的束缚，尝试用新的理论对政府管理进行根本性或方向性的调整,被形象地称之为"政府重塑"、"政府再造"。自人类进入工业化社会之后,仅靠市场机制这只"看不见的手"已经难以妥善解决日益增多的各种问题。政府除了要捍卫国家主权、打击犯罪、维护治安外,还要越来越多地提供生活保障、创造就业机会、建设公共设施、改善生态环境,为经济和社会的全面发展创造良好环境。但是在政府职能扩张之时,一定要划出一个适当的边界,不能把政府变成全能型的。

3.2.2 当代政府角色与职能的特点

当代政府职能间相互联系、相互协调、相互依从、不可分割,以不同的作用方式,共同发挥着治理国家和服务社会的作用。不同的国家、一国的不同发展阶段、不同地域乃至不同民族地区,政府履行其职能的侧重点又有所不同,呈现出一些特殊情形,取得了显著的成效:一是政府较为有效地履行了军事职能,使国家能够在动荡不安的国际矛盾纷争和全球性竞争的背景下,长期保持稳定和有序;二是政府所承担的管理职能逐步到位,对某些领域和事务的管理逐渐走上了法制轨道,政府依法行政的意识不断增强,社会管理能力有所提升;三是改善公共服务和公共物品供应的能力,提升自身效能,不断地改进自身的服务水平和服务能力;四是公共管理以政府为唯一主体的现状逐步转变为政府、非政府公共组织与私人组织三位为一体的公共管理体系,共同承担起公共管理的职责,政府在行政管理中只承担有限责任,从而集中精力进行公共管理,建立不断满足人民群众需要的公共管理体系。

但不容否认的是,在职能履行过程中也难免会存在一些问题:一是政治统治职能发挥缺乏力度,运用军队、警察和法庭等暴力手段维护稳定还有待提升。例如,对具有国际背景的恐怖活动和严重刑事犯罪的打击力度不够,一些政府妥善、适度地动用行政强制手段应对和处置严重危害社会安全的突发公共事件的能力有待提高,对某些特殊领域实行行政管制的制度设计还不完善等。二是政府的社会管理职能的泛化和弱化。当前较为突出的是对关系人民群众生命和生活安全的诸如食品、药品的管理,以及对生态环境的保护和管理等许多方面,政府的管理能力明显偏弱。三是公共服务和公共产品职能严重缺位。例如,基础教育、基本医疗、社会保障、就业、收入分配等一系列民生问题解决的实际进程与社会的期望和要求还有相当大的差距。因此,在政府职能的界定和履行上,更需要较高的政治筹划和科学的顶层设计,使政府职能的履行真正体现其复合性,最大限度地发挥政府职能的系统功能。具体而言,当代政府职能呈现以下特点:

政府宏观调控职能增加,各国政府十分注意加强宏观调控和综合协调职能,为确保政府管理活动的顺利进行,各国政府十分重视计划手段与经济手段、法律手段的综合运用,普遍加强了宏观调控和综合协调部门,建立和完善综合协调机制。服务行政的理念逐渐加强,美国著名管理学家杜拉克认为:"当前社会不是一场技术,也不是软件、速度的革命,而是一场观念上的革命。作为管理思想、宗旨、意识等一整套观念性因素综合的公共管理理念,直接关系到管理模式和制度等方面的设计,关系到管理的倾向性,关系到管理的成效。"各国政府在理念创新上不断加强。公共服务职能逐渐走向社会化,政府通过宏观协调,将一部分职能交还给非政府公共组织,由非政府公共组织和市场替代政府进行管理,实行政府职能社会化,这是当代政府职能发展的新特点、新趋向。其重要价值取向之一是实现从"以政府为中心"的重管制的"秩序行政"模式向"以满足人民的需求为中心"的"公共服务"模式转变；政府职能国际化水平不断提高。经济全球化正成为当代及未来世界经济发展的主流，促使经济资源在世界水平上大规模地重新配置。面对全球化带来的机遇和挑战，政府的角色及其职能的履行对一个国家在国际竞争中的地位有着至关重要的影响，将关系到一个国家的生存与发展。总之，各国政府建立以政府为核心、非政府公共组织为重要主体、私人组织共同参与的多元化的公共管理体系已经成为一种客观趋势。政府应该定位于宏观调控者，而不是微观管理者；政府应该是裁判员，而不是运动员；政府应该是有限政府，而不是全能政府。

3.3 非政府公共组织角色及职能定位

3.3.1 非政府公共组织的特点

20世纪初，政府部门公共事务剧增，行政能力日益显示出了其与时代格格不入的一面，渐渐陷入"政府失灵"的困境。为了摆脱这种困境，人们开始尝试着政府干预，逐步强化了国家管理公共事务的职能，通过扩大政府职能的方法逐步扭转经济和社会危机，维护公共利益。但与此相伴而来的是负担过重的行政管理和过分官僚化的政府，机构臃肿，人浮于事，行政效率低下，非政府公共部门应运而生。其既非基于一种强制性的规范，也非以交换服务或商品来获得利润，这决定了它在现代经济生活中不可或缺的地位，显示了其强大的社会功能。非政府公共组织具有以下特征：①双重性。非政府公共组织既能代替政府从事部分公共管理职能，也能承担社会发展组织协调的职能，其健康发展有利于提高政府效率，弥补市场缺陷，通过预防、沟通、协调与整合功能，有利于化解社会矛盾。具体而言，非政府公共组织一方面可以接受政府委托、授权或者根据法律的规定，承担部分公共管理职能，协助政府处理某些事项，执行部分公共政策，实现政府的有效管理；另一方面，其可以在市场不能充分发挥作用的领域承担部分职能，为公民提供公共产品和公共服务。②非营利性。非政府公共组织不具有牟利宗旨或动机，不能通过盈利为目的的经营活动来获得收入以维持自身的存续和发展，并且不能进行利润的分配以及将组织的资产以任何形式转变为私人资产。③非政府性。非政府公共组织介于政府、企业和个人之间，协调政府与企业、政府与公民之间的关系。它虽然具有部分政府的特征，承担部分公共服务职能，但具有运行独立性的特点，其内部结构、组织目标、工作方式、组织制度、内部关系均呈现出区别于政府组织的不同特点，主要从事事务性工作，不具备政府组织所特有的行政管理职能。④自治性。非政府公共组织是独立的自治组织，不受政府及企业的控制，并且内部有自己的管理程序，不接受外在团体的控制。⑤志愿性。非政府公共组织的参与成员都是自愿加入的，并且资源的集中不是强制性的，参加公共服务、提供公共产品都体现自愿性和志愿性。

3.3.2 非政府公共组织的角色及定位

非政府公共组织范围广、覆盖面大、组织形式多种多样，在经济和社会发展中发挥着重要作用。非政府公共组织相对于政府及私人组织来说具有以下优势：具有很强的灵活性，非政府公共组织在组织体制、组织结构以及活动方式上有很大的弹性，根据组织的特点及公共服务的性质确定组织定位，并根据条件变化及时做出调整，具有很强的适应性；创新性较好，非政府公共组织往往在服务方式方法、生产方式和活动、参与方式等方面具有创新性，并且常采用新的手段与新技术；与群众互动性较强，非政府公共组织以社会弱势群体或边缘性社会群体作为自身的服务对象，同社区基层的贫穷民众保持密切联系。可见，非政府公共组织不仅在社会、经济、文化领域以及实现社会公平等方面发挥着越来越重要的作用，而且在实现政府与社会的良性沟通、帮助政府摆脱繁杂的社会事务、加快政府职能的转变与让渡、实现现代化的公共治理格局等方面亦发挥着不可替代的作用。所以，我国非政府公共组织的角色定位十分重要。

(1)非政府公共组织承担政府部分管理职能。在传统的政府职能体系中，我国政府长期扮演着"全能政府"的角色，表现为政府对整个社会的大包大揽。非政府公共组织使政府由微观管理转向宏观管理；由直接管理转向间接管理；由以"管"为主转向以"服务"为主。政府将不该管、管不了也管不好的职能交给非政府公共组织来执行。政府注重宏观管理，企业主要搞好微观管理，而非政府公共组织则主要接替政府以往中观层次的管理职能，填补政府工作的空白和薄弱环节。由于非政府公共组织所关注的往往是政府难以顾及或政府工作的薄弱点，对政府的工作正好可以起到拾遗补缺的作用。随着我国"小政府、大社会"格局的逐步形成，非政府公共组织已经承担了部分公共管理职能，初步显现出一种双向互动的关系，政府组织与非政府公共组织两者相互促进、共同发展。

(2)非政府公共组织是政府与社会互动的桥梁。由于非政府公共组织代表着一定社会群体的利益，在社会组织结构中与群众接触多，了解社会各阶层的不同需求，与人民群众有着直接联系，同时又与政府部门保持着密切关系。因而非政府公共组织充当政府与社会的桥梁，既可以传导政府政策，保证政策的贯彻执行和落实，又可以反映社会公众的要求，转达民情民意。非政府公共组织对社会问题进行大量的调查和研究，可以从不同角度向各级政府提供咨询、建议和信息，为政府的决策提供科学依据，真正实现政府决策的透明化和管理的科学化。所以，非政府公共组织能够在政府和社会之间起到良好的润滑剂作用，能够把中央政策赋予的利益直接交给应受益者，既可以降低管理成本，又可以促进和谐社会的建设。

(3)非政府公共组织具有提供公共服务的功能。非政府公共组织主要为社会成员提供政府和市场不愿、不便或不能提供的东西，即公共服务。它能够在很多方面更好、更直接地代表各类利益群体的利益，满足各类利益群体的需求，可以在创造就业机会、促进社会变革、扩大国际交往以及向社会提供灵活多样的公共服务等方面接替政府，承担更多由政府下放的社会职能。对有需要人士提供直接服务，包括为老人、残疾人、少儿及普通居民提供各项社区服务。

3.3.3 我国非政府公共组织发展的作用

1. 非政府公共组织促进政府职能的转变，加速政府职能的重构

在传统的政府职能体系中，我国政府长期扮演着"全能政府"的角色，表现为政府对整个社会事务的大包大揽。我国社会主义市场经济的不断发展以及经济全球化等原因，要求我国政府进行行政职能的转变。非政府公共组织的出现改变了社会的二元结构，使社会朝着政府、市场、非政府公共组织的三元结构发展。

2. 非政府公共组织有助于促进社会变革，推动经济和社会发展

自20世纪70年代以来，非政府公共组织发展席卷全球，成为多元社会的规模宏大、高度活跃的组成部分，不仅满足着人类的重要需求，而且组成了一支重要的经济社会力量，对经济生活和社会生活发挥着重要作用。伴随着我国市场经济体制改革的深入进行，企业改革、经济结构调整也进入了新的阶段，企业是以追求组织利润最大化为目标的，这就决定了其不太可能将企业投资用于公共产品的生产，也不太可能考虑企业的外部成本问题，势必要求非政府公共组织推动这一领域的发展。例如，"中华环保基金会"等环境保护类的组织促进经济与环境的协调发展，在很大程度上完善社会治理结构，促进社会变革。

3. 非政府公共组织提供更具灵活性的公共服务，满足社会多元化需求

现代社会是多元社会，人们的价值观、利益、兴趣爱好等都高度多样化，社会也分化出众多的阶级、阶层及各种各样的利益集团，这种社会需求和利益格局的多元化趋势，使政府和企业很难满足数目巨大、种类繁多的多元化诉求。非政府公共组织在公共服务方面被认为具有多样性、灵活性、创新性和参与性等优点，能够为社会公众提供多元化的服务。以我国扶贫为例，参与我国扶贫的非政府公共组织扶贫贡献率很高，项目成功率、资金回收率也处于很高的水平，从而在很大程度上减轻了政府管理的负担。因此，非政府公共组织在向社会提供公共服务方面有其独特的优势。

4. 非政府公共组织有利于扩大国际交流，提高国际竞争力

随着现代科学技术的发展和经济全球化的进程不断加快，伴随政治交往的同时，更多的是经济、科技、信息、文化、体育等的交往，国际竞争力也被放大为经济、军事、科技、文化等综合影响力，其作用很大程度上体现于非政府公共组织的交流能力。世界上许多发达国家都十分重视非政府公共组织的发展，并促使其在社会经济各领域发挥应有的作用，同样，我国非政府公共组织发展也会起到重要的作用。例如，我国环保领域的非政府公共组织自然之友、北京地球村、绿色家园志愿者、中国小动物保护协会、中华环保基金会等可以接替以往政府的某些职能，代表我国的利益与国际组织或外国政府交涉。此外，非政府公共组织还有效参与了经济、外交、文化、体育方面的国际交流与合作以及留学生的互派等活动，对拓展和增进国际民间的合作起到了积极的推动作用，在一定意义上增加了我国人民同世界各国人民的相互交流，加快了我国对外开放的步伐。

5. 非政府公共组织有助于社会保障的发展，扩大社会公平

社会保障制度是否完善已经成为衡量公共管理水平高低的重要标准之一。从国际上看，如何建立社会保障模式已经成为一个全球性的问题，概括起来可分为两种基本模式：一种是以英国贝弗里奇为代表设计的福利国家模式；另一种是以俾斯麦为代表设计的社会保障模式。在我国，社会保障工作直接关系到人民群众的切身利益，关系到改革开放和经济建设稳定发展的大局。其中，非政府公共组织发挥着至关重要的作用。非政府公共组织通过提供各种信息、资金和其他资源等，发挥捐赠和志愿服务的作用，积极推动社会关注问题的解决，帮助在经济、社会发展中相对薄弱的部门，遭遇困难的弱势群体，缩小经济发展中产生的贫富悬殊差距，促使发展滞后的地区、弱势企业和群体发生转变，脱离困境。因此，非政府公共组织的发展极大地推动了我国社会保障的发展，扩大了社会公平。通过社会保障对社会财富进行再分配，适当缩小各阶层社会成员之间的收入差距，避免贫富悬殊，使社会成员的基本生活得到保障，能协调社会关系，维护社会稳定。

3.3.4 加强对非政府公共组织发展的保障

我国非政府公共组织在发展过程中，由于受到政治、经济以及社会各方面因素的限制或制约，还存在着很多问题，如法律保障不健全、资金不足、生存能力较弱等。这些问题的解决需要一个长期的、渐进的过程，需要政府、社会、非政府公共组织的共同努力，以推动我国非政府公共组织的健康发展，从而更好地推进我国政治、经济、社会的全面发展。

1. 转变政府职能，明确非政府公共组织的社会地位

市场经济条件下，多元主体的利益要求转变政府职能，把一部分公共事务交给社会和市场，发挥多元供给主体的作用，这也是我国按照建设社会主义市场经济体制的要求进行政治改革、政府改革的关键所在。政府的职能主要是从宏观层次着眼，制定市场规则和监督框架；企业的职能在于搞好微观层次的管理，在竞争中促进经济增长；非政府公共组织主要接替以往由政府包揽的部分中观层次的职责，在政府与市场、政府与社会、政府与企业、宏观与微观之间进行协调，向社会提供更多的公共服务。它们相互独立又协调互动，构成有效的市场机制。同时，政府应放松对非政府公共组织的管制，加强对其引导、协调和监督的职能，简化非政府公共组织的成立程序，改变对非政府组织的"双重管理体制"，使非政府公共组织的发展由其自己负责，提高社会对非政府公共组织的认识并以实际行动支持其发展。

2. 完善相应的法律法规，为非政府公共组织的发展提供法律保障

尽管改革开放以来我国有关非政府公共组织的法律制度从无到有地建设了起来，基本上形成了一套体系，而且这些法律法规也为包括社会团体在内的民间组织的发展提供了必要的支撑，但在现行的关于非政府公共组织的法律法规体系中，仍然存在着法律空白、滞后性等问题，导致地方民政部门无法可依，非政府公共组织管理混乱，以致在某些领域一度出现了某种程度的失控，严重制约着非政府公共组织的发展。目前，包括结社法、社会团体登记法、民办事业单位管理法等基本法还没有制定；已有的规定多是侧重登记管理的规范，层次性和透明度较低，有的规定不尽科学、合理，有的对相对人权利保障不够，有的规定与上位法不一致。因此，应借鉴国际经验，从我国现阶段的实际情况出发，逐步制定和形成系统配套的不同层次的法律法规体系，以法律的形式明确非政府公共组织的性质、地位、宗旨、组织形式、管理体制、经费来源、财产关系、内部制度、人员保障、登记管理、权利义务及其与社会成员和政府的关系等，规范非政府组织的行为，使其日常活动有法可依、有章可循，逐步改变用行政方法对非政府公共组织管理的办法，建立和完善对非政府公共组织依法监督、管理的长效机制，为其提供行为依据和权益保障。

3. 加强自身能力建设，提升非政府公共组织的服务能力

非政府公共组织的形成和发展离不开经济发展和社会进步，因此，要根据经济发展和社会进步的要求，从实际出发，对非政府公共组织自身能力的提升进行科学规划，制定全面的发展目标。一方面，要注重培养非政府公共组织专职工作人员，加强非政府公共组织工作者的专业知识、相关知识以及非政府公共组织管理技能等方面的培训，关注一些长期性的社会问题，满足政府、企业未能或不能满足的需求，获得政府和公众的认同，如社会公平问题、失业人口问题、老年人问题等。全面提高其满足社会需求的能力，才能真正发挥非营利组织在我国社会经济发展中的作用。另一方面，对现有的非政府公共组织进行改造和优化，调整布局，优化结构，对行业覆盖面过大和行业特点不明确的非政府公共组织，要梳理和细化，并优先、重点发展一批与市场经济发展和社会进步相适应的非政府公共组织，鼓励和支持优势行业、重点领域的非政府公共组织，逐步建立起分类科学、规模适度、布局合理和运作规范的非政府公共组织结构体系，使非政府公共组织充满活力和发挥作用，提升其解决实际问题的能力和满足社会需求的能力。

4. 规范筹资模式，增强非政府公共组织的独立性

非政府公共组织的发展离不开资金的支持，既不像企业那样以盈利为目的，也不像政府那样掌握充足的资源。当非政府公共组织规模不断扩大，社会责任日益加重时，对资金的需求也会逐渐增长，因此，筹资是非政府公共组织的一个重要任务，如何通过社会动员获得更多的资金支持，决定着非政府公共组织的发展。目前不同的非政府公共组织筹资模式有很大差异，主要包括私人付费主导型、公共部门主导型、民间慈善捐赠型，不同类型的非政府公共组织所获得的资金支持存在明显的结构性差异。对于我国非政府公共组织的发展，公共部门可以通过政府补贴、政府采购或者政府委托，甚至较大幅度地减免税收等适应市场经济需要的形式，向非政府公共组织提供公共资金支持；同时鼓励个人和家庭发挥自身优势，形成专职、兼职和自愿服务并行的非政府公共组织体系。总之，在我国目前条件下，只能通过政府、社会、个人共同分担的运行机制，来提高我国非政府公共组织筹资的有效性，促进非政府公共组织的发展。

5. 建立第三方监控机制，加大对非政府公共组织的监督

我国非政府公共组织的规模逐渐壮大，相应的外部监督管理机制却没有随之形成。所谓的外部监督管理，就是依据所制定的法律法规监督非政府公共组织有关行为的过程。从我国非政府公共组织的情况看，虽然在非政府公共组织中设有理事会等治理结构，但相当一部分组织的理事会形同虚设，有关发展的重大决策基本上是由少数领导人决定，导致组织决策失误；同时从世界市场经济国家非政府公共组织的发展看，由于非政府公共组织发展不存在市场竞争机制，也不涉及个人的利益，组织效率低下。因此，完善非政府公共组织的治理结构和责任机制，加强对非政府公共组织积极的舆论向导，深化社会对非政府公共组织的认识，建立第三方的监控机制，已成为当前我国非营利组织发展过程中一项重要的任务。

3.4 转型期我国政府部门的角色与职能转变

处于社会转型期的我国政府正经历着深刻的变革，政府职能面临着重新定位的要求，复杂多变的世界环境要求从治理模式的层面对我国政府提出新的挑战，政府职能取向问题尤为值得关注。为了更好地促进开放和融入世界经济主流，我国政府须进行政府职能转变，这是政府机构设置和机构改革的前提和基础。只有将政府职能进行合理的调整，才可以使我国政府机构改革走出"精简—膨胀—再精简—再膨胀"的怪圈，推进我国政府机构改革的顺利进行。

3.4.1 我国政府职能转变的历史进程

自改革开放以来，我国政府机构改革共进行了六次。回顾三十多年政府机构改革的历程，可以看到改革的内容是紧随着不同历史时期党的主导政策及经济改革的不同需要而变化的，政府职能的转变是与政府机构改革紧密相连的，大致可以从三个方面分析：一是整合职能。根据我国实际情况的变化，梳理政府应该具有的职能，理顺政府各项职能之间的关系，归纳各项职能的归属。二是精简机构。将机构臃肿、人浮于事的机构予以撤并，根据职能的调整处理机构内部部门数量与人员数量的关系。三是转变职能。将应由政府承担的宏观职能发挥到更好，将部分职能交由非政府公共组织来承担，政府发挥好"掌舵者"的作用。伴随着政府职能的转变，政府工作的重心发生了显著的变化。首先，由政治职能为重心转向经济职能为重心。1978年，党的十一届三中全会做出把党和国家的工作重心转移到经济建设上来，实行改革开放的伟大决策，标志着我国从此进入了改革开放和社会主义现代化建设的历史新时期。随着改革开放的逐渐深入，经过多次政府机构改革，政府职能逐渐完成了由政治职能为重心向经济职能为重心的职能转变。其次，由经济职能为重心转向经济职能与社会管理服务并重的趋势。我国市场经济体制的不断完善以及利益多元化发展的趋势，要求政府进一步转变政府职能，一味地强调经济职能为职能重心暴露出了一系列问题，要求政府在推动经济发展的同时，要更加注重社会管理和公共服务，更加重视民生，改善民生，让广大人民群众共享改革开放的成果。下面具体地分析我国政府职能转变的历史轨迹。

政府职能的转变是一个历史过程，经历了1982年、1988年、1993年、1998年、2003年、2008年六次重大变革，既有政府机构本身的结构与数量的调整，也有深化的政府职能的转型，初步开始了由全能型政府向有限型政府的转变，以及由管制型政府向服务型政府的转变。第一次职能转变中，从1978年到1981年，政府机构从52个增加到100个，这样就造成了机构臃肿、人浮于事、行政效率低下的困境。以1982年为标志，政府职能转变提上决策者议事日程，开始了党和国家领导制度自上而下的改革，1982年中央改革，1983年9月前省市改革，1984年冬以前完成县以下改革。这次改革的目标基本达到，如以国务院为例，机构由100个减为61个，工作人员由49 000人减少到32 000人。第二次职能转变中，以1988年为标志，强调"以转变政府管理职能为关键"，其出发点是适应进一步深化经济体制改革的需要及推进政治体制改革的考虑，改革的主要内容是合理配置政府职能，将由微观管理转向宏观管理，撤并机构、裁减人员，科学划分职责分工，提高行政效率。这次改革也是自上而下开展，重点改革与经济体制相联系的部门，此次改革在一定程度上遏制了政府机构人员增长过度的局面，但总体效果不明显。第三次职能转变中，以1993年政府机构改革为标志，其核心问题就是建立与社会主义市场经济体制相匹配的政府职能。改革的目标已经明确为建立社会主义市场经济，允许多元化地发展经济,个体业与私营业相继扩展,社会流动不断增加,开启了市场经济的浪潮。伴随着市场经济的发展,政府机构的改革走向深入,国务院机构由 86 个减为 59 个,人员由 36 700 人减至 29 200 人,精简了 20%,组建了国家经贸委,一类政府机关改为经济实体,部分实现了政企分开。第四次职能转变中,以 1998 年为起点,当时社会主义市场经济体制基本建立起来,政府职能转变方向比较明确。政府行为逐渐规范化,进一步加大政企分开的改革力度,精简政府机构,增加对困难群体的救助力度,改革后国务院机构由 49 个减为 29 个,公务员减少约 50%,把部分职能转到宏观调控、社会管理和公共服务上来,同时讲究权责统一,依法行政。第五次职能转变中,以 2003 年为标志,此次改革在继续抓紧抓好经济调节、市场监管的同时,更加注重社会管理和公共服务,更加重视民生。进入 21 世纪后,伴随着经济全球化的到来,以及改革的过程中也暴露出"以经济建设为中心"的不足,要求政府更加注重社会管理和公共服务职能,进一步转变政府职能,提出了以服务型政府为建设方向。第六次职能转变中,以 2008 年的政府机构改革为标志,提出要探索大部制改革,顺应了社会发展的需要,由经济建设型、行政控制型的治理模式向服务型的政府模式转变,这事实上是政府职能制度变迁根据社会管理与公共服务的需要而进行的进一步调适。回溯三十多年政府职能转变的过程,政府职能转变进一步适应了经济体制改革的需要,进一步调整了政府与社会、政府与市场、政府与非政府公共组织之间的关系,推动了我国经济社会的全面发展。

3.4.2 转型期我国政府职能转变的原因探析

我国是一个典型的发展中国家,正面临着社会转型,在转型过程中政府职能转变取得的成果是不争的事实,但是存在的问题已经严重制约了我国社会经济的发展,阻碍了政府职能的转变,由于变革过程的复杂及曲折,我国政府职能转变过程中暴露出一些问题,政府职能转变过程中出现越位、错位、缺位现象。妥善解决职能转变过程中的问题,必须全面具体分析导致这一问题的原因所在,从而更好地服务于政府职能转型。

第一,国内外环境发生了深刻变化。从国际角度出发,全球化的趋势促使各个国家对本国综合竞争力给予高度的重视,国际经济的自由化趋势所造成的竞争压力逐渐增加,对各国政府都造成巨大的改革压力。政府职能是影响一国综合竞争力的主导性因素,政府如何发挥宏观调控的职能,引导国民经济持续快速增长,成为衡量政府效能的重要标准之一。同时,随着 WTO 规则要求与有关承诺的压力,我们有必要加快与世界市场体系接轨的步伐,进一步推动我国政府职能的科学化、合理化。国内环境中,社会利益的多元化以及现阶段各种矛盾的爆发,会导致人们思想认识的分歧和社会离散的倾向,这就要求政府强化其服务职能,扩大各种形式的民主,引导各阶层、各群体参与到公共治理中,畅通利益表达的渠道,使正当的利益诉求都能以理性合法的形式及时表达,建立健全社会利益协调机制,通过广泛的协商、探讨、辩论,使问题的症结趋于明朗,找出各种关系的平衡点、接合点,以此来解决各种利益矛盾,维护社会安定。

第二,传统行政模式的弊端日益显现。在计划经济体制时期,我国政府是管制型政府,强调以强制性为主的政府职能,要求一切从管制出发,对社会和公民进行管理和控制,政府既是所有者又是经营者,以集权、强制、垄断为主,过分强调了政府职能是直接进行政治统治的工具，忽略了其政府管理的服务性职能；过分强调了政府职能行使主体的单一性，忽略了社会公众对公共事务管理的参与作用；过分强调了政府职能是对社会进行管制，忽略了政府管理过程中公共责任机制的建设与发展。其结果是为社会和公众提供公共产品与服务的职能和角色被弱化，导致严重的官僚主义作风，降低了公众对政府的信任度和支持率。这样的政府职能实质是以官为本，以管制为本，忽视人权，缺少人性化，其结果是不能适应社会多样化的情形，更谈不上构建社会主义和谐社会。随着政府职能的六次变革，原有的体制弊端逐渐被认识并予以变革，但政府职责范围过宽，管制过度的问题依然存在。社会主义市场经济体制需要政府切实转变职能，找准角色定位，合理把握与社会、市场、公民的关系，建设适应市场经济体制要求的政府模式。立党为公、执政为民，是我们党和政府的根本宗旨，也是政府职能转变必须恪守的基本行为准则。

第三，我国经济模式的转变。不同经济模式决定了政府不同的管理职能，我国政府机构的改革是随着经济体制改革的需要而进行的，使得政府职能转变过程中注重经济职能调整，忽视社会职能、公共管理职能的建设，导致社会发展不协调。在我国传统的计划经济体制下，政府是经济活动的主体，市场力量被行政力量所占据，主要表现在公共产品与私人产品的供给上，不允许私人领域提供产品，全部被政府所垄断，垄断导致的政府缺乏竞争意识以及政府的自利性等原因使得政府的效率偏低。改革开放后逐步建立的社会主义市场经济模式在很大程度上转变了政府的职能，实现了公共产品与私人产品的供给分离，但产生的偏差要求政府职能不断调整。例如，经济职能调整时片面强调市场化，强调利用市场机制提供公共产品，推卸、放弃了政府的责任，原本由政府提供的教育、医疗等公共产品或服务没有做好；另外，政府过分追求GDP的增长，不惜以资源和环境为代价，造成资源过分开发，环境污染严重，这对我国政府职能的转变提出了更高的要求。

第四，公共管理发展趋势的变革。传统的公共管理模式被人们看做一种与西方工业社会的政府管理相适应的模式，其更加强调层级节制，强调权力中心，强调命令服从，而忽视民主管理。科学技术和信息化建设的影响，深刻地改变着世界政治、经济和社会的发展，新通信技术以及网络技术的发展使公民和社会团体更容易参与公共管理活动，要求对政府职能做出变革与调整，各国相继掀起以"顾客导向"为目标的公共行政改革，服务行政的理念广泛渗透于公共管理运行的各个环节。要求我国政府职能转变的目标、方向、途径基本明确，主动适应公共管理发展的趋势，促进市场经济的完善与发展，适应政治体制改革的要求，把为人民服务作为政府职能转变的出发点和立足点，以"人民群众高兴不高兴、答应不答应、满意不满意"为标准，认真倾听群众的呼声，切实解决群众的困难，扎扎实实地为人民群众办实事、办好事，提高为人民服务的质量。

3.4.3 转型期的政府职能转变趋势

当今我国政府职能转变问题已经成为影响和制约国家现代化进程的重大现实问题，正确厘清政府行政的职能界限，重点优化政府履行职能的国内外环境，适时、适度地调整政府履行职能的实践指向，综合发挥政府职能体系的复合效能，是我国政府职能发展的主要趋势。各级政府应加深对政府职能复合性的认识，必须明确何时突出何种职能，应根据实际情况，针对突出问题区别不同表现，正确恰当地履行，切实把政府职能转到主要为社会发展创造良好发展环境上来。

1. 提升政府服务理念，建设服务型政府

政府是公民间契约的产物，政府的首要职能应该是服务，树立以民为本的服务理念，强化公仆意识和服务意识，扮演好服务者的角色，提高为人民服务的主动性与自觉性，为社会、公众和企业提供良好的服务。要按照政府服务职能的要求合理设置机构，按照精简、高效的原则来推动机构改革，建立运转协调、行为规范、有序高效的行政管理体系，提高为公众服务的水平。同时，以政务公开推进便民服务，将重大决策、行政标准、办事程序、办事结果、法律法规、政策性文件予以公开，提高政府行为的透明度，推进政府政务的公开化、透明化，可以切实转变政府工作作风、提高政府工作效率。在政务公开的基础上，简化政府行政审批程序，树立为民服务的办事理念，要在减少行政审批事项、理顺各方面关系的基础上，规范审批程序，简化办事手续，政府部门和窗口单位应推行服务承诺制，并广泛接受群众监督，以促进机关办事效率的提高。

2. 优化公共管理职能，建设有限政府

传统的公共管理职能认为公共产品只能由政府来提供，不可能通过市场来提供，因而形成大政府、小社会的局面。按照政府职能转变的原则要求，政府该管的事一定要管好，不该由政府管的事要坚决交给企业、非政府公共组织，更大程度地发挥市场在资源配置中的基础性作用。在通常情况下，政府履行服务职能的水平和程度，受制于政府的公共财政能力，政府提供满足社会需求的公共服务和公共产品的有限性，是世界性的普遍问题，这就要求建设有限政府。有限政府是市场经济的内在要求，政府职能的转变必然是向有限政府发展。政府要创新制度和机制，坚持有所为有所不为，按照全体人民学有所教、劳有所得、病有所医、老有所养、住有所居的要求，改进经济调节和市场监管的方式方法，加强社会保障职能，改善和保障人民生活和社会安定。

3. 树立依法行政的法治观，建设法治政府

法治是政府职能转变的基本依据，法治意味着政府要按照宪法和法律所定的规则行事，也意味着政府的权力要受到监督和制约。坚持依法行政是建设社会主义法治国家的必然要求和重要环节，也是政府执政为民、履行职责的基本准则。政府部门行使职能过程中，要坚持合法行政，应当依照法律、法规、规章的规定进行，使公民、法人和其他组织合法的权利和利益得到切实保护，经济和社会秩序得到有效维护；要坚持合理行政，应当遵循公平、公正的原则，所采取的措施和手段应当必要、适当，形成高效、便捷、成本低廉的防范、化解社会矛盾的机制，使社会矛盾得到有效防范和化解；要坚持程序正当，行政机关实施行政管理，除涉及国家秘密和依法受到保护的商业秘密、个人隐私外，应当注意听取公民、法人和其他组织的意见，要严格遵循法定程序，依法保障行政管理相对人、利害关系人的知情权、参与权和救济权。

4. 加强保护生态环境职能，建设责任政府

长期以来，源于对GDP的盲目崇拜，"政绩工程"成为制约我国经济持续发展的桎梏，造成能尽快把GDP搞上去以显示政绩的项目和不计效益的政府投资越来越多，并且多是一些只顾眼前利益、不可持续、浪费资源的项目，制造的是虚假的繁荣。高投入、高消耗、高污染、低效益的粗放型增长方式，使我国付出了沉重的代价。保护和改善生态环境是转型期政府的一项突出职能，强调政府从严治政的责任观，要求政府滥用权力以及没有履行或者没有很好地履行公共服务义务必须承担消极后果。对于我们这样一个大国以及当今的国际形势，必须明确政府应当是什么，接下来是应该怎样去做，承担怎样的责任。因而，加强环境保护、走可持续发展之路应是一种既定的行动方针，这是一种全面的发展和进步，要求摆脱对 GDP 的盲目崇拜，按照权责明确、行为规范、监督有效、保障有力的方针来确定有限政府的职能及指导政府职能的转变。

本章思考题

1. 简述公共部门的职能。
2. 简述西方国家政府角色与职能的发展。
3. 非政府公共组织的特点是什么？
4. 如何看待非政府公共组织的作用？
5. 简述我国政府职能转变的进程。
6. 如何认识政府职能转变的趋势？

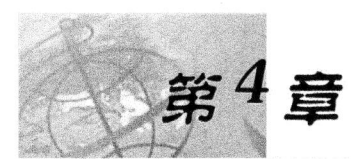

第4章

公共部门人力资源管理与开发

在任何组织系统中,人力资源都是非常重要的资源。相对于土地、机器设备、原材料等物质资源,人力资源具有能动性、可开发性、不可剥夺性和时代性等诸多特点。这些特点既使得人力资源具有超于一般物质资源的价值,同时,也为人力资源管理提出了挑战。

其实,人事管理从一开始就是行政管理的重要内容之一,但从人事管理发展为人力资源管理,并在公共领域有所研究和应用却是在20世纪末。进入20世纪80年代以后,世界全球化进程加剧,世界范围内的竞争更加激烈,以科技、知识为中心的高新技术产业发展迅速,引发了人们对于人力资源的进一步关注。与此同时,处于改革浪潮中的公共部门,也开始借鉴私人部门的人力资源管理方法和经验,注重对公共部门人力资源的有效管理和开发。可以说,公共部门人力资源管理是在传统人事管理的基础上发展而来,同时吸收并借鉴了私人部门现代人力资源管理的技术和经验,逐步发展并形成了现代公共部门人力资源管理。

通过本章的学习,希望大家能够了解以下问题:

◇什么是公共部门人力资源管理?

◇公共部门人力资源管理与传统人事管理以及私人部门人力资源管理有何区别?

◇公共部门人力资源管理的主要内容包括哪些?

◇我国公务员制度的主要内容是什么?

◇公共部门人力资源管理的发展趋势是什么?

4.1 公共部门人力资源管理概述

4.1.1 人力资源的含义及其特征

1. 人力资源的含义

"资源"一词在《辞海》中的释义是"资财的来源"。资财的来源有很多种,既包括土地、河流、森林、矿藏等自然物质,也包括人类自身的体力和脑力,还包括机器、厂房、资金和信息等。它们共同成为了人类社会赖以生存和发展的物质基础。英国古典经济学创始人之一威廉·配第在其代表作《政治算术》中提出了"土地是财富之母,劳动是财富之父"的著名命题,由此肯定了人的劳动的经济作用。但是,在相当长的时间里,自然资源一直是财富形成的主要来源。

随着科学技术的进步和发展,人力资源在财富形成中的贡献比例越来越大,人力资源的观念逐渐深入人心。第二次世界大战后,西欧各国在短时间内从战争的废墟中重新站立起来,包括战败的德国。其迅速恢复的原因是什么呢?"具有技术知识和基本技能以及学习新技术能力的工人"是其成功的关键因素。此外,美国经济自20世纪初开始,其产出增长率远远超过其生产要素投入的增长率。根据传统的经济增长理论,两者应该相等。那又是什么因素导致了产出增长率高于投入增长率呢?

1960年,美国经济学家西奥多·舒尔茨(T. W. Schultz)在美国经济学会年会上以会长的身份做了题为"人力资本投资"的演说,阐述了许多无法用传统经济理论解释的经济增长问题,明确提出人力资本是当今时代促进国民经济增长的主要原因,认为"人口质量和知识投资在很大程度上决定了人类未来的前景"。就此,人力因素成为美国现代经济增长之谜的答案,成为了社会财富中超额增长部分的唯一来源与解释。

关于我们现在所理解和使用的"人力资源"这一概念,最先是由当代管理大师彼得·德鲁克(Peter F. Drucker)在其1954年出版的《管理实践》一书中提出的。德鲁克在讨论管理员工及其工作时,引入了"人力资源"这一概念。他认为,人力资源是一种不同于其他经济资源的重要资源,它是经理们必须考虑的具有"专用性资产"的资源,是所有经济资源中最可能提高经济效益的资源,但却又是最没有有效使用的资源。与其他资源相比,人力资源必须通过有效的激励机制才能开发利用。

国内外的人力资源论著中对"人力资源"这一概念主要有两类解释:一类观点认为,人力资源是指人的劳动能力,而非人本身,例如:"人力资源是指人所具有的对价值创造起贡献作用,并且能够被组织所利用的体力和脑力的总和"[①],人力资源是指"人所具有的一种能推动组织绩效(结合诸如资金、原料、信息等其他资源)的能力"[②];另一类观点则认为人力资源应从人的角度进行解释,例如:"人力资源是指一定社会区域内所有具有劳动能力的适龄劳动人口和超过劳动年龄的人口的总和"[③],"人力资源是指能够推动社会和经济发展的具有智力和体力劳动能力的人的总称"[④]。

我们认为,无论是威廉·配第提出的"劳动是财富之父"命题,还是第二次世界大战后西欧经济增长的实际原因,都更强调人本身所具有的劳动能力和知识技能所创造的财富。也就是说,人是能力的载体,具有能力的人才能真正发挥人力资源的作用。因此,我们认为人力资源是指人的能力,具体来讲,人力资源是指人所拥有的能够创造组织绩效的各种能力的总和。

---

① 董克用:《人力资源管理概论》,北京:中国人民大学出版社,2007年,第8页。
② [美]亚瑟·W. 小舍曼、乔治·W. 勃兰德、斯科特·A. 斯耐尔:《人力资源管理》(英文11版),大连:东北财经大学出版社,2001年,第3页。
③ 陆国泰:《人力资源管理》,北京:高等教育出版社,2000年,第9页。
④ 陈远敦、陈全明:《人力资源开发与管理》,北京:中国统计出版社,1995年,第1页。

2. 人力资源的特征

与自然资源、资金资源、信息资源等资源相比，人力资源具有其他资源所没有的特性：

(1)能动性。人与动物的重要区别之一就是人具有主观能动性。人在认识世界和改造世界的过程中，能有目的、有计划、积极主动地进行有意识的活动。人对于人力资源的利用是通过自身的活动来完成的，受自身意识的支配，具有主动性；而自然资源、资金资源等则是被动地接受人的支配和利用。因此，人力资源具有引导、操纵、控制其他资源的功能。此外，人力资源也是各种资源中唯一具有创造性的要素。人力资源能顺应特定的自然条件、社会条件，创新和发展人类社会，增加社会财富。

(2)不可剥夺性。人力资源以人为载体，是同人的生命力密不可分的，是同人的尊严与权益相联系的。人力资源不能与人分离而存在，人是人力资源的唯一所有者。资金、信息等资源在交易实现后，均具有明确的产权归属，资源的所有者有权自主开发、利用、处置其资源。人受雇于特定组织后，运用其所具有的人力资源为特定的组织服务，组织根据其能力和贡献大小支付相应的报酬。然而人力资源的所有权仍然归属其载体个人。组织无法分离和剥夺雇员所拥有的人力资源，只能在雇用过程中通过良好的管理与开发让其自觉运用与发挥。

(3)可开发性。机器、设备等资源在使用过程中会以折旧的形式体现其使用价值的损耗，不能实现多次开发和使用。而人力资源在使用过程中，则可以通过教育、培训和开发实现人力资源的积累和增值。可以说，人力资源的使用过程也是人力资源不断被开发的过程，因此，人力资源具有终身开发的持续性。而且人力资源经过每一次开发后，其素质能够不断地积蓄，不断地去适应环境系统的变化，并且在运用过程中创造出更大的价值。

(4)时代性。任何人都是在特定的时代背景和历史条件下成长起来的，其所具有的人力资源受到特定时代的政治、经济、文化因素的影响，也会体现出不同的时代特点。例如，在原始社会和奴隶社会，狩猎、农耕是主要的社会生产方式，相应地对人的体力要求较高；而进入知识经济时代以后，社会对人力资源的知识水平、科技信息、创新能力方面的要求不断增加。此外，不同时代的价值观、道德观都会对人力资源的运用和开发产生影响。因此，人力资源的运用会受到时代背景的影响，这就要求人力资源管理也不能脱离其管理对象的时代和社会背景。

4.1.2 公共部门人力资源管理的含义

1. 人力资源管理概念的提出

人力资源管理是对人力资源进行的各项管理活动。美国圣迭戈大学管理学教授斯蒂芬·P. 罗宾斯认为："管理者是通过别人来完成工作，他们只做出决策、分配资源、指导别人的活动，从而实现工作目标。"[①]即管理是通过对人所具有的体力和脑力的有效组织、协调、指挥来完成一系列工作过程的活动。因此，任何管理活动都要涉及对人的体力和脑力的组织、协调、指挥和控制。

---

① [美]斯蒂芬·P. 罗宾斯：《组织行为学》(第十版)，北京：中国人民大学出版社，2005年，第5页。

尽管"人力资源"这一概念是在20世纪以后才被明确提出来的，但关于人力资源管理活动却是自人类生产活动产生之时便出现了。埃及在公元前5000～前525年建造了大批金字塔，如何安排众多人员吃、住、行等，都对管理者提出了很高的要求。古巴比伦王国的汉穆拉比法典中，对个人行为、人与人的关系、工资报酬、职责等做了具体规定。古埃及和古巴比伦的家庭手工工场对工人技能进行了有组织的培训。空想社会主义家罗伯特·欧文在他的工厂里运用专门的方法对员工实行绩效考核以及医疗和养老金制度。

1958年，怀特·巴克在其《人力资源职能》一书中首次将人力资源管理作为管理的普通职能进行论述。此后，国内外产生了人力资源管理的各种流派，他们从人力资源管理的目的、过程、主体等不同方面对人力资源管理的概念进行了阐释。例如，人力资源管理就是通过各种技术与方法，有效地运用人力资源来达成组织目标的活动；人力资源管理是用来提供和协调组织中的人力资源的活动；人力资源管理是指那些专门的人力资源管理职能部门中的专门人员所做的工作；等等。此后，各个时期的管理学家们都对如何最大限度地发挥人的能力、提高组织绩效进行过研究和阐述。人力资源管理理论在社会生产实践和管理理论的丰富中不断地得到发展，形成了系统的职能体系，成为目前被普遍理解和接受的"人力资源管理"。

我们认为，人力资源管理就是为实现组织目标，围绕组织内人力资源进行的规划、开发和使用的一系列制度安排以及管理行为的统称。它既包括了组织内人力资源管理战略的建立，也包括了人力资源招募、培训开发以及绩效和薪酬管理等内容；它既包括了静态的各种人力资源制度，也包括了人力资源管理的具体活动过程。

2. 公共部门人力资源管理的定义

公共部门和私人部门是社会的两种基本组织类型，其正常运作都离不开人力资源的有效开发和使用。人力资源管理最早是在私人部门建立和完善的，并且，随着"新公共管理运动"和公共管理学科的兴起，人力资源管理很快进入公共领域。尽管人事行政一直是以政府为主的公共部门的重要构成内容之一，但传统的人事行政不能适应公共行政改革的需要，缺乏必要的竞争和激励机制，无法很好地满足公众日益增长的服务需要。因此，将人力资源管理的理念、模式和方法借鉴于公共部门，不仅从人事管理上适应了公共行政改革的需要，同时也成为推动行政改革的重要途径之一。

所谓公共部门人力资源管理就是为实现公共部门的目标，对政府、事业单位和其他非营利组织中的人力资源进行规划、开发和使用的制度、政策以及管理行为的总称。我国的公共部门主要包括政府、事业单位以及非营利性的其他组织。公共部门组织目标和私人部门组织目标有较大不同，前者必须体现公共利益诉求。下面我们通过公共部门人力资源管理与企业人力资源管理以及传统人事管理的对比，来进一步了解公共部门人力资源管理的特点。

4.1.3 公共部门人力资源管理的特征

1. 与企业人力资源管理相比

尽管20世纪80年代以后兴起的"新公共管理"理论是以在政府管理中引入市场理念和竞争机制为指导思想，以将私人部门的管理方式引入公共部门为特点的，但毕竟公共部门与私人部门是两种不同的组织,公共部门人力资源管理与私人部门人力资源管理相比有其自身的特征。

1)公共部门人力资源管理主体具有公共性

公共部门人力资源管理的主体是公共部门,公共部门具有公共性。公共管理部门以实现公共利益为目标,以提供公共服务、供给公共产品为职能,其使命是提供稳定的社会环境,确保社会公平[①]。公共部门的公共性必然决定了公共部门人力资源管理理念上的回应性和服务性,而非竞争性和利润最大化的经济理性。回应性要求公共部门工作人员对一般公民合法权益诉求进行维护和反馈,服务性则对公共部门工作人员的工作理念提出了明确的要求,强调其依法运用权力,并接受公众监督。这两点既体现了公共部门的价值取向,又对公共部门工作人员提出了要求。因此,在公共部门人力资源管理过程中,回应性和服务性都应当作为公共部门人力资源选拔、录用、考核等的重要依据。

2)公共部门人力资源管理主体具有稳定性

以政府组织为主体的公共部门相比私人部门具有更大的稳定性。公共部门虽然也面对来自内部和外部环境的挑战,但由于公共管理具有垄断性,公共部门不参与市场竞争,因此,它比身处市场环境中的企业具有更大的稳定性。市场经济提供了更加自主竞争的平台,在优胜劣汰的竞争原则下,劣势的企业随时可能被淘汰出局,不复存在。这种不稳定性既对企业提出了效率要求,也催生了企业人力资源管理的效率追求。如果企业的正常生产经营无法维系,人力资源的数量和质量不能达到其追求利润的要求,企业及其所拥有的人力资源都会产生较大变化。而公共部门的稳定性也使得公共部门面临较小的人力资源竞争,流动性较低,加之绩效评价的复杂性,带来了公共部门人力资源管理的低效问题。

3)公共部门人力资源管理对象一般具有政治性

公共部门人力资源管理对象是作为人力资源载体的人。尽管西方很多国家的公务员制度都强调公务员"政治中立"的特性,但政治与行政的完全二分仍有待探讨。而在我国,公务员制度对公务员的政治立场有明确的要求。公务员必须坚持四项基本原则。同时,在管理方式上,我国公务员制度的各项具体管理制度都是按党的干部路线、方针、政策制定的,坚持党管干部原则,把政治立场和思想品德放在考核的首位。

4)公共部门人力资源管理职能实现方式与私人部门相比有较多不同

尽管公共部门人力资源管理和私人部门人力资源管理具有大致相同的职能,如职位分析、人力资源规划、人力资源招募与录用、人力资源培训和开发、薪酬管理、绩效管理等,但是,与私人部门相比,公共部门人力资源在诸多职能的实现方式上均表现了较大差别。例如,公共部门人力资源的招募和录用的标准、程序、选拔范围与私人部门相比有所不同。国家公务员是根据《公务员法》的规定在全国范围内依据统一的标准、统一命题,经过既定的程序进行选拔和录用的。而私人部门则是根据其自身需求,选择适合自身特点或要求的招募渠道和招募时间,确定录用程序,具有较大的灵活性。再以绩效管理职能为例。私人部门以追求利润最大化为自身的主要目标,绩效考核多以利润来衡量,标准简化且单一;而公共部门主要提供公共产品和服务,其绩效考核标准涉及众多的因素,评估较

---

① 萧鸣政:《人力资源开发与管理——在公共组织中的应用》,北京:北京大学出版社,2005年,第40页。

复杂,量化难度也较大。

2. 与传统人事管理相比

人力资源管理也被称为现代人力资源管理,以和传统人事管理相区别。传统人事管理产生于第一次世界大战期间,在20世纪30～70年代得到了实践和发展。这一时期是工业经济为主的时代,企业组织中体力雇员与脑力雇员的比例大致是6∶4[1]。传统人事管理更多地体现了一种工作本位的管理主义,与人力资源管理的人本主义思想有较大差别。因此,两者在管理视角、管理目的、管理活动等方面都存在着区别。表4-1对人力资源管理与传统人事管理进行了比较。

表4-1 人力资源管理与传统人事管理的区别

项目	传统人事管理	人力资源管理
管理视角	视员工为负担	视员工为第一资源
管理目的	组织短期目标的实现	组织、员工利益的共同实现
管理活动	重使用、轻开发	重视培训开发
管理内容	简单的事务管理	非常丰富
管理地位	执行层	战略层
部门性质	单纯的成本中心	生产效益部门
管理模式	以事为中心	以人为中心
管理方式	命令式、控制式	强调民主、参与
管理性质	战术性、分散性	战略性、整体性

资料来源:董克用:《人力资源管理概论》,北京:中国人民大学出版社,2007年,第42页

人力资源管理与传统人事管理的差别同样存在于公共部门之中。政府中的人事管理也被称为人事行政。它是指政府为达成其职能、推行其工作,通过一定的人事机关及相应的制度、法规、方法和手段等,对其所任用的国家工作人员进行选拔、任用、培训、奖惩、考核、调配、工资福利、退职退休等方面的管理活动[2]。与公共部门人力资源管理相比,传统的人事行政是一种战术性的、分散性的管理方式,虽然也强调"人"与"事"的匹配,但仍以事为中心,关注短期目标的实现,重使用、轻开发。我国公务员制度的形成过程体现了传统人事管理的发展。

需要指出的是,虽然公共部门人力资源管理与传统人事管理存在诸多区别,但两者相互间是一种继承和发展的关系。公共部门人力资源管理虽然借鉴了私人部门人力资源管理的诸多经验,吸收了私人部门人力资源管理关于人力资源管理职能的主要内容和战略管理的思想,但是它毕竟是在人事行政的基础上发展而来,继承了传统人事管理职位分类、机构设置等传统,是传统人事行政和现代人力资源管理思想的结合和发展,不能将两者完全割裂。

---

[1] 吴志华、刘晓苏:《公关部门人力资源管理》,上海:复旦大学出版社,2007年,第5页。
[2] 张国庆:《行政管理学概论》(第二版),北京:北京大学出版社,2000年,第195页。

4.2 公共部门人力资源管理的内容

公共部门人力资源管理的内容具体表现为公共部门人力资源管理的各项职能。公共部门人力资源管理职能主要包括公共部门人力资源规划、公共部门职位分析与评价、公共部门人力资源招募与甄选、公共部门人力资源培训、公共部门绩效管理、公共部门薪酬管理等内容。下面就这些具体职能进行详细的介绍。

4.2.1 公共部门人力资源规划

人力资源规划(human resource planning，HRP)是指根据组织战略目标，借助专门的方法，对组织未来人力资源进行供给和需求预测，并达到供需平衡的过程。通过人力资源规划，可以回答以下一系列问题：组织在某一特定时期对人力资源的需求是什么；组织在对应的多长时间内能够得到所需人力资源供给；在这个时期内，组织应当通过什么方式来实现人力资源供需的平衡；等等。人力资源规划职能体现了现代人力资源管理的战略思想。罗纳德·克林格勒和约翰·纳尔班迪认为，人力资源规划是公共部门人力资源管理战略界定的重要方面，是其他职能发挥的基础[1]。

公共部门人力资源规划是公共部门根据组织发展战略进行的人力资源规划活动。完整的公共部门人力资源规划一般包括以下内容：人力资源补充计划、人力资源调配计划、人员接替和提升计划、培训与开发计划、薪酬激励计划、员工关系计划以及退休解聘计划。人力资源补充计划的主要目标是确定部门人员需要补充的数量、类型等，确定人员的任职资格标准、人员的来源范围；人力资源调配计划的主要目标是确定部门编制，优化人力资源结构，实现职位匹配和职位轮换；人员接替和提升计划的主要目标是确保部门后备人员数量的保持以及结构的改善，具体包括确定选拔标准、提升比例、未提升人员安置等；培训与开发计划的主要目标是确定培训的数量和类型，提供内部供给，保证培训时间和效果；薪酬激励计划的主要目标是增加人员供给，提高士气，改善绩效；员工关系计划的主要目标是提高工作效率，降低离职率，加强民主管理和沟通；退休解聘计划的主要目标是预测人员空缺，确定退休政策和解聘程序。

公共部门人力资源规划时要借助专门的预测方法。主要的预测方法包括德尔菲法和管理者经验法，这两者属于定性预测方法，主要由相关领域的专家以及具有丰富经验的人员根据自己的经验和判断进行预测。定量方法主要是运用统计和数学模型的方法进行预测以得到量化的预测结果，其主要的方法有趋势预测法、比率预测法、回归预测法等。

4.2.2 公共部门职位分析与评价

职位(position)是组织中一个或者一组相互关联的职责的集合。美国联邦政府《职位分类法案》将职位界定为"分配给一个官员或职员包含有职务与责任的工作"。职位分析(job

---

[1] [美]罗纳德·克林格勒、约翰·纳尔班迪：《公共部门人力资源管理》，孙柏瑛等译，北京：中国人民大学出版社，2001年。

analysis）是界定组织中特定职位的工作内容及其规范的过程，通过这一过程明确该职位是做什么的以及什么样的人来做最合适。职位分析在公共部门人力资源管理中居于十分重要的地位：①它明确了公共部门中不同职位的职责，确定了不同职位之间的权力界限；②职位分析为公共部门人员招募和录用提供了明确的标准；③职位分析为公共部门人力资源培训和开发提供了明确依据；④职位分析为制定公平合理的薪酬政策提供了基础；⑤职位分析有助于对公关部门人力资源进行绩效管理。

职位分析主要包括职位说明和任职资格说明两部分，分别对职位名称、工作职责、工作条件、绩效要求、任职资质和能力要求等做出详细的规定。表4-2是福建省晋江市科技局副局长职位说明书。

表4-2 福建省晋江市科技局副局长职位说明书

职位名称	科技局副局长
职位代码	12167-3-0002
工作项目	协助局长分管以下工作： 1. 分管知识产权科、生产力促进中心、高新技术开发办公室、纺织促进协会 2. 分管知识产权保护、科技综合统计、科技培训、科普教育、民营科研机构管理等工作 3. 分管专家顾问团管理办公室、晋江市科技领导小组办公室的日常管理工作 4. 协助分管农业科技、星火计划、火炬计划等工作，做好有关科技政策、法规的制定与实施
工作概述	本职位在分管副市长和局长的领导下进行工作： 1. 组织编制科技中长期规划和年度计划并组织实施，做好相关科技项目的申报和管理工作 2. 开展与科技相关的知识产权保护工作 3. 负责行业技术开发中心、企业研发中心的申报管理工作 4. 负责科技示范体系建设 5. 开展全国科技进步示范市的建设工作 6. 负责全市科技统计、科技培训等工作 7. 协助局长抓好本局工作，完成上级交办的其他工作
工作标准	1. 组织实施的工作符合有关法律、法规和政策的规定 2. 组织起草和审核修改的各类公文正确规范 3. 工作认真负责，实事求是，坚持原则，秉公执法，廉洁自律，遵纪守法，依法行政 4. 按有关规定完成上级任务，积极主动地完成日常工作和各级领导临时交办的工作，日常工作做到有布置、有检查，交办工作要及时汇报办理结果
所需知识能力	1. 具有大专以上文化程度或中级技术职称 2. 在科员职位上工作五年以上 3. 有较强的综合分析能力、组织协调能力和语言表达能力，并有较强的写作能力和一定的计算机操作能力 4. 熟悉有关科技法律、法规，有丰富的科技管理知识
转任和升迁方向	1. 可转任其他同级职务 2. 可由同级职务人员转任或下一级职务人员升任 3. 可升任局长（正科）或主任科员

资料来源：福建省晋江市科技局网，http://www.jjkjj.gov.cn

职位评价(job evaluation)是确定组织内部各职位相对价值大小的过程。职位评价不同于职位分析，其结果是组织建立薪酬体系的内部依据。职位评价高的职位，其基本薪酬水平一般也高；反之，则低。需要注意的是，职位评价是以工作职位本身为评价对象的，并不是以目前在该职位上工作的人的资格、能力等为评价对象。根据职位评价的结果，可以将组织内职位划分出不同的等级。

4.2.3 公共部门人力资源招募与甄选

公共部门人力资源招募是在公共部门人力资源战略规划的指导下，根据职位空缺计划，选择适当的方式，吸引求职者应聘空缺职位的过程。招募环节的主要目的是吸引人员，即确定通过哪些渠道、以何种方式、在多大的范围内吸引哪些人参与应聘。公共部门人力资源招募的渠道包括内部招募和外部招募。内部招募是指在组织内部通过发布公告、自荐或者他人推荐等方式进行招募的过程。外部招募是指通过电视、报纸、杂志、招聘会、网络等方式，从组织外部招募人才的过程。例如，我国国家公务员的招募就是通过内外部两种渠道，采用电视、报纸、网络等媒体宣传方式在全国范围内对符合职位基本条件的人进行募集以备选拔测试。

公共部门人力资源甄选是采用专门的方法，根据职位任职资格要求，对募集的人员进行选拔和测试，并最终录用的过程。选拔和测试内容主要包括知识测试、能力测试、性格和兴趣测试等。我国每年进行的国家公务员考试就是采用笔试和面试相结合、知识测试与能力测试相结合的甄选方式。选拔测试结束后，对应聘的资料还要进行进一步的审核，并根据职位需要进行体检，最后确定试用考察期，直到正式录用。

在人力资源招聘工作结束后，还需要对人力资源招聘的信度和效度进行测试，以检验招聘中选拔测试方法的可靠性和有效性。

4.2.4 公共部门人力资源培训

公共部门人力资源培训是指对公共部门工作人员完成本职工作所必需的知识、技能以及组织行为规范和价值理念进行培养和训练的过程。公共部门人力资源培训是现代人力资源管理特点的主要体现之一。首先，人力资源培训有助于员工尽快地融入公共组织。一方面，通过岗前培训，帮助员工熟悉职位工作内容，明确工作职责，以胜任该职位的工作；另一方面，在岗前培训中，通过入职介绍，使员工对组织文化、组织发展和组织目标有更深入的了解，以更快地融入组织。其次，人力资源培训有助于提高员工的绩效水平。毋庸置疑，公共部门在全球化、网络化的世界中面临越来越多的复杂因素，需要公共部门职员在处理公共事务、应对公共危机中具有更综合的能力和技术手段，有效的培训能帮助员工提高知识和技能水平，更新知识储备，改善工作态度，提高工作积极性，进而提高工作绩效水平。最后，人力资源培训有助于组织提高整体绩效，培养组织文化。人力资源培训在强化知识和技能的同时，更多地将公共部门改革的理念带给员工，促进公共部门组织文化的培育，增加组织向心力，进而提高组织的整体绩效。

公共部门人力资源培训程序主要包括下列环节，如图4-1所示。

培训需求分析是对公职人员、公共部门以及工作要求等方面进行分析，以确定什么时

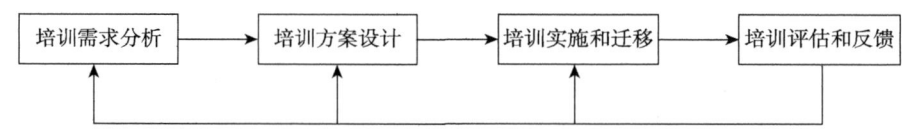

图 4-1 公共部门人力资源培训程序

间对哪些人员进行何种培训的过程。根据需求分析的结果，公共部门进一步设计培训的具体方案，具体包括培训目标、培训内容、培训者与培训对象、培训方法、培训地点和费用等。培训实施中要对培训过程进行有效的组织和监控，并通过迁移使其有效地应用于实际工作。最后，从学员反应、个人绩效以及组织绩效等方面对培训的效果进行评估和反馈。这四个环节是一个循环往复的过程。

4.2.5 公共部门绩效管理

绩效(performance)也被称为业绩、成绩、工作成果等。绩效管理是人力资源管理的核心内容，是衡量人力资源招聘和培训效果的依据之一，是薪酬管理正常进行的前提，为人力资源规划提供参考。公共部门人员绩效管理是指按照一定的程序、方法对公共部门工作人员在一定时期的绩效状况进行评价和反馈，以保证公共部门目标顺利完成的过程。

公共部门绩效管理包括绩效计划、绩效考核以及绩效反馈三个环节：①绩效计划是绩效管理的起点，它是在绩效周期开始时，部门与员工一起确定员工在考核期内的绩效目标的过程。绩效计划并不是固定不变的，可以在实施过程中进行适当的修改和调整。②绩效考核是绩效管理的关键环节，它是根据既定的程序和方法对员工的工作绩效进行评价的过程。由于公共部门的公共性，公共部门人员的绩效考核具有复杂性。私人部门的人员绩效往往通过利润、销售额等数据量化地表现出来，但公共部门的绩效标准要考虑公平、争议、职责等诸多难以量化的价值标准。因此，在该阶段选择恰当的方法和科学的标准尤为重要。③绩效反馈是指在绩效考核结束后，上级与被考核的员工就绩效考核的结果进行沟通，指出员工在工作中存在的不足，并一起制订绩效改进计划的过程。绩效反馈环节是确保绩效管理功能有效发挥的关键。

4.2.6 公共部门薪酬管理

关于薪酬的含义，目前研究者较为一致的观点是"用人单位以货币形式支付给员工的劳动报酬"。薪酬主要由基本薪酬和激励薪酬两部分构成。其中，基本薪酬是根据员工所承担的工作或者所具备的资格与技能支付的较稳定的报酬，它又分为基本工资、津贴、补贴等项目；激励薪酬是根据员工个人或者部门内的绩效而支付的变动性的报酬，主要包括奖金。以我国公务员薪酬为例，《公务员法》第74条规定："公务员工资包括基本工资、津贴、补贴和奖金。"公务员按照国家规定享受地区附加津贴、艰苦边远地区津贴、岗位津贴等津贴；公务员按照国家规定享受住房、医疗等补贴、补助；公务员在定期考核中被确定为优秀、称职的，按照国家规定享受年终奖金。福利是用人单位支付给员工的另一种报酬，以非货币形式为主，主要包括保险和休假。例如，我国《公务员法》第76条规定："公务员实行国家规定的工时制度，按照国家规定享受休假。公务员在法定工作日之外加班的，应当给予相应的补休。"《公务员法》第 77 条规定："国家建立公务员保险制度，保障公务员在退休、患病、工伤、生育、失业等情况下获得帮助和补偿。"

公共部门薪酬管理是在公共部门战略规划下，确定薪酬水平、薪酬结构、薪酬形式，并进行薪酬调整和控制的过程。与私人部门相比，以政府部门为主的公共部门在薪酬管理上拥有更加稳定的基本薪酬制度和间接薪酬制度。《公务员法》第十二章指出："任何机关不得违反国家规定自行更改公务员工资、福利、保险政策，擅自提高或者降低公务员的工资、福利、保险待遇。任何机关不得扣减或者拖欠公务员的工资。"稳定的薪酬体系有助于公务员队伍的稳定，但是也给人力资源利用效率和效果带来了诸多问题。因此，对公共部门薪酬管理制度的改革也在不断地探索和实践中。

4.3 国家公务员制度

国家公务员制度是公共部门长期以来人事行政管理制度的主导，它是对政府中行使国家行政权力、执行国家公务的人员进行依法管理的法规和制度的统称。B. 盖伊·彼得斯指出："支撑传统公共行政的第四个基本假定，是指应该建立一个制度化的公务员制度，并把它当做一个法人团体来进行管理。"[①]下面分别介绍西方国家公务员制度和我国公务员制度的形成及特点。

4.3.1 西方国家公务员制度及其特点

1. 西方国家公务员制度的形成

现代西方国家公务员是指通过公开选拔考试而非选举程序，被政府录用，长期担任政府公职的国家工作人员，也被称为"文官"（civil servant）。西方国家公务员制度也被称为文官制度。西方国家公务员制度产生于资本主义的发源地——欧洲[②]。此后，在美国有所发展。第二次世界大战之后，西方国家公务员制度在很多国家得到了运用和发展。可以说，西方国家公务员制度的建立，是资本主义关系发展到一定历史阶段的产物，其产生和发展具有丰富的历史背景。

资产阶级革命发生之前及其后的一段时期内，西方国家政府部门人员以任命为主。在君主制国家，公职人员的职位由国王或贵族委任；在共和制国家，公职人员主要由总统等行政长官层层委任。但传统的制度自 19 世纪开始遭到了挑战。

19 世纪中叶，英国在工业革命的基础上率先进入了垄断资本主义阶段。到了 19 世纪 70 年代，西方主要国家的经济形态从自由竞争向垄断资本主义过渡。在这一时期，重工业生产迅速发展，企业规模不断扩大，生产的迅速集中带来的垄断经营使得国家对国民经济的参与和管理日益频繁。政府管理的事务活动范围越来越大，建立专职化的公务人员队伍势在必行。原有的政党分肥制下的人事任命制度成为政府加强管理职能、提高行政管理效率的主要障碍。因此，以公开竞考、择优录用为原则的西方文官制度应运而生。

---

① [美]B. 盖伊·彼得斯：《政府未来的治理模式》，吴爱民等译，北京：中国人民大学出版社，2001 年，第 11 页。
② 谭功荣：《公务员制度比较研究》，重庆：重庆出版社，2007 年，第 3 页。

此外，新生的资产阶级的社会经济地位显著提高，逐渐成为社会中的强势力量，他们对政府统治提出变更的要求。资产阶级要求建立一个廉价而高效的政府，赋予公众更多的参与政治事务的权利和机会。原有的"恩赐官职制"以及后来的"政党分肥制"无法满足其对有效、廉洁政府的要求。

西方文官制度是资本主义生产方式发展的必然产物，是在资产阶级反对封建君主的"恩赐官职制"和总结资产阶级早期的"政党分肥制"经验教训的基础上，在多党竞争条件下为求得一个稳定的政府工作系统而逐步建立和发展起来的[①]。它适应了现代政府管理和社会管理的需要，逐步成为一种规范化、法制化、科学化的人事制度。

同时，行政管理学科的发展也为现代西方国家公务员制度的发展提供了理论基础。威尔逊在《行政学之研究》一文中，提出了政治与行政二分法（dichotomy of politics and administration）。威尔逊认为国家的权力主要掌握在决定政治的议会和执行政治的行政部门手中。行政不同于政治，"行政管理是置身于'政治'所特有的范围之外，行政管理则是技术性职员的事情"。威尔逊还进一步提出，一个良好的政府应有两大支柱，即坚强有力的政务官和效能精干的文官。"必须为文职官员的竞争考试提供有充分准备的人员，这些人员必须同样既接受各种自由行使的考试，也接受技术知识方面的考试。"[②]政治与行政二分论后来被弗兰克·古德诺在其著作《政治与行政》中进行了系统的论证。古德诺认为，为了提高行政效率，最好是将政党的因素和政治权宜等政治排斥在行政之外，而将政府文职官员区分为政务官和事务官，并规定事务官在政治上中立。这些思想成为了现代西方国家公务员制度确立的理论基石。

2. 西方国家公务员制度的特点

19世纪中后期，西方诸多国家实行了国家公务员制度，不同国家的公务员制度也有所差异。1883年，美国共和党议员彭德尔顿提出了《文官制度法案》，这就是著名的《彭德尔顿法案》，该法案确定了功绩竞考、职位常任、政治中立等原则。德国在1953年颁布了《联邦政府官员法》以及《联邦政府工资法》，对政府工作人员的任用和薪酬等进行了规定。日本在第二次世界大战后，主要参照英国、美国文官制度和德国的公职任用制度，建立了现代日本公务员制度。

尽管西方各个资本主义国家的公务员制度不尽相同，但在以下几个方面却体现了同样的特点。

1）功绩晋升

所谓功绩晋升是指在人员任用中，以工作人员工作成绩和贡献大小为晋升评价标准。公务员的待遇和职位升迁与其功绩相挂钩。功绩制原则抛弃了"私人庇荫制"下的出身、地位、种族等因素，抛弃了政党分肥制下的权力关系、党派利益，通过规范的标准和客观的评估规范公务员的管理。通过对公务员的客观评价和选拔，一方面为公务员的职业化发展提供可靠的基础；另一方面借此建立优胜劣汰、奖罚分明的激励和约束机制，使得公务员队伍更具有竞争性和活力，为建立高效率的政府提供有力的人力资源保障。

[①] 陈振明：《公共管理学》，北京：中国人民大学出版社，2005年，第333页。
[②] 丁煌：《西方行政学说史》，武汉：武汉大学出版社，2004年，第21页。

2) 政治中立

政党分肥制瓦解后，公务员政治中立的原则得到了确立。所谓政治中立是指政府公务员在行政过程中，应对政党政治采取超然和中立的态度，不得运用行政权力偏袒某一政党或者相关利益集团，以做到公正地为公民服务。在公务员制度中，政治中立原则必须区分政务官与事务官。"政治中立"是对事务官提出的明确要求，它对事务官的行政活动做出了规定，例如，不允许参加党派或相关政治活动，不得利用职权参与政治竞选或者募捐及助选活动，不得兼任议员等。政治中立原则避免了政党分子引起的政局动荡和人员更迭，使事务官员避开政治斗争，保证了政府工作的连续性和稳定性。

3) 常任制

在政党分肥制下，政府工作人员与内阁同进退。每当政党更迭时，政府部门人员也会发生较大变化，这使得政府工作处于极度不稳定的状态。国家公务员制度为确保政府行政管理的连续性和稳定性，对政府事务官实行终身取向的常任雇佣制度。一旦政府部门与公务人员达成雇佣契约，如果员工没有出现工作过失，并完成了工作任务，那么，政府不能随意解雇公务人员。同时，公务员的薪酬与其工作的年限相挂钩，以鼓励公务员在行政部门长期任职。此外，常任制与功绩制相结合，既实行优胜劣汰、公开竞考的原则，又在一定程度上保证公务员队伍的稳定，有助于行政工作的连续性和高效性。

4) 政务官与事务官相区分

政务官是指以政党选举成败为进退标准，通过竞选获胜的方式得到任命的政府官员，主要包括政府首脑以及政府各部门的行政首长；事务官是除去政务官外，通过国家统一考试、竞争录用的政府公务人员。根据政务官与事务官的分类，他们在政府中的地位、职责、性质也各不相同，实行分类管理。政务官实行任期制，事务官实行常任制；政务官的选拔方式主要是政党政治任命；事务官则是通过公开竞考。政务官与政党集体有密切关系，事务官有自身的管理体系，具有自身的工会组织。政务官与事务官相区分是政治中立原则和公务员常任制的前提。

5) 专才和通才并重

政治与行政二分法推进了行政管理人员的职业化倾向，使行政人事管理从重视通才发展为通才与专才并重。政府为了提高事务性、技术性服务的水平和效率，必须任用更具专门知识和技能的人员。公务员与其他职业，如医生、律师、法官等一样，具有职业性，要求具备与政府管理工作相关的特定的、专门的知识或者技能。

4.3.2 我国公务员制度的建立和特点

1. 我国公务员制度的建立

1) 新中国成立初期的干部人事制度

从新中国成立到"文化大革命"前，我国政府仍沿用革命战争时期的干部人事制度。当时的干部人事制度形成于革命战争中，受到苏联高度集中的人事管理制度的深刻影响，在政府的组织人事上贯彻党管干部的原则，中央明确规定各级政府的干部由党中央及各级党委的组织部来统一管理。这是确保共产党实现对政府组织领导的重要原则和制度。例如，中央政府的重要行政职务的人选由党中央推荐；地方各级政府的负责人及其组成人员由同级党委会负责推荐①。政府各部门的干部队伍组成、干部流动、干部任免、干部培训及干部待遇等各项工作，在实施分类和分级管理后，必须服从党的宏观统一管理及调配，以保障党、政、企、事、群各方面的协调统一。

1953年后，随着政府体制调整和干部数目的急剧增加，中共中央发出《关于加强干部管理的决定》。该决定指出，党对干部的管理工作必须大大加强，党对现行管理干部的方法，亦应适当地加以改变。为此，中央决定，逐步建立在中央和各级党委组织部统一管理下中央及各级党委的各部分管干部的制度②。按照工作需要，将全体干部划分为九类。此后，政府又出台了《政务院关于任免工作人员的暂行办法》。1954年，国务院成立后，根据全国人大会议通过了《国务院组织法》、《国务院任免工作人员办法》、《县级以上人民委员会任免国家机关工作人员条例》等条例和办法，详细规定了国务院、地方政府任免工作人员的范围及相关事宜。

这一时期的干部人事制度适应了当时稳固政权和建立计划经济体制的需要，满足了政府统一调配干部、加速国家工业化和建设社会主义的要求，具有一定的历史意义，但也在管理过程中暴露出了一系列的弊端，例如，没有系统的职位分类，"人治"色彩浓厚，管理方式单一，缺乏科学规范的录用和淘汰机制等。

2）1993年《国家公务员暂行条例》的颁布

十一届三中全会以后，邓小平同志明确提出改革传统的干部人事制度，"关键是要健全干部的选举、招考、任免、考核、弹劾、轮换制度，对各级各类干部职务的任期，以及离休、退休，要按照不同情况，做出适当的、明确的规定"。根据这一思想，政府在公务员制度建设方面进行了诸多的改进，如实施干部离退休制度，明确干部考核程序和方法，改革干部任用制度。1982年9月，劳动人事部制定并下发了《关于制定〈吸收录用干部问题的若干规定〉的通知》，对吸收录用干部的前提条件、范围、程序、试用期、工资待遇等都做出了明确的规定③。1984～1986年，中共中央组织部着手起草《国家机关工作人员条例》，此为《国家公务员暂行条例》的前身。1993年4月，国务院常务会议审议通过《国家公务员暂行条例》，并于当年8月14日正式颁布，于10月1日起执行。《国家公务员暂行条例》的颁布与实施，标志着我国公务员制度的正式确立。

围绕《国家公务员暂行条例》所规定的对公务员管理的主要环节，一系列配套的暂行规定先后出台，如职位分类、录用、考核、奖励、惩戒、职务升降、职务任免、工资、福利、辞职、辞退等规定，基本上形成了以《国家公务员暂行条例》为龙头、由40个配套规章所组成的制度体系，促进了从传统干部人事制度向法治化、科学化的公务员制度的转变。与我国传统的干部人事制度相比，以《国家公务员暂行条例》为中心的公务员制度体现了各类干部分类管理的原则。同时，《国家公务员暂行条例》中对公务人员的招考、晋升、离退休都做出了明确要求，增进了国家公务人员的新陈代谢，强化了激励竞争机制。

3）《公务员法》

1998年的政府机构改革，确立了进一步转变政府职能，逐步建立办事高效、运转协

---

① 参见李和中：《21世纪国家公务员制度》，武汉：武汉大学出版社，2006年，第144页。
② 李和中：《21世纪国家公务员制度》，武汉：武汉大学出版社，2006年，第145页。
③ 李和中：《21世纪国家公务员制度》，武汉：武汉大学出版社，2006年，第154页。

调、行为规范的行政管理体制。2002年，党的十六大进一步提出，要改革和完善干部人事制度，健全公务员制度。在现实和制度要求下，2005年4月，历经4年和十余次修改的《公务员法》经全国人大常委会通过，并于2006年1月1日开始施行。《公务员法》是我国第一部属于干部人事管理总章程性质的重要法律。它的出台，标志着我国公务员制度建设进入了新的阶段。

《公务员法》以《国家公务员暂行条例》为基础，确保了制度的连续性和稳定性；同时，作为一种现代人事管理的规范体系，其具有更高的法律地位，法律体系更完整。《公务员法》体现了我国推进依法行政、建设法治国家的要求，即通过建立一整套的人事管理法律法规，既能够促使公务员严格履行职责，也能够保证公务员的合法权益。

2. 我国公务员制度的特点

我国的公务员制度借鉴了西方国家文官制度的经验，引入了竞争、激励等公共管理的共有精神和机制，实现了公共管理的法治化和规范化。但是，国家公务员制度作为上层建筑的一部分，必然同本国的经济基础、政治制度、本国民族特性和国家传统相联系，体现本国特点。

1) 党管干部是公务员管理的基本原则

我们在前面已经提到，西方国家公务员制度的特点之一就是政治中立，政府公务员在行政过程中，应对政党政治采取超然和中立的态度。在我国，自传统的干部人事制度开始，一直坚持党管干部的基本原则。我国《公务员法》第一章第4条明确规定："公务员制度坚持以马克思列宁主义、毛泽东思想、邓小平理论和'三个代表'重要思想为指导，贯彻社会主义初级阶段的基本路线，贯彻中国共产党的干部路线和方针，坚持党管干部原则。"

2) 公务员制度的适用范围较宽

我国《公务员法》第一章第2条规定"依法履行公职、纳入国家行政编制、由国家财政负担工资福利的工作人员"均是我国公务员。因此，凡是占国家行政编制、拿国家工资的县级以上的公职人员，包括政府行政部门、司法部门、公安部门、检查部门、党务部门以及工、青、妇等群众工作部门均包含在内。此外，附则中第106条规定："法律、法规授权的具有公共事务管理职能的事业单位中除工勤人员以外的工作人员，经批准参照本法进行管理。"与英国、美国、法国、日本等国家的公务员范围相比，我国的公务员制度其适用范围要大得多。

3) 具有本国特色的公务员分类管理制度

我国《公务员法》规定：国家实行公务员职位分类制度。现行的职位分类既借鉴了国外职位分类的优点，也沿袭了我国历史上品位分类的因素，确定了职位分类和品位分类相结合的分类制度。一方面将国家公务员分为综合管理、专业技术和行政执法三大类，确定不同类别、不同职位的工作职责和任职条件；另一方面，公务员设置领导职务和非领导职务序列，每个职务按照职责大小、工作经历等进行分级，不区分政务官与事务官，管理体系具有较大的开放性。

4) 以全心全意为人民服务为宗旨

西方公务员是一个独立的利益团体，具有自己的工会组织。我国国家政权的性质决定了公务员是人民的公仆，代表公民执行国家公务，必须全心全意为人民服务，不能代表自己特殊的利益或特殊集团的利益。

4.3.3 我国公务员制度的主要内容

我国现行的公务员制度以《公务员法》为总法规，分 18 章 103 条，对公务员的范围、权力、义务、录用、考核等方面做了系统而详细的规定。下面就通过《公务员法》对我国公务员制度的主要内容进行进一步介绍。

1. 我国公务员的范围

《公务员法》总则第 2 条规定了我国公务员的范围："本法所称公务员，是指依法履行公职、纳入国家行政编制、由国家财政负担工资福利的工作人员。"据此，现在的公务员范围不再限于国家行政机关的工作人员，对同时具备依法履行公职、纳入国家行政编制、由国家财政负担工资福利这三个条件的人员，都列入了公务员范围。具体来讲，包括国家行政机关、中国共产党机关、人民代表大会机关、政协机关、审判机关和检察机关以及各民主党派机关在内的工作人员均属于公务员范围。

2. 我国公务员的义务与权利

公务员应当履行《公务员法》规定的下列义务：模范遵守宪法和法律；按照规定的权限和程序认真履行职责，努力提高工作效率；全心全意为人民服务，接受人民监督；维护国家的安全、荣誉和利益；忠于职守，勤勉尽责，服从和执行上级依法做出的决定和命令；保守国家秘密和工作秘密；遵守纪律，恪守职业道德，模范遵守社会公德；清正廉洁，公道正派等。

《公务员法》第 13 条对公务员享有的权利进行了规定，包括：履行职责应当具有的工作条件；非因法定事由、非经法定程序，不被免职、降职、辞退或者处分；获得工资报酬，享受福利、保险待遇；参加培训；对机关工作和领导人员提出批评和建议；提出申诉和控告；申请辞职等法律规定的其他权利。《公务员法》在权利中明确了上下级之间的职责关系，体现了机关首长负责制的原则，为下级向上级提出意见和建议，避免由于上级的决定和命令造成损失提供了渠道。在公务员的义务和权力要求上，我国与西方是基本一致的。

3. 我国公务员职位分类制度

《公务员法》总则第 8 条规定："国家对公务员实行分类管理，提高管理效能和科学化水平。"《公务员法》第三章对公务员的职务与级别进行了详细规定，具体包括：①我国实行公务员职位分类制度。公务员职位划分为综合管理类、专业技术类和行政执法类三类。对于具有职位特殊性，需要单独管理的，可以增设其他职位类别。②国家根据公务员职位类别设置公务员职务序列。公务员职务分为领导职务和非领导职务。领导职务层次分为国家级正职、国家级副职、省部级正职、省部级副职、厅局级正职、厅局级副职、县处级正职、县处级副职、乡科级正职、乡科级副职。非领导职务层次在厅局级以下设置。综合管理类的领导职务根据宪法、有关法律、职务层次和机构规格设置确定。综合管理类的非领导职务分为巡视员、副巡视员、调研员、副调研员、主任科员、副主任科员、科员、办事员。③明确职位说明。各机关依照确定的职能、规格、编制限额、职数以及结构比例，设置本机关公务员的具体职位，并确定各职位的工作职责和任职资格条件。④公务员的职务应当对应相应的级别。公务员的级别根据所任职务及其德才表现、工作成绩和资历确定。公务员在同一职务上，可以按照国家规定晋升级别。公务员职务与级别的对应关系，由国务院规定。公务员的职务与级别是确定公务员工资及其他待遇的依据。

4. 我国公务员录用制度

我国《公务员法》第四章第 21 条规定：担任主任科员以下及其他相当职务层次的非领导职务公务员，采取公开考试、严格考察、平等竞争、择优录取的办法。也就是说，公务员的录用仅限于国家行政机关的公务员这一特定范围，而不包括党务系统、企事业单位、群众团体以及国家机关中的权力机关（各级人大）和司法机关的干部录用。录用的原则是"公开考试、严格考察、平等竞争、择优录取"。同时，公务员录用应当遵循以下程序：第一，发布招考公告。招考公告应当载明招考的职位、名额、报考资格条件、报考需要提交的申请材料以及其他报考须知事项。第二，资格审查。招录机关根据报考资格条件对报考申请进行审查。第三，笔试和面试。公务员录用考试采取笔试和面试的方式进行。考试内容根据公务员应当具备的基本能力和不同职位类别分别设置。第四，确定考察人选。招录机关根据考试成绩确定考察人选，并对其进行报考资格复审、考察和体检，提出拟录用人员名单。第五，公示和录用。对拟录用人员予以公示，公示期满，由主管部门备案。新录用的公务员试用期为一年。试用期满合格的，予以任职；不合格的，取消录用。

5. 我国公务员培训制度

《公务员法》第 60 条规定：机关根据公务员工作职责的要求和提高公务员素质的需要，对公务员进行分级分类培训。国家建立专门的公务员培训机构，机关根据需要也可以委托其他培训机构承担公务员培训任务。培训针对不同的人员有不同的规定：①对新录用人员应当在试用期内进行初任培训；②对晋升领导职务的公务员应当在任职前或者任职后一年内进行任职培训；③对从事专项工作的公务员应当进行专门业务培训；④对全体公务员应当进行更新知识、提高工作能力的在职培训，其中对担任专业技术职务的公务员，应当按照专业技术人员继续教育的要求，进行专业技术培训。公务员培训情况、学习成绩作为公务员考核的内容以及任职、晋升的依据之一。

6. 我国公务员的激励约束制度

我国《公务员法》从考核、奖励、惩罚和回避四个方面对公务员进行激励和约束：①考核制度。《公务员法》规定对于公务员的考核，按照管理权限，全面考核公务员的德、能、勤、绩、廉，重点考核工作实绩。考核结果分为优秀、称职、基本称职和不称职四个等次。考核的结果作为调整公务员职务、级别、工资以及公务员奖励、培训、辞退的依据。②奖励制度。《公务员法》规定对工作表现突出，有显著成绩和贡献，或者有其他突出事迹的公务员或者公务员集体，给予奖励。奖励坚持精神奖励与物质奖励相结合、以精神奖励为主的原则。③惩罚制度。《公务员法》第 53 条对惩罚公务员的情形进行了规定，主要包括散布有损国家声誉的言论，组织或者参加旨在反对国家的集会、游行、示威等活动，拒绝执行上级依法做出的决定和命令等 16 种情形。此外，《公务员法》为保证公务员的基本权益，还规定"公务员执行公务时，认为上级的决定或者命令有错误的，可以向上级提出改正或者撤销该决定或者命令的意见；上级不改变该决定或者命令，或者要求立即执行的，公务员应当执行该决定或者命令，执行的后果由上级负责，公务员不承担责任"，这在一定程度上明确了上下级的权力和责任。④回避制度。《公务员法》规定公务员之间有夫妻关系、直系血亲关系、三代以内旁系血亲关系以及近姻亲关系的，不得在同一机关担任双方直接隶属于同一领导人员的职务或者有直接上下级领导关系的职务，也不得在其中一方担任领导职务的机关从事组织、人事、纪检、监察、审计和财务工作。此外，公务员在工作中有涉及本人利害关系的或其他可能影响公正执行公务的应当回避。

7. 我国公务员工资、福利和保险制度

我国公务员实行国家统一的职务与级别相结合的工资制度。公务员工资制度贯彻按劳分配的原则，体现工作职责、工作能力、工作实绩、资历等因素，保持不同职务、级别之间的合理工资差距。公务员的工资具体包括基本工资、津贴、补贴和奖金四个组成部分。基本工资是指按公务员的职务高低和所属级别设置的工资标准给予公务员维持本人基本生活费用的工资。津贴是指对公务员在特殊劳动条件或工作环境下工作应给予的适当补偿，是工资的一种补充形式。现行津贴主要包括地区附加津贴、艰苦边远地区津贴、岗位津贴等津贴。补贴是国家为减少公务员在发生福利、消费等改革情况下的承受压力而给予公务员的适当弥补，包括住房补贴、医疗补助等。奖金是对公务员所做出的成绩的物质鼓励。公务员在定期考核中被确定为优秀、称职的，按照国家规定享受年终奖金。国家建立公务员保险制度，保障公务员在退休、患病、工伤、生育、失业等情况下获得帮助和补偿。

福利制度是为了改善员工的物质文化生活而给予员工的各种形式的补助与帮助的制度。公务员按照国家规定享受福利待遇。《公务员法》规定，国家根据经济社会发展水平提高公务员的福利待遇。公务员按照国家规定享受福利待遇。公务员实行国家规定的工时制度，按照国家规定享受休假。公务员在法定工作日之外加班的，应当给予相应的补休。此外，为满足公务员的不同需要，政府可以为公务员提供集体福利设施，如幼儿园、食堂、上下班交通补贴、防暑降温费等福利项目。

公务员保险制度是国家建立的为保障公务员在退休、患病、工伤、生育、失业等情况下获得帮助和补偿的安全保障制度，包括退休公务员养老制度、工伤保险制度、失业保险制度和医疗保险制度等。为确保公务员获得工资、福利和保险的权益，《公务员法》还规定公务员工资、福利、保险、退休金以及录用、培训、奖励、辞退等所需经费，应当列入财政预算，予以保障。任何机关不得违反国家规定自行更改公务员工资、福利、保险政策，擅自提高或者降低公务员的工资、福利、保险待遇。任何机关不得扣减或者拖欠公务员的工资。

8. 我国公务员辞职辞退制度

辞职与辞退是两个不同的概念。公务员辞职是指公务员出于本人意愿，根据法律规定，自行辞去现任职务或现行公务员身份的行为。《公务员法》第80条规定公务员辞去公职，应当向任免机关提出书面申请。此外，《公务员法》还对领导引咎辞职进行了规定：领导成员因工作严重失误、失职造成重大损失或者恶劣社会影响的，或者对重大事故负有领导责任的，应当引咎辞去领导职务。领导成员应当引咎辞职或者因其他原因不再适合担任现任领导职务，本人不提出辞职的，应当责令其辞去领导职务。

公务员辞退制度是指政府根据法律规定的情形，在其管理权限范围内解除公务员职务的行为。这些情形具体包括：在年度考核中，连续两年被确定为不称职的；不胜任现职工作，又不接受其他安排的；因所在机关调整、撤销、合并或者缩减编制员额需要调整工作，本人拒绝合理安排的；不履行公务员义务，不遵守公务员纪律，经教育仍无转变，不适合继续在机关工作，又不宜给予开除处分的；旷工或者因公外出、请假期满无正当理由逾期不归连续超过15天，或者一年内累计超过30天的。公务员辞职和辞退制度有助于建立公务员优胜劣汰的竞争机制，促进了公务员队伍内部的新陈代谢。

4.4 公共部门人力资源管理的发展

随着人力资源管理理论与实践在企业领域的进一步丰富和实践，越来越多新的管理理论和方法逐渐为公共部门人力资源管理所吸纳和借鉴，下面探讨一下公共部门人力资源管理发展和应用的一些新趋势。

4.4.1 公共部门人力资源开发

1. 人力资源开发

严格来讲，人力资源开发与管理是一起进入人们的研究视野的。但是，随着人力资源管理学科的发展，基于战略的人力资源管理越来越重视对人力资源的开发，人力资源开发成为实现战略性人力资源管理（strategic human resources management，SHRM）的途径之一。人力资源开发是指通过教育、培训、保健等方式，对人力资源进行发展和利用的活动。

人力资源开发与人力资源管理有所不同，但也相互联系。人力资源管理是为实现组织目标，围绕组织内人力资源进行的规划和使用的制度安排以及管理行为的统称。人力资源管理强调使用过程和管理行为，注重对人力资源的有效组织、计划、协调和控制。它更多地将人力资源视为一种存量资源。人力资源开发则侧重于对人力资源的发展和利用，强调对资源潜力的进一步开发和运用，注重对员工进行教育、学习、培训和职业设计。人力资源开发更多地将人力资源视为存量和流量兼具的资源。人力资源开发与"人力资本"概念的提出有密切联系。舒尔茨在20世纪60年代提出了"人力资本"的概念，并研究得出第二次世界大战后美国经济的高速增长与教育投资密不可分。教育作为人力资本投资的主要形式之一，也是开发和利用人力资源的主要途径之一。

同时，人力资源管理和人力资源开发又是密不可分的两种活动。一方面，注重人力资源开发是现代人力资源管理区别于传统人事管理的重要方面；另一方面，人力资源开发要通过人力资源管理的各个职能来实现。两者密不可分。有些教科书也将人力资源开发作为人力资源管理的职能之一来理解。

本书中所讲的公共部门人力资源开发是指，根据公共部门的战略规划和部门员工的需求，对员工进行教育、培训、保健以及对其职业发展进行系统设计与规划的过程的总和。

2. 公共部门人力资源开发的途径

根据人力资本理论，我们认为人力资源开发主要有四种途径。

1) 教育和培训

教育的本意是培养新生一代准备从事社会生活的整个过程，主要是指学校对儿童、少年、青年进行培养的过程。其实，人的学习和成长是伴随一生的过程，人们通过教育投资不断地提高自身或他人的技能、素质。"人力资本"之父舒尔茨对1929～1957年美国教育投资与经济增长的关系做了定量研究，得出如下结论：各级教育投资的平均收益率为17%；教育投资增长的收益占劳动收入增长的比重为70%；教育投资增长的收益占国民收入增长的比重为33%。与其他类型的投资相比，人力资本投资回报率很高。因此，教育成果在一定程度上提高了人力资源的质量，促进了社会经济的发展。

教育是为了增加受教育者未来收入、提高其综合素质、适应组织未来发展需要而进行的长期开发。与人力资源培训相比，它具有间接性、滞后性、长效性和社会性等特点。因此，公共部门人力资源开发应注意以下几个方面：①做到长短结合。将教育和培训视为投资手段而非成本耗费。由于教育具有间接性，不能直接看到其收益，且教育的收益具有滞后性，因此容易被组织忽视。但其所具有的长效性和社会性都为公共部门管理提供了便利和收益。②提倡终身学习的观念。在组织中创造学习环境。教育投资不仅增加工作者个人的收入，更重要的是会带来组织收益，实现双赢。因此，组织内部通过宣传终身学习的理念，为员工提供接受教育和培训的机会，鼓励员工参与相关的教育和培训，形成良好的学习氛围。③建立与教育和培训相配套的考核和薪酬制度。美国心理学家斯金纳认为学习可以是一个主动的过程，但需要强化，通过强化来塑造人的行为。教育和培训的结果应与组织的绩效管理、薪酬制度相结合，以考察教育和培训的效果，提高人们接受教育和培训的积极性，变被动学习为主动学习。

2) 流动机制

资源的合理配置离不开灵活、自由的流动机制。人力资源流动是人力资源所有者根据自身的需要，在人力资源市场上迁移的过程，是人力资源有效配置的过程。人力资源流动本身不带来效益，但通过流动机制，可以促进人力资源的合理配置，实现人才的自由竞争、优胜劣汰和合理退出。因此，公共部门在人力资源开发中应注重以下几个方面：①逐步建立健全公共部门人力资源聘用制度。我国《公务员法》在原则上已经规定公务员聘用制的合法性，但具体的操作细则还未完善。人员聘用制度消除了终身雇佣制可能带来的人员老化、缺乏积极性和竞争性等负面作用，为建立具有活力的人力资源流动机制提供了条件。②建立健全规范的职级职等制度。缺乏统一、规范的职级职等的对接制度，会增加人力资源流动的机会成本，降低人力资源流动的积极性。③完善公共部门人力资源保障制度。目前，我国人力资源社会保险使用范围受到投保人工作所在地限制，社会保险制度的僵化不利于人力资源在不同地域和部门间的流动。④由于公共部门的特殊性，过于频繁的人力资源流动会影响公共部门人员队伍的稳定性和公共政策执行的稳定性。因此，公共部门人力资源开发中应注意权责明确、人尽其能，保证公共部门人力资源在合理的范围内有效适当地流动。

3) 保健制度

保健制度是通过提供优良的卫生保健、医疗保障等方式以维持和改善员工身体和精神健康状况的一系列制度。良好的健康状况是人力资源得以正常运用的物质前提。对组织而言，员工身体健康可以使其降低病假几率、减少生病时间、保证旺盛精力，从而提高工作效率。美国的一项企业研究表明，因对人力资源进行医疗保健投资而节约的相关病假、低效率损失远远超过了投资成本。因此，保健制度的建立是公共部门人力资源开发的重要内容，它与人力资源的薪酬和福利政策相结合运用。例如，结合公共部门福利和保险制度给予工作人员必要的健康检查及康复制度，其中既包括身体检查，也包括精神检查。除此之外，可以建立与家庭成员护理相关的福利政策等。

4）职业生涯管理

职业生涯是指一个人一生从事的所有工作的总和。职业生涯发展理论最早是由美国学者施恩提出的，他立足于人生不同年龄段面临的问题和职业工作的主要任务，将职业生涯分为了9个阶段。职业生涯发展理论后来被人力资源管理理论吸收，将个人职业生涯发展与组织管理相结合，形成员工职业生涯管理理论。职业生涯管理是指组织与员工一起对客观条件进行测定、分析，根据组织发展目标和个体特点，通过指导、咨询和参与的方式，对员工的职业倾向、职业发展路线进行设计和协调的过程。

职业生涯管理理论已经被广泛地运用于组织之中。公共部门可以通过以下方式对工作人员进行职业生涯管理：①建立公正、科学的晋升制度。晋升制度为员工提供了纵向发展的空间。它应当与组织层级相一致，与员工职业发展计划相结合，形成对员工的激励。同时，公正、科学的晋升制度要以科学、合理的评价标准和反馈机制为前提。②职位轮换。职位轮换相对于晋升制度是职业发展的横向变动。它包括职能内部不同职位的工作调动和跨职能部门的调动。职位轮换有助于员工掌握和职业相关的其他知识、技能，全面地锻炼其工作能力，也有助于员工更进一步了解自己适合什么职位，擅长什么工作。③工作扩大化和丰富化。工作扩大化是指工作范围的扩大或工作多样性，从而给员工增加了工作种类和工作强度。工作扩大化使员工有更多的工作可做，从而扩展其工作技能的多样性，增加工作兴趣。工作丰富化是指在工作中赋予员工更多的责任、自主权和控制权。

4.4.2 公共部门战略性人力资源管理

中国人民大学孙柏瑛教授曾指出，我国公共部门人力资源管理研究当前面临的问题之一是"公共部门人力资源管理研究与公共部门整体改革政策和发展要求脱节，研究如何支持公共部门的战略管理目的有待深度思考"，未来研究的突破点应着重于"研究应凸显作为政府组织战略目标形成决策伙伴和组织变革推动者角色的公共部门人力资源管理；借助战略性人力资源管理能力和方法，建构政府公共服务战略目标与人力资源管理的有机联系"[①]。公共部门战略性人力资源管理是人力资源管理研究的重要方向。

1. 公共部门战略性人力资源管理的含义

战略性人力资源管理是指为组织能够实现目标所进行和采取的一系列有计划、具有战略性意义的人力资源部署和管理行为。战略性人力资源管理的基本任务就是通过有效的人力资源管理和开发，帮助组织应对内外环境的变化和挑战，以确保获取持续的竞争优势。

---

① 参见孙柏瑛：《我国公共部门人力资源管理十年研究之反思》，《首届青年中国公共行政学者论坛：反思中国公共行政学学术研讨会论文集》，2007年。

20世纪80年代后,公共部门面临着全球化、信息化和知识经济时代带来的更多挑战。作为一种新的管理途径或思维方式,战略管理日益受到了公共部门管理者的重视。公共部门战略管理更加关注组织的长期发展,关注战略以及长短期目标的配合。私人部门战略性人力资源管理的发展和公共部门战略管理的兴起为公共部门战略性人力资源管理的形成和发展提供了有益借鉴。

2. 公共部门战略性人力资源管理工具

公共部门战略性人力资源管理既是一个系统的管理流程和体系,也需要借助特定的方法和技术,下面就主要的管理工具和方法进行介绍。

1)SWOT分析

SWOT分析方法[①]是目前战略管理领域广泛使用的分析方法,SWOT分析法是通过对组织内部和外部的分析,了解组织自身的优势与劣势,以把握外部机会,规避面临的威胁,从而制定组织战略,获得发展的方法。SWOT分析的主旨在于给出一个有关组织内外环境和问题的集中图画,并激励组织调动其优势,以便最大限度地利用机会,规避风险[②]。哈佛商学院安德鲁斯教授认为,企业战略的形成过程实际上就是把企业内部的条件因素与外部环境因素进行匹配的过程,这种匹配能够使企业内部的优势和劣势同企业外部的机会和威胁相协调。SWOT分析的关键是构建SWOT分析模型矩阵,如图4-2所示。

如图4-2所示,组织运用SWOT分析,匹配出四种不同发展战略。其中,SO战略是一种发挥内部优势而抓住外部机会的战略。WO战略是指利用外部机会来改进内部劣势的战略。ST战略是利用组织的优势避免和减轻外部威胁影响的战略。WT战略是直接克服内部劣势并避免外部威胁的防御性战略。四种战略分别基于不同的分析角度,可以单独使用,也可以结合起来使用。

2)平衡计分卡

1992年,罗伯特·卡普兰(Robert S. Kaplan)教授和大卫·诺顿(David P. Norton)在对杜邦等12家著名公司进行公司绩效考核研究时,提出了平衡计分卡(balance score card,BSC)理论。平衡计分卡首先是为了衡量未来组织的绩效而提出来的,后来逐步发展成为一种战略管理方法。平衡计分卡是将公司战略管理控制体系划分为财务、顾客、内部经营过程和学习与成长四个方面,将组织战略根据这四个维度分解为具体的绩效计划和评价指标,以保证组织战略目标实现的一种工具。平衡计分卡现今已经推广到全球很多国家的企业和公共部门。中共中央组织部近期就启动了平衡计分卡的绩效管理项目[③]。

---

① SWOT分析方法即态势分析法。S代表优势(strengths),W代表劣势(weakness),O代表机会(opportunities),T代表威胁(threats)。
② 张成福、党秀云:《公共管理学》,北京:中国人民大学出版社,2001年,第84页。
③ 孙柏瑛:《我国公共部门人力资源管理十年研究之反思》,《首届青年中国公共行政学者论坛:反思中国公共行政学学术研讨会论文集》,2007年。

保持空白	优势-S 1 2 3 4 5 列出优势 6 7 8 9 10	劣势-W 1 2 3 4 5 列出劣势 6 7 8 9 10
机会-O 1 2 3 4 5 列出机会 6 7 8 9 10	SO 战略 1 2 3 4 5 列出优势 6 利用机会 7 8 9 10	WO 战略 1 2 3 4 5 利用机会 6 克服劣势 7 8 9 10
威胁-T 1 2 3 4 5 列出威胁 6 7 8 9 10	ST 战略 1 2 3 4 5 利用优势 6 规避威胁 7 8 9 10	WT 战略 1 2 3 4 5 减少劣势 6 规避威胁 7 8 9 10

图 4-2 SWOT 分析模型矩阵

平衡计分卡的基本框架如图 4-3 所示。

平衡计分卡把战略放在其管理过程的核心地位，通过描述战略思想在财务、顾客、内部经营过程、学习与成长这四个方面指标之间的相互作用方式，表现组织的战略路线，实现绩效评价和绩效反馈，进而修正战略目标。平衡计分卡的特点之一是在组织战略的各个方面实现一种平衡，具体包括：①在长期与短期目标之间的平衡；②在外部计量(股东和顾客)与关键内部计量(内部经营过程/学习与成长)之间的平衡；③在所求的结果与这些结

战略地图：从 4 个角度定义的战略目标			
财务角度	股东价值 增加收入 生产率提高 市场占有率提高		
顾客角度	赢得更多的客户 成为价格的领导者 企业综合形象好 改善运营效率		
内部经营过程	降低成本计划	建立知识管理体系	减少非增值的活动
学习与成长	培训：成本管理的最佳实践	关于运营绩效的数据库网络	围绕核心竞争力重新整合组织

图 4-3　平衡计分卡的基本框架

果的执行动因之间的平衡；④在强调客观性测量与主观性测量之间的平衡。

3) 学习型组织

关于学习型组织 (learning organizations) 的设想最早源自麻省理工学院的福瑞斯特 (Forrester) 教授。他于 1965 年在《企业的新设计》一文中首先提出了这一理论。而最早将学习型组织理论系统化、学说化，并赋予其强烈实践精神的是美国麻省理工学院彼得·圣吉 (Peter M. Senge) 教授。1990 年，他在其代表作《第五项修炼：学习型组织的艺术和实务》一书中首次对学习型组织理论进行了全面的阐述。彼得·圣吉认为学习型组织是一种赋予组织以生命意义，实现共同愿景，具有前瞻性，追求兢兢业业创造未来的组织[1]。

彼得·圣吉认为，创建学习型组织应该构建一种组织成长模型：①自我超越。通过学习不断厘清与加深个人的真正愿景，集中精力，培养耐心，并客观地观察现实。整个组织的学习意愿与能力则是建立在每个成员的这种自我超越的学习意愿与能力之上的。因此，组织应充分认识到个人成长对组织是非常有益的，并创建鼓励个人发展的组织环境。②建立共同愿景。共同愿景可以把大家凝聚在一起，帮助组织培养成员为共同目标主动而真诚地奉献和投入的精神。领导者必须注意与成员广泛交流个人观点，鼓励员工对未来做出卓越贡献，从而消除成员对改革的抱怨。③改善心智模式。组织对通常以局部或静态的思考方式为主的心智模式进行检查和修正，并向以注重互动与动态变化的思考方式为主的共同心智模式转变。与此同时，组织成员之间应充分表达自己的想法，并以开放的心灵容纳别人的想法。④团队学习。学习的基本单位应由个人发展为团体，进而发展为整个组织。团体学习的修炼要求团体成员能自我超越，克服防备心理，学会如何相互学习和工作，形成共同的思维。真正的学习型团体能够使其成员更快地成长。⑤系统思考。要求人们能综观全局，形成系统的思维模式，使人们能思考影响团队的诸种因素之间的内部关系，而不是把这些因素割裂开来。

公共部门建立学习型组织具有积极的意义。首先，符合公共部门提高行政能力的需要。知识经济时代和全球化时代的到来，使得公共管理的客观环境变得更为复杂，公共部

---

① ［美］彼得·圣吉：《第五项修炼：学习型组织的艺术和实务》，上海：上海三联书店，2002 年。

门在决策和执行中需要具备更全面的视野以应对越来越复杂多变的公共事务。学习型组织为公共部门提高行政能力提供了有效的方式。其次，有助于公共部门人力资源的发展。我们在前面谈到过，人力资源具有可开发性和能动性。激活现有的存量资源、挖掘人力资源的潜力离不开人力资源的自我开发。学习型组织通过开发、培植、利用和管理人力资源，逐渐将员工的新知识转为新的行为方式，通过个人发展激励员工，并最终实现公共部门人力资源管理效益的最大化。

但是，由于以政府为主体的公共部门具有公共性、政治性、独断性和稳定性等特点，公共部门建设和发展学习型组织过程中也会存在一些障碍，例如，部门及其工作人员缺乏竞争意识，以及官僚组织中严格层级制对学习型组织发展的制约、政治性因素的影响等。因此，通过行政改革促进公共部门学习型组织的构建，以学习型组织建设推动公共部门改革的实施，将是更具研究意义的课题。

本章思考题

1. 如何理解人力资源管理在私人部门和公共部门的兴起？
2. 公共部门与私人部门在人力资源管理方面有何异同？
3. 现代公共部门人力资源管理与传统人事管理的联系和区别是什么？
4. 公共部门人力资源管理的内容有哪些？它们之间存在什么关系？
5. 我国公务员制度与西方国家公务员制度的区别主要表现在哪些方面？
6. 结合你的理解，谈谈你对未来公共部门人力资源管理发展趋势的看法。

▶案例分析

扬州试水全面政府雇员制[①]

扬州市人事局调配处处长罗瑞勤最近很忙，办公桌上的电话频频响起，打电话来的有各色人等，话题几乎都一样——扬州全面招聘政府雇员。

2008年7月17日，上海市聘任公务员落幕不久，扬州市又推出《政府雇员管理试行办法》（以下简称《办法》），开始全面招收政府雇员。对于强烈的社会反响，罗瑞勤有些吃惊："我们没有想到，政府雇员的政策出台后会这么轰动。"

《办法》的主要内容

政府雇员被分为普通雇员和高级雇员。普通雇员须有本科以上学历和3年以上专业工作经历，或有中级职称；高级雇员须是特殊的高级专才，有硕士、博士学位或高级职称，在本专业领域有较高知名度和较大影响力，业绩突出。

政府雇员实行年薪制，共6档，普通雇员为1~3档，年薪分别为5万元、6.5万元、8万元；高级雇员为4~6档，年薪分别为10万元、12万元、14万元，并适时调整。

政府雇员实行任期制。一个任期为1~3年，试用期最长不超过两个月。受雇期间不得兼职，因特殊工作任务需要，经市政府同意，可对短期聘用的高级雇员采取兼职办法。期满后一旦解除雇佣关系，这些雇员要自谋出路。同时，雇员不具备公务员编制，也不担

---

① 本案例改编自龙婧：《扬州试水全面政府雇员制》，《政府法制》（半月刊），2008年，第18期，第18~19页。

任行政职务。

招聘的程序,将先由需要政府雇员的部门提出计划,由市人事局审核后报市政府审定。接着,面向社会公开招聘,其中,高级雇员须经市政府主管领导和有关部门领导面试后确定;人选在一定范围内公示。录用后与雇用单位签订《政府雇员合同书》。

实行政府雇员制的原因

"真正的原因只有一个——政府需要。"扬州市委宣传部部长李镇风说。"现在的扬州政府,缺少法律、信息、金融等部门的高级人才。"与上海聘任制公务员相似,此次招聘对象也主要是专业知识人才。

近年来,江苏省的公务员招录比例大约为20:1,其招录程序公开透明。"但也正因为严格的招考程序,形成了一整套制度,反而使得行政机关对一些专业人才的需求很难满足。"罗瑞勤说,"公务员考试是统一试题,而专业知识并不在其中"。如此一来,招考进来的公务员,很难按其特长进入各个部门,而用人部门也找不到所需人才。而且,招一个急缺的专业人才,打报告,申请编制,公开招录,一套程序下来,至少得八九个月。

我国新出台的《公务员法》,规定政府可以聘任公务员。聘任制公务员和政府雇员最大的差别就在于前者有编制。但人力资源和社会保障部并没有出台具体的关于聘任制公务员的保障政策;同时,因为编制的问题,一位公务员的聘任需要上报省级部门。而政府雇员的形式则避免了这两个麻烦。

先行者成效不明

政府雇员制度在2002年被吉林省政府率先引入国内。此后,深圳、广州、无锡、武汉、芜湖等地相继跟上。这些城市的做法各有特色。在吉林,是将政府雇员作为公务员制度的补充,不占用公务员编制,不享受公务员待遇;在珠海,实行雇员制的初衷是为了突破僵化的工资福利政策;而在无锡,政府雇员制的特色在于先出台柔性引才规定,再出台特聘岗位人员管理考核办法,将特聘岗位人员纳入整体性人才资源开发的范畴。深圳的设想是通过雇员制,把机关事业单位建设成为低成本、高效运行的公共管理与服务体系。

不过,几年之后,人们发现,这些城市的实践与最初的设想有着强烈的落差。截至2007年,吉林省3名政府雇员先后离开聘任机关,吉林省也决定不再招录政府雇员。被大家寄予厚望的深圳改革也没有出现期待中的"鲇鱼效应",归于沉寂。

受聘成为扬州市政府公职律师的许慧明也说,公务员制度是一个长期的激励措施,随着工作年限的增长,福利和补贴也在逐渐增长,退休之后也享有很好的福利。而政府雇员则是一次性激励法,相当于用比较高的价格,把他们临时性"买断"。扬州的一位公务员说,政府雇员不会占用公务员编制,不会占用他们的升职空间。因此,他们并不担心政府雇员会对公务员体制产生冲击。

对于先行者的经验,罗瑞勤当然不会无所了解。但他说,政府聘用雇员,为的就是解决专业上的问题,并不指望产生"鲇鱼效应"。"公务员本来就有专门的激励体制,不需要再额外激励了。"他直言,"政府雇员制度也起不到这个作用"。

是否"闲着媳妇请保姆"

"我就不明白,明明我们的公务员制度已经很完善了,还出来这么一招。"国家行政学院教授竹立家说,"政府雇员制度,的确在西方存在多年,但西方的东西并不都适合中国,这样一窝蜂地抄西方的东西，最终的结果就是'闲着媳妇请保姆'"。

对此，罗瑞勤有不同的看法，"我不好评论那些试验失败的省份，因为每个省都有自己的模式。但是这么多年来，有那么多地方还是在继续出台政府雇员的政策，这就说明政府是有这个需要的"。

"何况，如果我们的'媳妇'不能干，或者没有时间干，为什么不能请'保姆'呢？"罗瑞勤反问。

罗瑞勤的观点得到了国家行政学院教授王伟的赞成。王伟说，政府雇员制以契约的形式，打破了传统的身份制度，而且，历史上很多经验也证明，其能够成为公务员制度的补充。

在王伟看来，政府雇员制度的最大内涵是雇员和政府在地位上的逐渐平等。"这就意味着，中国数千年来的'官本位'的格局也许会被打破，而打破官本位，是这些年来，中国公务员改革一直追求的目标。"

思考：
1. 结合案例谈谈现行公务员招录制度存在的问题。
2. 您是否赞成政府全面或部分实行雇员制度？为什么？

第 5 章

公共政策的制定与执行

5.1 公共政策概述

在现代社会中,公共政策扮演了非常重要的角色,它已经渗透到人们生活的各个层面。公共政策的影响可以大到一个国家的方针政策、前途和命运,小到我们每个人的日常生活和切身利益。因此,研究公共政策,对公共政策做一个比较深入的分析具有重要意义。同时,对公共政策的理论研究有助于推动公共管理学、政治学等多学科的发展,为解决复杂多变的社会问题提供一个新的视野。

5.1.1 公共政策的界定

"公共"的概念由来已久,公共部门、公共利益、公共产品、公共卫生、公共教育等都是我们非常熟悉的词汇,公共政策分析必须处理上述列举的一系列关于公共领域的事件。"政策"一词的解释最有代表性的是《辞海》的定义:"国家、政党为实现一定历史时期的路线和任务而规定的行为准则。""公共政策"与"政策"之间的区别就体现在"公共"二字上。

中外学者对公共政策的内涵做了很多解释,比较有代表性的有以下几种:

(1) W. 威尔逊认为公共政策是具有立法权的政治家制定出来的由公共行政人员所执行的法律和法规。这一定义的缺点是内容过于狭窄。

(2) 美国政治家戴伊认为,凡是政府决定做的或者不做的事情都是公共政策。这个定义强调了公共政策的行为特征,特别提出了"不做"的形式,但是没有指出政府要做的事情与决定做的事情之间存在着偏差。

(3) 政策科学创始人拉斯韦尔认为,公共政策是一种具有目标、价值和策略的大型计划。这个定义强调了公共政策作为一种特定目标取向的行动计划和一般计划的区别,但区别比较笼统。

(4) 我国学者张金马认为,公共政策是党和政府用以规范、引导有关机构团体和个人行动的准则和指南。其表现形式有法律规章、行政命令、政府首脑的书面或口头声明与指示以及行动计划与策略等。这一概念的缺点是主体界定不恰当。

综合以上概念并结合我国实际，我们认为，公共政策是由政府、各种政治团体等政策主体为了实现既定目标而制定的行为规范以及为了管理社会公共事务而进行的公共管理活动。

5.1.2 公共政策的特征

1. 阶级性

公共政策是为一定的统治阶级的利益服务的，公共政策要实现目标和期望的行动，必然要符合该阶级的利益。在我国，政府应该代表广大无产阶级和劳动人民的利益，因此，制定公共政策必须从维护无产阶级和广大劳动人民的根本利益出发。

2. 权威性

公共政策是由政府和各种政治团体经过合法的程序制定的，具有权威性和强制性，对公众具有普遍的约束力。公共政策是一种公共决策，不同于个人决策和市场决策，为了满足大多数人的利益，为了全局利益和长远利益，就不可避免地牺牲少数人的利益。因此，公共政策的制定和执行就需要强制性的惩罚措施作为后盾。

3. 价值取向

任何政策都是为解决一定的社会经济问题而制定的，政府的目的就是解决问题。但是，问题如何解决、朝着什么方向解决则需要通过政策目标的设定来确定。因此，政策主体总是试图通过制定和执行政策来实现自己的价值目标，政策制定者的价值观体系对公共政策的内容有着非常重要的影响。

4. 预见性

古人云："凡事预则立，不预则废"，告诫我们凡事要做好充分的准备，并有一定的预见性，这一古训对于公共政策的制定也具有同样重要的价值。虽然公共政策是针对现实问题提出的，但它们是对未来发展的一种计划和安排，因此必须具有预见特征。制定方案和选优过程中，离开决策者的预见是不可想象的。从程序上讲，预测是决策的前提、基础，决策者是根据预测结果来设计方案的。

5. 动态性

公共政策也有一个动态的过程，从政策的制定、执行、评估到终止，这四个环节在时间上是延续的。同时，公共政策总是在一定的特定时期起作用，当外部环境发生变化时，公共政策也要随之进行相应的调整。

6. 多样性

随着社会生产力的不断发展，社会事务也在日益增多和复杂，许多过去不需要政府管理的问题也日益列入政府的工作范围。政府的管理职能在不断地扩大，管理范围相当广泛，如政府需要制定政治、经济、文化、科技、教育、环保等多领域的政策，承担社会发展的各项职能。

5.1.3 公共政策的主要功能

1. 引导功能

公共政策的导向是行为的导向，也是观念的导向。政府为了解决某个政策问题，或者期望人们的行为和事物的发展朝着某个既定的方向，会依据特定的目标，通过制定和颁布政策来对人们进行引导，使得政策具有导向性。从作用结果看，公共政策既有正向引导功能，也有负向引导功能。从作用形式上看，公共政策有直接引导和间接引导两种形式。人们既要充分发挥公共政策的正向导向功能，又要清醒地认识到它的负向导向功能，克服它的消极影响。同时，公共政策可以通过确定恰当的社会价值观念和整合各种复杂多样、互相冲突的目标群体的利益两种途径来发挥引导作用。

2. 调控功能

政策的调控功能，指的就是政府运用政策，调控社会公共事务所出现的各种社会矛盾。它主要体现在调控社会各种利益关系，尤其是物质利益关系上。为了平衡各种利益冲突，实现社会的稳定和发展，政府需要承担调控社会利益关系的重任。政策的调控方式有直接和间接调控以及事前、事中和事后调控等多种形式。公共政策的调控功能常常表现出特有的倾斜性，因为政府目标在不同时期有不同的侧重点，政策要围绕政府目标的侧重点，鲜明地倾向于政府工作的某一方面。

3. 分配功能

公共政策的分配功能是指通过政府政策对社会公共利益和价值进行分配，对社会利益进行分配是公共政策的本质特征。分配功能需要回答三个方面的问题：向谁分配？如何分配？什么是好的乃至最佳的分配？在通常情况下公共政策容易把价值或利益分配给最能代表社会生产力发展方向者及普遍获益的社会多数者。同时，分配时需要兼顾效率和公平的问题，需要考虑到社会的和谐与发展。

5.2 公共政策系统

公共政策的运行是以公共政策系统为基础的，西方学者认为，公共政策系统是"政策制定过程所包含的一整套互相联系的因素，包括公共机构、政策制度、政府官僚机构以及社会总体的法律和价值观"。我们认为任何一项公共政策都是由一些基本要素有机组合而成的，这些要素一般包括公共政策主体、公共政策客体、公共政策环境和公共政策资源。在本节，我们将通过讨论上述四个公共政策要素，来揭示公共政策的运行系统。

5.2.1 公共政策主体

一般而言，公共政策主体是直接或间接参与政策制定、执行、反馈和评估的个人及组织。西方学者习惯把公共政策的主体分为官方主体和非官方主体，学者安德森认为官方的政策制定者是指那些具有合法权威去制定政策的人，包括立法者、行政官员、行政管理人员和司法人员；非官方的政策制定人或组织包括利益团体、政党和作为个人的公民等。

1. 官方主体

1）立法机关

立法机关在西方主要是指国会、议会、代表大会等国家权力机构，在我国是指全国及地方各级人大及其常委会。立法机关是公共政策主体最重要的构成要素之一，其主要职责是立法，即制定法律和政策。而各个国家的情况又有所不同，例如，在美国，国家机关能够在独立决策的意义上行使立法权；英国议会在批准立法方面有着决定性的作用；我国的全国人大是国家的最高权力机构和决策机关，是我国政策和法律制定的主要机关，也是监控政策执行的机构。

2）行政机关

公共政策的执行机构是国家的行政机关，行政机关掌握着国家的行政权力，运用公共政策对社会公共事物进行管理。在西方国家，由于行政权力的扩张，出现了所谓的"行政国家"，如美国政策的制定和执行从根本上取决于行政领导尤其是总统，总统在美国权力体系中逐渐居于主导地位。我国的国家行政机关是指国务院及其组成部分以及地方各级人民政府。国务院享有立法权、提案权、人事权等职权，统一领导国家的内政和外交事务。国务院是我国最高的行政机关，统一领导全国地方各级行政机关的工作。

3）执政党

现代国家的政治统治一般都要通过政党政治的途径得以实现，政党尤其是执政党在国家公共政策制定和执行过程中发挥着主导性作用。西方实行多党制的国家，政党总是希望获得多数选民的支持，争取在竞选中获胜。

4）司法机关

司法机关在公共政策的制定过程中发挥着重要作用，宪法规定，人民法院是司法审判机关，独立行使审判权，人民检察院是司法的监督机关，独立行使检察权。我国司法机关在公共政策制定过程中，影响力并不是很强，更多的是扮演监督者的角色，不是政策制定的真正主体；由于政治体制不同，西方国家的司法机关在公共政策制定的过程中具有很强的影响力，法院通过司法审查权和法律解释权对公共政策产生强大的作用。

2. 非官方主体

1）利益集团

所谓利益集团是由具有共同的立场、观点和利益的个人所组成的社会组织，其职责是履行利益聚合功能，以保障或增进其成员的利益为最高目标。利益集团的一个共性就是试图通过影响与他们自身有关的公共政策来提高或促进集团内共同的利益。随着我国市场经济的发展，利益多元化已成为一种客观的趋势，我国的利益集团不仅存在，而且处于不断发展壮大之中，对我国公共政策的影响力也将日益增强。西方国家的多元化社会性质决定了其利益集团众多，规模、活动方式多样化。利益集团影响政策运行的方式和途径很多，可以通过抗议示威、政治游说、舆论或者政治捐款等行为来表达自己的要求，希望政府在公共决策中考虑其利益。

2）思想库

思想库是由各种专家、学者所构成的跨学科、综合性的政策研究组织和政策咨询组织。思想库在现代公共决策中发挥着举足轻重的作用，它可以向政府提供政策建议、提供学术知识、输送专家、制造舆论，是政策主体的一个独特而又重要的构成因素。

3）大众传媒

大众传媒主要包括广播、网络、电视、报纸、书刊、电影等传播工具。它是现代社会最方便、最直接、最有力的沟通手段，对政府公共决策具有重要的影响。大众传媒能引导人们对事物的看法，左右公共舆论，传播政府的观点，在政府和公众的沟通中起到桥梁作用。

5.2.2 公共政策客体

公共政策客体是公共政策发生作用的对象及影响范围，包括公共政策所要处理的社会问题和所要发生作用的目标群体。

1. 社会问题

公共政策的主要作用就在于解决诸多的社会问题，政府的政策范围是极为广泛的，但不是所有的社会问题都是公共政策客体，只有列入政府议事日程、涉及社会上相当多人利益的社会问题才是公共政策客体。因此，公共政策客体是关系到大多数利益的、客观存在的、被大多数人所关注的、需要政府解决的社会问题。不管社会问题有没有被发现，其都已经客观存在，并会被人们了解和认识。

我们要用发展的眼光看待社会问题，社会问题是不断变化和发展的，一般都要经历从小到大、从潜在到突出的变化过程。社会问题又是一个系统问题，任何一个社会问题都不是孤立存在的，与其他社会要素有着千丝万缕的关系，处理一个社会问题一定要关注与此相互关联的其他社会问题，否则只能解决表面问题。

2. 目标群体

目标群体是公共政策执行过程中直接作用的对象，包括个人、团体和组织，它是公共政策客体构成的人的因素。目标群体的作用非常重要，公共政策能否落实，不仅取决于政策制定者，还与目标群体的接受度有直接的关系。如果一项政策对目标群体有利，就容易得到认同，政策实际执行效果就会与预期比较接近；相反，如果政策得到了抗拒，执行起来就会非常困难，效果也不会尽如人意。

公共政策得到目标群体认同的具体原因有以下几个方面：对公共政策的认同可能是出于利益的驱动，目标群体的利益得失是政策实施的关键；从大局出发，以牺牲个人利益来顾全大局；对公共政策合理性的认可以及为避免受到惩罚而接受公共政策。公共政策得到抗拒的具体原因有以下几个方面：对政府的不信任；对政策制定者的不信任；对社会变革的心理承受能力和适应能力不足。

5.2.3 公共政策环境

所谓公共政策环境是指影响政策产生、发展和存在的一切因素的总和。公共政策是环境的产物，政策和环境是互相依存、互相影响、互相作用的辩证统一关系，要研究公共政策，就必须分析其产生和存在的外部环境。公共政策环境可分为自然环境和社会环境两个部分，自然环境主要是指一个国家赖以生存的自然资源、地理环境、气候条件等；社会环境主要包括经济、政治、文化、科技、教育等方面。

1. 地理环境

地理环境是指一个国家所处的地理位置和自然资源的拥有状况，包括地形、地貌、矿产、水资源、土壤、气候等自然要素。地理环境是人们生存的基础，与公共政策有着较为密切的关系。通常地理资源状况对公共政策的制定有直接的影响，如我国的"南水北调、西气东输"等大型公共政策的出台都与地理环境有着直接的关系。

2. 经济环境

经济环境是指对公共政策系统有着重要影响的各种经济要素的总和，主要包括生产力的发展状况和生产关系的形式以及生产资料所有制的形式。经济基础决定上层建筑，上层建筑反作用于经济基础，经济环境对公共政策具有决定性的影响，同时又受到公共政策的反作用。经济环境提供了公共政策系统运行所必需的人力、物力和财力等资源，公共政策不可能超越经济环境所提供的物质条件而产生和发展。同时，公共政策又可以促进或者阻碍生产力的发展以及生产关系的健全。公共政策主体不可能仅凭自己的主观愿望制定和推行某项政策，而必须将特定时期的经济状况、经济利益矛盾、经济资源分配等因素作为制定和实施经济政策的基本依据和主要内容，并由此决定了公共政策不同的经济目标取向。

3. 政治环境

政治环境是指对公共政策系统有着重要影响的一切政治要素的总和，主要包括一个国家或地区的政治制度、政治文化、政治关系等。政治制度对公共政策的影响是最直接的，它决定了公共政策的合法化程度、民主化程度和科学化程度，决定了政府各项政策的正常运行。政治制度是公共政策产生和运行的根本制度背景，它渗透到公共政策的全过程，对公共政策的各个阶段都有着不同程度的影响。

4. 文化环境

文化环境是指对公共政策系统有着重要影响的各种人文和社会因素的总和，包括人口受教育情况、年龄性别比例、公民的道德观念、科技发展现状和国民的综合素质等。文化环境提供了公共政策运行所必需的智力支持，优良的文化环境将对公共政策产生积极的影响。如果公共政策制定的主体具备良好的教育经历、高尚的道德情操，公共政策将会更加科学、合理，整个社会的正义感、公平感就会更强，公众对政府的信任程度也将会大大提升。

5. 国际环境

国际环境是指一个国家同世界其他国家之间的政治、经济、文化、科技等方面的关系，以及影响一个国家公共政策的各种国际环境要素。随着国与国之间交流的日益密切，每个国家都不可能置身于国际环境之外孤立发展。一个国家的公共政策不仅要受到本国环境要素的影响，也要受到国际环境的影响和制约，政府在制定公共政策的时候，需要认真分析国际环境要素。近年来我国经济的快速发展离不开与世界其他国家之间的交流和合作。在全球化的影响下，一个国家的公共政策越来越受到国际组织的制约，政策之间的交流和互动日趋频繁。

5.2.4 公共政策资源

公共政策资源包括有形资源和无形资源。

(1)有形资源是指影响公共政策执行的人力、物力、财力等资源，其中以地理区位、矿产资源和资金状况为重。市场经济一方面倾向于建立统一市场(如WTO)，另一方面又会形成区域性经济(如欧盟等)，区域的不同对地区政治、经济和文化的影响也不相同，而且区域也常常与交通相联系，影响政策执行，区域特性是经济政策执行的重要资源。不同的矿产资源，可能导致不同的产业结构和经济优势，有时矿产资源的开发利用就是公共政策的对象。资金状况是影响人力、物力和财力的重要因素。政策执行的好坏，有时甚至主要地取决于资金的多少。

(2)无形资源包括公众的政治心理倾向和政治行为习惯。政治心理倾向主要是指公众对公共政策所持的支持或反对态度。获得社会公众支持的公众政策,在执行过程中遇到的阻力一般较小,能够从公众身上汲取更多的资源,遇到困难时也容易得到排除。受公众反对的政策,执行的难度较大,容易遭到抵制和破坏。政治行为习惯是指公众参与政治活动的方式方法。公众参与公共政策执行的方式方法有很多,从主要方面可以将其划分为正式参与和非正式参与。正式参与是指公众在政治制度体制和规范的安排下,以公共政策所规定的方式参与公共政策的执行。积极的正式参与能有效地推动和配合公共政策的执行。非正式参与包括所有被排除在正式参与之外的积极形式的参与,多指在制度和组织渠道之外,通过私人关系进行的参与活动。非正式参与能够给公共政策的执行提供更深入、更细致、更及时的信息,能更切实地反映一部分社会公众的要求,因而能弥补正式参与中的一些不足。但由于个人利益因素、情感因素等非理性因素的消极作用,非正式参与会破坏政策执行的制度安排,容易导致执行的扭曲和走样。

5.3 公共政策的制定

政策制定是政策过程的首要阶段和核心环节,公共政策能否取得好的结果,在很大程度上取决于政策制定的质量高低。所谓政策制定是指形成政策方案的过程,包括政策问题的确认、政策议程的建立、政策规划以及政策合法化四个步骤。

5.3.1 政策问题的确认

任何一个国家或地区总是存在着大量的公共问题,其中那些引起政府和全社会关注的社会现象构成了社会问题,进而转变为公共政策问题。然而,并非所有的社会问题都会成为政策问题而列入政府的议事日程,同时政府也不可能解决一切社会问题。因此,如何科学地界定政策问题,对政策的制定过程和结果非常重要。

1. 政策问题的含义

国外学者对公共政策问题的含义提出了不同的看法。安德森认为,从政策意图的角度看,政策问题可以定义为某种条件或环境。这种条件和环境引起社会上某一部分的需要或不满足,并为此寻求援助或补偿,寻求援助和补偿的活动可以由那些受环境影响的人直接从事,也可由别人以他们的名义进行。邓恩认为,政策问题是还没有实现的、通过公共行动可能追求得到的需要、价值或改进的机会。我们认为政策问题是指多数人认识到的一种客观事实,是社会公共权威部门纳入工作议程并将采取行动加以解决的社会公共问题。

根据上述定义,公共政策问题的基本内容应主要包括以下四个方面:①客观的社会现实。公共政策问题源自客观存在的社会现实,由社会问题逐步演变而来。②问题察觉。问题察觉是指某一社会现象被人们发现并扩散,逐渐引起社会和政府关注的过程。③利益的冲突。其主要是客观现实状况与统治者或社会大多数人的利益冲突。④政府的必要政策行动。公共问题靠少数人或一些私人部门是难以解决的,必须由有关政府组织或社会公共组织依法采取相应的政策行动来加以解决。

2. 政策问题的界定方法

公共政策问题界定是一个分析界定、陈述观点的过程，问题的界定对于分析问题、解决问题有着非常重要的意义。政策问题界定的方法一般包括类别分析法、原因分析法、假设分析法、类比分析法、头脑风暴法、德尔菲法等，这里重点探讨一下类比分析法、假设分析法和德尔菲法。

(1)类别分析法。类别分析是一种澄清概念的技术，就是政策分析人员根据自己的经验对所面临的政策情境进行归类的方法，一般是在对问题进行归纳推理之后进行的。这种方法有两个基本过程：其一称为逻辑区分(也就是分解)；其二称为逻辑归类(也就是归纳)。

(2)假设分析法。这一方法是所有问题分析方法中最具有综合性的一种。假设分析先从确定某一政策问题的利害关系人开始，并按与该政策问题关系的亲疏程度排出先后次序(这一过程称为利害关系人的确定)，然后分析他们所欲认定的政策问题所依据的理由(称为基本假设)。假设分析的最重要特征是，它是明确地用来处理政策制定者、分析者及其他政策作用者不知如何在定义上达成一致的问题。

(3)德尔菲法。德尔菲法又名专家意见法，是依据系统的程序，采用匿名发表意见的方式，即团队成员之间不得互相讨论，不发生横向联系，只能与调查人员发生关系，以反复地填写问卷，集结问卷填写人的共识及搜集各方意见，用来构造团队沟通流程、应对复杂任务难题的管理技术。

德尔菲法依据系统的程序，采用匿名发表意见的方式，即专家之间不得互相讨论，不发生横向联系，只能与调查人员发生关系，通过多轮次调查专家对问卷所提问题的看法，经过反复征询、归纳、修改，最后汇总成专家基本一致的看法，作为预测的结果。这种方法具有广泛的代表性，较为可靠。

3. 政策问题的界定步骤

政策问题的界定是一个复杂的过程，如何进行界定是解决问题的前提和基础。这里我们介绍美国学者帕顿和沙维奇概括的界定政策问题的七个步骤。

(1)思考问题。认真考察事件，并形成问题框架，根据问题收集材料、整理材料，最终对事件进行清晰和完整的描述。

(2)界定问题。思考问题产生和存在的要素，如时间、地点、影响、相关人员等，考虑政策问题的关联性。

(3)寻求依据。问题的界定需要一些基本的信息，通过多种渠道评估数据和事实依据，确保真实性，问题的表述将对事实的收集产生直接的影响。

(4)列举目标。行动者的目标不同，决定了对问题的解决方案要求的不同，必须要客观分析目标，有效地界定问题。

(5)明确范围。政策范围是指一个问题中所要考虑的变量的范围，它将影响到那些最终受到检查的备选方案。

(6)显示潜在损益。利用报告、图表来分析相关参与者和利益集团在某个政策问题上的潜在损益情况，如果问题得到了解决，每个参与者的得失是什么。

(7)重新审视问题的表述。审视问题的表述是否恰当，是否符合需要，是否考虑全面，是否有足够的远见和合适的备选方案。

5.3.2 政策议程的建立

1. 政策议程的含义

政策议程就是将政策问题提上政府的议事日程，纳入决策领域的过程。政策议程是将社会问题转化为政策问题的关键一步，政府议程的形成过程也就是社会问题有希望得到解决的过程。在任何政治系统中都存在若干政策议程，其中公众议程和政府议程是两种最基本的形式，也是政策议程的两个不同的阶段。通常如果一个社会问题不能在公众议程上占有一席之地，那么就很难进入政府议程。

公众议程是指某个社会问题已经引起大众的普遍关注，社会上的大多数人都期望政府采取行动加以解决的一种政策议程。在开放的社会，公众议程非常繁多，涉及生活的方方面面，它们的共同特征是：①与公众利益密切相关；②已经引起公众注意，且希望解决；③公众自身无力解决；④属于政府职权范围之内且有能力解决。

政府议程就是公众议程已经得到政府的重视，并且认识到必须采取行动加以解决的一种政策议程。科伯和艾德尔认为政府议程有新旧之分，旧议程就是长期处于政府议程中的事项，以常规项目出现的项目，政府官员对这类问题比较熟悉，处理起来也有一定的规律可循；新议程是新问题、新事件引发的议程问题，政府官员对这些问题不是很熟悉，也没有太多的经验可供借鉴，因此容易被忽略。

公众议程和政府议程是政策议程的两个不同阶段，其既有联系又有着本质的区别。两者的联系是：公众议程是政府议程的萌芽阶段，政府议程是公众议程的高级阶段。一般而言，社会问题要先经过公众议程才能进入政府议程，但有时候特殊的社会问题会直接进入政府议程。两者的区别是：公众议程不系统，比较抽象模糊，仅仅是发现问题、提出问题；政府议程相对比较具体，有明确的操作方法和流程，需要提出解决问题的方案。

2. 政策议程的推动因素

1）政府体制

政府体制从制度上规定了信息的沟通方式和利益表达方式，从而形成了协调各种利益关系的组织机制。政府体制涉及组织结构、工作程序、选举制度和代表制度等多种因素，这些因素对政策议程的建立有很大的影响。社会问题能否被政府所关注不仅需要大众的发动，还取决于政府的开放程度和政府系统自身的努力。

2）公众

由于某些问题影响或损害了公众的切身利益，他们就会通过不同渠道去抱怨、反映和发泄，希望能引起政府的重视，能够解决问题。从一定意义上讲，很多政策议程是在公众的意愿下形成的。

3）利益集团

利益集团会有自己的利益诉求，当他们的利益受到威胁的时候，就会通过一定的组织和方式向政府反映，要求政府采取必要的措施来保护他们的利益，利益集团的这些要求就有可能被列入政策议程。

4)专家学者

专家学者主要是通过自己的研究成果来引起政府和社会的重视,推动一些问题进入政府议程。专家学者长期关注社会问题和民生问题,并通过恰当的分析方法和调查手段,对某一领域进行深入的研究,这些成果对政策议程有着很好的推动和借鉴作用。

5)大众传媒

大众传媒在推动政策议程建立的过程中作用重大。第一,它能制造强大的舆论压力,给政府施加压力,迫使政府接受公众的意愿和要求;第二,它能迅速传播问题,引起社会各界的关注和赢得多数人的支持;第三,它是政府和外界公众沟通的桥梁;第四,它是政府决策系统了解和掌握社会信息的重要工具。

5.3.3 政策规划

1. 政策规划的含义

政策规划是国内外政策分析研究的一个重点领域,政策规划作为寻求解决方案过程,其重要性越来越得到认可。对于政策规划的含义,不同的政策科学学者有不同的看法。陈振明认为政策规划是对政策问题进行分析研究并提出相应的解决办法或方案的过程。它包括问题界定、目标明确、方案设计、后果预测、方案抉择五个环节。林水波和张世贤认为,政策规划是一个针对未来,为能付诸行动以解决公共问题,制定中肯并且可以接受的方案的动态过程。安德森认为,政策规划涉及与公共问题有关的并能被接受的各种行动方案的提出。

我们认为政策规划是为了解决政策问题而进行的方案设计、方案选择和方案评估的过程。因此,政策规划首先要确认问题的性质、范围、类型,其次进行方案的设计和选择,最后重新审视方案,评估其可能产生的结果。

2. 政策规划的原则

政策规划的原则主要体现在以下几个方面。

1)信息充分原则

信息是政策规划的基础,没有完备、准确的信息,政策规划就无从谈起。政策规划的过程就是信息收集、整理、加工的过程,整个政策规划的过程都与政策信息的充分性相关联。信息越充分、客观、全面,政策规划就会越科学,所以要多渠道、多角度收集信息,进行整理归纳。

2)科学预测原则

政策规划是面向未来的,发展趋势如何、结果怎样都带有一定的未知性。因此,要在事实发生之前进行科学的预测和分析,运用科学的程序和方法对未来的情况进行全面估计,充分考虑可能遇到的困难和障碍以及可能会有的变化。只有进行科学预测才能制定正确的方案,才能避免不必要的决策失误,从而应对时代和社会的各种变化,防范各种风险。

3)系统原则

任何政策问题都不是孤立存在的,都与其他不同范围、领域、层次的社会问题存在着千丝万缕的联系。政策制定者在考虑政策问题时要从系统的关系出发,兼顾整体和部分的关系、长远利益和眼前利益的关系、主要目标和次要目标的关系。从整体出发，解决局部问题。

4）可行性原则

公共政策是要付诸实践的，因此就必须考虑其在现实执行中是否可行。可行性原则的基本要求是以辩证唯物主义为指导思想，运用自然科学和社会科学的手段，寻找能达到决策目标的一切方案，并分析这些方案的利弊，以便最后抉择。可行性分析是可行性原则的外在表现，是决策活动的重要环节。公共政策实施之前就要分析可能面临的制约与风险，以及所具备的人、财、物等资源要素。

5）优化原则

选择最优方案是政策规划的一项重要工作，不断优化方案，寻求最可行的方案是政策规划者不断追求的目标。只有力求做到最好才能避免政策失败的风险，因此要充分分析信息，不断优化方案，征求专家和社会公众的意见。

6）效益原则

衡量政策优劣的一个重要指标就是政策实施是否提高了效益。效益是一种有益的效果，它反映了人们的投入与所带来的利益之间的比率。效益又分为经济效益和社会效益，政策规划既要关注经济效益，又不能忽略社会效益。

3. 政策规划的程序

政策规划的过程主要包括确立政策目标、设计备选方案、评估备选方案和选择政策方案四个相互联系的环节。

1）确立政策目标

确立政策目标是政策规划的首要任务，只有目标清晰，才能给政策制定指明方向。政策目标是政策执行的指导方针，也是政策评估的重要参照。目标可以起到激励和引导的作用，可以更好地指导政府、公众、社会团体为实现目标而不断努力奋斗。

目标的确定要注意以下几点问题：一是政策目标要清晰，具体可以识别；二是政策目标要切实可行，是通过一定的努力可以实现的，不是空中楼阁而遥不可及；三是政策目标必须是对现实有指导意义的，能够解决未来的某个社会问题。

2）设计备选方案

目标确定了，就要进行方案的设计，寻求解决问题的具体措施。要围绕政策目标进行一系列积极或消极的行动选择，提供给政策决策者采纳。在设计备选方案时，应满足以下几点要求：第一，要考虑方案的成本和效益，进行综合权衡；第二，方案必须是具体可行的，在现实中具备实施的条件，并有成功的基础；第三，方案必须和目标紧密结合，不能脱离目标而孤立存在；第四，方案可以适应不同的环境和条件，有抗风险的能力。

3）评估备选方案

评估就是对所设计的方案进行全面的评价和分析，研究每种方案的优劣点，在综合比较中选择出可行性比较高的政策方案。政策方案的评估包括预测性评估和可行性评估两个方面。预测性评估是指采用科学的预测方法和手段，预测方案实施的环境变化及可能出现的结果。预测是面向未来的，对方案的选择具有重要意义，预测越准确，方案的可行性就越高，成功的可能性就越强。可行性评估包括政治可行性、法律可行性、经济可行性、社会环境可行性四个方面，评估应围绕政策目标进行，运用定性和定量的方法，研究政策实施的条件，以确保政策的顺利实施。

4）选择政策方案

政策方案评估后，政府官员就要对备选方案进行择优选择，这是政策制定的最后一个环节，也是关键的一个环节。在选择政策方案时要注意以下四个问题：第一，政府能否有足够的能力来实施方案；第二，政策对国家和社会的发展是否具有长远的意义；第三，政策对社会的稳定、和谐是否有影响；第四，科学技术、知识储备能否满足政策实施的需要。

5.3.4 政策合法化

公共政策合法化具有合法地位和合法性的双重目的，这就要求合法化程序和政策方案必须分别遵循合规律性、合目的性、合法律性的价值标准。

1. 政策合法化的含义

政策合法化是一个多义性的概念，这里我们介绍几种学者的观点供读者参考。

哈贝马斯认为："只有政治次序才能拥有或丧失着合法性，只有它们才需要合法化，而跨国公司不会有合法化的问题。"张金马认为，公共政策合法化是指经政策规划得到的政策方案上升为法律或获得合法地位的过程。它由国家有关的政权机关依据法定权限和程序所实施的一系列立法活动与审查活动所构成。陈振明认为，政策合法化是指法定主体为使政策方案获得合法地位而依照法定权限和程序所实施的一系列审查、通过、批准、签署和颁布政策的行为过程。这些观点虽然都不太一致，但有一点是共同的，那就是公共政策合法化是依照一定程序进行的，目的是为了取得政策的合法地位。

2. 政策合法化的过程

政策合法化的过程是指政策方案上升为法律或获得合法地位的过程。它由国家有关政权机关依据法定权限和程序所实施的一系列立法活动与审查活动所构成。合法化使政策获得了法律的保护，具有了强制力，为政策的执行提供了条件。

政策合法化包括政策内容合法化和决策过程合法化两方面。政策内容合法化是指政策本身比较成熟、稳定，即拥有可以被实施的条件，并且有立法的必要或者需要提高其权威性。决策过程合法化是指政策的提出、审批、通过和公布必须要符合法定程序，公共政策的合法化权力由行政机关、国家权力机构所拥有。

政策合法化主要有三种途径：①政策的法律化；②权力机关的批准；③有关部门的审查。

5.4 公共政策的执行

公共政策执行是政策过程的一个重要环节，公共政策经过合法化之后，一经采纳就进入了政策执行阶段。政策执行是将政策目标转化为现实的唯一途径，因此，政策执行的有效性关系到政策结果的成败。

5.4.1 公共政策执行的含义和原则

1. 公共政策执行的含义

公共政策执行就是政策执行者通过建立机构、运用资源将政策理论内容转化为现实，从而实现政策目标的行为过程。公共政策的执行是一系列活动的过程，是执行者利用政策资源，运用各种手段将政策付诸实施的各项活动，政策执行的过程也是目标实现的过程。

2. 公共政策执行的原则

(1)原则性与创新性相结合原则。原则性要求忠实地执行政策的精神实质，保证政策的统一性、严肃性和权威性。创新性是指在不违背政策原则的前提下，根据所处的环境和实际情况灵活执行政策，灵活调整政策实施的方式。

(2)计划性原则。公共政策的执行是一个系统的工程，政策执行应该保持一定的阶段性顺序和过程的连续性。这项原则要求政策执行者要有计划、有步骤地开展工作，做到统筹兼顾。

(3)快速原则。政策都有较强的时效性，政策执行中每一个环节都有时间上的要求，执行的快速原则克服和防止了政策执行主体行为的随意性和随机性，同时，为政策执行者提供了统一化、标准化的时间标准。

(4)忠诚原则。忠诚原则要求政策执行过程中要坚持既定政策，严格按照政策要求和规范，保证政府机构政策的权威性与合法性地位。

5.4.2 公共政策执行的影响因素

公共政策的执行是一项复杂的系统工程，在实际的运作中会受到许多因素的制约和影响，因此，要想保证政策能贯彻下去，就要对政策实施中可能遇到的各种影响因素进行分析，从而消除不利因素，保证政策的顺利实施。

不同的学者从不同角度对公共政策执行中究竟存在哪些影响因素进行了研究。美国学者史密斯在《政策执行过程》一文中，提出了影响政策执行因素的基本框架。保罗·萨巴特和丹尼尔·马兹曼尼安在《政策贯彻》中提出以下因素对政策执行较为重要：初始政策制定者(中心)、执行层官员(外围)、计划指向的私人行动者(目标团体)。

我国台湾学者林水波和张世贤在其合著的《公共政策》一书中提出了影响政策执行的三个主要因素：一是政策问题本身的特质。例如，是否具备有效可行的技术理论和技术水平，涉及的目标团体人数及其行为惯例等。二是政策本身所能够规划和安排的能力。其包括合理的政策方案设计，政策制定符合法定程序，政策具备健全的理论基础，具有清晰而具体的政策目标及丰富的政策执行资源等。三是政策本身以外的条件，包括政治、社会、经济、技术等环境影响因素。

结合我国实际，我们认为可以从政策本身的因素、政策本身以外的因素和政策执行的控制与监督三个方面来分析政策执行的影响因素。

1. 政策本身的因素

(1)政策的特性。公共政策的执行效果与所要解决政策问题的类型和性质密切相关，一般而言，需要解决的问题越复杂、涉及面越广，执行的难度就会越大。政策的执行会涉及许多部门和人员，也难免会触动某些人的利益关系，因此要全面分析问题的结构和特性，根据其复杂程度来调整相应的执行方式。

(2) 政策的正确性、可执行性和连贯性。政策的正确性是指政策要符合社会客观发展的规律和大多数人的愿望，能够促进社会的进步和发展，给人民带来利益。政策的正确性是政策有效执行的前提和保障，对政策执行效果有着根本的影响。政府的可执行性是指政策是具体可行的，不是含糊不清、随意变更的，政策要有明确的表述和清晰的目标，有行动的计划和步骤，是让人可以掌握和理解的。政策的连贯性是指政策不能朝令夕改，应该保持相对的稳定和一致性，保证公共政策的权威性，为政策的有效实施提供保障。

(3) 政策资源的充足性。政策的有效执行必须有充足的人力资源、财力资源、信息资源等政策资源作保障。人力资源主要是指政策执行者的数量和素质，要有德才兼备的执行者才能将政策落到实处；财力资源主要是指政策执行的经费保障，就是政府对政策执行的投入是否充足；信息资源保证政策执行者有畅通的信息渠道和足够的信息来源，如果缺乏信息，政策的制定就会出现失误，执行也会出现偏差。

2. 政策本身以外的因素

(1) 执行机关。作为一项公共政策的执行主体，执行机关必须具有执行能力，所谓执行能力是指政府组织为达到既定目的，通过对各种组织资源进行使用、调度和控制，从而有效地执行政府的日常事务和有效贯彻实施法律、政策、决策、法令、战略计划的政府内在的能力和力量。

(2) 目标团体。目标团体必须具有执行政策的执行动力。人是具有目的性的，目标团体同样也是如此。要求目标团体执行政策就必须让其在执行中得到利益。

(3) 公共机构间的沟通与协调。沟通是交流信息、增进理解、加强信任的重要渠道。在政策执行过程中，会有众多的部门和执行人员进行合作，沟通可以传播信息、消除隔阂、化解矛盾，可以提高政策执行的效率。除了建立良好的沟通机制外，协调也非常重要。协调帮助政策执行者和目标群体之间建立良好的协作关系，使政策的执行更加顺畅。

(4) 政策执行的环境。政策执行的环境是指政策所处的社会环境和自然环境。任何一项政策的执行都离不开环境因素的影响，只有客观地认识环境、把握环境，才能顺利达到预期的政策执行效果。

政策的执行环境主要包括社会环境、政治环境、经济环境。对政策执行影响比较突出的政治环境要素就是公众的态度，因为公众的态度、价值观和理想信念直接影响到人们的政治行为和政治要求，进而影响政策执行的效果。政策执行是一个国家和政府的行为，统治阶级的意志、执政党的宗旨及政府在某一时期的任务和目标等都直接影响公共政策的执行。政策执行依赖政治环境，同时，政策执行有助于优化政治环境。政策执行离不开经济要素的支持，无法脱离一定的经济环境，如果经济发展稳定健康，就会给政策执行带来有力的影响，如果经济动荡、发展不稳定，则会给政策执行带来障碍。

3. 政策执行的控制与监督

布坎南的公共选择理论认为，执行主体有追求利益最大化的倾向，当公共政策无益于也无害于公共政策执行者的利益的时候，公共政策执行者就会流于形式，当有利于其利益时，执行主体不但会执行政策，甚至会向上级"要"政策，当部分有利于其利益时，执行主体则会尽力局部实施。

5.4.3 公共政策执行的过程

政策执行的过程主要包括政策执行的准备阶段、政策执行的实施阶段和政策执行的总结阶段，具体内容由以下几个活动环节构成。

1. 政策宣传

政策宣传是政策执行过程的起始环节和重要的功能活动。所谓政策宣传就是向公众传播和宣布公共政策的意图和内容，教育、引导政策执行者和政策的目标群体朝着政策导向的方向发展。政策宣传是统一人们思想认识的一个有效手段，政策执行者只有在对政策意图和政策实施的具体措施充分了解的情况下，才有可能积极主动地执行政策；同时政策宣传有助于目标群体对政策更加理解和支持，进而才能自愿、自觉地接受和服从政策。因此，各级政策执行机构要努力运用各种手段宣传政策的意义、目标，宣传实施政策的具体方案和步骤，为正确有效地执行政策打下坚实的思想基础。

2. 政策分解

政策分解就是制订政策执行的计划。一项政策只是指出实现政策目标的基本方向，比较抽象，不太容易把握。要使政策执行顺利进行，就必须在这些基本原则的指导下，对总体目标进行分解，编制出政策执行活动的具体计划和任务，明确工作任务指向，使执行活动有条不紊地进行。

3. 组织准备

组织准备一方面是指组织机构设置和机构运转的物质因素，另一方面是指实现政策目标所需的方案预算和规划要求中的物质因素。资源投入是政策执行的物质保障，主要包括资金、设备，以及设置组织机构与配备执行人员。

（1）确定政策执行机构。常规性、例行性政策的执行，如属原机构的任务，则应由原执行机构继续承担，不必另建机构，但有时也可通过提高原机构地位或者改组机构的方式来保证政策顺利进行。如果遇到非常规性或者牵涉面较广的政策，则可组建临时办公机构，以确保政策的有效执行。

（2）选人用人。这是组织准备工作中的一项重要内容，因为人是组织中最能动、最活跃的因素，是组织行为的主体，德才兼备、"四化"标准是选人用人的基本原则。

（3）制定必要的规章制度。这可以明确政策推行的准则和依据，保证政策执行有一个正常的秩序。这些规章制度主要有目标责任制度、检查监督制度、奖励惩罚制度。三者是一个有机整体，其中，目标责任制度是核心，检查监督制度是手段，奖励惩罚制度是杠杆，共同形成推动政策全面、有效实施的一套完整制度。

4. 政策实验

政策实验是政策实施过程中的重要步骤。政策实验既可以验证政策，发现偏差，及时反馈信息，修改和完善政策，又可以从中取得带有普遍指导意义的东西，如实施的方法、步骤、注意事项等，为政策的全面实施获取经验。政策实验一定要按照科学方法进行，政策实验步骤大致包括选择实验对象、设计实验方案和总结实验结果三个阶段。要善于从失败的教训中得到启迪，为下一步政策实验扫清障碍。成功的经验能回答我们应该怎么做，失败的经验能告诉我们不应当怎样做。只有将成功的经验和失败的经验结合起来，我们才能知道怎样做。

5. 全面实施

政策的全面实施是政策实施过程中操作性、程序性最强，涉及面最具体、最广泛的一个环节。全面实施政策要求严格遵循政策执行的基本原则，充分发挥政策执行的功能要素，以保证政策目标的圆满实现。

6. 协调与监控

公共政策执行的协调与监控贯穿于实施全过程。协调工作做好了，才能使执行人员及其他有关人员做到思想观念上的统一和行动上的一致，才能保证执行活动的同步与和谐。监控是政策实施过程的保障环节，使政策执行活动不偏离政策目标，取得预期的政策效果。

5.5 公共政策的监控、评估与调整

政策监控是为了保证政策系统的顺利运行，提高政策的制定与执行质量，保证政策内容的合法性和政策结果的有效性，促进既定政策目标的实现，使预定的政策效果最大化。政策评估是为了判断政策目标实现的程度，是了解政策价值和效果的重要工具。政策调整是政策过程中必不可少的环节，任何一项政策都要做出一定的调整来适应环境的变化。

5.5.1 政策监控的主客体

政策监控的主体是从事监控活动的个人、团体和组织，包括立法机关、行政机关、司法机关、大众传媒、利益集团以及政党和公民等。政策监控的客体是政策系统及其运行过程，包括政策过程的各个环节以及承担各项功能活动的个人、团体和组织。政策监控的主体与客体处于复杂的互动之中，两者是相对的，它们之间存在一种监控与被监控的对应关系，但两者又是互相交叉、重合的，呈现出复杂的网络状结构。

政策监控是一个动态活动过程。这要求建立一种有效的政策反馈机制，实施决策追踪，对政策的制定、执行、评估、终结情况进行考察、监督、测定、评估、核实，以帮助决策者尽量地发现决策的失误和缺陷，找出实施中的偏差，以便对现行政策进行调整。在政策监控实践中，政策监控的各个子系统特别是政策监控主体的构成及其互动方式和规则形成一个总体，这就是政策监控机制。一种良好的政策监控机制是政策系统顺利运行的必要条件。

5.5.2 政策监控的步骤和形式

(1) 政策监控可分为三个步骤实施。首先要确定标准，建立必要的制度、法规，政策监督的实施必须以制度、法规的订立为前提；其次要对政策系统的运行情况进行监督；最后调整偏离现行政策的行为，保证政策系统的正常运行，并采取补救措施，对政策进行调整。

(2) 政策监控的主要形式有以下几个方面：第一，立法机关对政策的监控；第二，司

法机关对政策的监控；第三，行政机关对政策的监控；第四，政党对政策的监控；第五，利益集团对政策的监控；第六，社会舆论和大众传媒对政策的监控。

5.5.3 政策评估的过程和方法

(1)政策评估是一种有计划、有步骤的活动，一般都要经过准备、实施和总结三个阶段。评估的准备阶段主要是根据实际工作的需要确定评估的对象，明确评估目的，制定评估方案的具体内容，选择适当的评估方法。评估的实施首先要收集大量与政策制定相关的信息，并采用科学的手段和方法进行系统的分析整理，根据评估标准，选择合适的评价方法对政策的制定和执行情况进行客观、公正的评价，得出评价结论。评价完毕后要对政策评价活动进行全面的回顾和总结，总结经验、吸取教训，为以后的政策活动提供借鉴。政策评价者应以书面的形式撰写评价报告，提交有关政策制定者和相关部门，使之了解政策的具体情况和发展的趋势。

(2)政策评估的方法有很多种，选择恰当的评估方法对政策评估具有重要的意义。具体的评估方法有定性的方法，也有定量的方法，有经验型方法，也有推理型方法，这里我们主要介绍政策评估的基本方法——前后对比法。

前后对比法是政策评估的基本方法，是将公共政策执行前后的有关情况进行对比，从而分析公共政策的价值和效果。这种方法又有四种基本的形式：第一种是简单的对比分析，是用接受公共政策后产生的变化值减去作用前的值，二者之间的差就是公共政策的效果。这种方法简单易行，但是没能考虑外在因素对公共政策的影响，不是很精确。第二种是投射对比分析法，这种方法是将若无该政策可能发生的情况与政策执行后的实际情况进行对比，确定该项政策的效果。第三种方法是有无分析方法。这种方法是在政策执行前后的两个时间点上，分别就有公共政策和无公共政策两种情况进行前后对比，确定公共政策的效果。第四种方法是控制对象分析法。这种方法是将公共政策执行前将同一评价对象分为两组，一组为实验组，对其施加公共政策影响，一组为控制组，不施加公共政策影响，对比这两组在公共政策执行后的差异。

5.5.4 政策调整的形式

任何政策都不是一成不变的，都要根据客观情况变化做出相应的调整，政策调整是政策过程中一个重要的环节。政策制定者在制定政策时，由于对面临的各种环境要素与可能产生结果的认识不是很全面，因此总会有一些需要调整的问题。政策的调整有利于政策更加科学、全面、可行。

1. 公共政策调整的含义

为了规避政策在制定过程中和实际执行过程中可能出现的偏差，政策制定者对已经制定出来的公共政策进行修正和完善的过程就是公共政策调整。公共政策调整是为了更好地解决社会问题，适应客观环境的变化，也是公共政策制定的一种延续。

2. 公共政策调整的重要性

(1)适应环境变化的需要。由于社会问题和政策环境都处于不断的变化和发展之中，在制定政策时尝尝会忽略一些可能发生的情况，这就需要不断研究环境的现状，及时调整政策。

(2) 不断完善政策的需要。公共政策的调整是修正公共政策，使之更加完善，更加符合实际的需要，更有利于达到公共政策的目的。

(3) 纠正政策偏差的需要。政策制定者的认识总是有局限的，所制定的政策难免会有偏差，当公共政策的偏差影响到政策对问题的解决时，就需要对原来的政策进行调整，避免或纠正公共政策的失误。

(4) 维持政策稳定的需要。公共政策稳定是社会稳定、经济稳定的重要保障，不断调整公共政策，使之与客观环境互动，与政策方向始终保持一致，是维持政策稳定的一种有效方法。

本章思考题

1. 如何理解公共政策的含义？
2. 公共政策的特征有哪些？
3. 简述公共政策制定的主要步骤。
4. 公共政策执行过程包括哪些环节？
5. 简述公共政策监控的过程。

▶案例分析

房价，总理说了算，还是总经理说了算[①]

新地王的产生又将房价问题推到了舆论前沿。两会中"遏制部分城市房价过快上涨"的声音铮铮在耳，北京新地王创下的高价就给《政府工作报告》抹了眼药。央视"新闻1+1"节目中，白岩松无奈感慨，"有的时候你在想，房价是不是总理说了不算，总经理说了才算"。

白岩松的感慨被媒体放大，网络媒体纷纷以"总理说了不算，总经理说了才算"为题对该节目进行了转载。"政策向下，房价向上"，中国的房地产市场到底还有治没治？会不会又是一出越调越高的悲剧？中国的房价到底应该政府说了算还是市场说了算？对于上述这些问题，人们的意见分歧很大，没有一致的看法。

如果以一个普通老百姓的视角观察，中国的住房大致可以分为两类，一种是保障性住房，另一种便是市场型住房。保障性住房带有公益性，这部分房子的价格当然应由政府主导定价；但对于绝大多数商品型住房，它的价格到底是总理说了算，还是总经理说了算呢？其实谁说了都不算，市场说了算。可当下中国房地产并没有形成真正的"市场"，房地产"伪市场"将房价越推越高，百姓只能望房兴叹。当房价高得越来越离谱，当百姓感叹"涨就涨吧，反正我们也买不起"时，政府对房地产市场调控的公信力也备受打击。

多年前的住房改革将百姓住房问题推向了市场，当市场没有有效解决百姓住房问题时，保障性住房的呼声又渐次高升。疯涨的楼市被老百姓形容为"异乎寻常而近乎妖"，国家也确实重视对楼市的调控，在两会之前，2009年12月以来国家便出台了6条调控房价措施，但新一轮地王的威猛恐怕又将证实这些调控即将演变为"空调"。正因为如此，"房

[①] 陈方：《房价，总理说了算，还是总经理说了算》，《中国青年报》，2010年3月19日；王炜：《房价飞涨 普通购房者被抛弃》，《人民日报》，2010年3月18日。

价到底是总理说了算,还是总经理说了算"的民间情绪才处处弥漫。

理性地说,"房价该由总理说了算,还是总经理说了算"只是情绪的宣泄。即便不是专业经济学人士,普通老百姓也明白在一个法治的、市场的国家里,一切市场主体都应该用市场的方式去解决问题,而不是用权力直接干预。在市场"变异"的情况下,政府要出手调控。这些道理谁都懂,所以,在真正的房地产市场上,房价由"总理说了算"并不见得万分正确。

可当下的中国是否形成了真正的房地产市场呢?同样以普通百姓的眼光看,"土地政府乱批,资产银行乱贷"恐怕是中国房地产市场一块难以祛除的毒瘤。众所周知,土地批租是房地产开发的源头,由于土地市场管理中的种种不规范,每年国有土地收益流失至少在百亿元以上;银行资金是房地产企业的血液,建筑成本和楼盘风险却由银行承担,这也是房地产业界公开的秘密。房地产建设自始至终只能靠权力、关系等腐败方式来维系。而这些用于维护关系的花销又出自何处呢?当然是购买房屋的百姓。

说房地产市场"腐败与垄断"并存并不夸张,如果没有权贵的勾结,那么国家每次出台的调控手段为何总是"重拳打到棉花上"。正是因为在这样一个不健康的房地产市场上,才有了老百姓"房价应由总理说了算"这一违背经济学常识的呼声。

分析:

一边是国家调控房价政策密集出台,《政府工作报告》明确要求"抑制土地价格过快上涨",一边是北京一天诞生三"地王",六环期房均价过万元。

许多普通购房者原本认为房价会在本轮调控中稳定甚至有所回调,而创纪录的房价和地价却让他们再度感到焦虑和恐慌。房价要涨到什么时候?旨在遏制房价过快上涨的调控政策能否起作用?"满足人民群众的基本住房需求"的目标正变得更近还是更远?

楼市政策有不少需要反思之处,还需更加尊重市场,不断深化住房制度改革。尽管各级政府遏制房价过快上涨的决心空前坚定,但事实上,房价问题之复杂,越来越像一个难解的结。

专家表示,在目前政府提供的公共住房远远不足的情况下,对普通购房者而言,一线城市的房价只有大幅下调,他们才有可能解决住房问题。

另外,在调控政策和市场周期的作用下,房价自身有调整的需要。但一旦市场出现下跌,习惯了依赖土地财政的地方政府立刻会捉襟见肘。同时,许多高价买了房的购房者会激烈地表达不满。

实际上,细看本轮宏观调控的核心政策"国十一条",增加住房和土地供应,增加保障性住房建设,完善土地招拍挂制度,完善商品房预售制度,明确二套房认定标准等有利于市场长期稳定的政策都已经提及,现急需相关配套政策出台。

第6章

公共管理法治与监督

在现代法治社会,任何公共组织,包括政府部门和各类非营利非政府组织都必须在宪法和法律的范围内活动,受到法律的约束和规范。公共组织行使的是由人民群众授权或委托的国家行政权力或社会公共权力,因而,任何公共组织所从事的公共管理活动都是代表最广大人民群众的根本利益的,必须对公共组织的活动进行监督。本章着重探讨两个方面的问题,即公共管理法治与公共管理监督。

6.1 公共管理法治

在现代社会,将社会公共权力纳入到法律规范的范畴,强调法律对公共组织行使公共权力的规范、约束和监督,是维护公民权利、实现社会公共利益的根本保障。公共管理法治化的根本目标,就是使公共组织提供有效的公共产品和公共服务,维护和实现社会的公共利益。那么,如何使以政府部门为核心的公共组织不滥用其拥有的公共权力、不以权谋私,促进公共利益实现的最大化,就成为了当代公共管理学研究的重要课题之一。

6.1.1 公共管理的法律研究途径

公共管理学不同于传统公共行政学的学科特征之一是其研究领域的跨学科性和综合性。这种学科特性决定了我们可以利用不同的社会科学学科来研究公共管理,形成多元化的研究途径。美国学者戴维·H. 罗森布鲁姆在《公共行政学:管理、政治和法律的途径》一书中认为,公共行政学的研究有管理(包括传统管理和新公共管理)、政治和法律三种研究途径。与管理、政治研究途径不同,法律研究途径主要是将公共行政视为在特定情境中应用法律和施行法律的活动,相当重视法治和裁决。

罗森布鲁姆认为,公共行政法律途径的兴起主要可以追溯到三个源头:其一是行政法。行政法主要是指管制一般行政过程的一套法律和法规。其二是公共行政"司法化"(judicialization)之发展。司法化趋势主要是将行政运作程序视为与司法程序一样,目的在于确保个人合法权益不受侵犯。行政机构的行为方式日益趋近法院的工作方式,结果,法律价值开始在行政活动中发挥越来越重要的作用。其三是宪法。宪法界定了公民相对于行政机关的权利和自由,避免了行政官员侵害公民的宪政权利,同时,促使公务员本身行为更加谨慎和珍视法律。

法律途径的公共行政强调法治。它包含三个核心的价值:一是"程序性正当法律程序"(procedural due process)。这一价值意味着基本的公平性,被认为是保护个人免于遭受政府恶意的、武断的、错误的或反复无常的违宪剥夺生命、财产与自由权利的必要程序。二是个人应享有的实质权利和法律的平等保护。三是"公平"(equity)。从公共行政的角度看,公平主要体现在授权法官对于那些其宪法或者法律的权利遭受行政官员侵犯的人进行救济。

公共管理法律途径主要包括以下内容:①强调宪法层面的公正、程序、权利和平等的价值;②把公共组织视为一种能够通过公正的抗辩程序来解决争端的结构形式;③注重建立明确的公共管理行为准则和监督机制;④把公共管理对象看做完整和独立的个体,关心个人宪法权利和法律权利的保障;⑤重视公共管理结果的合理性,不仅要求公共管理行为的主体和程序合法,还要求有利于保护公共管理相对人的合法权利和提高公共部门的管理效率。

公共管理法律途径的优势在于在价值上体现了程序正当和公平,强调法律制定和实施中对权利和义务确定的合理性、正当性和公平性。它力图深化人们对于法律和政治的认识,促进法律的公共管理效用的发挥,以提升公共管理的法治化运作水平,为公共管理与法律互动关系的良性发展提供理论支持。

6.1.2 公共管理法治的含义

公共管理法治化是现代政府管理体制的重大变革,也是现代政府管理模式的深刻革命。在法治社会,公共组织必须依据宪法和法律履行社会管理与服务、维护公共利益的职能。遵守法制、依法行政、依法管理与服务是公共组织进行公共管理活动的基本前提和条件。

什么是法治?一般认为,与"人治"相对应,法治就是以法律治理国家。当然,古今中外的思想家、学者对"法治"的内涵有着各种各样的解释和说明。我国古代社会的法家学派代表人物,如管仲、商鞅、韩非子、李斯等思想家,都不同程度地重视法律的社会作用和法律在国家治理中的地位。管仲曾说:"故先王之治国也,不淫意于法之外,不为惠于法之内也。动无非法者,所以禁过而外私也,威不两错,政不二门,依法治国,则举措而已。"韩非子也说过:"故绳直而枉木斫,准夷而高科削,权衡县而重益轻,斗石设而多益少。故依法治国,举措而已矣。法不阿贵,绳不挠曲。法之所加,智者弗能辞,勇者弗敢争。刑过不避大臣,赏善不遗匹夫。"

亚里士多德在他著名的《政治学》一书中写道:"由最好的一人或由最好的法律统治哪一方面较为有利?"他说,凡是不凭感情因素治事的统治者总比感情用事的人们较为优良。法律恰恰正是没有感情的;人类的本性(灵魂)便是谁都难免有感情。因为人类的情欲如同野兽,即使至圣大贤也会让强烈的情感引入歧途。唯法律拥有理智而免除情欲。他认为:"法治应该包含两重意义:已成立的法律获得普遍的服从,而大家所服从的法律又应该本身是制定得良好的法律。"

英国思想家洛克认为:"无论国家采取什么形式,统治者应该以正式公布的和被接受的法律,而不是以临时的命令和未定的决议来进行统治……政府所有的一切权力,既然只是为社会谋幸福,因而不应该是专断的和凭一时高兴的,而是应该根据既定的和公布的法律来行使;这样,一方面使人民可以知道他们的责任并在法律范围内得到安全和保障,另一方面,也使统治者被限制在他们的适当范围之内,不致为他们所拥有的权力所诱惑。"

1885年,英国宪法学家戴雪(A. V. Dicey)在《英宪精义》一书中,对法治赋予了三个方面的特定含义:一是法治排斥行使专断权力的思想。这意味着任何人不应因为做法律未禁止的行为而受罚,任何人只能因为违法而不能因为其他而受处罚,意味着法律拥有绝对的至高无上的地位,它不容许专制、特权和政府自由裁量的存在。二是各个阶级、阶层在法律面前一律平等,官吏和臣民受到普通法院执行的普通法律的同等制约,排除政府行为享有的特殊豁免权或对涉嫌政府官吏的案件加以特殊制裁。三是国家宪法是表述并确立权利的保障,宪法不是公民权利的渊源,而是一般法律提供的救济措施赐予个人以利益和自由的结果。

1959年,在印度新德里召开的国际法学家委员会会议形成的《德里宣言》把法治原则归结为四个方面:第一,立法机关的职能是创造和维护个人尊严得到维护的各种条件,以便使《世界人权宣言》中的原则得到实施;第二,法治原则既要规范政府的行政权力,不使其滥用权力,同时也需要一个有效的政府来维持法律秩序,但赋予行政机关以委任立法权时以不能取消基本人权为限度;第三,要求有正当的刑事程序,充分保障被告的辩护权、受公开审判权,取消不人道的和过度的处罚;第四,司法独立和律师自由。

根据中外学者的论述,我们认为,公共管理法治是公共组织(包括政府部门和非营利非政府组织等)在宪法和法律规定的权限内依法运用各种手段和方法履行公共管理职能、维护社会公共利益、承担公共责任的治理方式。公共管理法治包含以下几个方面的基本含义:

(1)公共管理法治强调以人为本,保障和维护公民的基本权利和自由。公共管理的本质是服务,服务的对象是社会公众,因此,公共部门提供公共产品和公共服务必须以公民的物质和精神文化生活需要为前提,必须体现公民的根本利益,以人为本。当然,公共部门开展公共管理活动必须依法进行,不得侵害或干涉公民的权利,并以保障和维护公民的基本权利和自由为己任。

(2)公共组织权力的法定性。公共部门行使的公共权力必须由宪法和法律加以限定。对于政府部门而言,行政权力必须来源于国家宪法和法律的授权,行政行为必须符合宪法、法律和行政法规的规定;对于非政府公共组织而言,其成立和运作必须符合国家相关的法律规范,不能随意行动。否则,即使是出于良好的愿望,也可能造成违反国家法律、侵害国家和人民群众根本利益的结果。

(3)公共管理主客体法律地位的平等。法律面前人人平等,是公共管理法治的基本精神,也是现代法治社会的基石。要坚持"法律面前人人平等"的基本法治原则,就要求公共管理主体之间、公共管理主体与客体之间、公共管理不同客体之间法律地位平等。无论任何组织、个人,在法律面前必须一视同仁,不能有任何的高低贵贱之分。

(4)公共管理法治还体现在公共组织必须依法承担公共管理责任。公共管理责任是公共部门在履行公共管理职能过程中依法应当承担的职责。公共管理活动中的一个重要原则就是权力与责任的统一,即拥有什么样的权力就应该承担什么样的责任。公共部门在开展公共管理活动的过程中,如果出现工作失误、失职等需要承担必要的管理责任,对公民的合法权益造成损害的需要承担经济赔偿责任和相应的法律责任。

6.1.3 公共管理法治的基本原则

公共管理法治的基本原则是指贯穿公共管理法律规范之中,指导公共管理法律、法规实施,监督和制约依法开展公共管理活动的基本准则。公共管理法律体系是一个由各种管理法律、法规组成的有机统一体。各个法律、规范之间有机统一关系的形成,取决于它们赖以制定和实施时所遵循的相同的公共管理法治原则。学者们由于受各自国家政治体制、基本价值观以及学科背景等因素的影响,对公共管理法治原则的概括也不尽一致。我们认为,公共管理法治原则可以概括为以下几个主要方面。

1. 公共管理的合法性原则

所谓合法性原则,是指公共管理主体必须严格遵守并执行法律规范,一切活动都要以法律为依据,不得享有法律规定以外的特权。同时,公共组织违反法律规范的行为必将导致相应的法律后果,须承担相应的法律责任。

公共管理行为必须符合法律的规定和法律的精神,否则,这种公共管理行为就是非法的、无效的。这是公共管理法治的一个十分重要的原则。在现代社会,公共部门(尤其是政府部门)之所以必须坚持这一重要原则,是因为公共部门所掌握的公共权力来源于人民的委托或授予,公共权力的行使必须在委托或授权的范围内进行,不得超越或滥用。就政府部门而言,在国家权力体系中,行政权力与其他国家权力之间都有明确的分工,"凡法律未允许的,都是禁止的"这一行政行为的基本规则,保证了国家权力体系之间、政府部门行政体系内部不同层级和机构之间的职权和分工。

具体来讲,公共管理的合法性原则主要包括以下四个方面的内容:

(1)公共管理主体的合法性。公共管理主体的合法性是指公共管理主体法律地位的取得、职权的确定和行使等必须依据法律、符合法律,不得与法律相抵触,任何违法的公共管理行为都应当承担相应的法律责任。

就政府组织而言,其法律合法性表现在行政主体资格的取得及行政职权的确定。政府部门的行政职权是行政主体实施行政管理活动的资格及其权能,因而,行政职权必须基于法律的授予。非经法律的授予,任何组织不得获得行政主体的资格和行政职权。行政主体资格的取得必须具备下列要件:其成立获得法定机关的批准;已有组织法或组织章程规定了职责和权限;已有法定编制并按照编制配备人员;有独立的行政经费预算;有办公地点和必要的办公条件;公告成立。

就非营利非政府公共组织而言,其法律合法性主要表现在取得合法资格的条件和程序,确认其法律地位、法定权利和义务,规定其组织的性质、结构、章程以及活动的内容和形式,调整其与其他社会组织关系的方式等。

(2)公共管理行为的合法性。公共管理行为的合法性是指公共管理主体所实施的管理和服务行为符合法律的规定和要求。公共管理行为合法的具体内容是：公共管理主体实施了作为或不作为的行为；公共管理主体实施的行为在自己的职权范围内；公共管理行为符合法律的要求；合法的公共管理行为是能够引起法律效果的行为。

(3) 公共管理内容的合法性。公共管理内容的合法性是指公共管理行为所包含的权利、义务，以及对这些权利、义务的影响或处理，均应符合法律法规规定和公共利益。如果公共管理行为违反法定内容的要求，或者公共管理行为明显违背法律的目的，或与公共利益严重对抗，均属于违法或行为无效。

(4) 公共管理程序的合法性。公共管理程序的合法性是指公共管理主体所实施的管理和服务行为符合法律规定的程序和要求。任何公共管理行为都要经过一定的程序，没有脱离程序而存在的公共管理行为。法律对公共管理程序做出规定，其目的是为了保证公共管理行为的正确性。公共管理主体实施管理与服务行为，必须按照法定的程序进行，而不能任意做出某种行为。违反法定程序的公共管理行为是无效的，应依法予以撤销。

2. 公共权力的限定性原则

限定性原则是指一切公共权力都应当是有限的，它受到法律、相对人权力、国家权力以及其他社会权力的限制。公共权力的限定性原则主要包括以下内容：

(1) 公共权力来源于法律的授权。公共权力必须来源于法律的授权，任何公共组织不得在没有法律授权的情况下设定自己的权力。对于政府部门来说，行政权力的授予首先来自于宪法和法律的实施。没有立法机关的授权，行政活动就是没有法律依据的，因而也是非法的、无效的。

(2) 设定公共权力时应当授予相对人相应的权利。权力和权利是公共管理实体法的核心，二者紧密相连、相互作用。相对人的权利既是相对人利益的体现，又是公共管理主体的义务。增加相对人负担或者限制相对人的权益，必须以法律的规定为依据。

(3) 设定公共权力的同时应当规定公共管理主体的责任。权力和责任是统一的，有什么样的权力就应该承担什么样的责任。任何公共组织都不能只享有权力而不承担责任和义务。

3. 公共管理的适当性原则

公共管理行为必须适当，任何不适当的公共管理行为都会给公众的公共利益造成不必要的损害。所谓适当，就是公共部门的公共管理行为既要符合法律的规定，又要客观、适度和符合理性。

20 世纪以来，随着社会生活的急剧变迁与多样化以及公共部门(尤其是政府部门)的职权逐渐扩张，公共权力(尤其是行政权力)必须加以灵活运用才能适应公共管理的需要。同时，由于法律本身的抽象性和非灵活性，故要实施有效的社会治理，需要赋予公共部门一定的自由裁量权。然而，如果自由裁量权被滥用，又会给公共管理的法治化造成威胁。因此，如何控制自由裁量权，防止自由裁量权的滥用成了当代法学家所关注的重要课题。

公共管理的适当性原则主要包括以下内容：

(1) 公共管理行为必须符合法律授权的目的。国家法律、法规是以维护国家、社会的公共利益和保护相对人的权益为其内在精神和目的的。公共部门在获得并行使由法律、法规授予的自由裁量权时，必须体现这一精神实质和目的。

(2)公共部门必须依据充分、客观的事实和法律法规行使自由裁量权。公共部门在行使自由裁量权时,必须有充分、客观的事实依据和法律依据。如果公共部门做出的自由裁量行为的事实根据和法律依据不充分、不客观,那么这种行为是不适当的,应当负一定的法律责任。

(3)公共管理行为应当建立在正当考虑的基础上。所谓正当考虑,就是指依照正常人的经验、知识和理解水平所应当考虑或不考虑的情形。一方面,公共部门在行使自由裁量权时,必须充分考虑一切应当考虑的正当因素。例如,行政机关在进行行政处罚时,应当充分考虑违法行为的事实、性质、情节轻重以及对社会的危害程度等正当因素。另一方面,公共部门在行使自由裁量权时,不应该考虑不正当的因素。例如,不应当考虑行为人的权力、地位、人情、关系网、经济状况等因素。

(4)公共管理行为应符合客观规律。公共管理活动具有科学性,公共部门自由裁量权的行使必须符合公共管理活动的客观规律。

(5)公共管理行为还必须符合社会道德和伦理。社会道德和伦理是一种社会意识形态,是依靠社会舆论、传统习俗和信念维系的心理、规范和行为活动。作为社会行为基本规范的社会道德和伦理,是社会公众人人应当遵循的最基本的价值准则和行为规范,具有社会普遍性。公共部门自由裁量权的行使,要适合不同地域人们的生活习惯和社会道德、伦理标准。

4. 公共管理的公平性原则

公平性原则就是指公共部门在行使公共权力、履行公共管理职能时必须公平地对待所有的公民、法人和社会组织。平等或公平是公共管理法治的基本要求,它对于维护良好的社会秩序、促进社会的稳定与和谐、促进社会的进步与发展有着十分重要的意义。

公共管理的公平性原则主要包括以下两个方面的内容:

(1)公共管理法律规则的平等。法律规则的平等主要是指两个方面:一是禁止恣意。所谓禁止恣意是指公共部门的任何措施必须有其合理的、充分的、实质的理由,与其所要处理的事实状态保持适度的关系。它不仅禁止故意的恣意行为,而且禁止任何客观上违反宪法基本精神以及事物本质的行为。二是平等对待。即要求法律规则把人、物以及事归于一定的类别,并按照某种共同的标准调整他们,"凡是法律视为相同的人,都应当以得到法律所确定的方式来对待"。

(2)公共管理法律适用的公平。法律适用的公平有两个方面的含义:一是任何一个官员不应在其所裁决的行政案件中有直接的个人利益,同相对一方当事人有利害关系的行政人员应当回避参与有关的行政行为。二是行政机关在做出影响相对人权利和义务的决定时,必须听取相对人的意见。公民有在适当时间之前得到通知的权利,有了解行政机关论点和论据的权利,有为自己辩护的权利,有要求举行听证的权利等。

5. 公共管理的正当程序原则

所谓正当程序原则,是指公共管理主体在实施公共管理行为的过程中应当遵循法定的、合理的方式、方法和步骤。公共管理法治,除了在实体法上对公共组织的权力进行限制外,还需要在法律程序上对公共组织的权力及其运作方式进行限制。

正当程序原则来源于英国1215年的《大宪章》,其第39条规定:国王允诺"任何自由人不得被逮捕、监禁、侵占财产、流放或以任何方式杀害，除非他受到贵族法官或国家法律的审判"。后来这一条被解释为要求有陪审团的审判。1791年美国宪法修正案中，正当程序原则被确立为一项基本的原则。《美国宪法》第5条修正案规定："非经正当的法律程序，不得剥夺任何人的生命、自由或财产。"正当程序原则要求国家的所有权力必须正当行使。它包含两个最低限度的程序公正标准：①任何人不能当自己的法官。也就是说，任何人都不能担任与自己有利害关系的案件的审判官。②任何一方的意见都必须公平地被听取。这两个程序规则构成了现代行政程序的重要法理基础。

6.1.4 公共管理的基本法律制度

公共管理的基本法律制度是有关保障公共部门顺利开展公共管理活动的各种法律、法规的总和。公共管理法律制度的范围和内容相当广泛，我们可以从不同的角度对公共管理法律制度进行分类。以公共管理的主体为划分标准，可以分为行政法律法规和非营利非政府组织法律法规；以公共管理的内容和形式为划分标准，可以分为公共管理实体法和公共管理程序法等。

在我国现阶段，有关非营利非政府组织的法律、法规尚不多见，公共管理的基本法律制度主要表现为行政法律制度。目前，我国行政法律制度的渊源主要有宪法、法律、行政法规、地方性法规（包括自治条例和单行条例）、行政规章、法律解释、国际条约（协定）、决议、决定和命令等。

公共管理法律制度的内容涵盖了整个公共管理的各个环节，表现为公共管理法律法规的制定、公共管理法律法规的执行、公共管理司法和公共管理法制监督等。在我国现阶段，公共管理活动主要是由政府行政部门主导的，因此，公共管理法律制度通常表现为行政法律制度，包括行政立法、行政执法、行政司法和行政法制监督四个方面的内容。在此，我们着重探讨行政立法、行政执法和行政司法的问题。

1. 行政立法

所谓行政立法，是指特定的行政主体依据法定权限并且按照法定程序制定和发布行政法规和行政规章的活动。它包含以下几个方面的含义：①行政立法的主体是特定的行政机关。根据我国宪法和法律的规定，享有立法权限的行政机关主要包括国务院，国务院各部、各委员会，国务院直属机构，省、自治区、直辖市人民政府，省、自治区人民政府所在地的市的人民政府，国务院批准的较大的市的人民政府，经济特区所在地的市的人民政府。②行政立法有严格限定的法定权限范围。这里讲的"法定权限"包含两层含义：一是行政立法必须根据宪法、法律或有权机关的授权，非经授权不得为之；二是在自己的职权范围内，每个行政机关都有各自特定的职权范围，其立法活动同样不能超越自己的职权范围。③行政立法必须依照法定的立法程序进行。所谓立法程序，就是要经过公告、征求相关人意见、公布等过程，使利益相关人知晓并参与，以取得合意。行政机关的立法是制定具有普遍性的、需要人人遵守的行为规则，就应该按照立法程序进行。④行政立法具有不可诉性。根据《中华人民共和国行政诉讼法》（简称《行政诉讼法》）和《中华人民共和国行政复议法》（简称《行政复议法》）的规定，行政立法行为不能成为诉讼或诉愿的对象，即对行政法规、规章不能提起诉讼或申请复议。而对于涉及人身权、财产权方面的具体行政行为引起的行政争议，可以提起诉讼或申请复议。

我国行政机关的立法，根据行政机关立法权的来源和性质不同，可以分为职权立法和授权立法两种类别。所谓职权立法，是指行政机关依据管理国家和社会各项事务的职权所进行的立法活动。这种立法是国家宪法、法律的具体化，本身不能创设实体上的权利与义务。其立法程序都必须由法律规定，行政机关只能根据法律所创设的程序规范做出补充性和具体化的规定。所谓授权立法，又称委托立法（委任立法），是指行政机关根据法律法规的授权而制定的实施细则和实施办法等立法活动。授权立法又分为一般授权与特别授权两种立法形式。一般授权是指根据单行法律、法规的条款授权某一行政机关制定具体的实施细则或实施办法。例如，《中华人民共和国食品卫生法》第 55 条"出口食品的管理办法，由国家进出口商品检验部门会同国务院卫生行政部门和有关行政部门另行制定"等。特别授权是指最高权力机关将应由法律规定的事项，以"决定"的形式，特别授予国家最高行政机关行使。例如，1985 年 9 月全国人大通过《关于授权国务院在经济体制改革和对外开放方面可以制定暂行的规定或者条例的决定》等。

2. 行政执法

所谓行政执法，就是行政机关在管理国家事务、社会公共事务和机关内部事务的过程中执行法律、法规活动的总称。关于行政执法的概念，有广义和狭义两种不同的看法。广义的行政执法是相对于国家的立法、司法活动而言的，是指行政机关对国家法律的执行和实施；狭义的行政执法是相对于行政机关的立法、司法等活动而言的，是指特定的行政机关依法对行政相对人采取的直接影响其权利义务，或者对相对人权利行使和义务履行状况进行监督检查的具体行政行为。就公共管理学的角度而言，一般采用狭义上的行政执法概念。

行政执法的概念包含以下几个方面的含义：①行政执法的主体是法定的，必须是国家行政机关和法律、法规授权的组织。在行政执法过程中，国家行政机关是最重要的行政执法主体，但并不是唯一的主体。除行政机关外，一定的行政机构和其他社会组织依照法定授权也可以进行行政执法，成为行政执法主体。②行政执法的内容广泛、复杂。行政执法是一个复杂的社会系统工程，涉及社会生活的方方面面。社会个体的生老病死，乃至国家社会的长治久安，都需要通过行政执法活动来落实和实现。③行政执法是行政主体行使行政职权、履行行政职责并具有法律意义的行政行为。行政主体行使行政职权的目标和任务不是为了从事民事活动或其他社会活动，而是为了实现国家行政管理的职能，发挥对国家经济和社会的干预、调节作用。不管行政执法是否得当，都直接或间接地影响到组织或个体的权利和义务。④行政执法是行政主体代表国家、以国家的名义实施的行为，故其以国家强制力作为实施的保障。根据行政法的原则，行政主体为了保障行政管理的顺利进行，可以运用法律、法规和规章规定的强制手段，或依法借助其他国家机关的强制手段，迫使行政相对人做出一定行为或不做出一定行为，维护公共利益和正常的社会秩序。

行政执法的方式是行政主体在执法的过程中所采用的形式、方法和手段。由于行政执法内容广泛、复杂，行政执法的具体方式也多种多样。一般而言，我国行政执法的方式可以分为刚性（强制性）方式和柔性（说服性）方式。前者表现为行政处罚、行政检查、行政强制等具体方法，显示出较强的行政权力色彩；后者表现为行政指导、行政合同等具体方法，权力色彩相对平淡，体现出行政相对人和行政主体的合意理念。

3. 行政司法

行政司法是一种特殊的具体行政行为，它是指行政机关根据法律的授权，按照准司法程序审理和裁处有关争议或纠纷，以影响当事人之间的权利、义务关系，从而具有相应法律效力的行为。在我国，行政司法行为主要是指行政复议行为、行政裁决行为和行政调解行为。对于行政司法这个概念，可以作如下理解：①行政司法主体是经过法律、法规授权的行政机关或其他组织。在我国，主要是指行政复议机关、行政裁决机关及调解机关。②行政司法的客体是和行政管理有关的行政纠纷以及民事、经济纠纷，这些一般都由法律予以特别的规定。它们是由于当事人不服行政机关的决定，或双方当事人不履行义务，或行政机关、其他当事人侵害相对方合法权益而产生的，与权利和义务有利害关系的争议或纠纷。③行政司法的性质是享有准司法权的行政行为，即以依法裁处纠纷为宗旨的行政司法行为。④行政司法应当遵循特定的程序，不能照搬人民法院的司法程序，而是应兼顾行政效率和司法公正两个方面的要求。

一般来说，行政司法涵盖以下内容：①行政复议。所谓行政复议，是指公民、法人或者其他社会组织，认为行政主体的具体行政行为侵犯其合法权益，依法向行政机关提出复议申请，由受理申请的行政机关对具体行政行为依法进行审查并做出决定的活动。也可以说，行政复议是行政机关自我纠正错误，从而保护老百姓合法权益的活动。②行政听证。所谓行政听证，就是指行政主体在行使行政权力、做出影响行政相对人权利义务的决定之前，通过准司法程序(提出要求、受理、回避、辩论、质证、最后决定)来听取利害关系人意见的程序性法律制度。③行政裁决。所谓行政裁决，是指行政机关或法定授权的组织，依照法律授权，对平等主体之间发生的、与行政管理活动密切相关的、特定的民事纠纷(争议)进行审查，并做出裁决的具体行政行为。在我国，行政裁决的范围主要包括土地、矿产、森林等资源所有权或使用权的确认、损害赔偿、经济补偿、侵权争议以及专利强制许可使用费裁决等。

6.1.5 我国公共管理的法治化

公共管理的法治化是现代公共管理的必然要求，也是我国发展社会主义市场经济的必然选择和实现社会公共利益的重要保证。现代公共管理内容丰富，涉及国家政治、经济、社会等诸多领域，以政府部门为核心的公共组织能否依法管理、依法提供公共产品和公共服务，直接关系到国家的长治久安、社会稳定和社会主义市场经济的健康、有序运行。

1. 我国公共管理法治化的发展历程

我国公共管理的法治建设经历了一个曲折的发展过程，尤其是党的十一届三中全会以后，我国进入了改革开放和社会主义现代化建设新时期，伴随着经济体制改革，行政管理体制也逐步深入和推进，我国的公共管理法治化进程得到了迅速的恢复和发展。20 世纪 90 年代以来，我国"法治政府工程"正式启动，我国公共管理法治建设迈入了可持续发展的轨道。回顾改革开放三十多年来的历史，可以把我国公共管理法治化进程分为三个时期：

(1)恢复和发展时期(1978~1989 年)。新中国成立以来，尽管我国对依法治国进行了初步的探索，但由于各种因素的制约和干扰，"人治"问题仍广泛存在，尤其是在"文化大革命"时期，社会主义法治更是遭到了极大的破坏。党的十一届三中全会以后，通过"拨乱反正"，恢复和建立了社会主义法制。一方面，全国人大常委会于1979年做出决议，确定中华人民共和国成立以来国家制定的法律、法令，凡不与现行宪法、法律、法令相抵触者均继续有效，恢复了法律、法令的效力；另一方面，伴随着经济体制改革的深入进行，转变政府职能、深化行政管理体制改革也势在必行，为此，有关国家机关制定了一系列新的法律、法规，这直接促进了我国社会主义的行政法制建设。

(2) 全面建设时期(1990~2002年)。进入20世纪90年代后，随着我国社会主义市场经济体制的初步形成，市场成为社会资源配置的基础性手段，政府的主要职能转化成为经济发展服务或保驾护航。为顺应我国社会主义市场经济发展的要求，政府更加注重运用经济的、法律的手段对经济、社会进行调节、管理和服务。这一时期公共管理法治化的主要表现是出台了一系列的公共管理法律法规，如《行政诉讼法》、《中华人民共和国国家赔偿法》(简称《国家赔偿法》)、《中华人民共和国行政处罚法》(简称《行政处罚法》)、《中华人民共和国行政监察法》(简称《行政监察法》)、《行政复议法》等，形成了一套相对完整的基本法制体系。

(3) 深化和完善时期(2003年至今)。2003年，我国加入WTO，这给我国的经济发展带来了极大的发展机遇和挑战。在新的形势下，以政府为核心的公共部门需要进一步转换观念，依法办事。2004年7月1日起施行的《中华人民共和国行政许可法》(简称《行政许可法》)限定了政府设定许可的范围和权力；同年，国务院颁布了《全面推进依法行政实施纲要》，明确提出经过10年左右坚持不懈的努力，基本实现建设法治政府的目标，标志着我国公共管理法治建设进入了一个新的阶段。

2. 我国公共管理法治建设取得的成就和存在的问题

改革开放三十多年的历史发展表明，我国公共管理法治建设已经取得了初步的成就，同时也存在诸多的问题和矛盾亟待解决。

1) 我国公共管理法治建设取得的成就

总结我国改革开放三十多年来公共管理法治建设的成就，主要体现在以下几个方面：①公共管理法治观念和权利保障意识不断增强。公共部门尤其是各级行政机关及其工作人员依法、依程序进行管理和服务的观念和意识明显提高，尊重法律、崇尚法律、遵守法律的氛围基本形成。②行政法律体系的基本框架初步形成。目前，我国确立了行政组织法、行政行为法和行政监督法构成的行政法律体系的基本框架。在此框架体系下，高度概括和清晰地提出了依法行政、建设法治政府的六项基本要求，即合法行政、合理行政、程序正当、高效便民、诚实守信和权责统一。③规范了政府部门的职权和行为，推进了依法行政。其一，通过《组织法》、《公务员法》等法律，规范了政府部门及其公务员职权；其二，通过《行政许可法》以制度约束了无规则的行政审批的泛滥；其三，通过实施《立法法》、《行政法规制定程序条例》、《规章制定程序条例》等规范了行政立法行为；其四，通过颁行《治安管理处罚法》推进依法行政；其五，通过制定《突发公共卫生事件应急条例》实现处置突发事件的法制化等。④行政法制监督日臻完善。改革开放以来，我国经过多年的建设，已经形成内外结合的行政法制监督体系。《行政监察法》、《中华人民共和国审计法》(简称

《审计法》)等行政法制监督的法律、法规相继出台并实施,各种形式的行政监督制度,如领导干部述职制度和财产申报制度、重大事项报告制度、民主评议制度、政务公开制度、质询制度、巡视制度等在不断建立和完善之中。⑤行政救济制度不断发展和完善。目前,我国已初步形成了行政诉讼、行政复议、国家赔偿、信访投诉、行政补偿等组成的行政救济体系,这些法律、法规对于解决行政纠纷,化解社会矛盾,保护公民权益发挥着积极的作用。

2)我国公共管理法治建设中存在的问题

回顾我国公共管理法治建设的历史,在看到已经取得的成绩的同时,也应看到当前我国公共管理法治建设还存在着诸多的问题和矛盾。这些问题和矛盾主要有:①社会主义的公共管理法治观念尚须进一步提高。中国是一个具有五千年文明史的古国,传统文化中的"人治"色彩非常浓厚。由于长期封建社会"人治"思想的影响,加之计划经济体制所留下的时代烙印,改革开放三十多年来我国公共管理法治建设尽管在不少方面取得了若干成就,但是法治观念远未深入人心,无论在行政立法、司法还是执法当中,人治的色彩都时有所见。②行政法律法规依然关注秩序行政的规范,在公共服务提供方面未充分发挥应有的作用。这主要表现在两个方面:一方面,大部分行政法律法规仍主要以秩序行政为规范对象,而较少关注公共产品和公共服务的提供;另一方面,行政法律法规仍然秉持政府是管理者的传统观念,而不是着眼于公共产品和公共服务的提供,尚未完成从"管理"到"治理"的模式转变。③相对于行政法律法规,与非营利组织相关的法律法规过于简略、薄弱①。在我国现行的公共管理法律体系中,有关非营利组织的法律规章过于简略,一些非营利组织在相当程度上是以政府部门或政府行业管理部门的行政制度或规定作为其开展管理与服务活动的依据的。④公共部门执法水平有待进一步提高。目前,在公共部门执法体制方面存在着机构设置不合理、执法手段单一、执法权力不足等弊端;在执法过程中,由于受各种因素的影响,一些公共部门及其人员滥用职权、超越职权、不履行法定职责等现象也时有发生,这不仅阻碍了公共部门执法活动的开展,也影响到公共部门管理目标的实现。⑤制约或妨碍行政法制监督、行政救济制度的不利因素依然存在。尽管近些年来,我国加强了行政法制监督和行政救济制度的建设,并取得了较大的成效,但是影响和制约这些制度发挥的阻碍因素依旧存在,如作为法定的国家权力机关的各级人大及其常委会的监督作用远没有发挥;行政专门监督存在缺位、萎缩、弱化、虚化和边缘化问题;司法监督力度不足,审判独立性差,司法救济范围太窄;公民与社会监督弱化;各种监督主体之间的角色定位不明、配合协调不够等。在行政救济制度方面,也存在着受案范围太窄、程序上的不公正性和效率低下等问题。

3. 提高我国公共管理法治化水平的举措

针对上述我国公共管理法治建设过程中存在的问题和矛盾,我们认为,应从以下几个方面着手继续深入推进我国公共管理的法治化进程。

1)依据建设法治政府的目标,树立现代公共管理法治意识

2004年3月22日,国务院发布了《全面推进依法行政实施纲要》,系统规划了未来十

---

① 王乐夫、蔡立辉:《公共管理学》,北京:中国人民大学出版社,2008年,第106页。

年我国全面推进依法行政、建设法治政府的目标、任务和措施。《全面推进依法行政实施纲要》指出，经过十年左右坚持不懈的努力，争取在我国实现建设法治政府的目标。要实现建设法治政府的目标，就必须要树立现代公共管理的法治意识。现代公共管理法治意识主要包含以下几个方面的内容：①法律至上意识。即任何公共管理行为按照宪法和法律的规定行使，不能逾越法律所限定的界限并接受法律的审查、裁量和监督。②法律平等意识。即任何组织和个人在法律面前人人平等，任何部门或个人，无论其拥有的权力有多大，都不能超越法律、凌驾于法律之上或游离于法律之外。③服务意识。即公共部门及其公务人员必须树立为人民服务的理念，从维护最广大人民群众根本利益的角度出发，倡导"以人为本、服务行政"的当代社会主义公共管理价值观。④民主、公正意识。即公共部门及其公务人员必须对人处事合法合理、是非清楚、赏罚分明、为公众利益着想，公共管理行为能够得到大多数社会公众的承认和支持。⑤效率优先意识。即公共部门及其公务人员应当遵守法定时限，积极履行法定职责，提高办事效率，提供优质服务。⑥法律责任意识。即公共部门及其公务人员必须养成权责一致、权利义务相统一的观念，既要合理、适当地行使管理职权，还要对因违法或不当行使权力而可能承担的法律后果有清晰的预见，从而积极主动地正确行使权利，履行义务，承担责任。⑦诚实守信意识。其包括公共部门公布的信息应当全面、准确、真实；制定的法规、规章、政策应当保持相对稳定，不能朝令夕改；不折不扣地贯彻执行国家法律、法规及有关政策规定，忠实履行行政机关职责，严把国门，坚决维护国家和广大人民利益；严格遵守信赖保护原则等。

2）完善公共部门在提供公共产品和公共服务中的立法，重视公共产品和公共服务的有效供给

提高我国公共管理的法治化水平是建设法治政府的首要任务和目标。立法作为公共管理法制建设的源头和首要环节，无疑起着至关重要的作用。完善公共管理立法，其一是需要对过去颁布的行政法规、规章进行必要的清理，在新形势下如继续适用的就保留，不适用的根据情况修改或废止。新中国成立以来，随着我国社会主义建设不断深入和经济体制改革的持续进行，我国政府制定并颁布了不少行政法规。但这些法规绝大部分是根据当时的具体情况，针对具体行政目标制定的，在新时期、新任务面前有很多已经失去时效。通过对这些陈旧、过时的行政法规、规章的清理，可以消除我国社会和经济发展中的不利因素，有利于现行法律、法规的实施。其二是应根据我国社会主义市场经济发展的客观需要以及构建社会主义和谐社会的根本要求，制定新的行政法规，提高我国以政府为核心的公共部门提供公共产品和公共服务的有效性。其三是重视对非营利组织的立法，如对非营利组织的设立和财产关系，提供公共产品和公共服务的种类、质量和行为规范等制定法律依据和标准。其四是注重公民在立法过程中的作用，积极引导公民参与立法。公民参与立法不仅是对政府和权力机关信任的表现，同时也有助于法律质量的提高和改善。

3）根据建设社会主义法治化国家的要求，加强行政执法，提高公共部门的执政能力

依法行政是实现公共管理科学化、民主化的基本途径，是加强以政府为核心的公共部门执政能力建设的基础，是公共管理法律、法规得以实现的重要保障。坚持依法治国，建设社会主义法治国家，首先在于把国家的公共管理活动纳入法制轨道，用法律的规范性、民主性、科学性来约束公共部门管理行为的随意性、集权性、主观性，建立依法管理的执

法体制。加强行政执法,首先是加强法制宣传教育,提高公共部门执法人员和广大社会公众的法制意识,要让行政执法人员和广大公民、法人、其他组织都明白自己的权利义务。其次,合理设置执法机构,依法划分和规范各级行政机关的职能和权限。只有执法机构的职责权限、业务分工明确了,管理中的政出多门现象才会减少,同时也避免了执法中的职责重叠,有利于行政执法活动的顺利实施。再次,必须加强执法队伍建设,做到廉洁执法、高效执法。行政执法工作的好坏,取决于有没有一支高素质的执法队伍。要建立一支为政清廉、全心全意为人民服务的执法队伍,就必须从人员的选拔、培养、待遇等方面着手,引入竞争机制,提高执法队伍素质。最后,建立和完善行政执法责任制。执法责任制,就是根据宪法和法律要求,将法律法规分门别类,按其内容确定负责实施的行政机关,明确执法责任,以解决执法责任不清、执法中不作为或乱作为的问题,促进执法工作经常化、规范化、制度化。提高公共部门的执法水平,必须依法界定执法职责,科学设定执法岗位,规范执法程序,建立公正、公平、公开的评议考核制和执法过错或错案责任追究制,形成一整套执法绩效评估和奖励办法,并以此作为任用、奖励干部的重要依据。

4) 完善公共管理法制监督,促进依法行政

全面推进依法行政、建设法治政府,一个重要的保障措施就是加强对以政府为核心的公共部门立法、执法和司法行为的法制监督。要加强公共管理法制监督,首先,应该建立健全有效的公共管理监督体系,发挥整体作用,把内部监督与外部监督结合起来,使各类监督主体高效、科学地发挥作用,从而形成强大的整体监督合力。其次,应该及时出台规范政府法制监督的法律或行政法规,形成以统一完善的行政监督法为核心,以行政处罚法、行政强制法、行政复议法等为一体的法律、法规体系。再次,以全面履行法定职责为重点,将行政职权行为全面纳入监督视野。凡是建设法治政府所要求的一切内容均应纳入监督,凡是行政机关履行职权的行为均应纳入监督,凡是行政权力运作的一切环节均应纳入监督。只有这样,才能真正履行对"全面推进依法行政、建设法治政府"的综合协调、监督指导之责。最后,重视事前、事中和事后环节,形成一个预防、监控和追责为一体的全过程的动态监督机制。

6.2 公共管理监督

监督是现代国家公共管理中的一个重要环节。在现代社会,随着科学技术的突飞猛进、生产力的迅速提高和社会经济的高度发展,公共事务日趋繁多和复杂,公共权力(尤其是政府的行政权力)逐渐扩大。为防止以政府部门为核心的公共组织利用公共权力谋取私利,减少公共管理活动中的失误,提高公共部门的管理效率,就必须对公共组织的管理活动进行有力的监督。

6.2.1 公共管理监督的含义

"监督"一词相应的英语为"supervision",意为监视、督促,引申为监察、督导。公共管理监督就是指国家机关、政党、社会团体、公民个人等各类监督主体根据宪法和法律的授权,按照法定的形式依法对国家行政机关及其公务员、非政府类公共组织及其工作人员

行使公共权力的行为是否合法、合理和有效所实施的监察和督导活动。对于公共管理监督的概念，需要从以下几个方面进行理解：

(1)公共管理监督的主体是广泛的、多元的。我国宪法规定，国家的一切权力属于人民，人民有依法选举自身代表进入政府的权利，并且有监督和罢免不合格政府官员的权利。可以说，公共管理监督的主体是全体社会公民，公共管理监督实质上是一种全民监督。人民行使监督政府以及社会公共组织权利的形式多种多样。人民群众既可以通过各类国家机关、政党、社会团体等有组织的形式对公共部门的管理和服务行为进行监督，也可以是公民个人对公共部门的违纪、侵权、违法等行为进行监督。

(2)公共管理监督的客体是各级、各类公共部门及其工作人员。它既包括各级政府部门及其公务员，也包括各种非政府类公共组织、事业单位及其工作人员。

(3)公共管理监督的目的是检查公共部门及其工作人员的公共管理行为是否合法、合理、公正和有效。所谓合法就是检查、监督公共部门的管理和服务行为是否符合宪法和相关法律的有关规定，是否符合党和国家的方针政策；所谓合理就是检查、监督公共部门的管理和服务行为是否符合人民群众的根本利益，是否满足人民群众的物质和文化需要；所谓公正就是检查、监督公共部门的管理和服务行为是否公平、正当，是否存在部门利益、团体利益以及社会歧视等现象；所谓有效就是检查、监督公共部门的管理和服务行为是否符合公共管理的客观规律，是否有助于公共部门工作效率的提高。

(4)公共管理监督的内容涉及面广。由于公共部门的管理和服务的广泛性，公共管理监督的范围也十分广泛。从静态的角度看，无论是公共部门的重大举措的制定和实施，还是公共部门工作人员管理和服务的细微行为，都在各类公共管理监督主体的监督范围之列；从动态的角度看，公共部门管理和服务的各个环节，包括决策、计划、指挥、控制等都在监督的范围之内。可以说，哪里有公共部门的公务行为，哪里就有监督。

(5)公共管理监督的性质是一种法制监督。一方面，各类监督主体的监督行为必须依法进行。从法律层面上说，公共管理监督主体所享有的监督权力是宪法和法律赋予的，每一种监督主体都分别有不同的监督权限和监督形式，不能随意进行。另一方面，各类监督主体对公共部门及其工作人员的监督，无论是针对公共部门管理和服务行为的监督，还是针对公务人员具体管理和服务行为的监督，其性质都是对其在公共管理活动中遵纪守法情况的监督。

6.2.2 公共管理监督的理论基础

现代公共管理监督理论起源于西方近代资产阶级启蒙学者的政治思想或学说。在西方近代社会反对封建专制制度的过程中，资产阶级的启蒙学者如洛克、卢梭、孟德斯鸠等提出了社会契约、人民主权、分权制衡等政治学说，这些政治学说构成了现代公共管理监督制度的理论基础。

1. 社会契约理论

西方近代社会契约理论兴起于 17 世纪前期的西欧国家，17、18 世纪形成了一种流行的理论并广泛传播。当时，比较著名的资产阶级学者如霍布斯、洛克、卢梭等从不同的层面探讨了社会契约理论。

社会契约理论认为，在国家产生之前，人类生活在自然状态之中。在这种自然状态中，人们在理性即自然法的支配下生活，每个人都享有生命、自由和财产等基本权利。但是，这种自然状态是有缺陷且不能持久的，于是，为了保证自己的生命、自由和财产等基本权利，人们通过订立契约、出让自己的权利给社会的权威机构组成国家和政府。

基于社会契约理论，政府权力的产生是公民与政府订立契约的结果，政府在掌握管理社会公共事务权力的同时，必须维护全体公民的公共利益。全体公民在服从政府公共管理的同时，也有监督和制约政府公共权力的权利。

2. 人民主权理论

人民主权理论是西方资产阶级启蒙思想家基于社会契约论和主权理论所提出来的政治理论。英国的洛克和法国的莫奈、卢梭、孟德斯鸠等都是人民主权理论的代表人物。

人民主权理论认为，主权是公意的运用，由公意构成；主权者是由全体个人结合而形成的有生命和意志的公共人格。首先，人民主权具有至上性、神圣不可侵犯性。主权是绝对的，对主权做出任何限制都是不可能的，并没有而且也不可能有任何一种根本法律是可以约束人民共同体的，哪怕是社会契约本身。其次，主权是整体性的、不可分割的。因为主权体现人民意志，它是公意的运用，是集体的生命，这种共同意志是不能分割的。再次，主权是不可转让、不可代表的。主权属于人民而且只能属于人民，决不能从人民手中分割出来委托给任何人，所以人民主权不可代表，它只能由人民直接行使，而不能由他人代表。卢梭认为"人民的议员就不是、也不可能是人民的代表，他们只不过是人民的办事员罢了。他们并不能做出任何肯定的决定。凡是不曾为人民所亲自批准的法律，都是无效的，那根本就不是法律"。最后，政府是人民行使主权的一种工具。政府是一种行动的力量，政府的权力是由主权派生的，政府不是由契约产生的，它是主权者为了人民的利益而建立的一个管理公共事务的机构。

基于人民主权理论，政府是人们缔结契约、出让权力的结果，国家的一切权力属于人民。政府部门只是人民主权的执行者，必须承担维护全体人民公共利益的义务。因此，为了防止政府部门滥用职权或侵犯人民的权利，人民可以通过各种各样的方式和手段对政府的行为进行制约和监督。

3. 分权制衡理论

分权制衡理论是指国家的立法、司法和行政三种公共权力各自分立，同时又相互制衡的政治学说理论。分权思想可以溯源到古希腊的学者柏拉图和亚里士多德。但分权制衡理论的真正形成则在17~18世纪资产阶级革命时期，英国的洛克、法国的孟德斯鸠、美国的杰斐逊和汉密尔顿等资产阶级启蒙学者和政治家都是其代表人物。

分权制衡理论认为，为了防止公共权力的腐败或者是滥用，必须要对其进行合理的分割，并建立相互制约和监督的关系。法学家孟德斯鸠在其名著《论法的精神》中，论述法和政体以及自由的关系时，强调了专制政体与法律的水火不容，认为一切有权力的人都容易滥用权力，要防止权力被滥用，保障人民的自由，就必须以权力约束权力。他认为，每个国家都有三种权力，即立法权、行政权和司法权。立法权负责宪法和法律的制定和修改，行政权负责执行法律和按照法律管理国家，司法权是根据法律进行审判。为防止国家权力被滥用，这三种权力就必须分别交给不同机构或个人来行使，并建立彼此的制约和制衡关系，从而使每个机构或个人掌握的公共权力都有一定的界限且受到必要的制约。"从事物的性质上说，要防止滥用权力，就必须以权力约束权力。"①

基于分权制衡理论，政府部门是行使国家行政权的机构，负责执行国家立法机关通过的法律并按照法律管理国家和社会公共事务。政府在行使行政权的同时要受到立法权和司法权的制约和监督。国家立法机关和司法机关可以通过各种形式和手段对政府部门的管理活动进行监督。

分权制衡理论是近现代西方国家政治制度和监督制度的重要理论基础，它既为西方现代宪政国家的权力架构提供了理论依据，也为现代公共管理的监督制度奠定了理论基础。

公共管理监督的理论基础除上述理论学说之外，还包括系统控制理论、公共选择理论、"委托-代理"理论等现代学科理论。

6.2.3 公共管理监督的内容

由于公共管理范围的广泛性，各类监督主体对公共部门及其工作人员的监督范围也十分广泛。就目前而言，我国公共管理监督的内容主要包括以下几个方面：

(1)监督公共部门及其工作人员的管理和服务是否符合国家的宪法和法律以及行政法规、规章和制度，是否符合党的路线、方针和政策。公共管理监督从性质上说是法制监督，因此，公共管理监督的首要内容就是对公共部门及其工作人员的管理和服务行为合法性的监督。对公共部门公共管理行为合法性的监督包含两个层面：一是检查、监督公共部门的管理和服务行为是否违反国家的宪法和法律。国家的宪法和法律是全体人民意志的体现，具有最高的法律效力，公共部门按照宪法和法律的规定行使公共权力，不能超越宪法和法律。二是检查、监督公共部门的管理和服务行为是否违反有关政府机关颁布的行政法规、规章和制度。行政法规、规章和制度是公共部门开展管理和服务活动的基本准则，公共部门只有按照行政法规、规章和制度办事，才能保证公共管理活动的效率和质量。

(2)监督公共部门及其工作人员的公共管理活动是否科学、合理和有效。公共管理是公共部门开展的由决策、计划、指挥、沟通、协调、控制、监督等一系列环节构成的科学管理活动，有着自身发展的客观规律。改革开放以来，随着我国经济的飞速发展和科学技术水平的不断提高以及由此带来的社会转型，公共部门尤其是政府管理部门所面临的社会公共事务越来越繁杂，公共管理面临的复杂因素也越来越多，这就要求公共部门及其工作人员遵循科学化的原则，按照公共管理活动的客观规律开展管理和服务活动。公共管理监督主体通过各种形式对公共部门及其工作人员的管理和服务行为进行检查、督促，可以促进公共部门及时纠正工作失误、总结工作经验、改进工作，从而促使公共管理活动科学、合理和有效。

(3)监督公共部门及其工作人员的公共管理活动是否符合广大人民群众的根本利益。公共部门作为管理国家和社会公共事务的机构，从根本上说是为广大人民群众服务的机构。维护人民群众的根本利益、保护人民群众的合法权益和社会的公共利益是公共部门的天职。但是，公共部门尤其是政府部门所掌握的公共权力来源于国家权力机关的授权或人

---

① [法]孟德斯鸠：《论法的精神》(上册)，张雁深译，北京：商务印书馆，1982年，第155页。

民的委托，具有单方面的强制性。因此，公共部门及其工作人员的处置失当、违法等行为，必然会对社会的公共利益和人民群众的合法权益造成极大的损害。通过对公共部门及其工作人员的公共管理行为进行检查和督促，有助于防范和纠正公共部门及其工作人员的失当行为，追究和惩治侵犯社会公共利益和人民合法权益的公共部门或个人，从而维护社会的公平、正义，维护社会公共利益以及人民群众的根本利益和合法权益。

(4)监督、检查公共部门工作人员的素质和能力水平是否符合岗位职责要求，惩治滥用权力和腐败行为，惩处违法乱纪者。公共部门的管理和服务对象是广大人民群众，公共部门工作人员的工作实绩、素质和能力水平是否符合岗位职责要求，广大人民群众最具有发言权。因此，评价公共部门中工作人员的素质和能力水平，不但要依靠公共管理部门按照德、能、勤、绩、廉等标准对他们进行严格的考核，而且还要依靠各类公共管理监督主体对他们的工作态度、业绩等方面的检查、监督。只有这样，才能对公共部门工作人员的工作实绩做出准确、科学的评价。

滥用权力往往意味着腐败，公共部门及其工作人员必须用人民赋予的权力为人民谋取福利，不能以权谋私。但是，在现实生活中，一些公共部门及其工作人员往往利用各种管理上的漏洞滥用权力，大搞以权谋私、权钱交易，从而为自己谋取非法利益。利用各种形式和渠道对公共部门及其工作人员进行监督，可以有效遏制公共权力的滥用，惩治公共部门中的腐败行为和违法乱纪者。

6.2.4 公共管理监督的原则

公共管理监督的原则是指各类公共管理监督主体在对公共部门及其工作人员进行检查、督导时，应当遵循的基本活动准则和指导思想。公共管理监督原则对各类监督主体实施检查、督导行为起着指导和规范的作用。当然，受经济发展水平、政治制度和文化环境的影响，公共管理监督的原则在不同的国家、一个国家的不同历史时期也有不同的表现和要求。就当前而言，我国的各类公共管理监督主体应当遵循以下原则：

(1)民主、公开的原则。我国是以工人阶级领导的、以工农联盟为基础的人民民主专政的社会主义国家。人民民主专政的性质决定了公共部门及其工作人员的公共管理活动必须要置于人民群众的监督之下。公共管理监督既然是一种全民的监督，就应该采用民主、公开的方式进行监督，注重紧密依靠人民群众，重视人民群众的民主参与，广泛听取人民群众的意见。当然，要依靠广大人民群众对公共部门及其工作人民的公共管理活动进行广泛而全面的监督，就必须贯彻公开化的原则。一方面，公共部门应该不断提高公共管理活动的开放度和透明度，大力推进政务公开。只有把公共部门的各项管理和服务活动置于人民群众的监督之下，才能真正使公共管理监督发挥作用。否则，人民群众会因为得不到完整的公共管理信息或与公共部门的信息沟通渠道不畅通而无法实施监督。另一方面，公共管理监督行为本身也必须公开、透明。有公共管理监督权的国家机关、政党和社会团体只有把监督的内容、过程和结果向人民群众公开，才能保证公共管理监督行为的合法性，才能把各种违法乱纪和腐败现象公之于众，公共管理监督才能获得人民群众的支持和拥护。

(2)依法监督的原则。公共管理监督是一种法制监督。依照国家的宪法和法律实施公共管理监督是各类监督主体所应遵循的一项基本原则。各类公共管理监督主体不管是以何种方式、何种手段实施监督，都必须严格按照国家的法律规范进行。只有这样，才能体现公共管理监督的严肃性和有效性，保证公共管理监督符合人民群众的意志和利益。依法监督原则包括两个方面的含义：一是各类公共管理监督在对公共部门及其工作人员实施监督时，必须依照宪法和法律规定的范围、权限和程序进行，不能随意更改监督的范围、权限和法定程序。二是对公共部门及其工作人员的公共管理行为进行监督时，评判标准和监督结果必须以国家的相关法律规定为唯一尺度，不可偏废。

(3) 持续、有效的原则。首先，公共管理监督是公共管理活动中的一个关键环节，贯穿于公共管理活动的始终。因此，公共管理监督绝不是一种临时性的措施，而是应当依靠广大人民群众持续性地进行。只有保持公共管理监督的持续性，才能使公共管理活动的不良行为得到及时的纠正。其次，公共管理监督的一项重要任务是促使公共部门及其工作人员依法管理、改进工作、提高效率，这就决定了公共管理监督必须是一种有效的监督。各类公共管理监督主体在实施监督行为时，必须及时发现公共部门在管理和服务过程中存在的问题和不足，帮助公共部门及其工作人员防止失误、纠正偏差，督促公共部门及其工作人员提高管理和服务的质量和水平。

(4) 惩处和教育相结合的原则。这一原则是国家公共管理监督部门在查处公共部门及其工作人员违法违纪案件等工作中必须遵循的一项基本原则。国家公共管理监督部门通过对公共部门及其工作人员的管理和服务活动进行检查、督促，查处违法乱纪行为并严肃惩处相关责任人，可以给公共部门及其工作人员以正确的工作导向，增强他们遵纪守法的自觉性。当然，惩处不是目的，而是一种促进公共部门及其工作人员端正思想、树立廉洁勤政观念的手段。公共管理监督部门在惩处违法乱纪者的同时，也教育了那些违法乱纪人员，使他们能够认识自己的错误并改正错误。同时，公共管理监督部门还可以通过典型案件的解剖，帮助公共部门找出公共管理行为失范的客观环境和主观原因，总结教训，并以此对公共部门的工作人员进行教育，增强他们的法制观念和遵纪守法的自觉性。

6.2.5 公共管理监督的体系

公共管理监督体系是指由多种监督主体在对公共部门及其工作人员进行检查、督促时，按照宪法和法律规定权限，根据一定的关系所组成的有关公共管理监督的有机系统。按照不同的标准，我们可以划分出不同类型的公共管理监督体系。在此，我们根据公共管理监督主体和公共部门（监督客体）之间的关系，将公共管理监督体系划分为内部监督体系和外部监督体系两大部分。

1. 公共管理内部监督体系

公共管理内部监督体系是指在公共部门内部按照隶属关系或业务关系而形成的监督系统，它是公共管理系统内部建立的检查、督促和约束的自我监督体系。公共管理内部监督体系在整个公共管理监督体系中占有比较重要的地位，它是公共部门建立的一种自我调节机制，是公共权力主体的自我控制、自我调节的重要手段。公共部门正是通过这种手段的运用，推动公共部门工作人员廉洁自律，从而确保他们承担国家宪法和法律所规定的权力、义务和责任。

公共管理内部监督体系的优点主要表现在两个方面：一是与其他监督形式相比，内部监督是最直接、最迅速的监督。因为公共部门内部是按照明确的隶属关系组织起来的，部门之间彼此沟通、协调方便，可以运用行政权力直接进行监督，从而收到及时、果断和迅速的效果。二是内部监督具有较高的权威性和有效性。公共部门内部各单位、行政监察机关和审计机关可以直接运用行政手段、组织手段和经济手段实施监督活动，决定了这种监督是一种权威性和效率性较高的监督形式。

公共管理内部监督体系主要由公共部门内部的自我监督、行政监察和审计监督三种监督类型构成。

1) 公共部门内部的自我监督

自我监督是指公共组织内部各部门、机构之间按照行政隶属关系所进行的互相监督。自我监督是公共管理监督中经常运用的一种监督形式，具体来说，它包括三种常见的监督方式，即一般监督、主管监督和职能监督。

(1) 一般监督。所谓一般监督，是指公共部门上下级之间按照行政隶属关系进行的双向监督。它既包括上级部门对下级部门开展的检查、调查、督促活动，也包括下级部门对上级部门提出的建议、报告、请示以及检举、控告、申诉等行为。例如，国务院对全国所有地方各级人民政府的监督、地方各级人民政府对下级政府及本身下属各级职能部门的监督、下级政府部门对上级政府部门的请示、报告等。

(2) 主管监督。所谓主管监督，就是上级主管部门对下级相应的工作部门的监督。例如，国务院各部委和直属机关对地方各级人民政府相应的工作部门的监督、上级地方人民政府工作部门对下级地方人民政府相应的工作部门的监督等。这种监督有些属于领导关系，有些属于业务指导关系，其权限范围因中央和地方上下级部门之间实行领导或业务指导关系的不同而相区别。

(3) 职能监督。所谓职能监督，就是各职能部门就其主管的工作在其职责范围内对其他部门实行的工作监督，它包括平行关系和上下级关系的职能部门的监督。职能监督是以业务内容为核心的专项监督。例如，国家财政部就其主管的国家财政收支工作，对各部委、各地区的预算、计划、收支等工作实施的监督；国家人事部就其主管的人事业务，对各部委、各地区行政编制、人事录用、人事法规执行情况进行的监督等。

一般来说，公共部门内部的自我监督方式主要包括四个方面，即工作报告、工作指导、工作检查和专案调查。这些方式在实际的监督过程中是一个连续的过程，其功能是相互配合、相互促进和相互保障的。

2) 行政监察

行政监察是指依法设立在各级人民政府内，行使监督职能的专门机构，对国家行政机关、国家公务员和国家行政机关任命的其他人员实行监督的活动。当前，在我国公共管理专门监督中，最为核心、有效的专门监督就是国家行政监察机关所开展的行政监察活动。行政监察机关根据宪法和法律，在上级行政监察机关和所属的人民政府的领导下，行使行政监察权，具有权威性和公正性等特点。

(1) 新中国成立以来行政监察体制的发展历程。新中国成立以来，我国的行政监察体制经历了三个历史发展时期。第一个时期是从1949年新中国成立到1954年第一届全国人民代表大会。1949年新中国成立以后，政务院、县级以上人民政府设置了人民监察委员会，主要负责监督中央和各级地方人民政府机关及其公务人员是否履行职责。第二个时期是从1954年到1959年。1954年国务院将人民监察委员会改设为监察部，主要负责对国务院各职能部门及地方各级人民政府机关、国有企业等实行监督。在此期间，全国各省、直辖市和设区的市人民政府委员会分别设置监察厅、局、处等机构，负责各级人民政府的行政监察工作。1959年4月，因国家管理体制调整，撤销了监察部，我国的行政监察制度中断。第三个时期是1986年国务院重新设立监察部到现在。1986年12月2日，第六届全国人民代表大会根据国务院的请求，重新设立监察部，恢复了我国的行政监察体制。与此相对应，全国县级以上人民政府相继恢复监察厅、局等机构。行政监察体制的恢复和发展，对保证我国改革开放、促进我国社会主义经济建设健康发展以及政府部门及其人员廉洁勤政等方面起着十分重要的积极作用。

(2)我国现行的行政监察体制。1997年5月19日，第八届全国人大常委会第二十五次会议通过了《行政监察法》，标志着从法律意义上确立了我国现行的行政监察体制。

根据我国《行政监察法》的规定，我国行政监察机构主要有三类：一是监察部。监察部是国家最高行政监察机关，也是国务院直接领导的专司行政监察的职能机构。二是监察部的派出机构。监察部在国务院所属各部委设立监察局，作为监察部的派出机构，负责监督、纠察驻在部委各职能部门及其工作人员。三是地方行政监察机关。我国在县级以上人民政府设立监察厅、局，负责地方政府的行政监察工作。

我国《行政监察法》第7条规定："国务院监察机关主管全国的监察工作，县级以上地方各级人民政府监察机关负责本行政区域内的监察工作，对本级人民政府和上一级监察机关负责并报告工作，监察业务上以上级监察机关领导为主。"这就说明，我国的行政监察领导体制为双重领导体制，即行政监察机关作为人民政府内部行使监察职能的工作部门，一方面要对本级人民政府负责并报告工作，另一方面又要接受上一级行政监察机关的业务领导，对其负责并报告工作。上级监察机关对下级监察机关的领导主要表现在：规定一个时期的工作方针和主要任务；了解当地行政监察工作的情况，总结、推广经验，解决存在问题；对当地行政监察工作的方针、政策进行宏观指导；监督、指导下级监察机关依法履行职权，在下级监察机关工作遇到特殊困难和阻力时及时给予支持、帮助和指导；了解、考核和同意任免、调动下级监察机关的负责人等。我国行政监察实行双重领导体制，目的是为了保证监察机关具有较高的法律地位和较大的权威性，有利于在实际工作中减少或排除各种干扰，依法独立行使监察权，切实有效地起到监察作用，以维护和严肃政纪，保障国家法律、法规、政策和决定、命令的实施。

依据我国1997年颁布的《行政监察法》，行政监察机关在行政监察中主要行使下列职权：第一，检查权。所谓检查权是指监察机关依法享有的对监察对象贯彻执行国家政策和法律、法规的情况以及违反政纪的行为进行监督检查的权力。第二，调查权。所谓调查权是指监察机关对监察对象违反国家政策、法律法规以及政纪的行为享有立案调查的权力。第三，建议权。所谓建议权是指监察机关在检查、调查的基础上，依法对如何处理监察对象违反国家政策、法律法规和政纪的行为和对如何提高行政效能做出的具有一定行政法律效力的建议。第四，行政处分权。所谓行政处分权是指监察机关根据案件调查和监察检查的结果，对监察对象违法违纪应给予行政处分的，直接做出行政处分决定的权力。我国

《行政监察法》第 24 条规定，违反行政纪律依法应当给予警告、记过、记大过、降级、撤职、开除行政处分的可以向主管机关提出建议，也可以直接给予行政处分。但应当按照国家有关人事管理权限和处理程序的规定办理。

3）审计监督

所谓审计监督，是指国家审计机关依法对有关国家行政机关、各企事业单位、社会团体的财政财务收支状况、经济效益以及遵守国家财经法纪的情况进行审核和稽查，并做出客观评价、提出审议报告，维护财经法纪的监督活动。当前，在我国社会主义市场经济发展的过程中，审计监督对于维护财政经济秩序、促进廉政建设、推进依法行政、保障国民经济健康发展等方面起着十分重要的保驾护航作用。

根据我国 1994 年 8 月 31 日第八届全国人大常委会第九次会议通过的《审计法》的规定，我国审计机关的机构设置为三类：一是国务院审计署。审计署在国务院总理领导下，主管全国的审计工作。二是地方审计机关。省、自治区、直辖市、设区的市、自治州、县、自治县、不设区的市、市辖区的人民政府设立审计机关，负责本行政区域内的审计工作。三是审计机关的派出机关。我国《审计法》第 10 条规定，审计机关根据工作需要，经本级人民政府批准，可以在其审计管辖范围内设立派出机构。派出机构根据审计机关的授权，依法进行审计工作。

我国审计机关实行双重领导体制。地方各级审计机关对本级人民政府和上一级审计机关负责并报告工作，审计业务以上级审计机关领导为主。审计机关的主要职责包括：对本级各部门（含直属单位）和下级政府预算的执行情况和决算以及其他财政收支情况，进行审计监督；对国家的事业组织和使用财政资金的其他事业组织的财务收支，进行审计监督；对国有企业的资产、负债、损益，进行审计监督；对政府投资和以政府投资为主的建设项目的预算执行情况和决算，进行审计监督；对政府部门管理的和其他单位受政府委托管理的社会保障基金、社会捐赠资金以及其他有关基金、资金的财务收支，进行审计监督；对国家机关和依法属于审计机关审计监督对象的其他单位的主要负责人，在任职期间对本地区、本部门或者本单位的财政收支、财务收支以及有关经济活动应负经济责任的履行情况，进行审计监督等。

审计机关进行审计监督主要行使下列职权：第一，检查权。要求被审计单位按照规定报送预算或者财务收支计划、预算执行情况、决算、财务报表、社会审计机构出具的审计报告，以及其他与财政收支或者财务收支有关的资料；检查被审计单位的会计凭证、会计账簿、会计报表以及其他与财政收支或财务收支有关的资料和资产。第二，调查权。有权就审计事项的有关问题向有关单位和个人进行调查，并取得证明材料；对被审计单位正在进行的违反国家规定的财政收支、财务收支行为，转移、隐匿、篡改、毁弃会计凭证、会计账簿、会计报告等与财政收支、财务收支有关的资料的行为，以及转移、隐匿违法取得的资产的行为，有权予以制止。第三，建议权。审计机关认为被审计单位所执行的上级主管部门有关财政收支、财务收支的规定与法律、行政法规相抵触时，有权建议有关主管部门纠正，有关主管部门不予纠正的，审计机关有权提出依法处理意见。对严重违反财经法纪的行为负有直接责任的主管人员和其他直接责任人员依法应当给予行政处分的，有权提出行政处分的建议，构成犯罪的，由司法机关依法追究刑事责任。第四，通报权。审计机关有权向政府有关部门通报或向社会公布审计结果。第五，处理权。对于违反财经法纪的被审计单位，审计机关依照法律、法规的规定，有权做出通报批评、警告、暂停拨付有关款项、限期缴纳应当上缴的收入、限期退还违法所得、限期退还被侵占的国有资产以及处罚等处理决定。

2. 公共管理外部监督体系

公共管理外部监督体系是指公共组织系统以外的其他监督主体针对公共管理活动的合法、合理和有效性进行的多渠道、多形式的检查、督导活动。公共管理外部监督体系主要有两大类，即国家权力的监督和社会权力的监督。国家权力的监督是指除行政机关以外的立法机关、司法机关对政府部门及其工作人员进行的监督。社会权力的监督是指除国家机关以外的政党、社会团体、舆论和公民等社会行为主体，依据法定的权限和程序对政府部门及其工作人员进行的监督。

(1)国家权力机关的监督。国家权力机关的监督主要是指国家立法机关对公共管理机构及其人员的管理和服务活动实施的监督。由于世界各国的政治体制和具体国情的不同，国家权力机关监督的内容和方式存在着一定的差异性。在西方国家，受"三权分立"体制的影响，议会或国会行使立法权，享有监督、制约政府的权力。

我国实行人民代表大会制度，国家权力机关是通过全国和地方各级人大及其常委会来实施监督权的。我国宪法规定，我国的行政机关是各级国家权力机关的执行机关，行政机关由国家权力机关产生并对它负责，向它报告工作并接受它的监督。

我国国家权力机关对政府部门进行监督的主要方式有以下几种：①听取和审议政府工作报告；②审查和批准国民经济发展计划、预算以及执行情况；③对各级国家行政机关贯彻执行宪法法律和法规的情况进行监督，依法改变或撤销本级政府和下级政府制定的与宪法和法律相抵触的行政法规，以及不适当的法律性文件、决定、指示和命令等；④向国家行政机关提出质询和询问；⑤对政府工作进行视察和检查；⑥行使人事监督权；⑦接受人民群众来信、来访和申诉；⑧组织对特定问题的调查等。

(2)司法机关的监督。司法机关的监督主要是指国家司法机关作为监督主体通过司法活动对公共管理部门及其工作人员实施的监督。通过司法手段和司法程序规范和约束政府部门及其工作人员的公共管理活动是司法机关的一项重要工作，也是公共管理监督的一种重要的方式。当前，世界各国的司法机关监督主要有两个方面的实践：一是由宪法法院或普通法院对政府部门颁布的行政法规、命令、措施进行审查，以判断其是否违反宪法，即"违宪审查"；二是由司法机关通过对与政府部门公共管理活动有关的纠纷进行审理和裁判，以维护当事人的合法权益，即行政诉讼和行政裁判。

我国的司法监督是指人民检察院和人民法院对公共管理机关及其工作人员在实施公共管理活动过程中是否坚持依法管理所进行的监督。人民检察院对公共部门及其工作人员管理和服务活动的监督主要表现为法纪监督，即人民检察院通过行使国家的检察权对公共管理机关及其工作人员遵纪守法情况进行监督。具体来说，人民检察院对公共管理机关及其工作人员是否遵守宪法和法律，行使检察权；对国家公务人员侵犯公民民主权利的犯罪行为和渎职罪行为，行使法纪检察权。检察院在办案中发现的问题，将以司法建议书、司法建议通知书的方式，向发案单位及其主管部门提出改进意见和建议。

人民法院是国家审判机关。它通过行使审判权，审理与公共管理机关及其工作人员有关的行政诉讼案，处罚公共管理机关及其工作人员的违法行为，保护国家财产和公民的合法权益，以实施对公共管理机关及其工作人员的监督。这种审判监督虽然是一种事后监督，但是，由于它能从法制的角度及时、有效地纠正公共部门及其工作人员的各种违法或不当的行为，它也成为公共管理监督体系中不可或缺的一部分。

(3)政党监督。自政党产生以来，政党在现代政治生活和国家公共管理活动中就扮演着十分重要的角色。政党监督也在诸多公共管理监督形式中占有比较重要的地位和起着十分重要的作用。在西方国家，主要是在野党对执政党组织的政府进行监督，其基本途径有两个：一是通过议会等机构对政府进行调查、质询、弹劾，以约束政府的行政行为；二是通过舆论工具批评政府的政策，揭露行政机关及其工作人员的违法乱纪活动。

不同于西方国家的政党制度，我国实行的是中国共产党领导的多党合作和政治协商制度，政党监督主要表现在两个方面：

一是中国共产党的监督。中国共产党作为执政党，在公共管理外部监督体系中处于核心地位，其监督方式主要有：①通过制定正确的路线、方针、政策来保证和指导国家行政机关各项工作沿着正确的方向发展，并经常了解和掌握各级国家行政机关执行党的路线、方针政策的情况，发现问题，及时提出改进意见和建议；②通过各级党委总揽全局、协调各方，把握方向；③通过公共部门中党的基层组织对党员干部进行监督。党的基层组织应对包括行政负责人在内的每一个党员，在执行党的路线、方针、政策、遵守法纪、联系群众，以及他们的思想、作风、道德和行政管理行为等方面的情况进行监督；④通过各级党的纪律检查委员会对国家行政机关中的党员进行党纪监督，检查处理违纪案件和受理党员的控告、申诉以及接受人民群众对党员违法违纪行为的控告和检举；⑤通过党的信访部门接待人民群众来访，对所反映的有关政府中党员的问题核实后由党内做出决定或转交有关行政部门处理。

二是民主党派的监督。民主党派在一定程度上代表了一定阶层、一定范围的民众的利益要求，加强民主党派的监督，能在坚持国家利益和整体性利益的前提下，兼顾社会各集团、各阶层利益的特殊性。在我国，民主党派的监督方式有：①通过政治协商会议或通过该党在人民代表大会中的代表，协商国家大事，参与制定国家的大政、方针和对国家事务的管理，参加政府工作并对政府机关的活动提出批评和建议；②通过该党党员以及主办的各种报纸、刊物对各级政府的行为提出建议和批评。

(4)社会监督。所谓社会监督，主要是指以各种社会团体、舆论和公民为主体的非政党和非国家机关对公共部门及其工作人员的公共管理行为进行的监督。与国家机关、政党不同，社会团体、舆论和公民等监督主体不是凭借国家权力或政治权力，而是凭借国家宪法和法律赋予的权利，利用社会的力量对公共部门及其工作人员实施的监督，这也是社会公众行使民主权利、参与国家和社会管理的一种重要形式。

社会监督的具体形式主要有三种，即社会团体的监督、社会舆论的监督和公民的监督。

在西方国家，有许多所谓的"利益集团"、"压力集团"等社会团体或组织。他们与政党不同，参与政治的目的并不是为了取得或参与国家政权，而是为了实现其特定的利益。他们往往通过院外活动或利用公众压力、新闻舆论压力来影响政府的政策，监督政府的行为。在我国，社会团体的监督是指人民政协、工会、共青团、妇联等人民团体，以及居委会、村委会等群众自治组织依法对公共管理机关及其工作人员的监督。我国社会团体监督公共部门及其工作人员的方式有：召开会议，向有关部门提出意见、要求或建议；对侵犯公共利益的行为进行检举、申诉和控告等。

社会舆论监督是指通过报纸、电视、广播等大众传播媒介对公共部门及其工作人员实施的监督。大众传播媒介所形成的社会舆论在监督公共部门及其工作人员管理和服务活动中具有特殊作用，它具有信息量大、传播迅速、覆盖面广等特点，能够形成广泛的影响和巨大的社会冲击力。社会舆论监督的监督途径有三个：一是新闻报道。即对公共部门的重要工作和重大活动进行及时的宣传和报道，并通过报道无形中使公共部门置于整个社会的监督之下。二是公开曝光。新闻媒介及时对公共部门及其工作人员的违法违纪行为进行曝光和谴责，从而引起社会多方面的关注与重视，造成巨大的舆论压力，促使有关部门对违法违纪行为及时纠正，并对有关人员进行惩处。三是表达民意。新闻媒介播出或刊登群众对公共部门工作的意见或建议，督促他们更好地履行职责，改进工作，为社会提供优质高效的服务。

公民对公共部门及其工作人员的监督，是国家宪法和法律赋予的基本权利之一。公民监督也是社会监督中一种最经常、最普遍的监督。公民对公共部门及其工作人员实行监督的方式主要有：通过信访对公共管理活动进行监督；通过人民代表向公共管理机构提出批评、意见和建议；通过向有关国家机关检举、揭发以反映公共部门及其工作人员存在的违法乱纪事实；通过向司法机关申诉、控告、诉讼等维护自己的权益，制止和惩处公共部门及其工作人员侵害公民合法权益的行为；通过报纸、电台、电视等新闻传播媒介表达自己的看法和意见，对公共部门及其工作人员实施广泛的社会监督等。

6.2.6 我国公共管理监督的完善与发展

新中国成立以来，经过六十多年的不断发展与完善，我国已经形成了较为完备和有效的公共管理监督体制。公共管理监督在保障我国社会主义市场经济建设顺利进行，保证党的路线、方针、政策以及国家宪法和法律的贯彻执行，促进公共部门及其工作人员廉洁勤政、维护社会公共利益和人民群众的合法权益等方面起着十分重要的作用。但是，从近些年来公共部门权力滥用和腐败问题不时发生的事实中可以看出，我国目前的公共管理监督体制还不能适应我国建设社会主义市场经济体制和构建社会主义和谐社会的实际需要，有必要对现有的公共管理监督体制进行进一步的发展和完善。

1. 我国现行公共管理监督体制存在的主要问题

当前，我国的公共管理监督主体、形式多种多样，专门的监督机构和人员也规模庞大。但从总体上看，公共管理监督的效果不佳，许多监督主体及其形式的监督功效并没有完全发挥出来，时常出现监督不力、虚监、漏监等现象。概括起来，主要有以下问题：

（1）监督主体众多，但缺乏科学的协调与配合，监督效能低下。改革开放以来，随着公共管理监督体系的恢复和发展，我国已形成了呈网络格局的、多元化的行政监督体制。这一体制的特点是监督主体多、方式渠道多。这本来有助于对公共部门及其工作人员开展全面、系统的监督，形成严密的监督网络，杜绝监督的死角和漏洞。但是，各个监督主体之间缺乏统一的协调和相互配合，从而使众多监督主体和部门处于分散化运行的状态，不能形成监督合力，公共管理监督系统的总体监督效能不高。

(2) 国家权力机关监督的实际效能没有得到充分的发挥。全国和地方各级人大及其常委会作为我国的权力机关，有权力对一切国家公共管理部门实施全面监督，其监督行为也应该具有最高的权威性和强制性。从近些年的实践看，人大监督是法律地位高而实际地位低，理论上应有的权力与现实中实有的权力有差距，监督工作依然是人大工作的薄弱环节，突出表现在：监督制约的法规不完善，力度不够；机构不健全，强度不够；手段不配套，深度不够；尚未真正体现人大作为权力机构对行政机关应有的监督权[①]。

(3) 公共管理内部监督体系中的专门、专业监督主体地位不高，监督力度不大。在政府部门中，我国行政监察机构和审计机构等专门监督机构，不是独立地与行政管理机关并列的关系，而往往是受同级行政机关和上级业务部门的双重领导，其负责人往往不是由党政领导人兼任，就是由党政机关实质性任命。这种监督机构附属型的隶属关系体制，使得监督主体在人事、财政等方面常受制于监督客体、受制于长官意志，严重削弱了行政监督的权威性。

(4) 社会监督权威性不高、监督渠道不畅、监督力度不强。目前各社会团体对于行政机关及其公务员的监督还不具备足够的权威性，往往影响了其监督效力。新闻舆论监督由于受到太多框框的限制，还不能发挥社会舆论的强大力量。公民个人因为缺乏直接制约政府的可操作性的具体条文和制度，再加上目前政府公共行政运作过程的透明度不高，导致公民对于政府公共行政行为的监督往往只停留在表面，公民监督的实际效力也不明显。

(5) 公共管理监督的法制化程度不高，监督效能的弹性较大。公共管理监督是一种法制监督，有关监督的法律法规既是对公共部门行使公共权力的规范，又是这种权力及行使的保障。改革开放三十多年来，我国在公共管理监督立法方面已迈出了较大步伐，先后制定和颁布了一批有关公共管理监督和反腐倡廉方面的法律、法规。这些法律、法规对于促进和保障公共部门及其工作人员廉洁勤政具有重要的保障作用。但从总体上讲，我国的公共管理监督立法还不完善，许多应当制定的法律一时还制定不出来，致使一些公共管理监督主体的具体监督活动无法可依、无章可循，监督过程也缺乏可操作性，监督效能也就有很大的弹性。

(6) 公共管理监督偏重于事后的惩罚性监督，忽视事前的预防性监督及事中的过程性监督。公共管理监督是一项经常性工作，应当贯穿于公共部门及其工作人员公共管理活动的全过程。根据监督主体对监督客体进行监督的不同发展阶段，公共管理监督可分为事前监督、事中监督、事后监督三个阶段。公共管理监督应在事前、事中、事后全方位地进行，做到三者的有机结合，只有这样，才能起到"惩前毖后"的效果。但是，长期以来，我国的公共管理监督一直是把监督的重点放在追惩性的事后监督上，往往忽略了公共管理行为发生前的预防和实施过程中的控制。事前预防和事中控制的缺乏，常使公共管理监督机构陷入"查错纠偏"、被动消极的不利局面。

---

① 陈奇星：《中国公共行政监督机制现状分析与对策思考》，《国家行政学院学报》，2003年，第3期，第26页。

(7)公共管理监督机构中人员专业素质不高，内在动力不足。公共管理监督的实际效果关键还在于人员素质和从事监督的内在动力。就人员素质而言，目前，在专业化的公共管理监督机构中，专业监督队伍有很多是从其他部门抽调人员组成，业务素质、技术能力很难胜任专业技术要求较高的业务监督工作；就内在动力而言，公共管理监督人员的内在动力主要依赖于其道德水平，缺乏有效的责任机制的约束，内在的精神力量和外在的制度力量缺乏有机的结合①。

2. 完善我国公共管理监督体制的途径和对策

通过对我国当前公共管理监督体制中存在的问题的分析，为有效地解决上述公共管理监督体制存在的问题，提高公共管理监督的综合效能，增强公共管理监督的权威性和有效性，需要采取以下几个方面的对策和措施：

(1)加强公共管理监督主体之间的沟通与协调，建立公共管理监督体系的协调机制。公共管理监督体系是一个内容广泛、层次众多、主体多元的庞大系统，必须建立监督体系的协调机制，使隶属于各系统的监督主体互相配合，协调一致，形成合力，这样才能充分发挥公共行政监督的整体功能，取得良好的监督效果。首先，应明确职能、理顺关系。明确各类公共管理监督主体之间的地位、职责、监督权限和范围等，形成明确的责任、权利和义务相协调的关系。其次，各类监督主体之间应形成协调、沟通的常态机制。为了更好地加强公共管理监督主体之间的协调、配合，可以考虑成立专门的协调机构，赋予其相对独立性和权威来统一协调各类监督主体的关系。最后，建立统一的公共管理监督情报信息网。现代社会是一个信息社会，公共管理监督的成效与准确、及时、全面和客观的情报信息有着密不可分的关系。要形成有利于发挥公共管理监督整体功能的协调、沟通和共享机制，就必须在公共管理监督体系中建立一个情报、信息的沟通网络，强化公共管理主体之间的统一和协调作用。

(2)完善我国的人民代表大会制度，强化国家权力机关的监督作用。人民代表大会制度是我国的根本政治制度，也是人民行使国家权力监督公共部门及其工作人员的重要形式。但是，在实践中，人民代表大会制度在某些方面和某些具体制度方面还不够完善，致使它的监督功能不能充分发挥。要强化全国及地方各级人大的监督功能，需要采取以下措施：一是健全人大监督政府的组织机构，以担负起日常监督工作，保证人大监督权的落实；二是通过培训或举办法制讲座和专题等方式，提高人大代表素质和监督能力；三是完善人民代表的选举制度，强化人民代表的责任感和使命感；四是增强人民代表及其人大监督机构的监督权力，提高监督政府部门及其人员的权威；五是改进人大监督政府的方式，提高监督效率。

(3)强化公共部门及其工作人员的责任意识，增强行政监察部门和审计部门职权行使的独立性和权威性。公共部门内部的自我监督既是公共管理监督中经常运用的一种监督形式，也是公共管理活动的基本内容。可以说，公共管理自我监督与公共部门领导干部和一般工作人员的法律、责任意识息息相关。因此，要提高公共管理自我监督的成效，就必须强化各级领导干部和一般人员的问责机制，并通过教育提高他们的法律、责任意识。我国

---

① 王乐夫、蔡立辉：《公共管理学》，北京：中国人民大学出版社，2008年，第445页。

行政监察部门和审计部门是政府机关内部行使监督权的专门机关和专业机关，但在现行的双重领导体制下，行政监察部门和审计部门的独立性和权威性得不到充分的保证，这在一定程度上影响了这种监督权的有效发挥。因此，必须改革现有的双重领导体制，进一步增强行政监察部门和审计部门的独立性和权威性。

(4) 推进政务公开，畅通社会监督的渠道。党的十七大报告明确指出："确保权力正确行使，必须让权力在阳光下运行。"要完善公共管理监督体制，就必须坚定地实行公共部门管理和服务行为的公开性和透明性。只有公共部门的公共管理行为公开、透明，才能使各种公共权力的寻租、腐败现象无藏身之地；才能保证社会团体、新闻舆论、人民群众与公共部门之间信息沟通渠道的畅通无阻，并运用合理、合法的权利对公共部门及其工作人员进行监督。

(5) 重视和加强公共管理监督立法，推进公共管理监督的法制化进程。健全的法律、法规是依法实施公共管理监督的前提和基础，只有尽快完善各种公共管理监督法律、法规，才能为各类公共管理监督主体提供规范、程序。从我国目前公共管理监督法规不完善、监督缺乏可操作性的现状来看，首先要加快公共管理监督立法进程，制定一系列的专门监督法律、法规，如《监督法》、《公职人员财产申报法》等。其次，通过完善现有的法律、法规，对各类监督主体的职责和权限、监督的对象和范围、监督的方式和手段、监督者与被监督者的义务和权利等做出明确界定。最后，应根据在建设社会主义市场经济的新形势下公共管理活动出现的新情况、新问题，制定或修改相关的公共管理监督法律、法规，对那些具有操作性、可行性和有效性的比较成熟的经验和做法，以法律法规和规章制度的形式固定下来。

(6) 完善公共管理监督方式，建立全过程的监督模式。应完善监督方式，把事前监督、事中监督和事后监督三者有机地结合起来。即加强事前监督的预防和教育，强化事中监督的跟踪和监控，结合事后监督的查处和惩罚。只有将公共管理监督的三个重要过程或阶段全方位地运用起来，才能充分发挥公共管理监督的综合效能，有效发挥监督的作用。

(7) 加强公共管理监督队伍建设，不断提高监督人员的道德素质和业务素质。首先，要使监督主体成员在年龄、专业等方面有一个较为合理的结构。其次，针对公共管理监督队伍中一些人员业务和理论水平较差的情况，通过培训来提高他们的工作能力和水平。最后，强化和完善公共管理监督机构的管理制度，严格公共管理监督的选拔、任用、培训、考核、工资福利等环节，增强公共管理监督人员的责任感和事业心，提高他们从事公共管理监督工作的内在动力。

第 7 章

公共财政管理

7.1 公共财政管理概述

7.1.1 公共财政的概念与特征

1. 公共财政的概念

在明确公共财政的内涵之前，应对"财政"一词的演变含义进行追溯。"财政"一词起源于13~15世纪的拉丁文"fins"，表示"结算"、"支付期限"的意思。后经演变，到16世纪转为法语，形成finance，主要是指公共收入和公共理财活动。17世纪后，专指国家的理财活动。18世纪，英国著名经济学家亚当•斯密在他著名的经济学著作《国富论》(1776年)中将政府财政的管理范围和职能限定在公共安全、公共收支、公共服务、公共工程、公共机构及公债方面。19世纪，财政这一概念进一步扩展为一切公共团体的理财活动。20世纪初，日本在引进finance一词后，采用汉字中"财"与"政"的含义，创立"财政"一词。我国1882年在清朝官方文件《财政奏折》中首次使用这一词。

20世纪20年代以前，西方早期的公共财政理论与实践主要着眼于以履行国家职能为主的活动范围上。20世纪30年代特别是1929年经济大萧条以后，西方各国政府开始广泛干预经济活动，推动公共财政理论与实践的活动范围逐步扩大，主要着眼于对市场失灵进行弥补和对经济稳定增长的调节和管理上，同时随着一定规模的公营企业的出现，开始逐步形成现代意义上的公共财政。由此，公共财政理论与实践的着眼点或发展思路，就从履行国家基本职能转到政府如何提供公共物品及服务，以满足个人与集团的公共需求以及弥补市场失灵等方面。为此，经济学家们开始从弥补市场失灵、提供公共物品、组织政府收入、安排政府支出、调节资源配置与收入分配以及稳定宏观经济等方面描述、概括公共财政的基本含义。

对于现代市场经济条件下的公共财政(public finance)，日本学者岸田俊辅在1978年的《图说日本财政》中将其定义为"政府所进行的经济活动"。美国马斯格雷夫在其1973年出版的《财政学理论与实践》一书中的序言中说："财政这一名词，传统地应用于包含税收和支出措施的那套政策问题。这不是一个好名词,因为根本问题不是资金方面的,而是涉及资源利用、收入分配和就业水平的,不过这个名词已为人们所熟知,而且称之为公共部门经济所引起的误解将不会更少些。"他在该书1980年的第三版中说:"本书论述公共部门经济,不仅包括其资金,而且包括它对资源利用的水平和配置,以及它在消费者之间的收入分配的全部关系。虽然我们的主题是归属于财政学的,但它涉及问题的资金方面,也涉及实物方面。而且,它不单纯是个公共经济问题。因为公共部门是在和私有部门相互作用之中运行的,所以两个部门都要进入分析,不仅支出和税收政策的效果有赖于私人部门的反应,而且对财政措施的需要也取决于财政措施不存在时私人部门如何行动。"

长期以来,我国财政理论界一直将public finance意译为财政。前财政部部长项怀诚在其主编的《领导干部财政知识读本》一书中认为,财政,也叫"国家财政",是以国家为主体,通过政府的收支活动,集中一部分社会资源,用于履行政府职能和满足社会公共需要的经济活动。改革开放以后,国内一些著名财政学家开始将public finance译成公共财政,以区别于"国家财政"和"生产建设财政",尤其是1998年我国提出建立社会主义公共财政框架以来,公共财政的提法开始在财政界普及起来,出现以下一些代表性观点。

中国人民大学安体富教授认为:"公共财政属于公共经济,是其核心内容,其实质是市场经济财政,是国家(或政府)财政。"

厦门大学邓子基教授认为:"为了弥补市场失灵,更好发挥资源配置的效率,在市场经济条件下,国家财政应采取市场型的公共财政模式。"

厦门大学张馨教授在《论公共财政》一文中明确提出:"公共财政是为市场提供'公共'服务并弥补市场失效的国家财政,它受'公共'的规范、决定和制约。"

中国社会科学院高培勇教授认为:"公共财政是一种财政制度安排,是一种以满足社会公共需要(而非满足其他需要)为主旨的财政制度安排。"

东北财经大学吕炜教授在《现代公共财政的定位》一文中提出:"公共财政是与市场经济相适应的一种财政制度,伴随市场经济体制的演进而成熟,这反映了公共财政的特殊性。与其他经济制度下的财政一样,公共财政的主体始终是国家(政府),伴随政府职能转变而调整,这反映了公共财政的一般性。""现代公共财政是市场与政府妥协的产物,在转轨经济国家应该用'市场-财政-政府'三位一体的框架来考察现代公共财政的内涵。"

从以上国内外学者对公共财政内涵的多角度阐释来看,我们认为,公共财政是指在市场经济条件下,国家(政府)以社会和经济管理者的身份集中一部分社会资源,用于为市场提供公共物品和服务、满足社会公共需要的分配活动或经济行为。

2. 公共财政的特征

从上述定义中可以看出公共财政具有以下特征:

(1)公共财政是以市场经济为基础的财政。这是指公共财政是与市场经济相适应的财政,它对政府财政活动范围的限定是以弥补市场失灵为活动准则的,即政府财政只能活动于市场失灵的领域内。市场失灵主要有两种情况:一种情况是市场经济中存在某些不符合完全竞争条件,市场机制无法有效发挥配置资源作用的领域,如公共物品、外部性、自然垄断、信息失灵等;另一种情况是完全竞争市场运行本身所固有的缺陷,如社会分配不公平、宏观经济不稳定等。公共财政活动要在充分尊重市场机制作用的前提下,在市场机制不能或无法很好地发挥作用时来弥补市场缺陷。因此，有市场经济体制，必有公共财政，二者相互制约、相互促进、交替推动、共同前进，是一种紧密联系的双边互动关系。只有真正推行公共财政，才能建立与完善社会主义市场经济体制。

(2) 公共财政是公共活动范围内的财政。这是对公共财政活动内容的描述，它强调政府财政活动主要是为市场提供公共服务。这里的"公共服务"可以从三个方面来理解：一是公共财政所提供的公共服务是面向市场经济中所有经济主体提供的服务，它要求对所有的经济主体一视同仁；二是"公共服务"是指市场经济中的"公共事务"，这些公共事务是市场经济中各个经济主体都会涉及的，如竞争规则的制定、市场秩序的维护等；三是"公共服务"是"非营利性"的活动。营利性活动决定了其主体行为的个体性、短期性和逐利性，没有哪个营利性部门会完全站在社会整体利益和长期利益的角度从事经营活动，相反，逐利的动机总是驱使它们首先从自身的、眼前的利益出发。市场经济条件下，企业、个人家庭等经济主体追求自身的、短期的利益的行为被认为是合理的，为此必须有一个组织能够站在长期、全局的角度从事以促进社会整体利益为目的的服务，即"公共服务"，因此，只有保证公共服务的"非营利性"，才能避免政府财政活动陷入"个体"和"短期"的特征。

(3) 公共财政是一种民主财政。公共财政的宗旨是满足社会公共需要，是按社会公共利益来进行的一种社会集中性分配。在市场经济条件下，私人产品是满足每个人的特殊需要的，人们通过在市场上购买商品或服务来表达他们的意愿，即所谓的通过"货币投票"来抉择；公共产品是满足社会全体成员的一种集合性需要，每个人对公共产品的需要有不同的偏好，同时对承担提供公共产品成本存在漠不关心或"搭便车"的心理，所以，政府提供公共产品不通过公众的买卖来做决定，而必须通过一定的政治程序即所谓的"政治投票"做出决策。公共财政主要体现为通过代表民意的权力机关审批政府预算和决算。

(4) 公共财政是一种法制财政。市场经济是法制经济，公共财政作为一种与市场经济相适应的财政模式，其收支必然是建立在法制基础之上的，一切公共财政收支活动必须纳入法制规范的范围。表现在公共财政收入方面，无论是开征税收、设立规费项目，还是发行公债，都必须根据法律规定按照一定的法律程序办事，由财政税务部门依法组织征收的收入必须全部纳入政府预算；表现在公共财政支出方面，各项公共财政支出都要严格按照国家预算法及其他财政法规规定的程序和方法进行科学安排，预算审批要公开透明，依法进行。

(5) 公共财政是一种受制财政。在市场经济体制下，政府实际上是一个国家或社会的代理机构，承担着一种公共受托的责任。本质上公众委托政府来提供私人无法通过市场配置而实现的有效供给。纳税人向作为公共权力主体的政府缴纳了一定的税收以后，政府就成为实实在在的大管家，纳税人要求政府勤俭持家、节约有效地用好税收是理所当然的事。政府在收取纳税人的税收后，除部分作为自身的维持经费外，主要职责在于向社会提供安全、秩序、公民基本权利和经济发展的基本社会条件，如国防、治安、教育、环境卫生、市政建设等。在筹集资金和使用资金的全过程中，作为公众利益的代表，政府必须接受公众的监督，这是由纳税人与收税人的基本关系所决定的。换句话说，政府及其为政者本身就是由纳税人供养并为公众服务的，其行为应接受社会公众监督，用好公众所缴纳的税收，服务人民、造福人民，无疑是公共财政的内在要求。

这五项基本特征集中反映了公共财政鲜明的公共性质。必须指出的是，在计划经济体制下，国家具有政治权力行使者和生产资料所有者的双重身份，财政收入活动是计划性的，直接服务于公有制经济，并且国家通过国有企业从事着大量营利性活动，这就决定了计划经济体制下的财政不是公共财政。所以，在非市场经济的条件下，不存在公共财政，自然也不存在公共财政管理。

7.1.2 公共财政的职能

在以市场为资源配置主体的经济社会中，只有在"市场失灵"的领域，政府部门的介入才是必要的，而政府的介入又是以公共财政为基础的。在社会主义市场经济下，可将公共财政的基本职能归结为以下四个方面[①]。

1. 资源配置职能

资源配置职能是指将一部分社会资源集中起来，形成财政收入，然后通过财政支出活动，由政府提供公共物品或服务，引导社会资金流向，弥补市场缺陷，从而优化全社会的资源配置。在社会主义市场经济中，市场这只"无形的手"在资源配置中发挥基础性作用，政府这只"有形的手"主要在"市场失灵"的领域发挥作用。作为政府履行职能的重要手段之一，财政不仅是一部分社会资源的直接分配者，也是全社会资源配置的调节者。这一特殊地位，决定了财政的资源配置职能既包括对用于满足社会公共需要的资源的直接分配，又包括对全社会资源的间接调节。

2. 收入分配职能

收入分配职能是指政府财政收支活动对各个社会成员收入在社会财富中所占份额施加影响，以公平收入分配。在政府对收入分配不加干预的情况下，一般会根据个人财产多少和对生产所做贡献大小等因素，将社会财富在社会各成员之间进行初次分配。这种市场化分配有利于提高效率，但容易造成社会成员间收入差距过大，从而需要政府对市场初次分配结果实施再分配调节，促使形成合理有序的收入分配格局，维护社会公平与正义。财政的收入分配职能主要通过税收调节、转移性支出(如社会保障支出、救济支出、补贴)等手段来实现。

3. 调控经济职能

调控经济职能是指通过实施特定的财政政策，促进较高的就业水平、物价稳定和经济增长等目标的实现。政府根据宏观经济运行的不同状况相机抉择，采取相应的财政政策措施。当总需求小于总供给时，采用扩张性财政政策，增加财政支出和减少政府税收，扩大总需求，防止经济衰退；当总需求大于总供给时，采用紧缩性财政政策，减少财政支出和增加政府税收，抑制总需求，防止通货膨胀；在总供给和总需求基本平衡，但结构性矛盾比较突出时，实行趋于中性的财政政策。

4. 监督管理职能

在财政的资源配置、收入分配和调控经济职能中，都隐含了监督管理职能。在市场经济条件下，由于利益主体的多元化、经济决策的分散性、市场竞争的自发性和排他性，都

---

① 见财政部官方网站(http://www.mof.gov.cn)。

需要财政的监督和管理,以规范财经秩序,促进社会主义市场经济健康发展。我国是以公有制为基础的社会主义国家,必须保证政令统一,维护国家和人民的根本利益,这就更需要强化财政的监督管理职能。

7.1.3 公共财政管理的内涵与目标

1. 公共财政管理的内涵

公共财政管理是公共部门为保证公共财政职能的履行,而对财政收支所进行的决策、管理、监督等活动的总和。它是公共管理的一个极为重要的领域,因为任何公共组织的管理活动都离不开资金的收入或支出。公共财政管理采用与企业财务管理相似的分析方法、技术和管理工具来进行资源配置与控制的活动,但政府所具有的独一的征税权、禁止权和惩罚权,使公共财政管理远不同于企业财务管理。

总的来看,公共财政管理基本上包含了五个方面的内涵:

(1)公共财政管理的主体是公共部门。
(2)公共财政管理贯穿包括计划(预算)、资源取得、分配、监督等环节在内的全过程。
(3)公共财政管理是一项技术性的活动。
(4)公共财政管理技术是多元的,各学科、各领域发展起来的管理、分析技术都有可能在公共财政管理中得到应用。
(5)公共财政管理的目的是为了保证公共财政的基本职能得到最大限度的履行。

2. 公共财政管理的总体目标

公共财政管理的总体目标是保证公共财政职能的全面履行。具体而言,公共财政管理具有三大目标:

(1)效率目标。即通过公共财政管理,有效地向公众提供一视同仁的服务,满足社会公共需要,依据市场效率准则,实现整个社会资源和要素在公共部门和私人部门之间的最佳分配,实现政府支配资源的有效配置和市场效率损失最小化的有机结合,进而保证和促进国民经济的持续发展。

(2)公平目标。即通过公共财政管理,运用税收、公共支出等手段有效地对国民收入、财富和社会福利进行再分配,通过转移支付,缩小收入及财富积累上的分化差距,帮助社会弱势群体,为社会最贫困阶层提供基本生活保障,实现社会相对公平。

(3)稳定目标。即通过公共财政管理,有效地保持社会总供给与社会总需求的基本平衡,实现充分就业、物价稳定及国际收支平衡,保证宏观经济的稳定增长,避免经济波动。

公共财政管理的三大目标之间既统一又矛盾,说它们统一,是因为它们都是以效率为前提条件,只有真正实现了效率目标,才能更好地实现公平目标和稳定目标;说它们矛盾,是因为效率目标的实现有时会损害公平目标的实现,而公平目标的实现也会在一定程度上损害效率目标的实现。

7.1.4 公共财政管理的体系与地位

从西方国家的发展来看,公共财政管理只有200多年的历史。在我国,随着20世纪

70年代末市场化改革的起步与发展，国家财政逐渐呈现出公共化的趋势，但是，至今为止我国的公共财政管理体系尚不健全，处于水平较低的发展阶段。

1. 公共财政管理体系

公共财政管理是政府对财政收支展开的一系列活动，必须为实现社会的政治稳定，经济和社会的协调、持续、快速发展服务。在这一过程中，不论是预算的安排还是各种财政政策、制度、措施的制定，都要以社会效益和宏观经济效益的最大化为目标，这也是公共财政鲜明的公共性质所决定的。

(1)公共预算管理。根据《中华人民共和国预算法》(简称《预算法》)的规定，各级政府财政部门具体编制本级预算草案，提交本级人大审查批准，并组织预算的执行。各级财政机关应根据国家预算法和预算管理体制确定的权限进行预算管理。

(2)公共收入管理。公共财政管理要围绕预算收支来进行，要按政策和制度的要求，及时、足额地完成税收任务，依法治税，真正提高税收收入占整个财政收入的比重，对非税收入纳入国家预算。

(3)公共支出管理。财政支出的管理集中反映财政管理水平，当前应按照政府职能的转变及公共财政的性质和任务，调整支出结构，建立一套与市场经济相适应的公共财政支出管理的制度和办法，如政府采购制度、零基预算制度等。

(4)政府审计与监督。财政法制建设是实现规范化财政管理的基础和前提，必须充分重视法制建设对于公共财政管理的推动作用。政府财务审计主要是依照国家法律和各种财政制度、政策进行的审计活动，能够发现和预防违反国家财经法规、侵占国家资财、损害国家利益的行为，促使公共财政管理进一步规范化、制度化。

2. 公共财政管理的地位

在200多年的公共财政管理实践中，公共财政管理成为公共管理中最富有活力的一个领域，基于对公共资源的掌控，其在公共管理中具有核心地位。

(1)公共财政管理是对公共资源进行直接管理，这必然使其在政府管理中具有核心地位。现代政府的基本职能是解决市场失灵问题与促进社会公平，这只有通过资源的重新配置与社会财富的再分配才能达到，公共财政管理的方式、水平直接关系到政府职能的实现，从而必然在政府管理中具有核心地位。并且任何公共管理都离不开资金的支持，这就使公共财政管理部门处于公共组织权力关系的交汇点上，并获得了对资源的"相对垄断权"，由此增加了自身的权力，其核心地位更加凸显。

(2)在西方国家，公共财政的政治制度背景使公共财政管理成为国家政治生活的最重要舞台之一。历史上公共财政是立法权与行政权相互斗争的产物，现代西方国家三权分立的制度强化了这种斗争，从而把公共财政管理(尤其是公共预算管理)进一步作为斗争的"竞技场"。

(3)公共财政管理是一个变动性很大的领域，这使它较其他领域具有更多的活力。无论哪个财政年度，财政收支的数量都不会相同，公共财政管理的方式、力度也不相同。每年为实现财政收支平衡而采取的政策措施更是多样，而公众对于优质公共财政管理的要求又是如此之高，使得公共财政管理存在着更多的制度创新、技术创新的需求，并以一系列创新成果，如新公共部门会计准则的提出、公共投资技术的更新等，显现出这个领域的活力。

随着我国市场经济体系的逐步完善，公共财政管理体系也将日趋完善，公共财政管理水平必将随之提高，其在公共管理领域的作用必将日益加强。

7.2 公共预算管理

7.2.1 公共预算的含义与特征

1. 公共预算的含义

公共预算(public budget)是指由预算职能部门编制的经各级国家权力机关审批的某一年度内政府的收支计划，是对政府在该年度内全部活动的较为全面、准确的安排，是一个具有法律效力的文件。

公共预算制度起始于"抑制"统治者对被统治者的财政要求，其原意在于落实民主政治的监督功能，以防止行政权力的扩展，加重人民的税务负担，在预算实行的早期阶段，它只是作为一种财政计划和管理过程，主要强调其支付、会计核算和报告功能。但随着民主政治的发展、政府角色以及职能的转换，预算管理的经济意义被逐渐重视，其作为宏观经济稳定和增长的重要调节手段被逐步认识，预算管理的核心也开始转向通过对公共资金的筹集和配置，来影响和保持经济的增长和效率的提高。

公共预算的组成与国家政权结构和行政区域的划分相联系。由于有中央政府和地方政府之分，公共预算也相应由中央政府预算和地方政府预算组成。世界上大多数国家都实行多级预算，有一级政府就有一级财政收支活动的主体，也即一级预算。一级政府的总预算不仅包括本级财政收支和特别预算，也包括下级政府的总预算，从而形成完整的公共预算体系。在我国，中央政府主要担负保证国家内政、外交、国防、援外、关系国计民生的重点建设和宏观经济调控，与此相适应，中央预算主要担负国家重点建设和文教建设、中央行政及国防等方面的资金需要，同时还要调剂地方预算的余缺，担负支援经济不发达地区特别是少数民族地区经济发展等方面的开支，中央预算成为国家执行其职责的基本财力保证，在公共预算中占主导地位。

2. 公共预算的特征

(1)预算的统一性。公共预算是一国政府履行职能的重要工具，是政务活动的命脉。从政府间关系的角度分析，公共预算是维护中央政府权威的有力手段，各国中央政府普遍通过公共预算加强中央政府的权威，通过税收制度设计使中央政府在预算收入中获取优势地位，并通过转移支付等途径维持地方和基层政府的正常运转，为公民提供尽量均等的公共服务。因此，全国范围内的税收制度、转移支付办法、公债管理、预算收支目标等重大预算决策需要保持统一性。

(2)预算的权威性。预算的权威性是由它的编制、审批、执行和决算的合法性决定的，预算文件是经由各级国家权力机关批准的具有法律效力的正式文件。政府预算一经审批通过，任何组织和个人均无权随意调整预算收支计划，若遇到特殊情况需要调整，必须由相关预算管理主体按照法定程序进行。

(3)预算的公开性。预算是政府在某一年度内的收支计划,其资金来源和去处都具有公共性。因此,预算收支计划需要公开,这是政务公开的首要内容,它与公民的切身利益密切相关,预算的公开有利于促使政府提高预算绩效并接受权力机关和公众的监督。经由各级国家权力批准的预算文件,必须通过一定渠道向社会公众公开。

7.2.2 公共预算的分类

根据不同的标准,可以对预算进行不同的分类。公共预算按其技术组织形式的不同,可分为单式预算和复式预算;按其具体收支指标测算方法的不同,可分为增量预算和零基预算(zero base budget);按其预算编制主体的不同,可分为政府预算和部门预算(department budget)。此外还有其他预算类型,如绩效预算(performance budget)和设计计划预算。不同的分类实际上反映了某些建设项目或政府公共收支的核算和预测方法。

(1)单式预算和复式预算。单式预算是指政府的财政收支计划通过统一的表格来反映,不区分经费预算和资本预算。复式预算是指预算收支计划通过两个或两个以上的计划表格来反映,一般通过经费预算和资本预算两个独立的预算表格来表示,由于我国是发展中国家,将对应的复式预算分别称为经常性预算和建设性预算。

(2)增量预算和零基预算。增量预算是指新的预算收支计划的确定建立在以往年度预算收支的数额之上,结合当期预算年度社会经济发展状况加以调整后确定。零基预算是指新的预算收支计划目标的确定,只以当期预算年度社会经济发展状况为依据,而不考虑以往年度预算收支的数额,强调预算支出项目间的优先排序。

(3)政府预算和部门预算。政府预算是指一级政府自身的预算和所辖各部门预算的总和。部门预算是指作为一级政府的组成部门的一个部门所辖各单位预算的总和。

(4)绩效预算和设计计划预算。绩效预算又称业绩预算,是以项目的绩效为目的,以成本为基础编制和管理的预算。绩效预算注重以成本来衡量政府的工作成果,对于监督和控制财政支出、防止浪费有积极作用。设计计划预算是在绩效预算的基础上,依据国家确定的目标,着重按项目安排,运用定量分析方法编制的预算。

7.2.3 公共预算的原则

1. 平衡原则

公共预算的编制要注意该预算年度收支的综合平衡,所谓综合平衡,就是按比例做到收支平衡、略有结余。这是传统的预算平衡原则。在功能预算和充分就业预算思想的指导下,预算不一定追求当期年度内的平衡,而是追求周期性的平衡。

2. 年度性原则

公共预算与国民经济和社会发展计划相互制约、相互促进,国民经济和社会发展计划具有年度周期性特点。因此,为了协调政府收支计划与国民经济和社会发展计划的关系,方便权力机关等评估主体对政府在某一年度的绩效进行评估,公共预算需要具有年度性。这也是世界上绝大多数国家的预算普遍具有的特征。

3. 可靠性原则

公共预算的可靠性是指预算所反映的情况要真实可靠,不得虚假编造,更不能肆意粉饰，否则要依法追究相关责任人的法律责任。

4. 完整性原则

预算的完整性是出于国家权力机关的监控需要，反映了公共预算是一个法律性文件。要求各级政府的预算应包括政府的全部预算收支项目，完整、真实地反映以政府为主体的全部财政资金收支活动情况。当然，由于各种因素的作用，现实中存在着一些预算外资金。

7.2.4 公共预算的编制方法

预算方法与预算实践相互促进、相互影响，预算方法在指导预算实践的过程中得到了发展和完善。概括来说，在预算实践中形成了以下三种主要的预算编制方法[①]。

1. 零基预算

零基预算是起源于美国的一种预算编制方法。它是市场经济及预算管理技术水平发展到一定阶段的产物，也是为提高公共预算绩效而做出的努力。零基预算是一种从总体上控制公共支出的预算编制理论，其基本特征是当期预算收支计划不受以往预算收支情况的影响，一切预算收支都建立在成本-效益分析基础上，一切从零开始来编制预算。要求每个政府部门在为每个项目申请预算时，应该先对本部门所有的（新的和原有的）计划项目、活动进行系统评价和审查，然后再编制预算。从本质上讲，零基预算是一种对政府提供公共服务的先后顺序做出安排的一种思维方式。

1977年，美国总统卡特上任后，发布行政命令，要求政府各行政部门均要采取零基预算方式来编制1979年财政预算。截至1982年，美国已经大约有18个州采用了零基预算编制法。20世纪80年代末至90年代中期，我国在部分省级财政单位如安徽、河南、湖北、云南以及深圳等地开始试行零基预算制度，并取得了一定成效。我国推行零基预算的主要做法是：

（1）确立公共支出目标。在保证优先支出项目，如农业、教育、科学等支出项目资金需求的前提下，调整支出结构，优化资源配置，提高资金使用效益。

（2）全面掌握公共支出的资金需求，为合理排序公共支出需求做好准备。

（3）重新核定公共支出项目的资金定额，主要包括人员经费定额和公用经费定额。

（4）核定专项拨款。凡到期的项目该取消则取消，经济、社会效益不大的项目重新审核，保证重点在建项目资金及时足额到位，扶持农、科、教等事业发展，本着轻重缓急的原则予以安排。

（5）在上述基础上编制综合预算，实现综合平衡。总支出预算中留出3%～5%作为机动预备费，预防重大突发事件发生。在预算编制中强化定额管理，强化预算的约束力。

2. 部门预算

部门预算是指编制政府预算的一种具体制度和方法，它是由各级政府的各个部门编制，经财政部门审核后提交国家权力机关通过的，反映部门所有收入和支出的预算。2000年，财政部进行了部门预算的改革试点，向全国人大提交了教育部、农业部、科技部和劳动与社会保障部四个部门的预算。同时，地方财政也进行了改革试点，从而开始了以编制

[①] 倪星、付景涛：《公共管理学》，大连：东北财经大学出版社，2011年，第185～187页。

部门预算为先导的政府预算制度大改革。2001年上报全国人大的试编单位又扩大到国务院26个部门，上报内容和形式也做了改进，我国的部门预算改革进一步深入。部门预算的积极意义有以下几点：

(1)强化了政府预算的计划性。通过提前预算编制时间，使预算程序更符合程序逻辑，改变了中央政府预算先执行后审批的做法。通过部门预算的编制，可以细化政府的整体预算，使编制详细的政府预算有了科目依据。同时，部门预算对规范预算外资金管理也有积极作用。

(2)加强了政府预算的统一性。部门预算相对完整地反映了各个主管部门及其所属单位各类收支的全貌，相对全面地反映了各个部门的收支活动，起了统一和集中政府财力的作用。改变了过去部门经费多头管理的局面，便于理顺各部门与所属单位之间的财务关系。将二级单位预算纳入主管部门管理，有助于改变政府财力分散的状态。

(3)提高了政府预算的集中性。编制部门预算使每个政府部门都分别编制自己的财力收支计划，改变了原有各部门缺乏一套完整预算的状态，从而容易观察本部门的财力状况，有利于各部门自主开展政务活动，有利于政府把握各个部门的财力投入状况，确保提高重点部门的投入和行政效率。

(4)增强了政府预算的法治性。部门预算的编制是依据相关法律和法规进行的，是政府自觉遵循法律而采取的行动。它为社会公众借助法律约束政府活动，为法治社会的形成和反腐倡廉提供了应有的条件和制度保证。

3. 绩效预算

绩效预算是一种强调对公共支出项目和活动的业绩进行计量的预算编制方法。通过编制绩效预算，可以对公共支出的成本和效益进行比较。它可以为下一步公共支出决策提供依据，从而提高公共预算资金的使用效益。绩效预算本身也在随着经济、社会和预算管理的实践而不断发展着，目前处于新绩效预算阶段(new performance budget)。

绩效预算的兴起与政府所面对的绩效压力密切相关，公众不断要求政府提高提供公共服务或物品的绩效，为公众提供满意的公共服务或物品，同时又要减少公共支出，绩效预算就是对这一要求的回应和做出的努力。绩效预算的基本特征有以下几点：

(1)强调公共支出的目标和总额的集中控制。权力机关和预算管理部门只对支出目标和支出总额进行控制，从宏观上规定公共支出的方向和优先支出项目。这是一种从上至下的预算控制模式，有利于确保中央对地方的公共支出控制。

(2)公共支出手段上的分权。在权力机关和上级政府预算管理部门确定公共支出的目标和总额后，下级预算管理部门或政府部门可以像私人部门一样追求资金使用效益的最大化，灵活地使用公共预算资金，甚至可以引进私人部门的奖励机制，因此，绩效预算又被称为"企业家预算"或"分权预算"。

(3)倡导结果取向。中央权力机关及其预算管理部门在授予下级政府预算管理部门或政府部门公共支出资金的管理权后，要求下级政府预算管理部门或政府部门能够有效地完成公共支出目标或项目。为了激励下级政府预算管理部门或政府部门有效完成支出目标或项目，中央权力机关及其预算管理部门将与下级政府预算管理部门或政府部门签订绩效合同，列出后者所要达到的目标，并将目标细化，根据重要性进行排列，然后明确绩效测量指标并进行量化,以测量这些目标是否达到或达到的程度。

与传统的预算相比,绩效预算具有明显的优点:

(1)有助于公共支出手段与目标的合理结合。公共支出是为了解决一定的社会问题,为公众提供有效的公共服务或物品。因此,它需要达到支出目标,即政府支出资金后要求实现某种公众所期望的结果。

(2)有效地建立了公共支出部门的良好支出动机。过去的公共支出部门具有支出冲动,在那种预算模式下,公共资金的供给者并不要求支出部门提供相应的产出或结果。

(3)简便易行。绩效预算有助于降低公共支出的管理成本,它不像零基预算那样要求对所有支出项目都进行审查和效益评估,并进行优先性排序,也不像计划-项目预算那样在编制预算的过程中要求仔细分析和建立项目,而只需确定一个宏观的支出目标和总额,根据绩效合同进行检查验收,然后做出奖惩决策。

7.2.5 公共预算的管理过程

我国在预算管理体制上实行"统一领导,分级管理,权责结合,兼顾公平与效率"的原则,各级政府是预算管理的国家行政机关,各级政府的财政部门是预算管理的职能部门,各级政府的税务部门是征管税收的职能部门,审计部门是监督执行预算收支计划的职能部门,国家金库负责办理公共预算资金的收入和支出。政府各部门、实行预算管理的各单位有义务执行预算收支计划。

我国的公共预算管理权限主要分布于各级人大、各级人民政府、各级人民政府的预算管理职能部门、各级人民政府的组成部门。在不同历史时期,我国的预算管理体制有不同的特点:新中国成立初期实行的是高度集中的统收统支体制;"一五"时期实行划分收支、分级管理体制;1958年实行以收定支体制;处于经济恢复时期的20世纪60年代,实行较为集中的管理体制;"文化大革命"期间预算管理体制变动频繁;改革开放之后预算管理体制先后推行了"划分收支,分级包干"、"划分税种,核定收支,分级包干"、"分税制"等体制。

预算管理过程或者说预算程序是周而复始的,大体是在每一个预算年度开始之前,由政府的预算编制机关编制当年的预算草案,经立法机关审议批准,成为正式预算;预算年度开始,由政府行政机关负责执行预算,并由审计机关进行日常的监督;预算年度终了后,由执行预算机关就全年预算执行情况及其结果编制该年度的实际收支报告(决算),经审计机关审核后,由立法机关予以批准。为此,就整个公共预算程序来说,它可以分为三个阶段,即预算的编制与审批、预算的执行、预算的决算与监督,这也就是通常所说的预算周期。

1. 公共预算的编制与审批

1)公共预算的编制原则

第一,法治性原则。法治性原则是指公共预算的编制首先要符合《预算法》和国家其他相关法律、法规,充分体现国家的方针、政策,要在法律赋予的职权范围内编制。这就要求:一是收入要符合法律法规的规定;二是各项支出的安排要符合国家法律、法规规定的支出标准,遵守相关规章制度。

第二,完整性原则。完整性原则是指公共预算必须完整、真实地反映政府活动的全貌。这就要求:一是要设立统一的预算科目;二是每一项收支指标必须依据充分、确实的材料；三是要实行综合预算制度和中长期滚动预算制度，提高公共预算的预测能力和风险控制能力。

第三，科学性原则。科学性原则是指公共预算的编制要以社会经济发展和政府职能的行使为依据，借鉴科学的经济学和财务分析技术，制定科学的收支指标，尽可能使预算确定的指标稳妥可靠、符合实际。

2）公共预算的编制程序

第一，标准预算周期的确定。标准预算周期由预算的编制与审批、预算的执行、预算的决算与监督三个标准阶段组成。预算的编制与审批阶段从每个预算年度前一年的年初开始，至年末结束，期限为12个月。预算的执行阶段从每个预算年度的年初开始，至年末结束，期限为12个月。预算的决算与监督阶段从预算年度的次年1月开始，至6月结束。

第二，预算编制程序的"二上二下"。"一上"是指部门编制预算建议数上报财政部，即部门提出预算；"一下"是指财政部与其他具有预算分配权的部门对部门提出的预算建议数进行审核，然后下达预算控制数或预算指标；"二上"是指部门根据预算控制数编制本部门预算，然后上报财政部；"二下"是指财政部根据权力机关批准的预算草案批复各预算部门。

3）公共预算的审批

公共预算的编制完成后，须经过财政部门和全国人大的审查和批准通过后，才具有合法性。财政部门对预算的审批使政府的预算更具有科学性和统筹性；人大作为国家权力机关对预算的审查和批准使公共预算具有了合法性与公开性。

2. 公共预算的执行

年度预算经立法机关审批后，即作为一个法律文件进入执行阶段。公共预算的执行是整个预算管理工作的中心环节，是把公共预算由计划变为现实的具体实施步骤，是预算年度内实现预算收支的过程。

(1)公共预算执行的任务。按照公共预算确定的收入任务，积极组织预算收入；按照政府支出计划，及时合理拨付预算资金；按照公共预算收支变化，做好预算执行中的平衡工作；加强预算执行的监管。

(2)公共预算执行的组织领导机构。根据我国《预算法》的规定，各级预算由本级政府组织执行。中央预算由国务院负责组织实施，地方各级政府负责本地区预算的执行。

(3)公共预算执行的具体管理机构。根据我国《预算法》的规定，各级预算执行的具体工作由本级政府财政部门在本级政府的领导下负责实施。

(4)公共预算的执行机构。各级政府的预算执行由其财政部门组织实施，同时，也规定了负责参与组织预算执行工作的部门。参与组织预算收入执行的机关主要有税收机关和海关；参与组织预算支出执行的机关主要有政策性银行，如国家开发银行、中国农业发展银行及特殊情况下商业银行的临时性参与。

3. 公共预算的决算与监督

1）公共预算决算

公共预算决算是指按照法定程序编制的，用以反映国家预算执行结果的会计报告，由决算报表和文字说明两部分组成。它是预算年度内预算收入和支出的最终结果，也是政府经济活动在财政上的真实表现。公共预算执行情况如何，是否完成收支任务，收支是否平衡，只有通过决算才可以准确地反映出来。因此，公共预算决算体现了国家各项事业发展的速度、规模和取得的成果，是研究和修订国家财政经济政策的基本依据，是系统整理和积累财政统计资料的主要来源。

公共预算决算由中央级决算和地方总决算组成。其中，中央级决算由中央主管部门的行政事业单位决算、企业财务决算、基本建设财务决算、国库年报和税收年报等汇总而成；地方总决算由各省（自治区、直辖市）总决算汇总组成。各种决算按其隶属关系汇总，下级决算包括在上级总决算中，地方总决算包括在全国总决算中。

在每一预算年度结束后，各级政府、各部门、各单位都要按国务院规定的时间和财政部的部署编制决算草案。各部门对所属各单位的决算草案，应当审核并汇总编制本部门的决算草案，在既定期限内上报本级政府财政部门审核，财政部门有权对其进行纠正。国务院财政部门编制中央决算草案，报国务院审定后，由国务院提请全国人大常委会审查和批准。各级政府决算经批准后，财政部门应当向本级政府各部门批复决算，地方各级政府应当将经批准的决算，报上一级政府备案。

2）公共预算监督

公共预算监督是指预算监督主体对各级政府和预算执行单位的预算编制、预算执行、预算调整及决算等活动的合法性和有效性实施的检查和督导。公共预算监督的主体是能够代表社会公众利益的机构或部门，在我国是指各级人大，同时包括各级政府的财政部门和审计等行政部门。公共预算监督的客体是公共支出的管理部门和执行部门。公共预算监督的内容包括税务监督、国有资产监督、财务会计监督、财经纪律监督、社会中介机构监督。

公共预算监督的方式主要有内部监督与外部监督，事前、事中和事后监督，日常监督与专项监督等。内部监督是指由各级财政部门实施的预算监督，它具有灵活性、经常性、预警性及一定的独立性的特征。外部监督是指不直接参与预算的编制、执行、调整及决算的主体实施的预算监督，如各级人大对本级政府预算的监督以及政府审计部门实施的监督等，它具有独立性、权威性、常规性的特征。事前监督是指在各级政府预算和单位预算编制前，对预算编制、审核和批准的过程进行的检查监督。事中监督是指对预算法规、政策和制度及各级政府和预算单位执行预算情况的监督。事后监督是指在政府预算和单位预算、财务收支计划的收支发生后对执行结果进行的监督。日常监督是指贯穿于预算资金运用过程的监督，是对尚未发生和已经发生的预算活动进行的一种程序性、经常性监督。专项监督是指对已经发生或者已经结束的某项预算收支行为的合法性、合规性及其真实性进行的监督，在一定意义上属于事后监督。

预算监督的目的是通过加强对预算活动的监督检查，提高公共预算资金的使用效率，促使政府为公众提供高效的公共服务。

7.3 公共收入管理

7.3.1 公共收入的含义与特征

1. 公共收入的含义

公共收入（public revenue），从本质上来讲，就是财政收入，也叫政府收入，是指政府为行使其职能,为公众提供公共服务,而依法、有计划地取得的资金或资源的总和。

与公共收入相关的概念还有预算收入和预算外收入,这三者之间存在一个什么样的关系呢?

公共收入,从法理意义上讲,就是政府可以直接支配的资金;预算收入,从公共管理角度看,是指纳入政府预算的公共收入,指在一个预算年度内通过一定的形式和程序,有计划筹措的、由国家统一支配的资金;预算外收入,从政府运作机制层面上讲,是指按照国家公共、财务制度规定,不纳入国家预算,由各地区、部门、单位自收自支、自行管理和使用的公共性资金。

在现代国家中,公共收入基本上都要纳入国家预算,所以某种意义上公共收入等于预算收入。但也有学者将公共收入分为狭义的公共收入和广义的公共收入,即狭义的公共收入等于预算收入,广义的公共收入包括预算收入和预算外收入。但是我们看到的公共收入统计数据是不包括预算外收入的,也就是说,在统计口径中公共收入等于预算收入。

公共收入的基本问题,就是如何把政府部门所生产或提供的公共物品或服务的成本费用恰当地分配给其社会成员。为此,经济学家们提出了不少可供依循的原则。这里只阐述两个最重要的原则,即受益原则(benefit principle)和支付能力原则(ability-to-pay principle)。

受益原则指的是政府所生产或提供的公共物品或服务成本费用的分配,要与社会成员从政府所生产或提供的公共物品或服务中获得的收益相联系。例如,受益较多的人、受益广泛的人,要比受益相对少的人、受益相对狭窄的人负担更多的税收。

支付能力原则指的是政府所提供的物品或服务的成本费用的分配,要与社会成员的支付能力相联系。例如,收入挣取能力较强的人,应当比挣取能力较弱的人负担更多的税收。按照这个原则,政府所提供物品或服务的成本费用的分配,与社会成员所获得的边际效益大小无关,而只应依据社会成员的支付能力进行。

2. 公共收入的特征

从公共收入的概念中可以看出公共收入具有以下特征:

(1)公共性。公共权力产生于社会的共同需要,公共收入作为公共权力在经济方面的表现,同样源于社会的共同需要。

(2)强制性。公共收入的获得主要以公共权力为依托,而公共权力的一个主要特点是强制性,相应地公共收入也就具有了强制性的特征。

(3)规范性。公共收入具有内在的制度含义和外在的制度约束,其获取与使用都是有章可循、有法可依的。

(4)稳定性。由于公共收入的征收与使用具有强制性,而且又有制度化的规定与保证,因此公共收入具有客观的稳定性。

7.3.2 公共收入的分类

对公共收入进行科学的分类,有助于我们对公共收入进行全面、深入的认识。按照不同的分类标准,可以将公共收入进行多种分类。

1. 按照公共收入的形式划分

按照公共收入的形式,可以将其分为税收收入、公债收入和其他收入,这是公共收入最为常见的一种分类形式。有时也直接把公共收入分为税收收入和非税收入。公债收入和其他收入就属于非税收入。

(1)税收收入。在现代社会中，税收收入是最稳定的公共收入来源，它在公共收入中所占比重也最大。我国的税收收入主要由增值税、消费税等税收收入组成，西方发达国家的税收收入主要由个人所得税和社会保险税组成。2012年，我国公共收入为117 210亿元人民币，其中税收收入为100 601亿元人民币，占公共收入的85.83%[1]。

(2)公债收入。公债是各级政府借债的统称，中央政府的债务称为中央债，又称国债；地方政府的债务称为地方债。公债收入是一种信用产物，是政府通过信用从国内外取得的收入，包括国库券、经济建设债券等。它是政府取得公共收入的另一种重要形式。公债的基本作用是弥补政府财力的不足，但是，在宏观经济调控中，政府为了拉动社会总需求和促进经济增长，往往通过发行公债获得财政资金。

(3)其他收入。除了前面提到的几种公共收入形式外，在现实中还存在着其他收入形式。其他收入虽然在公共收入中所占的比重较小，但是，它的种类却比较多，主要有以下几种：

一是政府性收费，主要包括规费和使用费。规费即证照费，是对获得政府特定服务而收取的费用，针对的收费对象是特定证照的持有者；使用费是对使用特定设施的使用者收取的工本费用，针对的收费对象是使用者。

二是国有资产收益，包括经营性、资源性国有资产收益和非经营性国有资产可能有的处置收入。其中国有资源收入是指国家在允许个人或企业开采矿藏、利用水资源和牧草资源时按规定征收管理费或使用费所带来的收入。

三是专项收入，是指各级政府及其所属部门根据法律、行政法规的规定，为专项支持某项事业的发展，按照国家规定程序批准而征收的具有价值外附加形式和专项用途的资金形式，近似于附加税。专项收入主要有教育附加费收入、电力建设专项收入等，这类收入往往遵循专款专用的原则。

四是特许权收入，这是指属于国家的无形资源特许使用而形成的收入，如无线电频道、航道使用权收入，发行彩票、烟草专卖收入，以及货币发行、邮票发行等形成的收入。

五是捐赠收入，是指境外机构和个人捐赠给政府的现金或物资。

六是罚没收入，是指海关、工商行政、税务行政和有关政法机关，对具有非法行为的个人和组织征收罚款和没收物品所带来的收入。

2. 其他划分公共收入种类的标准

(1)按照收入的稳定程度，可以将公共收入划分为经常性收入和资本性收入。经常性收入主要是指税收收入和国有资产收益等来源较为稳定的收入。资本性收入主要是指公债收入，这类收入来源不稳定，而且主要用途是进行基本建设，而不是用于日常支出。

(2)按照收入的管理权限，可以将公共收入划分为中央财政收入和地方财政收入。2012年，中央财政收入为56 132.42亿元，地方本级收入为61 077.33亿元[2]。

---

[1] 见财政部官方网站财政整理期前统计数据(http://www.mof.gov.cn)。
[2] 见财政部官方网站财政整理期前统计数据(http://www.mof.gov.cn)。

7.3.3 公共收入的规模与结构

1. 公共收入的规模

公共收入的规模是指财政收入占当期 GDP 或国民生产总值（GNP）的比重，它反映了预算年度内社会资源在政府和私人部门之间的配置格局。衡量公共收入的主要标准有绝对指标和相对指标，前者是对公共收入规模的纵向衡量，是一个动态指标；后者是对公共收入规模的水平衡量，是一个静态指标。

对于我国而言，改革开放以来，财政收入占 GDP 的比重长期处于偏低水平。财政收入占 GDP 的比重一直处于 30% 以下。

近年来我国财政收入的绝对数额在不断增长，从 2008 年的 61 316.9 亿元人民币增长到了 2012 年的 117 210 亿元人民币，绝对数将近翻了一倍，增长速度为 91%。但是，从横向来看，财政收入占 GDP 的比重偏低，且不稳定。

2. 公共收入的结构

公共收入的结构是指公共收入在不同来源上的分布，通过分析和列举收入结构，有助于深入分析收入来源的情况，改善收入结构，把握未来的收入走势。公共收入的主要构成是各类税收收入（增值税、消费税、营业税、企业所得税、个人所得税等）和非税收收入。2008～2012 年 5 年间，我国公共财政收入构成如表 7-1 所示。

表 7-1 公共财政收入构成

年份	财政收入合计/亿元	各项税收收入/亿元	税收收入比重/%	各项非税收收入/亿元
2008	61 316.9	54 223.79	88.43	7 093.11
2009	68 477.0	59 515.00	86.91	8 962.00
2010	83 080.0	73 202.00	88.11	9 878.00
2011	103 740.0	89 720.00	86.49	14 020.00
2012	117 210.0	100 601.00	85.83	16 609.00

资料来源：财政部官方网站财政整理期前统计数据

从表 7-1 中可以看出，税收收入在财政收入中的比重非常之高，并且比较稳定，近 5 年比重都在 85% 以上，因此，公共收入管理的重点应是税收收入。

7.3.4 税收管理

税收收入是公共收入的主要来源，也是现代国家具有的一个重要特征，甚至是社会文明的一个表现。在几乎任何一个国家的公共收入中，税收收入都占一半以上，由此可见税收收入对于政府正常运转的重要性。

1. 税收的概念

税收是政府为了行使其提供公共服务的职能，凭借权力机关赋予的行政权力，按照特定的法律，强制、无偿、固定地从纳税主体征收的资金或资源。

2. 税收管理的要素

1）课税主体、课税客体与税率

税收是一项严肃的政府行为，它有明确的课税主体、课税客体和税率。

课税主体是指税法规定的承担税收的纳税义务人，它可以是自然人，也可以是法人。课税主体不一定是税收负担的实际承担者，如消费税中的生产者和经营者只是纳税人，他们将税收负担转嫁给消费者，从而使消费者成为实际税收负担者。

课税客体俗称"课税对象"，是指征税的目的物，即征税对象，如个人所得、财产、证券交易额等。应当注意的是，征税对象和税源并不总是一致的，如GDP是工资、资本利得、地租等征税对象的税源，但并不对GDP征税。征税对象是指征税的直接依据，税源是指税收收入的最终来源。

税率是指所征收的税额与征税对象之间的比例关系，它反映了税收负担的大小。税率有三种形式，即比例税率、累进税率和累退税率。

(1) 比例税率。比例税率是指按固定的比例对征税对象征税，税率保持在一个固定不变的水平上。例如，企业所得税税率为25%，企业A的税前利润为100万元人民币，企业B的税前利润为200万元人民币，则对企业A征收的所得税为25万元人民币，对企业B征收的所得税则为50万元人民币。

(2) 累进税率。累进税率是指按照征税对象数额的大小，规定不同的税率，征税对象数额越大，适用税率越高，而且是逐级提高，呈阶梯状。采用累进税率时，表现为税额增长速度大于征税对象数量的增长速度，它有利于调节纳税人的收入和财富，通常多用于所得税和财产税。累进税率对于调节纳税人的收入有特殊的作用和效果，所以现代税收制度中，各种所得税一般都采用累进税率，如我国个人所得税税率，见表7-2。

表7-2 现行的7级超额累进个人所得税税率表

级数	全月应纳税所得额	税率/%	速算扣除数
1	不超过1 500元	3	0
2	超过1 500元至4 500元的部分	10	105
3	超过4 500元至9 000元的部分	20	555
4	超过9 000元至35 000元的部分	25	1 005
5	超过35 000元至55 000元的部分	30	2 755
6	超过55 000元至80 000元的部分	35	5 505
7	超过80 000元的部分	45	13 505

(3) 累退税率。累退税率是累进税率的对称，是指随课税对象数额的增大，而税率逐级降低的税率制度。这种税率，课税对象数量越大，税率越低；课税对象数量越小，税率越高。由于这种税率不符合税收合理负担、应能负担的原则，一般不被采用。但在某种特定条件下，为达到特定目的，作为一种过渡办法，也可能被使用。

在各国税制中，采用累退税率的税种较少，这是因为，除个别极需特殊的调节情况以外，一般都可以采用正常的税率予以解决，并可以辅助于减税、免税规定。同时，累退税率的设计比较麻烦，也不易于为征纳双方所掌握。

2) 税收的种类

(1) 按照课税对象，可以分为流转课税、所得课税、财产课税、行为课税和资源课税。流转课税是指以商品或劳务的流转额为课税对象而征收的一种课税，其计税依据是商品销售额或者营业收入额，一般采用比例税率。所得课税是指以单位、个人的各项纯所得为课税对象的课税，有企业所得税和个人所得税两类，一般采取累进税率，多得多征、少得少征、不得不征，以体现公平税负的原则，收入弹性较高。财产课税是指以各种动产和不动产为对象的课税。行为课税是指以纳税人的特定行为为对象而征收的税种，如印花税、屠宰税都属于行为课税。资源课税是指以天然物质资源为课税对象而征收的税种，如盐税、耕地占用税等都属于资源课税。

（2）按照计税依据，可以分为从价税和从量税。从价税是以课税对象的价值为计税依据而征收的税种，实行比例税率或者累进税率。从量税是以课税对象的实物量为标准而征收的一种课税。

（3）按税收与价格的关系，可以分为价内税和价外税。价内税是指税金包含在商品价格内的税种，由此而形成的计税价格被称为含税价格。价外税是指税金不包含在商品价格内的税种，它只是价格的一个附加部分。

（4）按税负是否能够转嫁，可以分为直接税和间接税。直接税是指由纳税人直接负担税款，税收负担不易转嫁的一类税，其纳税人和负税人往往是同一个人。间接税是指纳税人能够将税收负担转嫁给他人的一类税，其纳税人与负税人往往分离。

（5）按照税收的管理和使用权限，可以分为中央税、地方税和共享税。中央税指的是税收立法权、管理权和收入支配权归中央的税收。地方税指的是税收立法权、管理权和收入支配权归地方的税收。共享税则是由中央和地方按照一定比例分配后支配使用的税种。

3）税收的负担与转嫁

税收负担是指纳税人因为国家课税而承受的经济负担。它主要分为宏观税负和微观税负。

宏观税负，是指一个国家的总体税负水平。一般用一国一年的税收收入总额与该国当年的 GDP 相比来表示，即 T/GDP。

微观税负，是指微观经济主体的税收负担，具体则是个人税收负担和企业税收负担。个人税收负担一般用个人总收入税收负担率和个人单项收入税收负担率来表示；企业税收负担一般以企业盈利综合税收负担率和企业利润税收负担率等表示。

税收负担的转嫁是指纳税人在市场交易过程中，通过变动价格的方式将其所缴纳的税款，部分或全部转由他人负担的一种经济现象，即纳税人与负税人全部或部分分离。其主要形式有前转、后转和混转，以及税收资本化。

前转，是指纳税人将其所纳税款沿着商品运动方向，通过提高商品销售价格的方法，向前转嫁给商品购买者的一种税负转嫁形式。后转，是指纳税人将其所纳税款按照商品运动的反方向，通过压低商品价格等方法，将其向后转嫁给商品销售者的一种税负转嫁形式。混转，是指将前转和后转相结合的一种税负转嫁形式。税收资本化，是指生产要素购买者所购买生产要素将来应缴纳的税款，从要素购入价格中预先扣除，然后名义上虽由买主按期纳税，但税负全部由卖方承担的一种税负转嫁形式。

3. 税收管理的核心

在市场经济条件下，税收意味着在政府和社会成员之间划分资金或资源的占有，因此，公平征税和税收效率成为税收管理中要考虑的核心问题，而这两个问题可通过税种组合和税率设置得以实现和提高。

(1) 税种组合。在现实中，税收不可避免地涉及公平与效率这对矛盾，所以，税种的配置所要解决的基本问题就是如何设计税种组合以平衡二者的关系，在促进社会公平的同时提高经济效率。目前的理论和实践都倾向于在税种的配置中以所得税为主要税种。

(2) 税率设置。一般而言，累进税率有助于增进社会公平，比例税率有助于提高经济运行效率。比较折中的选择是对所得税和财产税实行累进税率，对流转税实行比例税率。

7.3.5 公债管理

债务收入是公共收入的一种重要来源和形式，它的历史源远流长，现代意义上的债务收入源于西欧诸国，亚当·斯密曾在《国富论》中详细探讨了英联邦君主的不同债务形式，并对债务收入和税收收入进行了初步比较。

1. 公债的概念

公债是政府为了筹集资金而凭借自身信用向国内外组织和个人举借的债务，其主要形式是各种债券，是一种发生在金融市场上的信贷交易。

公债包括三层含义：第一，公债是国家信用的主要形式，它遵循市场等价交换原则，体现了有借有还的信用特征。第二，公债是公共财政活动的一种特殊形式，它具有取得财政收入的实际能力。第三，公债是一种重要的经济杠杆，它不仅可以弥补财政赤字，还可以用于宏观调控，促进经济稳定发展。

2. 公债的种类

(1) 按照发行范围可将债务划分为国内公债和国外公债。在国内举借的债务俗称"内债"，在国外举借的债务俗称"外债"。

(2) 按照偿还期限，可将债务划分为短期债务、中期债务和长期债务。

(3) 按照债务的举借主体，可将债务划分为中央政府的债务和地方政府的债务。

(4) 按照可否流通，可将债务收入划分为可转让债券和不可转让债券。可转让债券包括国库券和中、长期债券以及预付税款券；不可转让债券包括储蓄债券和专用债券。

3. 公债的作用

(1) 债务收入的基本功能是弥补预算赤字。为了正常行使政府职能、提供公共服务，在遇到资金紧张或特殊情况导致的预算收入难以平衡预算支出时就会产生预算赤字，政府便通过债务收入弥补预算赤字。

(2) 作为税收的替代。税收和债务收入同样可以为政府带来预算收入，政府往往在两者之间实行替代策略。原因是，税收是直接从所有纳税人手中提取收入，容易引起反对，而债务收入则是利用政府信用从一部分债权人手中暂时提取收入，以后用预算收入偿还，不容易引起反对。

(3) 调节宏观经济运行和支持国家建设。债务收入的这种作用是在 20 世纪 30 年代西方国家遇到大危机之后开始发挥作用的，即债务收入被用于调节宏观经济运行，或者被用于资本性支出。债务收入的宏观经济调节作用主要是当经济紧缩时，通过发行公债将私人掌握的收入转化为投资需求，使经济保持稳定发展。

4. 公债的管理过程

1) 公债价格的确定

公债价格主要由公债市场的供给和需求情况决定。影响公债价格的主要因素有：

(1) 市场利率。公债的价格与市场利率呈反方向变动的趋势。市场利率上升时，信贷紧缩，购买公债的资金的机会成本和相对价格随之上升，对公债投资品的需求相应地减少，公债的价格也将随之下跌；反之，当市场利率下降时，信贷放松，对公债市场的资金供给随之增多，对公债投资品的需求也相应地上升，公债的价格也将上升。

(2) 中央银行的公开市场操作。为了抑制过热的国民经济，中央银行采取紧缩性的货币政策，在公债市场上抛售公债，回收货币，公债的价格将随之下降；当国民经济处于萧条期时，为了刺激经济的复苏，中央银行在公债市场上购入公债，相应地增加货币供应量，公债价格也将随之上升。

(3) 外汇的汇率。当一国货币对外币的汇率上升时，会吸引投资者购买该种货币标价的公债，在公债供给量大体稳定的情况下，公债的需求增加，则公债价格也随之上升；反之，当一国货币对外币的汇率下降时，则公债价格也将下降。

(4) 通货膨胀率。一般地，通货膨胀率与公债价格呈反方向变动的趋势。当通货膨胀率上升时，实际利率上升，资金变得相对稀缺，公债投资的机会成本上升，投资者出于保值的考虑，也会将资金投资于其他投资品，公债价格下跌；反之，则公债价格上升。

此外，投机活动、一国宏观经济的波动周期、经济发展水平以及国家政局的稳定性也是影响公债价格的重要因素。公债市场价格的最终确定是诸多因素共同作用的结果。

2) 公债的发行

公债的发行有平价发行、溢价发行和折价发行三种情况。它的发行方式主要有：

(1) 公募招标方式法。即通过在金融市场上公开招标的方式发行公债。

(2) 承销法。即由金融机构承购全部公债，然后转向社会销售，未能售出的差额由金融机构自身承担。

(3) 出售法。即政府委托承销机构利用金融市场直接出售公债。

(4) 支付发行法。即政府对应支付的经费以债券代付。

(5) "随买"方式法。即通过"随买"方式发行时，根据市场情况常年销售，如果公债的销售达到一定的程度，市场利率水平变化，则本期停止销售，然后调整利率，销售下一期公债。

3) 公债的还本付息

公债的付息方式主要有按期分次付息和到期一次付息两种。还本方式主要有：

(1) 一次偿还法。其是指政府对发行的公债实行到期后按照票面金额一次性全部兑付本金的方法。

(2) 买销法。其是指政府通过在市场上直接购进一部分公债债券，在公债到期前逐步还本付息的一种方法。

(3) 分期偿还法。

(4) 以债还债法。其是指利用新发行的公债来偿还原有到期公债本息的一种方法。

(5) 提前兑付法。其是指政府发行的公债尚未到期时提前偿还债务的一种方法。提前偿还公债必须具备一定条件。

7.3.6 政府收费管理

1. 政府收费的概念

政府收费,是指政府在实施特定的行政管理以及提供公共产品或准公共产品时,为体现受益原则,提高经济效率,增强公共产品的有效供给,以及对某些行为进行统计和管理而按一定标准向企业或个人收取的一定费用。它体现了受益的直接对称性,即谁受益谁交费,它是公共收入的一个重要组成部分。

2. 政府收费的组成

(1)规费收入。规费收入是指公共部门(主要是政府行政部门)向公民提供某种特定的服务或者实施行政管理而收取的手续费和工本费。

规费收入主要有两大类,即行政规费和司法规费。行政规费是指政府部门因开展各种行政活动而取得的收入,如户籍费、工商执照费和商标登记费等;司法规费由诉讼规费(如民事诉讼费等)和非诉讼规费(如结婚登记费、财产转让登记费等)组成。

(2)使用费收入。使用费收入是指政府或其他公共部门在提供特定的公共设施或服务后,按照一定的标准向使用者收取的费用,如高速公路通行费、水电费、电信收费等。

国家收取使用费的目的是为了弥补公共产品的成本,并增强公共产品的有效供给,避免浪费。

3. 政府收费管理的要求

(1)通过行政体制改革,规范政府收费管理体制。没有行政体制的规范就不可能有收费管理的规范,没有部门职能的确定就没有收费管理权的确定。精简政府机构,压缩人员编制,使政府部门收费与其经济利益彻底脱钩,妥善解决收费养人的问题。

(2)加强财政对收费资金的管理,规范政府收费的管理权。强化财政对政府资金的管理,将财政工作从单纯的预算内收支平衡转移到对整个社会财力的管理和分配上来。财政部门不得以任何形式向行政机关返还或者变相返还实施行政许可所收取的费用。其他的政府收费也都应实行"收支两条线"管理。坚决杜绝"超收分成"等容易造成乱收费的情况发生。

(3)规范政府收费主体。政府收费主要用于提供准公共产品和准公共服务,因此,政府收费主体一是提供特定服务和社会管理的行政管理机关;二是提供准公共性和准公益性服务的文化事业、基础设施、高等教育、职业教育、广播电视、医疗保健等事业单位。

(4)加强政府收费征管方式改革,建立全方位的管理机制。一是全面推行政府收费"票款分离"的缴款方式;二是加强单位账户管理;三是积极稳妥地推行"税费改革",用税收取代一些具有税收特征的收费,逐步建立起以税收为主、少量必要政府收费为辅的政府收入体系;四是加强票据管理,实行以"票"治费。建立规范、高效的收费票据领购、核销体系,严格执行《行政事业性收费票据管理办法》,从源头上杜绝乱收费行为的发生。

7.4 公共支出管理

7.4.1 公共支出的概念与分类

1. 公共支出的概念

公共支出(public expenditure),是与公共收入相对的一个概念,从本质上讲,就是财政支出或称政府支出,是指政府为行使职能、提供公共服务而花费的公共预算资金或资源。公共支出反映了政府的政策选择,是政府职能行为的成本。从经济学意义上看,公共支出是公众享受公共服务所负担的成本,公共支出不仅是政府行使职能的前提,而且还是政府增进社会公平、提高经济发展效率的重要手段。

2. 公共支出的分类

对公共支出进行分类,有助于深入分析公共支出的结构并评价其合理性及其对社会经济的影响。按照不同的标准可以将公共支出划分为不同的类别。

1) 按照支出的功能分类

按照支出功能分类主要反映政府活动的不同功能和政策目标。2006年,财政部预算司《政府收支分类改革方案》(财预〔2006〕13号)中按功能将政府支出分为以下17类:一般公共服务、外交、国防、公共安全、教育、科学技术、文化体育与传媒、社会保障和就业、社会保险基金支出、医疗卫生、环境保护、城乡社区事务、农林水事务、交通运输、工业商业金融等事务、其他支出、转移性支出。

2) 按照支出的具体用途分类

《政府收支分类改革方案》(财预〔2006〕13号)中按具体用途将政府支出分为以下12类:工资福利支出、商品和服务支出、对个人和家庭的补助、对企事业单位的补贴、转移性支出、赠与、债务利息支出、债务还本支出、基本建设支出、其他资本性支出、贷款转贷及产权参股、其他支出。

3) 按照支出的经济性质分类

按照公共支出的经济性质可将其划分为购买性支出和转移性支出两大类。这是按照公共支出是否交换到相应的商品和服务的标准而做出的划分。

购买性支出也称为消耗性支出,是政府用税收收入购进并消耗商品和劳务过程中所产生的支出。具体包括政府购买进行日常政务活动所需的商品和劳务的支出,也包括购买进行国家投资所需的商品和劳务的支出,如政府各部门的行政管理费支出、各项事业的经费支出、政府各部门的投资拨款等。这些支出项目的目的和用途虽然有所不同,但都有一个共同点,即都是由财政一手付出资金,另一手相应地获得了商品和劳务,履行国家的各项职能。在这些支出的安排中,政府如同其他经济主体一样,从事等价交换的活动。这些支出反映了政府部门要运用一部分社会经济资源,这必然排斥了个人与一般经济组织对这部分社会经济资源的购买和享用。因此,购买性支出的规模、方向和结构,对社会的生产和就业具有直接的重要影响。

转移性支出直接表现为资金无偿的、单方面的转移,主要包括政府部门用于补贴、债务利息、失业救济金、养老保险等方面的支出。这些支出的目的和用途各异，却有一个共同点，即政府财政付出了资金，却无任何商品和劳务所得。在这里，不存在任何交换的问题。这类支出并不反映政府部门占用社会经济资源的要求，相反，转移只是在社会成员之间的资源再分配，政府部门只充当中介人的角色。因此，转移性支出对社会公平分配具有重要影响和作用。

7.4.2 公共支出的规模与结构①

1. 公共支出规模的测量指标

(1) 绝对数量指标与相对数量指标。测量公共支出规模的指标有两种，即绝对数量指标和相对数量指标。绝对数量指标是指一国政府在预算年度内的公共支出总额。2012年，我国中央政府的公共财政支出总额为125 712亿元人民币。绝对数量指标对于分析一国公共支出规模的趋势有一定作用，但是，需与相对数量指标结合起来才能得出较为准确的分析结果。相对数量指标是指一国政府在预算年度内的公共财政支出总额占预算年度内GDP的比重，它反映了政府规模的相对大小，即一国的资金和资源在政府和私人部门之间的分配状况。2012年，我国中央政府的公共财政支出总额占当年GDP的比重为24.21%。相对数量指标不仅有助于分析一国公共支出的真实规模，而且有助于与其他国家的公共支出规模进行比较，界定其公共支出规模在国际上所处的位置。

(2) 分类测量指标。分类测量指标是指在公共支出规模测量的基础上，根据政府公共支出的主要类别测量其支出结构的指标。主要有两大类别，即商品和服务的购买，对个人、企业和其他各级政府的转移支付。

2. 公共支出的国际比较

进行公共支出的国际比较十分有必要，它有助于分析我国公共支出规模在全球所处的位置，以便优化支出结构。

(1) 公共支出规模的国际比较。表7-3反映了各国公共支出占GDP的比重。造成各国公共支出占GDP比重存在差异的原因在于对政府职能范围的不同界定。代表性的观点为政府有机论和政府机械论。政府有机论认为政府应干预社会经济生活，增进社会公平，甚至确定社会目标并组织实现它，这必然导致政府占有比重较高的社会资金和资源。与此相反，政府机械论则认为政府的职能有限，它只是个人为了更好地实现其个人利益而人为创设的。机械式的政府对于保护个人免受暴力侵害有积极作用，但其作用也仅限于此，即主张"最小的政府就是最好的政府"，这必然导致政府支出占有比重较低的社会资金和资源。

表7-3 2007年中央政府公共预算支出占GDP比重的国际比较（单位：%）

国家	比重	国家	比重
澳大利亚	24.6	韩国	18.6
加拿大	19.6	美国	21.4

---

① 倪星、付景涛：《公共管理学》，大连：东北财经大学出版社，2011年，第195~197页。

续表

国家	比重	国家	比重
法国	44.3	英国	40.4
德国	28.9	中国	4.4

资料来源：倪星、付景涛：《公共管理学》，大连：东北财经大学出版社，2011年，第196页

(2)公共支出结构的国际比较。进行公共支出结构的国际比较有助于分析不同的政府在职能行使上的差异，因为公共支出与政府行使的职能是密切相关的，可以反映政府行使职能的侧重点。

美国公共支出的主要类别是债务利息支出、社会保障支出、收入保障支出、老年保健医疗支出、保健支出、国防支出等。这些支出的美元数量排序分别为社会保障支出、公共福利支出、国防支出、债务利息支出和老年保健医疗支出。2007年美国财政部的具体年度财政报告中显示的预算支出情况见表7-4。

表7-4　2007年美国联邦政府公共预算支出的比重（单位：%）

社会保障	卫生保健	国防	教育
29.54	25.18	19.96	23.9

资料来源：倪星、付景涛：《公共管理学》，大连：东北财经大学出版社，2011年，第196页

2008年中国公共支出的主要类别为经济建设费、社会文教费、国防费、行政管理费、社会福利费等，具体数据见表7-5。

表7-5　2008年中国公共支出的比重（单位：%）

经济建设费	社会文教费	国防费	行政管理费	社会福利费	其他支出
18.13	25.88	8.84	20.72	20.22	6.21

资料来源：国家统计局：《中国统计年鉴2009》，北京：中国统计出版社，2009年

3. 公共支出规模增长的理论解释

(1)瓦格纳定理。它是德国经济学家瓦格纳提出的，认为一国的政府支出绝对规模(公共支出规模)将保持持续增长的态势。这主要是由以下原因造成的：一是一国社会经济发展规模的不断扩大增大了公共支出的基础，即使公共支出占GDP的比重不变，甚至减少，也有可能保持绝对规模的持续增长；二是社会的发展将带来更多的公共服务需求；三是通货膨胀会降低货币的实际购买力；四是这些都会导致公共支出绝对规模的增长。

(2)公共选择理论。公共选择理论认为，预算被作为干预经济的工具的代价是丧失了预算平衡对政治家和权力机关的约束。作为政治市场上的"经济人"，政治家和选民在允许预算失衡或赤字的前提下，倾向于在减少税收的同时增加公共服务的提供，这必然带来预算赤字。于是，公共支出规模便悄悄地扩张了。

(3)非均衡增长模型。美国经济学家鲍莫尔针对公共支出规模的持续增长做出了自己的解释，认为造成这一现象的主要原因是：相对于其他部门和组织而言，政府的平均劳动生产率偏低；政府提供的公共服务对公众来说需求弹性很小或没有弹性；若其他部门单位产出成本不变，由于生产率增长缓慢，政府提供的公共服务的单位成本不断提高。这些导致公共服务的价格及数量呈现不断增长的趋势，必然带来公共支出的持续增长，尤其是绝

对规模的持续增长。

7.4.3 公共支出管理的基本内容

公共支出管理是现代经济管理的重要组成部分，其实质是按照市场经济要求，遵循国家有关制度、法规、政策，对各项公共支出的安排使用进行规范和监督，从而确保公共支出的正确运用，为履行政府职能提供必要的财力保障。公共支出管理的涉及面很宽，但主要内容包括以下几个方面。

1. 控制公共支出的总量

从管理角度讲，公共支出总量控制的关键在于，按照现代经济管理规范化、法制化的本质要求，着力推动和深化公共支出管理制度创新，从而探索支出总量的有效控制机制。

第一，界定市场经济下公共支出的供给范围。我国公共财政支出供给的范围需要结合改革的进程和财政职能的转变进行相应调整，有的支出需要强化，有的支出需要弱化，有的支出需要取消。首先，公共财政的基本职责是为国家机器的正常运转提供财力保障，但这纯属消费性的开支，必须进行严格控制。其次，随着市场经济的推进和经济的发展，财政需要着力强化那些代表社会共同利益和长远利益的社会公共性开支（如科技、教育、卫生、社会保障等），但传统的"由国家包下来"的方式也需要改变，这些社会公共性开支在总体上应以财政供给为主渠道，同时要按照"谁受益、谁负担"的原则，适当开辟一些新的资金来源渠道。最后，在公共财政框架下，财政投资范围也必须进行相应调整，对于一般竞争性领域的投资，财政要逐步退出，以集中有限财力着力强化国民经济的关键领域和重要产业的投资。在不同财政级次，公共财政投资还应根据投资规模和受益范围由各级财政分别供应。此外，有的公共支出如补贴等，则应进行清理、控制、逐步削减。

第二，推进公共支出预算管理的制度创新。公共支出预算是指政府在一个财政年度内为满足公共需要，提供给社会成员大体均等的公共服务所需开支的分配计划。公共支出预算作为政府的基本财政支出计划，构成了政府财政活动及公共财政预算的一个重要组成部分。它反映了政府活动的范围、方向和政策，也决定了公共支出的流量和流向。因此，要大力推行部门预算、零基预算、国库单一账户制度以及综合财政预算。

第三，完善政府采购制度。政府采购也称政府统一采购或公共采购，是指各级政府及其所属机构为了开展日常政务活动或为公众提供公共服务的需要，在财政部门的监督下，以法定的方式、方法和程序，对货物、工程或服务的购买。其实质是将市场竞争机制和财政支出管理有机地结合在一起，它一方面使政府可以得到价廉物美的商品和服务，有效地节约财政资金；另一方面使财政管理从价值形态延伸到实物形态，从而改变过去财政支出一拨了之、管理粗放的状况，提高财政资金的使用效率。

推广和完善政府采购制度，要注意三个问题：一是政府采购应最大限度地维护公共利益，力争做到竞争、择优、公正、公平、公开；二是政府采购范围包括使用国家财政资金购买、租用、委托或雇佣等方式获取的货物、工程或服务；三是切实搞好政府的采购招标工作。

第四,依法理财,硬化预算约束。这就要求:一是要严格按照《预算法》的规定和各级人大批准的预算办事。经过法定程序审批的政府预算,具有法律效力,是规范支出管理的最重要的法律依据,各级政府和财政部门必须严格按预算程序办事。二是要加强财政执法检查力度,对违反财政法规、浪费国家资财的行为必须从严惩处,维护法律和法规的尊严。三是要搞好法规之间的协调。随着法定支出的增多,不仅财政支出压力越来越大,而且《预算法》的权威性也受到了损害。因此,依法理财还必须注重法规之间的协调,避免法与法的"冲突"。

2. 调整和优化支出结构

所谓支出结构就是公共支出的内部比例关系,这一比例关系是否合理,影响和决定着整个国家积累与消费的比例关系,也在很大程度上关系到能否充分发挥财政政策宏观调控的职能作用。因此,公共支出管理还必须把调整和优化支出结构作为一项重要内容。

第一,改变国家财政包揽过多的分配局面。这要求解决三个方面的问题:一是国家财政对竞争性领域的投资要逐步退出;二是清理和规范事业单位的财政经费供给范围;三是对国有企业的亏损补贴制度进行改革。

第二,控制行政人员和经费的膨胀。一是在财政内部全面实行"下管一级"的管理办法,也就是上级财政对下级财政的行政经费总量限额、行政人员编制及人均行政支出综合定额提出控制指标,进行动态考核。二是推进行政改革,精简机构,这是减少财政供养人员和压缩行政经费的治本之策。三是建立有效的政府公务员系列的竞争机制。

第三,加强社会公共性开支。社会公共性开支涉及的面很宽,包括科技、教育、卫生、社会保障、环境保护等,是代表社会共同利益和长远利益的支出,也是现代市场经济条件下国家财政支出结构中一项十分重要的支出。从当今世界范围看,随着经济发展和国家财力的增长,西方工业国普遍强化了社会公共性的开支,政府总支出中社会公共性支出的比重出现了日益上升的趋势,这对于调节社会经济运行、推动经济发展起到了十分重要的作用。

第四,调整财政投资结构,着力强化国家重要产业和领域的财政投资。财政投资应改变过去"撒胡椒面"的做法,集中财力,用于国民经济发展和国家宏观调控最急需的方面。中长期财政投资的方向和重点主要包括以下几个方面:一是支持社会公共基础设施建设;二是着力强化农业基础地位;三是采取有效措施,加大对科技进步与发展的支持力度。

3. 提高公共支出效益

所谓提高效益,就是"少花钱,多办事,办好事"。对于微观经济来说,需要讲效益,没有效益就没有生存;对于政府公共部门来说,也必须讲效益,公共支出没有效益或效益低下,实际上等于浪费了公共资源,国家履行职能也会受阻。可以说,效益是现代经济活动的核心,而提高公共支出使用效益是财政支出的最终目的,是衡量财政工作的重要标准。

国际货币基金组织的一项研究表明,支出效益的改善有赖于支出管理,二者存在密切关系。该项研究成果指出,财政支出效益"是包括支出管理在内的众多的种种努力的最终结果，同时人们也普遍相信，一个好政策必须依靠支出管理，在完成特定目标的整个资金流动过程中，支出管理起到了关键性的作用"。

对于公共支出效益而言，政府不仅要分析直接的和有形的所费与所得，还需分析长期的、间接的和无形的所费和所得；政府追求的是整个社会的最大效益，为达此目标，局部的亏损是可能的，也是必要的。所以，在提高财政支出使用效益的过程中，政府需要处理极为复杂的问题，最为关键的是，公共支出管理部门需要探索切实有效可行的管理办法。

7.5 政府审计与监督

7.5.1 政府审计的含义与作用

政府审计是政府机关依法独立检查被审计单位的会计凭证、会计账簿、会计报表以及其他与财政收支、财务收支有关的资料和资产，监督财政收支、财务收支真实、合法和效益的专业性活动。

在我国，接受政府审计的财政收支，是指依照《预算法》和国家其他有关规定，纳入预算管理的收入和支出，以及预算外资金的收入和支出。接受政府审计的财务收支，是指国有的金融机构、企事业组织以及依法应当接受审计机关审计监督的其他单位，按照国家财务会计制度的规定，实行会计核算的各项收入和支出。

根据我国审计法的规定，国家设立审计机关，实行审计监督制度。国务院设审计署，各省、自治区、直辖市设审计厅（局），地、市、县设审计局，上述审计机关也可根据工作需要在其辖区内派驻审计特派员办事处。此外，社会审计组织即审计师事务所，在国家审计机关的监督下依法履行职责，开展审计活动。审计机关履行职责所需的经费属财政预算范畴，由本级政府予以保证。审计机关依法独立行使审计监督权，不受其他行政机关、社会团体和个人的干涉。审计工作人员依法行使职权，受法律保护，任何人不得打击报复。审计机关做出的审计结论和决定，被审计单位和有关人员必须执行；审计结论和决定涉及其他有关单位的，有关单位应当协助执行。

政府审计在公共财政管理中具有重要作用，主要表现为：

第一，政府审计是加强财政管理、提高财政资金使用效益的有效手段。通过政府审计，可以发现预算编制、缴税、拨款、决算等财政、财务活动中的漏洞和问题，促使各有关单位采取积极有效的措施，解决问题，改进管理，提高财政资金的使用效益和有关活动的经济效益，从而使各级政府、企事业单位和其他有关组织高效率地履行自身职能。

第二，政府审计是维护财经纪律、保护国家资产不受侵犯的重要手段。政府审计通过鉴别有关会计资料的真实性、完整性和准确性，可以发现有关部门的财务活动是否符合国家政策和法规，国家资金和财产是否完整，各单位是否有不正当的支出费用，是否有违反财经纪律的现象发生等，这样就可以及时揭发和制止各种弄虚作假、贪污盗窃、侵占国家资产和严重浪费等行为，进而起到维护国家财经纪律、保护国家财产不受侵犯、促进廉政建设的作用。

第三，政府审计是完善国家财经制度、促进财政管理科学化的重要工具。政府审计通过对有关会计资料的分析，可以对财经管理的合理化、有效性和完善程度做出评价，可以发现各项规章制度是否适当、健全和能否得到遵守，各单位内部的管理制度是否科学、有效等，进而找出各项财经管理活动和管理制度中存在的问题，这样有助于相关单位采取有效措施，完善财经管理制度，提高财经管理的科学化水平。

7.5.2 政府审计的分类

依据不同的标准，可以对政府审计作不同的分类。以审计主体的从属关系为标准，可分为外部审计和内部审计；以审计对象为标准，可分为对政府机构的审计、对政党社团的审计、对事业单位的审计和对企业单位的审计等；以审计的内容为标准，可分为对财税部门执行预算收支的审计、对银行经营国有资金的审计、对国家机构使用行政经费的审计、对事业单位使用财政拨款的审计、对企业经营国有资产和资金的审计、对使用国有资金进行基本建设的审计、对使用国有资金开展社会保险事业的审计等；以审计的目的为标准，可分为合规性审计和绩效审计；以审计的范围为标准，可分为全面审计和专项审计；以审计的时间为标准，可分为事先审计、事中审计和事后审计。下面着重介绍几种主要的政府审计。

1. 预算审计和决算审计

预算审计是由审计机关对本级和下级政府在预算年度里的筹集、分配财政资金活动所进行的审计监督，包括预算编制的审计和预算执行的审计。具体的审计内容有：检查并监督本级财政部门和下级政府组织在财政收入、分配财政资金、贯彻执行国家财经法规、平衡财政收支以及财税部门内部控制管理等方面的情况。

决算审计是国家审计机关对各级地方政府财政收支决算的真实性、合规性、效益性实行的审计监督，是由上一级审计机关对下一级政府的年度财政收支结果实施的审计监督。审计监督的重点内容包括财政决算编制的审计、财政决算收入和支出的审计、财政决算年终结余资金的审计、财政往来资金的审计和其他财政收支的审计。

2. 内部审计和外部审计

内部审计是由部门、单位内部的审计机构和内部审计人员所进行的审计。内部审计是适应管理和监督的需要而产生的。在我国，内部审计一方面是政府审计的基础，另一方面又是部门、单位领导的助手和参谋，它所提供的信息、分析、评价和发表的与管理职责及目标有关的意见，有助于组织解决管理中存在的问题和矛盾，能够起到有效控制的作用。

外部审计是由来自被审计单位外部的审计机关或审计人员所进行的审计。外部审计包括国家审计机关对被审计单位进行的审计和社会审计组织中的注册会计师接受委托对有关单位进行的审计。外部审计在提高审计结果的可信度、客观性，以及帮助管理者建立和维护有效的控制系统等方面发挥着重大作用。

3. 合规性审计和绩效审计

合规性审计是审计机关对被审计单位在财经法律方面和管理方面的合规性情况进行的审计，其核心是财务系统和管理控制系统的真实性与恰当性。

绩效审计（也称效率审计）旨在对使用资源以达到特定目的的公共规划部门和机构的管

理与营运绩效进行审计,所使用的核心概念是经济性、效率和有效性。这里的经济性指的是在给定的资源约束下以最优的价格获得所需要的商品与服务;效率指的是以最低的投入获得最多的产出;有效性指的是最大限度地实现所制定的规划或政府的政策目标。

随着政府交易的日益复杂和规模的日益扩大,审计的职能和范围也在扩展。今天的审计强调的是绩效审计,所关注的是资金的使用效益,具体地讲,就是关注对政府公共规划和政策的制定、执行及其绩效的分析与考核。为此,以美国、新西兰、澳大利亚、加拿大、英国等为代表的经济合作与发展组织(Organization for Economic Co-operation and Development,OECD)成员国,在近年来进行的公共部门改革中将审计的重点转向绩效审计的实践经验值得借鉴。但需要指出的是,将重心转向绩效审计并不意味着财务合规性审计不再重要,实际上,无论在哪个国家,确保基本的财务合规性都不仅是审计的永久性目标,而且是公共财政管理取得绩效的前提条件。

7.5.3 政府审计的程序

为达到审计目的,政府审计的程序一般包括以下三个阶段。

1. 检查阶段

审计机关确定审计事项后,便可向被审计单位发出审计通知,开始审计检查。审计人员一般是通过审查凭证、账表,查阅文件、资料,检查现金、实物,向有关单位和人员调查等方式进行审计,并取得证明材料的;同时,在检查阶段,审计人员还需要综合运用以下审计方法:①核对法。它是用复核的方法,对原来的会计记录和数据进行核对。②审阅法。它是仔细地审阅凭证和账目,检查其是否涂改过,是合遵守财税规章,是否符合会计准则、会计制度的要求等。③查询法。它是通过查问或询问来取得资料,或证实问题。④分析法。它是通过绝对数比较、相对数比较等进行检查。⑤推理法。它是根据已知事实,运用逻辑方法推算可能的结果。⑥顺查法与倒查法。顺查法是先审查原始凭证,再审查记账凭证,再核对账簿,最后核对报表。倒查法的顺序与顺查法相反。⑦抽样审计法。它是相对于全面审计法而言的,全面审计法是对审计范围内的全部会计资料逐一进行检查,而抽样审计法是从处于被审查期的审计对象中抽出一部分进行审查,借以推断总体有无错误和问题的一种方法。抽样审计法主要分为"判断抽样法"和"统计抽样法"两种。判断抽样法是根据审计人员的主观判断,从总体中有重点地选出样本,进而审查总体存在的问题。统计抽样法主要是运用概率论的原理进行随机抽样。运用统计抽样法可以使总体中每一单位都有被抽选的机会,使样本的特征尽可能近似总体的特征。

2. 报告阶段

审计人员对审计事项进行审计后,应当向其所属的审计机关提出审计报告。在向审计机关提出审计报告前,应当征求被审计单位的意见。在考虑被审计单位的意见后,对未发现问题或问题较轻而责令自行纠正的被审计单位,出具审计意见书;对问题较重而需要做出处罚的被审计单位,除了出具审计意见书外,还须做出处理、处罚的审计决定。审计决定需要有关主管部门协助执行的,应当制发协助执行审计决定通知书。对审计机关做出的审计决定不服的,被审计单位可向上一级审计机关或本级政府申请复议。

3. 执行阶段

被审计单位应当执行审计决定，将应当缴纳的款项缴入专门账户，将依法没收的违法所得和罚款全部上缴国库。被审计单位或协助执行的有关主管机关应当将执行情况书面报告审计机关。审计机关应当检查审计决定的执行情况，被审计单位未按规定的期限和要求执行审计决定的，审计机关可申请法院强制执行。

本章思考题

1. 如何理解公共财政的基本职能？
2. 公共预算的管理过程包括哪几个阶段？
3. 为什么说公平征税和税收效率是税收管理中要考虑的核心问题？
4. 公共支出管理的内容有哪些？
5. 如何理解政府审计的作用？

▶案例分析

南非的地方政府债务管理[①]

南非是单一制国家，由中央、9个省及284个市组成。南非政府建立了较完善的制度约束型地方政府债务管理模式。

1994年消灭种族隔离制度以后，南非建立了高度分权的行政管理体制和财政体制。其中，中央和省级政府共同承担教育、健康和福利等全民支出，市政府主要负责市政管理、住宅基础设施和市政道路建设等市民支出。省政府财政能力较弱，96%的财政收入来源于中央政府转移支付；市政府的财政能力较强，自有收入超过95%，主要是财产税和水电附加费。上级政府对下级政府的转移支付包括一般性转移支付和专项转移支付（基础设施和能力建设补助）。中央政府直接对省和市政府转移支付，省对市政府也有转移支付，但与中央政府相比数额非常小。

南非宪法规定，在财政年度之外，省和市政府只能为资本性支出借款；但在一个财政年度内，省和市政府可以进行短期借款。2003的《市政财政管理法》根据宪法确定的原则，进一步规范市政财政管理，完善债务管理体制，强化财政人员责任，建立了较为透明有效的报告制度。主要内容包括：

一、严格举债行为

（1）短期债务。市政府举借短期债务严格限定为两种情形：一是某一财政年度内的阶段性资金短缺，并在该财政年度有切实可靠的预期收入作为还款来源；二是某一财政年度内的资本项目融资需求，并有法定拨款或长期债务等特定资金作为还款来源。短期债务协议由市长签署提出后，必须得到市议会表决通过，并由市政府财务主管审核同意。协议必须明确借款限额，一经生效只有市议会有权修改。市政府必须在同一财政年度内偿还该短期债务，不允许延期或再融资。

（2）长期债务。市政府可以为基础性、公益性资本项目举借长期债务，也可以举借长

[①] 见财政部官方网站（http://yss.mof.gov.cn/zhengwuxinxi/guojijiejian/200809/t20080919_76696.html）。

期债务替换年度内资本项目的短期融资。长期债务必须纳入资本预算。在提交市议会表决前，市政府财务主管必须向公众发布长期举债信息公告，包括举债数额、用途以及抵押物等，并邀请公众、国家财政部以及地方相关部门就该借款向市议会提出书面意见或建议。市政府也可为已有长期负债进行再融资，其条件是：已有长期负债必须是依法举借；再融资后的负债期限，不超过已有长期负债所购建资产的使用寿命；再融资后的预期偿还本息总额净现值，必须小于再融资前的预期偿还本息总额净现值。

市政府不管举借短期还是长期债务，都必须提供必要的偿还保障措施，且一律以本币作为计量单位，以避免汇率变化的影响。

二、实行预算管理

市政府必须将债务收入作为预算收入的一部分，纳入政府财政预算。包括债务收支在内的年度政府预算收支必须平衡。市政府的多年经营计划必须反映实际和潜在负债。债务项目应根据风险程度进行分类，按照债务风险高低实行分类预算管理。

三、规范政府担保

除以下三种情形外，市政府不得为任何政府机构或自然人提供债务担保：①担保金额在市议会批准的担保预算限度内；②经市议会批准，市政府可以为其独资实体提供担保；③经国家财政部批准，在有等值现金储备或等值保险的前提下，市政府可以为其参股实体等提供担保。

四、提高债务透明度

市政府必须披露对预期贷款人或投资人决策有重大影响的所有信息，并对所披露信息的准确性负责。依法必须上网公布的消息包括：年度预算、调整预算等所有与预算相关的资料；所有与预算相关的政策；预算年度报告；所有服务提供协议；所有长期借款合同等。

五、完善债务危机化解

《市政财政管理法》规定，如果市政府未能在债务到期日还款，并影响到其政府信用等，则可认定市政府出现债务危机，省政府必须强制介入市财政管理，要求市政府编制财务复苏计划。财务复苏计划由专门的市政财务复苏署编制，包括支出限额、收入目标、详细的特殊收入筹集措施等。

出现债务危机后，市政府或其独资实体可依法向法院申请暂停或终止偿还全部或部分债务。法院依法审核市政府的偿债能力，在确保市政府能行使基本公共管理职能的前提下，如其剩余资产按财务复苏计划能偿还债务，则裁定市政府在不超过90天的期限内暂停还债；如确定市政府在可预见的未来无力偿债，则裁定市政府终止还债，此时市政府除保留最低限额公务员外，其余雇员全部被解职。

一旦法院发布了市政府暂停或终止偿债的法令，将由省政府来制订分配计划以妥善处理所有债权人的合法利益。分配计划必须确定可用于分配的金额、所有债权人名单、债权人受偿顺序等具体建议，经法院批准后生效。

六、严格惩罚措施

《市政财政管理法》对债务管理中的违法违规行为规定了严格的惩罚措施。市政府会计长、财务总监、负责财务管理的高级官员或政府所属高级公职人员，如因过失造成决策失误、债务资金无效浪费、提供错误或误导性债务信息等，将给予行政处罚；如因故意或疏忽导致债务资金严重损失、严重决策失误、腐败等行为，认定为犯罪的，将视情节轻重处以罚款或 5 年以下有期徒刑。其他公职人员因故意或疏忽违反债务管理相关规定的，要承担相应的赔偿责任。

思考：

1. 我国债务收入有哪些特征？现阶段的管理工作是如何开展的？
2. 本案例对我国地方政府债务管理有哪些借鉴作用？

第8章

公共部门绩效管理

8.1 公共部门绩效管理概述

公共部门是与私人部门相对应的,以提供公共服务为主要职能,由广义的政府组织、非营利组织(第三部门)以及公共企业(第四部门)等构成的特定社会组织。绩效是对组织的成就与效果的全面系统的表征,通常与生产力、质量、效果、权责等概念紧密相关。绩效与传统效率相比,更加强调管理质量和效益,强调外部效果和公民满意,强调公平和柔性机制[1]。

公共部门绩效管理既是公共管理学的一个新分支,又是当代公共部门管理的一种新实践。在西方,随着新公共管理改革的兴起,绩效评估和管理在公共部门尤其是政府部门得到广泛运用;在我国,随着政府机关效能建设的展开,作为改进政府管理的一种工具,绩效评估和管理越来越受到重视,并逐渐在政府管理中得到应用和推广[2]。

8.1.1 公共部门绩效管理的兴起

西方公共部门绩效管理的实践,始于20世纪初,到了20世纪70年代才开始全面推行。20世纪70年代以前,行政效率研究基本遵循管理学中效率研究的模式,研究关注的焦点是提高效率的原则和途径,涉及组织、领导、决策、人事等行政管理的各个方面;行政效率研究实际上成为行政管理的综合研究,没有充分体现效率研究本身的特点和重点,更忽视了政府作为公共部门之效率研究的特点和特殊要求。20世纪70年代以后,传统的官僚管理体制导致机构膨胀、财政赤字、效率低下等,引起普遍的公共管理危机和信任危机,理论界提出减少政府干预,采用私营部门的管理方法重塑政府。由此出现了用企业家精神重塑政府的潮流,强调对政府绩效(效率和效果)进行管理和评估。绩效管理和评估作为一项政治活动蓬勃开展起来,20世纪90年代达到鼎盛时期。英国和美国是西方国家公

---

[1] 卓越:《公共部门绩效评估》,北京:中国人民大学出版社,2004年。
[2] 陈振明:《公共管理学》,北京:中国人民大学出版社,2005年。

共部门绩效管理历史演进的典型代表。

绩效(performance)，最早用于投资项目管理方面，包含有成绩和效益的意思；它用于公共部门管理方面，是对公共部门行为效果的衡量，反映的是公共部门绩效，包含公共部门在社会管理活动中的业绩、效果和效率，是公共部门能力的体现。以公共组织为对象的绩效评估于20世纪60年代中期始于美国，70年代初形成高潮。1973年，尼克松政府颁布了《联邦政府生产率测定方案》，力图使公共组织绩效评估系统化、规范化、经常化。依据这一方案，有关部门拟订了3000多个绩效指标，由劳工统计局对各部门的工作绩效进行测定分析。1976年，美国科罗拉多州通过了第一个《日落法》，规定除非有特殊的立法规定，否则公共方案或机构在规定的时间后(如5～10年)应该终止或撤销[①]。据统计，20世纪80年代中期，劳工统计局的这一工作涉及400多个联邦政府机构、62%的联邦政府文职人员。1993年美国颁布了《公共部门绩效和结果法案》(Government Performance and Results Act，GPRA)，要求联邦各政府机构制定包括使命陈述和长期目标在内的五年战略规划，制订实现战略目标的绩效管理年度计划，定期测定部门工作绩效并向国会和公众提供绩效报告，从而以立法的形式明确了绩效评估的概念与制度。这是政府绩效管理评估达到高潮的标志。可以说，美国公共部门绩效管理随着时间的推移，其管理主题、内容和形式不断变化，可总结为效率阶段(1900～1940年)、预算阶段(1940～1970年)、管理阶段(1970～1980年)、民营化阶段(1981～1992年)、政府再造阶段(1992年至今)五个发展阶段[②]。

英国在行政绩效方面也走在全球的前列，与美国相比是后来居上。1979年，英国开始的"雷纳评审"就是对政府机关和公共部门经济和效率水平的全面评估和测定，它为撒切尔夫人行政改革蓝图的设计和有效实施提供了基础；1980年，英国建立了部长管理信息系统；1982年，英国财政部颁发了财务管理新方案，在推行绩效评估过程中发挥了催促、检查和督导的作用；1983年，英国卫生与社会保障部提出了较为系统的评估方案，设立了140个绩效指标；负责监督绩效评估实施的中央财政部，于1989年发行了《中央政府产出与绩效评估技术指南》，对绩效评估机制的建立和完善进行业务和技术指导；1988年，英国政府实施下一步行动方案是全面转换管理和责任机制的重大努力；1991年，梅杰政府开展公民宪章运动和竞争求质量运动。这些改革都推动了绩效管理的广泛运用和方法技术的成熟。

公共部门绩效管理的兴起和发展与多种因素有关：其一，与计算机技术的应用和政策科学、发展经济学及理性选择理论等研究分不开；其二，财政压力和信任危机是根本动力，它促进政府进行结果导向、关注绩效的改革；其三，新公共管理理念是催化剂，它强调私营部门的管理方法可以广泛运用到各个部门，强调顾客导向、质量管理、服务承诺、绩效合同、分权化等；其四是竞争的挑战，在垄断部门引入竞争机制，扩大服务部门的选择权是另一个重要推动力，使公共部门更加关注质量和顾客评价；其五，政府政策的支持和推动也促进了公共部门绩效管理的发展，如英国的雷纳评审、美国的国家绩效评估委

---

① [美]尼古拉斯·亨利：《公共行政与公共事务》，孙迎春译，北京：华夏出版社，2002年。
② 陈振明：《公共管理学》，北京：中国人民大学出版社，2005年。

会(National Performance Review，NPR)的建立和运行等。

8.1.2 公共部门绩效的内涵与要素结构

公共部门绩效，在西方国家又称"公共生产力"、"国家生产力"、"公共组织绩效"、"公共部门业绩"、"公共部门作为"等，是对公共部门行为效果的衡量，是指公共部门在社会经济管理活动中的业绩、效果、效益及其管理工作的效率和效能，是公共部门在行使其功能、实现其意志过程中体现出的管理能力。

从总体框架而言，公共部门绩效可以分为四个方面：

(1)经济绩效。经济绩效主要表现在国民经济持续、快速、健康发展上，国民经济不仅能在量上扩张，而且能在结构合理的前提下有质的提升。经济增长率、通货膨胀率、就业率、利率和汇率一般都是考察经济绩效的重要衡量指标。经济可持续发展程度的高低、能否制定出推进经济与社会协调发展的宏观经济政策是判断公共部门经济绩效是否良好的重要方面。

(2)政治绩效。在市场经济条件下，政治绩效最经常的表现为制度安排和制度创新。制定完善的市场经济规则或供应和谐稳定的秩序是一种公共部门制度安排，这是公共部门核心能力之一。

(3)社会绩效。社会绩效是经济发展基础上的社会全面进步。社会全面进步的内涵十分丰富，包括：人们物质文化需求的满足，生活水平和生活质量的普遍改善和提高；社会公共事业的发展；社会公共产品供应及时到位和公共服务质量的提高；社会治安状况良好，人们安居乐业；社会环境的平和有序；社会群体、民族之间和谐协调，社会稳定，没有明显的对抗和尖锐的冲突。公共部门制度安排的能力越强，社会绩效就越容易凸现。

(4)文化绩效。文化绩效主要是指精英文化与大众文化的互补和渗透、各民族文化的相互交流、先进文化的产生以及文化的繁荣与整合①。

以上四个方面绩效的衡量，可以通过3E即经济(economy)、效率(efficiency)、效益(effectiveness)三个指标来衡量。经济是指投入成本的降低程度；效率是指产出及其与投入之间的关系；效益是指产出对最终目标所做的贡献大小。以后又增加了公平、质量、责任与回应等指标要素来衡量绩效。

总之，从发展趋势来看，绩效越来越成为一个包括3E、质量、公平、责任、回应等在内的综合性要素结构，讲究内部管理与外部效益、数量与质量、经济因素与伦理政治因素、刚性规范与柔性机制的相统一，评估绩效也就不可能只有效率这一个单纯的指标要素②。

8.1.3 公共部门绩效管理的内涵与体系

公共部门绩效管理是以公共选择和新制度经济学为理论支撑，以变革创新管理机制和方法为主线，以重塑政府为核心的全新的公共部门管理模式，以实现公共部门管理的

---

① 陈振明：《公共管理学》，北京：中国人民大学出版社，2005年。
② 卓越：《政府绩效管理导论》，北京：清华大学出版社，2006年。

"4E"为目标,即经济(economy)、效率(efficiency)、效益(effectiveness)与公平(equity)。美国国家绩效衡量小组(Performance Measurement Study Team)给公共部门绩效管理下的定义是"利用绩效信息,协助设定统一的绩效目标,进行资源配置与优先顺序的安排,以告知管理者维持或者改变既定目标计划,并且报告成果符合目标的管理过程"。中国行政管理学会联合课题组也对公共部门绩效管理的含义进行了系统的表述。所谓公共部门绩效管理,就是运用科学的方法、标准和程序,对公共部门机关的业绩、成就和实际工作做出尽可能准确的评估,在此基础上对公共部门绩效进行改善和提高。简单地说,公共部门绩效管理是对公共服务目标进行设定,并运用有效的方法对实现结果进行系统评估以改进公共部门绩效的过程。

1. 公共部门绩效管理的内涵

公共部门绩效管理的内涵包括三个层面:①微观层面,是对公共部门公务员的工作业绩、贡献的认定;②中观层面,是公共部门各分支部门、事业单位、非营利组织如何履行其职能,执行政策的效果,给人民群众提供服务的数量和质量等;③宏观层面,是整个公共部门的绩效测评,公共部门为满足社会和人民群众的要求所履行的职能,体现为政治的民主与稳定、经济的健康与发展、生活水平的提高与改善、社会的公正与平等、精神文明的提高等方面。

对公共部门绩效管理,我们可以从以下几个方面来理解:第一,内容的多层次性。公共部门绩效管理第一层次为公共部门绩效的评估,第二层次为公共部门绩效的使用。第二,方法的有效性。公共部门绩效管理采取的一般方法有计划-规划-预算、竞标、零基预算、绩效预算、全面质量管理、标杆管理、选择退出和特许制度、代金券和补偿计划等。第三,过程的循环性。公共部门绩效管理是一个永不停止的过程,必须不断进行绩效计划、监控、评估、反馈四个过程,并实现这些过程的良性循环。第四,目的的明确性。公共部门绩效管理的目的就是为了提高、改进公共部门绩效。公共部门绩效既包括公共部门行为的程序、过程、产出,也包括公共部门行为的效果和结果。

2. 公共部门绩效管理的体系

公共部门绩效管理是公共管理者的主要职责,是在设定公共服务绩效目标的基础上,对公共部门提供公共服务的全过程进行追踪监测,并做出系统的绩效评估的过程[1]。它是目标-效果导向的管理,是以绩效目标的建立、实施、评价反馈为基本环节的管理制度和方法[2]。公共部门绩效管理在其制度安排与设计上,是由许多环节和因素组成的整体系统,是一个包括绩效评估在内的综合性体系。具体内容包括绩效目标、绩效信息、绩效激励、绩效合同、绩效成本、绩效评估和绩效申诉等诸多管理环节[3]。

8.1.4 公共部门绩效管理的基本流程

1. 公共部门绩效管理计划

公共部门绩效管理计划是绩效管理的首要环节和起点,是公共部门管理者和下属公务

---

[1] 黎民:《公共管理学》,北京:高等教育出版社,2003年。
[2] 马国贤:《政府绩效管理》,上海:复旦大学出版社,2006年。
[3] 卓越:《公共部门绩效评估》,北京:中国人民大学出版社,2004年。

员共同讨论以确立考核期内应该完成什么工作和达到什么样的绩效的过程。

评估公共部门绩效的现有水平，为公共部门绩效定位，是制定新绩效管理周期目标的前提。公共部门整体、每一个职能部门和员工、上一个绩效周期或者现在的工作按照科学的标准衡量达到什么水平？工作效率如何？公民满意度怎么样？公民不满意的主要因素是什么？这些问题能反映公共部门现有绩效水平的优势和不足，需要客观的评定。不知绩效是什么，就不能开展绩效管理。对公共部门内部人员进行绩效管理理论培训，即再造管理理念，是计划阶段的必要工作。

公共部门绩效管理"以人为本"的核心理念，顾客导向、服务导向、结果导向等的价值取向，"3E"———经济（economy）、效率（efficiency）、效益（effectiveness）的绩效评估标准，以及绩效管理对公务员自身工作能力和公共部门整体绩效提升的强大功能等是公共部门内部绩效管理理论培训学习的主要内容。"对其目标的清楚认识，在任何可能的地方都有办法去评估与这些目标有关的方法、产出和绩效。"在自我绩效定位和培训学习的基础上，确定新绩效周期的目标，这是计划阶段的核心工作。公共部门要向每一位公务员传递关于公共部门战略规划的充分信息，上级和下属坐在一起，采取面对面的方式进行绩效面谈，根据组织目标，共同制定并修正公务员个人绩效目标及实现目标所需的资源、步骤。最后，在充分沟通的基础上，形成绩效目标计划书。公共部门绩效目标制定的过程是战略目标层层分解，落实到具体部门和组织的过程，是公共部门内具体工作任务、责任和职能部门、职位的再次匹配过程，是公共部门绩效整体提升的基础。

2. 公共部门绩效管理实施

公共部门绩效管理的整个流程中，绩效计划、绩效评估和绩效结果反馈应用，都可以在短时间内完成，而绩效管理实施则要贯穿整个绩效管理周期，耗时最长。绩效管理实施的好坏直接影响到绩效计划是否能够顺利执行，绩效目标能否实现，直接决定整个公共部门绩效管理的成败。

一个好的计划，如果不能有效实施，功能不能释放，其结果与一个不完美的计划就没什么两样。绩效管理实施过程中，管理者与被管理者需开展持续的绩效沟通。在个人层面上，通过绩效沟通，公共部门工作人员明确自己与一位高绩效执行者之间的差距，提高自己的知识和技能，改善自己的胜任特征；同时，检测自己绩效目标的实现程度，明确执行中存在的问题，分析原因，提出相应的改进措施和方法。在组织层面上，通过绩效沟通，可以对整个组织的绩效计划的执行情况进行阶段性的监督和检查，找出实施阶段上出现的问题与偏差，集思广益，找到解决问题的途径，以保证绩效计划在下一个阶段的顺利执行。另外，公共部门面临的内外部环境纷繁复杂、不断变化，在绩效计划的执行中，可能出现需要对计划做出适当调整才能适应的新情况，因此，需要对绩效实施过程进行实时监控。"监控有助于考察政策的顺从程度，发现政策项目没有考虑到的结果，识别政策执行的障碍和限制，确定政策偏离的责任归属。""在政策和计划的执行过程中实施监控，以确保不出现意想不到的变化，检测它们的影响，确定它们是否会产生预期的影响，或决定是否继续执行、修正还是终止它们。"

绩效计划的实施产生绩效数据，它是公共部门绩效评估的依据。实施阶段的绩效信息收集全面、细致，才能对公共部门的绩效做出客观公正的评估。我国公共部门虽然还没有专门的绩效信息搜集系统,但是绩效信息的搜集工作不可忽视。

3. 公共部门绩效评估

绩效评估是公共部门绩效管理的核心环节,是绩效管理过程中难度最大、最富有挑战性的阶段,以至于很多人把公共部门绩效管理等同于绩效评估。公共部门绩效计划的实施成效如何只有通过评估才能表现。"测量能推动工作;若不测定效果,就不能辨别成功还是失败。"公共部门绩效评估是整个公共部门绩效管理中最复杂的子系统。做好绩效评估,需要对每一个要素进行全面的思考和分析。

首先,制定评估指标、标准。绩效指标反映从哪些方面评估公共部门绩效,绩效标准则衡量公共部门做得怎么样,绩效达到什么水平。"制定绩效指标和产出标准,用来评估实现目标过程中所取得的成就。"绩效指标的选择必须采取关键绩效指标法(key performance indicator, KPI),遵循 SMART① 原则,从反映公共部门工作的众多可用指标中选择最重要、最关键、最能反映公共部门工作成效和目标的指标。公共部门绩效评估通常把"3E"作为标准体系。"3E"标准体系从投入(input)与成本(cost)、投入(input)与产出(output)、产出(output)与效果(out-come)三个维度评估公共部门在绩效管理周期中做事情是否尽可能节约(doing things economical)、是否把事情做好(doing things well)、是否做了正确的事且做好(doing the right things well)。经济、效率、效益三者之间彼此关联,缺一不可。

其次,选择评估主体与方法。公共部门绩效评估与传统的政绩考核最主要的区别之一是公共部门绩效评估主体的多元化。专家学者、行政人员、公民和其他利益相关者有自身特定的评估角度和不可替代的比较优势,参与评估公共部门的工作绩效,能保证评估的客观公正。360度绩效考评(也称全视角考评,full-circle appraisal)即由被考评者的上级、同事、下级和客户以及被考评者本人担任考评者,从多个角度对被评者进行评估,是目前最为流行的新型绩效评估系统。绩效评估方法的选择必须根据评估的内容、目标而确立。珠海市的"万人评议公共部门"、厦门思明市的"公共部门效能建设"、青岛市的"创建高绩效机关"、烟台市的"社会服务承诺制"以及开国内第三方公共部门绩效评估先河的"甘肃模式"等,都有很强的借鉴意义。

最后,评估活动的开展与评估数据的处理。绩效评估过程中要特别注意避免出现误差,或尽可能减小误差。采取强迫分布法或对比法,克服问卷调查中的宽厚误差、苛严误差和居中趋势;通过提供整个绩效周期的绩效信息,克服优先效应和近因效应、"只见树木,不见森林"的以偏概全现象;通过严谨、详细、具体、明确的标准设定,克服晕轮效应、自我中心效应等。误差控制是具体评估活动中的一项关键工作,它直接影响评估的准确性。

4. 公共部门绩效评估结果的应用

"绩效评估的结果,能作为一种数据资源向组织的利益相关者报告组织绩效。""绩效考评系统的整体效用在很大程度上取决于其结果的可获得性和可理解性,即预期听众是否能

---

① S 即 specific,具体的;M 即 measurable,可测量的;A 即 attainable,可实现的,可达到的;R 即 relevant,相关性的;T 即 time bound,有时限的。

够快速、容易和准确地理解和掌握绩效报告。"公共部门绩效评估结果的公开、反馈、应用是一个绩效管理周期的终点和下一个周期的起点。评估对象希望评估结果如实反馈，以改进自己下一个绩效周期的工作。最后的结果能不能公开，这是民企（民企是"甘肃模式"的评估主体）最担心的问题。民众对多元评估主体参与、评估后对结果的公开及之后的应用有很高的期望。

绩效评估的结果，根据其是否实现绩效目标可以分为三类，即成功的、失败的、未完成的。对于成功的要使之标准化，推广应用；对于失败的要分析失败的原因，总结教训，制定纠偏措施；对于未完成的要分析已完成多少，为什么不能全部完成，已完成的质量怎样等。绩效评估的结果都要向公众公开，"看不到成功，就不能给予奖励；不能奖励成功，就有可能是在奖励失败；看不到成功，就不能从中学习；看不到失败，就不能纠正失败；展示成果，能赢得公众支持"。公共部门绩效评估的核心功能——导向功能的释放，即通过绩效评估形成强大的外部压力，影响公共部门行为，引导公共部门形成科学的发展观和正确的政绩观，就是以公开结果为基础。

总之，绩效管理过程主要包括绩效规划、绩效实施、绩效评估和绩效反馈四个环节。在绩效规划时要考虑四点：一是确定决策者的需要；二是明确项目问题的性质和范围；三是制定被评估项目的有效目标；四是制定全面的绩效考核方法。绩效评估包括三个基本功能活动：一是绩效指标化，设计评估指标系统；二是绩效监控，持续地进行绩效的监测记录和考核；三是绩效评估，依据指标对公共部门管理过程的投入、产出、中期成果和最终成果所反映的绩效进行评定和划分等级[1]。绩效反馈是运用绩效评估结果的过程，是将绩效结果作为改进组织和个人奖惩晋升依据的活动，如：①绩效奖励，包括绩效工资、奖金、精神补偿；②绩效改进分析；③绩效合同与协议修订；④绩效预算等。

8.1.5 公共部门绩效管理的作用和意义

公共部门是整个社会管理的中枢系统、协调系统和控制系统，整个社会的生产力均与公共部门机构的运转效率有关。公共部门绩效管理作为一种新的管理方式和有效工具，其以顾客为导向，强调责任，注重结果；从多方面入手，加强公共部门公务员的责任意识，强调公共部门要向顾客负责，满足顾客的需求和期望。其对公共部门实施变革、评估和再造，具有重要的作用和意义。

1. 绩效管理有利于公共部门管理从传统模式向新模式的转变

我国传统行政管理模式具有垄断、权力高度集中、严格的规章制度、重"过程"而轻"结果"等主要特征。新公共管理理念则强调以结果为本，破除传统行政模式权力过分集中、管理层次过多等弊端，主张公共服务市场化、社会化，权力非集中化，以及从等级制到参与和协作的改变。传统行政模式要实现向公共管理新模式的转变，离不开绩效管理的技术支持。因为，一方面，绩效管理不仅关注投入，而且更注重结果，以结果为本。绩效管理作为一种管理工具，能够对结果进行科学的测定，这为公共管理新模式付诸实践提供了强有力的支撑。另一方面，绩效评估能够对组织的绩效进行系统的测定和展示，为上级

---

[1] 黎民：《公共管理学》，北京：高等教育出版社，2003年。

提供充分的信息和控制绩效的手段，从而为领导放权解除后顾之忧，为分权化改革提供基础。以权力下放为取向的绩效管理为公共管理新模式的推行创造了前提条件。

2. 绩效管理有利于形成竞争机制，从而提高公共部门的管理能力和管理水平

市场取向是新公共管理的核心特征。市场机制主要是竞争机制，把市场机制引进公共部门，意味着打破公共部门对公共物品的垄断。绩效管理利用市场机制，展开公私组织之间、公共组织之间的充分竞争，给僵化的传统行政注入了新鲜的血液，为公共部门管理带来了活力。绩效管理通过提供各个公共服务机构绩效方面的信息，有助于公众在公共组织与私人组织之间"货比三家"，做出正确的选择，挑选物美价廉的物品，竞争的压力迫使公共部门机构提高服务质量和效率，提高管理能力和管理水平；在公共部门内部，横向、纵向的绩效比较有助于形成一种竞争气氛，同样会起到提高服务质量和效率、提高管理能力和管理水平的效果。

3. 绩效管理在公共部门管理实践中具有重要作用

从各国实行绩效管理的情况来看，公共部门绩效管理在实践中具有以下几个重要的作用和功能：①参照功能。公共部门的管理计划和目标的确定要参照多方面的信息，其中之一是有关部门前一阶段的绩效状况。前一阶段的评估结果为公共部门工作计划的科学制订提供了基础。②监控功能。公共政策在实施过程中，必须进行严密的监测，如存在背离计划的情况，就要采取有效的控制措施。绩效管理制定的绩效标准及据此收集的各种资料，为监控提供了一个重要的信息来源。③促进功能。绩效管理对公共部门所作所为进行评估的结果能促使公共部门追求卓越。④激励功能。公共部门的工作业绩被测量、被评估、被比较，就会激励公共部门降低管理成本，提高行政效率，更好地改进工作。⑤资源优化功能。在经济领域，市场机制能实现资源的优化配置。在行政领域，如果缺乏关于效果的客观资料，政治领导人在决定加强或削弱某个领域的工作时，往往不能科学地重新分配资源。绩效管理有助于科学设定目标并根据效果来配置资源。

4. 绩效管理有利于公共部门信誉和形象的改善

绩效管理过程的透明和信息的公开，把公共部门在各方面的表现情况做出全面、科学的描述并公之于众，有助于促使公共部门依法行政，形成公共部门与公民、国家与社会之间的良性互动关系。一方面，绩效评估不但可以用以证明公共部门开支的合理性，而且通过向公众展示工作效果能赢得公众对公共部门的支持。同时，绩效评估并不只是展示成功，它也暴露不足。暴露不足并不一定损害公共部门的信誉。相反，公共部门向公众公开所面临的问题，能取得公众的信任，它有助于提高公共部门的信誉，因为它让公众看到了公共部门为提高绩效而做出的不懈努力。另一方面，展示绩效状况能推动公众对公共部门的监督。社会公众通过绩效评估的信息来控制和监督公共服务的供给，这有利于公共部门实现从过去的"暗箱操作"到"阳光行政"。

8.2 公共部门绩效评估

公共部门绩效评估是公共部门绩效管理的重要和关键内容。在英国，20 世纪 80 年代初，绩效评估常单独使用；随着 20 世纪 80 年代后期绩效管理的诞生和推行，绩效评估被纳入绩效管理的框架之中，并被视为绩效管理的核心要素[①]。绩效评估现在作为一种国际化潮流，在各国的政府改革中已经蔚然成风。

8.2.1 公共部门绩效评估概述

1. 公共部门绩效评估的含义和类型

公共部门绩效评估，是指评估主体对公共部门积极履行公共责任过程中的投入、产出、中期成果和最终成果进行评审界定和划分等级。从内容上看，它是一个综合性范畴，包括公共部门管理的目标、效率、能力、服务质量、公共责任和社会公众满意程度等方面；从要素方面看，它是一个完整的系统，包括评估主体、评估客体、评估指标、评估程序、评估方法、评估技术等；从程序上看，它是一个动态的过程，包括绩效评估指标体系的设定、评估主体的选择、评估程序的制定、评估方法的掌握、评估结果的运用等内容；在性质上，它是一种市场责任机制，把公民视为消费者，是消费者对公共服务的直接控制和选择。同时绩效评估还具有使公共部门职能具体化、使制度转化为现实秩序的性质。

依据不同的分类标准，公共部门绩效评估有不同的类型。从评估主体视角来看，可分为以领导部门为主体的自上而下的绩效评估、以各部门自身为主体的绩效评估、以独立机构为主体的第三方公共部门绩效评估和以社会公众为主体的大众满意度调查。例如，南京市连续6年开展"万人评议机关"活动，就是公众评议公共部门工作绩效的典型案例。从评估对象来看，可分为整体绩效评估、部门行业绩效评估、项目绩效评估和个人绩效评估等。从评估内容来看，公共部门绩效评估又分为政治绩效评估、经济绩效评估、社会绩效评估和文化绩效评估等。不同领域的绩效评估，评估的重点和指标存在很大的差异。政治绩效主要是指政治生产力以及政治产品，即政策的形成与贯彻；经济绩效主要是指经济增长与稳定中公共部门的导向作用，其中通货膨胀、失业、收入分配等是重要的评估指标；社会绩效主要是指社会稳定与发展，其中安全与犯罪、公平与正义、福利与贫困、稳定与动乱等是重要的参数；文化绩效则是指精英文化与大众文化的互补与渗透，以及文化的繁荣与整合。

2. 公共部门绩效评估的发展与演变

公共部门绩效评估研究与实践的发展大致分为五个阶段：一是萌芽阶段，从19世纪末到20世纪40年代；二是起步阶段，从20世纪40年代到70年代；三是规模发展阶段，从20世纪70年代到90年代；四是规范发展阶段，20世纪90年代；五是深入发展阶段，2000年至今。

第一，萌芽阶段。绩效管理制度在工商企业中的运用最早可追溯到20世纪初泰勒的《科学管理原理》中关于时间的研究、动作研究和差异工资制。1938年，克莱伦斯·雷得和赫伯特·西蒙合著的《市政工作衡量：行政管理评估标准的调查》一书，标志着公共部门绩效评估研究工作的开始。雷得和西蒙不仅指出公共部门绩效评估的内容应包括公共部门工作、结果、成本、努力和业绩等方面，还指出了实施和开展公共部门绩效评估的必要性和难点，这为以后的组织绩效评估奠定了理论基础。不过，他们所关注的公共部门绩效评估还仅仅停留在提升公共部门工作效率的层面。

---

① 卓越：《公共部门绩效评估》，北京：中国人民大学出版社，2004年。

第二，起步阶段。20世纪60年代初，英国公共部门开始对公共部门的效率进行测定，并陆续发布了对土地监督局、税务局等部门的生产率指数，并制定出了用于测定下属部门工作的各种绩效指标。20世纪60年代后期，以费德里克森为代表的"新公共行政学"发展了社会公平理论，认为公共行政的核心价值是社会公平，主张将"效率至上"转为"公平至上"。这在当时产生了巨大的影响，特别是以顾客为导向的理论观点奠定了当代公共管理基本价值理念和绩效评估的理论基础，同时也标志着公共部门绩效评估的基本价值开始从效率和效益向"公平至上"导向转变。

第三，规模发展阶段。20世纪70年代，韦斯在《评估演技：评估计划有效性的方法》中对公共部门计划的评估目的、问题和方法进行了阐述。霍德提出公共部门管理应以市场或者顾客为导向，实行绩效管理，提高服务质量和有效性，以及界定公共部门绩效目标，测量和评估公共部门绩效。这些开创性的贡献奠定了新公共管理的理论基础，绩效管理和绩效评估也获得了公共管理各学派的认可。1973年，尼克松政府颁布了《联邦政府生产效率测定方案》，制定了3000多个测定公共部门工作绩效的指标。1974年，福特总统要求成立专门机构对所有公共部门进行成本和收益分析。1976年，美国科罗拉多州通过法律要求公共部门定期对其活动和规章进行评估。20世纪70年代，最具影响力的是1979年英国公共部门开展的公共部门绩效评估工作。1979年，撒切尔夫人任命雷纳为其顾问，开始了著名的"雷纳评审"。自20世纪80年代以来，英国新公共管理运动兴起，一时之间成为指引西方行政改革的指导思想，绩效管理和绩效评估也开始成为西方各国行政改革的重要内容。

第四，规范发展阶段。自20世纪90年代以来，公共部门绩效评估在西方各国得到充分发展，其体系和评估方法更加科学化。1992年，戴维·奥斯本和特德·盖布勒的《再造公共部门：企业精神如何改造公共部门》为公共部门改革提供了指南——企业型的公共部门运作机制。在随后由奥斯本和普拉斯特里克合著的《摒弃官僚制：公共部门再造的五项战略》中主张用公共部门再造来取代诸如全面质量管理、标杆管理、提高效率等的单一改革措施。巴泽雷在《突破官僚制：公共部门管理的新愿景》一书中提出"解放管理，让管理者去管理"。1993年，美国国会颁布《公共部门绩效和结果法案》，以立法的形式确定了公共部门绩效评估的地位，对公共部门绩效评估作用充分认可。同年，戈尔副总统领导的国家绩效评估委员会发表了《从繁文缛节到结果导向——创造一个花钱少、工作好的公共部门》的报告，标志着美国公共部门再造正式拉开序幕，并推动着美国公共部门绩效评估不断向前发展。据有关权威国际组织统计，除美国和英国外，目前公共部门绩效评估在丹麦、挪威、芬兰、加拿大、德国、法国、新加坡、荷兰、澳大利亚等众多国家都得到了广泛的发展和应用，以至于当时出现了"评估国"的说法。

第五，深入发展阶段。自进入21世纪以来，西方发达国家的公共部门绩效评估，无论是发展的广度还是深度，均超过以往任何时期。新时期西方国家公共部门绩效评估更加强调市民社会的自治性和权力的多中心，追求行政的"公平性"和"民主性"，强调公民、非公共部门组织和其他社会组织的多元参与；现代治理理念的兴起更加重视和强调行政行为的透明性和回应性等。当前，虽然学术界对公共部门绩效理论和实践是否形成了一定的模式还存在很大的争议，但有一个共同的趋势就是，注重公民参与，制度规范，注重公共部门的回应性,强调顾客导向和服务导向,重视第三方力量参与和评估手段的现代化。

3. 发达国家公共部门绩效评估的主要特点和发展趋势

第一,强调顾客导向,注重多元参与。绩效评估是一种推动公共部门承担责任的有效机制。公民是公共部门所进行的公共管理和公共服务的最终承接者,对公共部门绩效最有发言权,公民参与原则是绩效评估的基本原则。因此,坚持顾客导向成为西方国家公共部门绩效评估实践中的重要发展趋势。西方国家的具体做法有:在绩效指标设计上体现外向性和多样化的满意度调查,组织民间团体对公共部门进行独立评价和审查等。

第二,侧重效益和顾客满意度。早期开展的公共部门绩效评估主要是以行政效率为核心课题,重视节约成本、提高公共部门效率。20世纪70年代后期,英国撒切尔夫人引入绩效评估工具,也仅仅是希望借助企业的绩效评估方法或工具来提升行政效率和降低行政支出。20世纪80年代初期,随着新公共管理理论的发展和公共部门绩效评估的逐步深入,英国公共部门开始设立"经济、效率、效益"的"3E"标准体系,以取代传统的效率标准。此后,又出现了指标体系更为完善的"标杆管理法"。除经济层面的指标外,标杆管理还包括公共部门提供的公共产品如教育质量的比较评估,以及公共部门在公益性活动中所做努力的指标等,使公共部门全面考虑自身在社会中应承担的责任。顾客满意度是西方发达国家公共部门绩效评估的又一重要指标和评估内容。自20世纪90年代以来,英国、美国、加拿大、新西兰、瑞士和澳大利亚等国开始进行大范围的公共部门顾客满意度调查,并将提升顾客满意度作为公共部门绩效的目标。其主要做法是,在公共部门管理中建立一套易于理解、覆盖全面且具可操作性的公民满意度测评体系,通过测评并将指标测定结果反馈给公共部门机构和公民,以作为公共部门和公民对公共部门工作绩效年度评估的重要内容。

第三,注重制度建设和规范管理。在许多西方国家,绩效评估已经成为公共部门机构的法定要求。美国、荷兰、日本等国家都制定了相关法律。英国和澳大利亚等国家主要以管理规范的形式,使组织绩效评估成为重大改革方案的组成部分,凭借最高行政首长的政治支持和主管部门的预算配置权来推进组织绩效评估。事实上,为了规范公共部门绩效评估工作,美国从里根公共部门时期就开始致力于制定有关公共部门绩效管理方面的统一立法。1993年,克林顿公共部门通过的《公共部门绩效和结果法案》,首次以立法的形式确立了对行政管理进行绩效评估的法律制度,使得绩效评估制度逐渐深入到公共部门的日常工作当中,为公共部门改革的顺利实施提供了坚实的法律基础。此外,英国《国家审计法》、《地方公共部门法》,澳大利亚《审计长法》、《财务管理与责任法案》、《公共服务法》等,都对本国公共部门绩效评估的定义、目的、原则、程序、评估机构以及评估结果的运用等,或为国家审计署、审计委员和其他各专业机构开展公共部门绩效审计和评估提供了法律依据。为了有效实施法律和制度,多数西方国家还确定了独立机构,负责对绩效评估工作进行指导、督促和协调。

第四,注重第三方力量参与。西方发达国家的公共部门绩效评估经历了由内至外,从单一至多方力量共同参与的变化历程。最初的公共部门绩效评估主要是指上级部门评审、检查下级部门和公共部门自我测评的一种手段。随着行政改革的变化,公共部门绩效评估也由以公共部门为中心转变为以服务对象为中心,评估主体由公共组织自身扩展到社会公众。从总体上看，目前西方国家的公共部门绩效评估已初步形成了由公共部门、媒体、社会公众、非公共部门组织和研究部门共同参与的态势，并且越来越注重第三方力量参与社会评估。由于第三方评估多是由领域内的专家和学者构成，且大都掌握专业知识，信息面较广，又与被评价者没有利益冲突，更能客观公正地做出评价，因此，引进第三方进行评估是西方发达国家公共部门绩效评估发展的新趋势。例如，美国著名的公共政策研究机构锡拉丘兹大学坎贝尔研究所，从1998年开始对全国50个州的公共部门展开了大规模的绩效测评活动，仅短短几年时间，其成效就得到了公共部门和社会民众的关注和认可。

第五，重视评估手段的现代化。自20世纪90年代以来，随着通信和信息技术的迅猛发展，西方发达国家也开始注重公共部门绩效评估工作方式和手段的现代化。其中一个明显的发展方向就是利用信息技术开展公共部门绩效的民意测评和注重利用电子政务的方式推动绩效评估信息公开。1993年，克林顿公共部门在利用信息技术在联邦公共部门机构和州公共部门开展公共部门绩效的调查、测评和评估工作的同时，还在《国家绩效评论》中首次提出了构筑"以顾客为导向的电子公共部门和公共部门在线服务"的发展目标，成为电子公共部门建设的发起者。此后，美国公共部门的做法很快为英国、新西兰、加拿大、荷兰、奥地利等国家以及欧盟、世界银行和国际货币基金组织等国际组织争先效仿和采用。信息技术和电子公共部门既满足了西方发达国家公共部门绩效日常管理的信息要求，同时也满足了绩效评估与评估者的信息沟通要求，并受到越来越多的国家公共部门绩效管理者的青睐。

4. 我国公共部门绩效评估模式

一是与目标管理责任制相结合的绩效评估。目标管理是我国开展得最广泛的绩效管理方式。绩效评估在我国部分地方公共部门早期实践中，是与目标管理结合在一起的，特点是将组织目标分解并落实到各个工作岗位，目标完成情况考核也相应针对各个工作岗位进行评估。

二是以改善公共部门及行业服务质量、提高公民满意度为目的的公共部门绩效评估。例如，福建省厦门市实施的民主评议行业作风办法，上海市开展的旅游行业和通信行业行风评议，青海省、江西省进行的通信行业行风评议，河北省组织的司法和行政执法部门评议，江苏省无锡市试行的律师行业评议等，这些都是以提高行业服务质量和水平为目的的绩效评估活动。

三是专业职能部门开展的公共部门绩效评估。例如，审计部门进行的管理审计、效益审计，人事部门在国家公务员考核中加入的量化评估内容，组织部门对领导班子的考核中引入的绩效考核等，这一类绩效评估的重点是促进专业领域中组织和个人绩效的提高。

四是以效能监察为主要内容的绩效评估。效能监察主要是针对国家行政机关和公务员行政管理工作的效率、效果、工作规范情况进行监察，实际上是国家纪检监察部门依照法律、法规和有关规章对公共部门绩效进行的评估活动。

五是与政务督察相结合的绩效评估。山东省青岛市围绕经济、政治、文化和社会四个方面的建设，将督查工作与公共部门绩效管理有机结合，构建了绩效导向的督查推进体系。该模式运用督查体系及平衡计分卡，确立公共部门各个部门的组织使命、核心价值观、远景目标及战略选择，以绩效示标的形式将城市发展战略量化分解，落实到各个区市和相关的职能部门,并从顾客服务、内部流程、效率效益和学习成长四个维度测量、监控,改善党委和公共部门的绩效。

六是由"第三方"专业评估机构开展的公共部门绩效评估。例如,甘肃省公共部门委托兰州大学中国地方公共部门绩效评价中心,对所辖市(州)公共部门和所属部门进行的绩效评估,被媒体称为"兰州试验",备受公共部门、学术界和社会的关注。北京市有的区委托国内著名咨询机构"零点研究咨询集团"开展的政务环境绩效评估,也属于这一类。

七是引入通用模型进行的绩效评估。国家行政学院在研究欧盟成员国使用的多种绩效评估模型的基础上,结合我国国情,构建了中国通用绩效评估框架(common assessment framework,CAF)。CAF模型包括了促进和结果两大要素,共9大标准,其中领导力、人力资源管理、战略与规划、伙伴关系和资源、流程与变革管理属于促进要素;员工结果、顾客/公民结果、社会结果和关键绩效结果属于结果要素。9大指标下又包括27个次级指标。CAF模型在哈尔滨铁路检察院和厦门市思明区公共部门进行试点,初步取得效果。人事部中国人事科学院课题组的研究成果也属于此类。

8.2.2 公共部门绩效评估指标体系的设计

绩效评估是依据一定的标准进行的价值判断活动。评估指标体系的选择与确立,是绩效评估的核心问题和难点所在,是绩效评估制度的基本前提。

1. 指标体系在公共部门绩效评估中的重要地位和作用

指标体系决定着评价结果的信度和效度。在公共部门绩效评估中,指标是评估目标的具体化,指标体系是公共部门绩效评估的核心。没有一套合理的指标体系,就无法进行公共部门绩效评估。因此,指标体系的建立是绩效评估操作的关键部分,反映一个绩效评估体系的价值取向,它关系到整体评估的科学性、公正性和可操作性,直接影响绩效评估制度的成败。指标体系的合理化、科学化程度,在很大程度上影响着公共部门绩效评估的水平和质量。因此,建立一套优化的指标体系就十分必要。

公共部门绩效评估指标体系的作用表现为三个方面。首先,指标体系是公共部门绩效评估的基础,没有指标体系就无法进行评估,建立指标体系是评估的必备条件。其次,指标体系是公共部门改进管理工作的依据,一套完整的指标体系也是一套具体的管理目标,按照指标体系还可以评鉴管理工作的优劣,找到相应的改进措施,明确规划或计划的方向。最后,科学合理的指标体系反映了公共部门改革的方向,可以引导公共部门改革健康进行。科学的公共部门绩效评估指标体系,有助于清晰地界定公共部门的职能和活动范围,防止交叉重叠;有助于确保公共部门绩效的真实有效,促进公共部门绩效的公益本位。

2. 公共部门绩效评估指标体系设计的原则

评估指标是测量公共部门绩效的工具,反映公共部门绩效的内容。指标体系决定着评什么和按什么标准评的问题。不同的评估对象,就会有不同的指标体系。设计公共部门绩效评估指标体系是一个复杂的技术性很强的过程,也是对评估目标进行系统分析的过程。要求设计者既要有一定的理论基础和实践经验,又要善于听取各方面的意见,还要在实施公共部门绩效评估的工作中不断加以完善。设计绩效评估指标体系应遵循以下基本原则:

(1)一致性原则。要真实地反映公共部门的绩效，在制定绩效指标时，公共部门各部门、上下级之间在指标的数量、范围和权重方面必须协调一致，充分沟通。要使指标与目标一致，决不能相反和矛盾，而且指标要能充分地反映目标。违背这一原则的指标就会使公共部门绩效评估偏离目标，从而产生不良的后果。因此，指标体系对公共部门工作的导向作用是十分明显的。指标与目标的一致性还包含着各条指标间的一致性，就是说，不能把两条相互冲突的指标放在同一个指标体系中。

(2)客观性原则。即指标体系的设计要求应从公共部门管理工作的实际情况出发，实事求是，客观可行，使每一指标都具有实际意义。指标定得过高或过低、过繁过难都会脱离实际，达不到预定的目标。公共部门是为民众提供公共服务的权威组织，其绩效指标的设定、评估都必须立足于当地实际。

(3)整体性原则。社会发展和人民生活的改善应是全面的、可持续的。公共部门作为某一区域内的法定权威组织，是唯一能够在宏观上引导本地产业在系统、可持续发展的框架内运行的组织。这要求公共部门在制定各项指标时，要综合反映社会发展的全面性与协调性，而不是只侧重某一方面。

(4)可测性原则。即指标体系的每一个指标都可以实际测量或观察，以获得明确的结论。根据可测性原则，指标可分为两类，一类是可以量化的定量化指标，另一类是难以量化的定性指标。从现实情况考虑，这两类指标都是必要的，难以相互取代。凡是可以直接量化的指标，应尽可能量化，凡是不能直接量化的指标，则采用定性指标，或者对定性指标进行二次量化。

3. 绩效评估指标体系应注意的几个问题

1)评估指标构建的困难

评估指标是公共部门绩效评估的基本理论参照和操作依据。但是在评估过程中，公共部门绩效评估指标的架构和设计却存在诸多困难：①公共部门管理工作具有相当的复杂性，不同部门的工作各不相同，很难用统一的指标来衡量。绩效指标很容易受到批评，因为它试图详细说明模糊的问题。②如何制定与品质有关的指标仍是绩效评估的主要限制。公共部门提供的物品或服务大多不易量化，其服务品质很难用具体明确的指标来度量。③在评估指标的设计过程中，由于缺少充分的理论参照，评估标准指标难以摆脱主观判断的片面性。同时由于公共部门服务具有垄断性、管制性和唯一性，公众既难获取那些被垄断的信息，又因缺乏横向比较的标准，难以对某部门的服务确立科学的或理想的绩效评估标准。

2)指标的设计应避免单纯追求业绩

公共部门要提高工作质量，绩效评估就是验证和提高质量的有效手段，公共部门推行绩效评估工作很迫切。但是作为公共部门，其目标既有经济效益，还有社会效益。管理目标比企业复杂，所以在指标的具体设计上比企业复杂得多。在设计指标时应避免片面地将经济业绩等同于政绩，将经济指标等同于公共部门绩效的评估指标；避免片面追求 GDP 的增长，因为要注意到"GDP 本身也有是否优良的问题"以及"GDP 中的财富含量对就业的拉动以及是否能给公众带来福利"等。例如，评估一个企业业绩，主要看其利润率、市场占有率等相对统一的指标完成情况；而评估一个公共部门，它的工作对象包罗万象，产品极其多元，许多产品又是无形的，并且目标常常十分模糊，这使得评估具有相当的不确定性。况且，公共部门并不单单生产"产品"。例如，某办证部门今年比去年办证量翻了一番，按企业说法，就是业绩翻了一番，但是如果该部门接到的群众投诉、举报也翻了一番的话，那么业绩能否也算翻了一番呢？评估公共部门绩效，不仅要看它办得快不快、多不多，还要看它办得好不好，事难办脸好看不行，事好办脸难看也不行。

3) 指标模型建构者的确定

一般而言，指标模型的建构者可以是独立的第三方，即受公共部门委托授权的相关研究人员，也可以由相关的研究人员和部分公共部门的成员组成。但从现实情况看，指标模型的构建多数是相关研究人员和实际工作者共同来完成的。相关研究人员具有扎实的理论知识体系和一定的研究基础，实际工作者对于自己的工作情况最为了解，他们最清楚何种指标将最好地反映工作现实以及在建立指标体系过程中会遇到什么困难。吸收他们参加指标体系的建立会使指标体系更为客观，更具有可操作性。要成功地建构一个指标模型，一方面需要充分了解此次评估的目的以及所要实现的绩效目标；另一方面又要通过深入的调研，从评估对象那里获取客观真实的绩效信息，以便设计科学的评估维度、指标体系等。

4) 具体分析指标内涵，是设计指标体系的基本方法

根据指标体系设计原则，对于从目标层次系统转化得来的指标体系，还要进一步具体分析和明确指标的内涵与地位，进行调整、修改和完善。其基本方法是：①要加大重要指标的权重，因为重要指标是与目标直接相关的；②要避免相互重叠的指标；③要研究指标的量化，但不要勉强量化，有些指标可用二次量化法，也有些指标可分解后量化或转化后量化；④要抓住主要指标，减少不必要的指标，使其尽可能地简化。有的指标可删除，有的指标可合并，有的可列入附加项目。所有上述方法都不应损害指标体系的完整性，而只能使之更加完整。评估的指标应该既包括"硬指标"，又包括"软指标"。所谓"硬指标"就是指可量化的指标，其中以经济审计为主要内容和评估的主要途径；"软指标"是指难以具体量化的公众满意度，其中以社会评价为主要内容，评估的主要途径应是中介组织进行的社会调查。当然，这里的"软指标"有些也是可以转化为"硬指标"的，如公众对公共部门的支持率、公共部门决策的实现程度、社会发案率等。

5) 从我国实际出发，不同部门、不同地区的指标设计要有所区别

评估指标体系必须符合实际，这是最基本的要求。首先要从现实条件出发，指标体系的设计要使信息易于获取，最好在日常管理工作中就能获取，使收集信息所需的人力、物力为最少，即尽量利用已有的信息。其次要求指标的设计与评估所采用的方法相结合，要提出该指标评估的标准及其测量方法。最后要在实践中不断完善指标体系，重点是改善指标的品质（指标之间要独立，人为因素的影响最小）、权重的品质（使各指标的权重系数更符合实际）以及测量品质（使测量方法与测量对象一致），这样使指标体系更加完整，更加符合被评对象的客观实际。

4. 指标体系的结构和模型

指标体系的结构就是各类指标的构成方式。公共部门绩效评估指标体系的结构从形式上可分为一级指标和多级指标；从内容上可分解为经济发展水平指标、社会发展水平指标、资源环境发展水平指标、综合评价指标等。公共部门绩效评估指标模型的建构就是通过各种手

段把公共部门绩效评估的目标转化为需要完成的、可操作的、具体的指标或任务。

公共部门绩效评估指标是为适用于各种活动而建立的。评估目标不同，所建构的评估指标模型也是不同的。例如，对同一公共部门的评估，以评优为目的的评估和以末位淘汰为目的的评估在评估指标的设置和权重设置上都有着很大的区别。公共部门绩效评估指标的设计，既要考虑全面性，涵盖公共部门工作的基本职责范围，又要突出地区发展、行业发展和时间阶段性的特点，强调关键指标；既要考虑到当前，又要着眼于长远的绩效；既要规定规模、总量、增长速度等数量指标，也要规定效益、质量、结构等质量指标；既要考察投入指标，也要看产出指标；既要看投资增长、财政收入、居民生活水平、消费品零售总额等经济指标，还要看社会指标。因此，在指标的选取过程中，按照指标设计的原则，首先网罗所有可以用来对公共部门绩效进行测评的指标，其次通过一系列的理论筛选及实证研究如发放问卷、现场访谈等方式对指标进行遴选，以保证指标的有效性、实用性和合法性，最终设计出一套完整的，且具有一定信度、效度和辨别力的指标体系。

8.2.3 公共部门绩效评估的测量方法

1. 传统绩效评估方法

1）简单比率分析法

这种方法是一般组织最常用的方法。实际上，组织的经营绩效大部分由财务会计报表就可以轻易地揭露出来，便于计算及分析，使管理者易于了解组织的经营绩效，故该方法被企业广泛地应用在绩效评估上。该方法的优点是数据容易取得，计算简单，易于了解。但使用上无法同时评估多项投入及多项产出的企业组织形态的绩效，同时无法提供改善绩效的参考信息，并且很难客观公平地比较各单位之间绩效的好坏。

2）回归分析法

这种方法利用最小二乘法求得自变量与因变量之间具有因果关系的回归线，但必须事先假设自变量与因变量的函数关系为线性、二次式或其他形式。回归分析法将有影响的投入与产出变量纳入回归模式中，再比较评估对象与回归方程式的残差项大小和判定系数的高低，以评估单位彼此之间效率的高低。此法可以了解投入或产出变量对总生产力的影响，较前者简单比率分析法有所改进，但是仍然存在着只可以处理单一产出的组织形态的绩效，而无法处理多投入多产出形态下的组织绩效的问题。

总体来说，这一类方法源自于企业从财务的角度衡量自身经营绩效状况，通常不具有自身设定权数的特性。简单比率分析法与回归分析法在面对多项投入与多项产出的情况时，必须事先设定相关乘数即权重大小，以反映各种分析结果的重要性程度。对于企业等营利单位而言，其投入项及产出项大多具有市场价值，可将其转换成货币单位，而以"获利率"来评估其效率；但对于非营利组织而言，其投入项及产出项很多无法转换成货币单位而无统一的比较基准，这种方法就难以发挥有效的评估作用。

2. 基于战略(管理)的绩效评估方法

1)"3E"评价法

随着行政权力的不断膨胀，公共部门财政支出逐渐增加，公共部门面临日益加剧的财政危机。为了更好地控制公共部门财政支出，节约成本，在20世纪60年代，美国会计总署率先把对公共部门工作的审计重心从经济性审计转向经济性、效率性、效益性并重的审计，从单一指标扩展到多重指标，这就是公共部门施政绩效评估的雏形，俗称"3E"评价法。所谓经济是指投入成本的降低程度；效率指标反映所获得的工作成果与工作过程中的资源消耗之间的对比关系；效益指标通常用来描述公共部门所进行的工作或提供的服务在多大程度上达到了公共部门的目标，并满足了公众的需求。

由于公共部门在社会中所追求的价值理念如平等、公益、民主等与"3E"评价法主要强调经济性存在矛盾与冲突，"3E"评价法暴露出一系列的不足，因此后来又加入了公平指标，发展为"4E"。从理论上看，"4E"原则虽然明确了公共部门绩效的部分内涵，但是由于主体不同，角度各异，绩效结果往往大相径庭，不难发现四者之间仍然存在潜在的相互矛盾，而且绩效目标也模糊不清。

2) 标杆管理法

标杆管理法的关键在于指标体系的设计要科学、合理、全面。"3E"评价法的指标仅限于经济、效率和效益，比较片面和单一，在评估内容上侧重于对历史事件既定结果的审计，以对下一年度的财政拨款做出预测。这种评估方法相对于公共部门行为的复杂性来说过于笼统，而标杆管理的指标体系比较全面，除了经济层面的指标外，还包括公共部门提供的公共产品如教育质量的比较评估，以及公共部门在公益性活动中所做努力的指标等，指标体系的内容在一定程度上引导着公共部门努力的方向。因此，标杆管理可以使公共部门全面考虑自身在社会中应承担的责任，从而对社会的全面发展起到领导作用。另外，标杆管理在评估方法上具有独特性，通过比较来实现评估。标杆管理法的第一步是确定标杆，作为公共部门奋斗的目标。在每一个实施阶段结束后都把结果与确定的标杆相比较，进行阶段性的总结评估，以对下一阶段的方法做出调整，直至最后达到标杆水平，确定更高的标杆。这里比较和评估完全融为一体，通过比较实现评估，以评估促进与更高水平的比较。而"3E"评价法仅仅集中于实施结果的审计，缺乏标杆的引导和激励作用。

3) 平衡计分卡

平衡计分卡是由哈佛商学院卡普兰和诺顿于1992年发明的一种绩效评估和管理工具。平衡计分卡问世以来，在西方企业界已经得到了广泛的应用，并被《哈佛商业评论》评选为"过去80年来最具影响力的十大管理理念"之一。平衡计分卡是从企业发展的战略出发，将企业及其内部各部门的任务和决策转化为多样的、相互联系的目标，然后再把目标分解成由财务状况、顾客服务、内部经营过程、学习与成长四个维度组成的多元绩效评估系统。平衡计分卡的四个维度并不是相互独立的，而是一条因果链，展示了业绩和业绩动因之间的关系。平衡计分卡在企业绩效评估中取得了很大的成功，平衡计分卡除了在企业当中的广泛应用外，它还可以应用于企业组织以外各种组织的战略管理和绩效评估。

运用平衡计分卡构建公共部门绩效评估指标体系的可行性，是由平衡计分卡自身的特点决定的。首先，平衡计分卡基于平衡理念，强调组织绩效的高低和优势并不直接表现为组织的"财务状况"，而应更加注重组织自身的可持续发展能力和潜在价值创造能力。对于公共部门绩效评估而言，绩效指标体系的设计也强调"平衡"、"统筹"理念，要考虑公共部门短期绩效与长远绩效、竞争与协作、公平与效率、发展与稳定等之间的平衡。其次，平衡计分卡系统把发展置于中心地位，将组织战略目标转换成绩效评估指标，然后通过具体的制度设计将组织及其成员的行为与这些目标联系起来,从而实现组织战略目标,提高组织绩效。对于公共部门而言,平衡计分卡既是一种绩效评估指标设计框架,更是一种战略管理工具。最后,平衡计分卡为组织绩效评估提供了定性分析与定量分析两种不同的途径。公共部门绩效评估是定性评估与定量评估的综合运用。

平衡计分卡从具体技术层面彰显了它在评估公共部门绩效时进行定量分析的优势。1996年,在非营利组织和公共部门领域引入平衡计分卡还处于萌芽时期;接下来的四年中,这个概念逐渐在全世界同类组织中得到广泛接受和采纳。许多美国公共部门机构也在使用平衡计分卡。1996年,美国交通运输部(Department of Transportation,DOT)的一个下属机构——采购部,是最早采用平衡计分卡的公共部门机构之一。平衡计分卡在澳大利亚、新加坡等国的公共部门中也得到了认可和应用。澳大利亚Cockburn和Melville市的平衡计分卡绩效衡量系统获得了奖励。新加坡地区法院系统建立了平衡计分卡,其是在世界司法领域中最先被使用的计分卡。

3. 基于综合评价理论的评估方法

这一类的方法发端于对多目标、多属性决策问题的研究,强调具体的数量模型的采用,多以综合评价理论为基础。根据目前学者提出的概念模型,按最终结果的不同类型可分为以下两类:一类是方案排序型,代表算法有多目标决策方法、标准离差法和层次分析法(analytic hierarchy process,AHP)。这些方法的缺点在于权重的确定通常采用专家赋分法,人为因素对模型的影响较大。另一类是分档定级型,代表算法有模糊综合评价法、数据包络分析法(date envelopment analysis,DEA)等,这些方法有效避免了主观因素的影响,但无法做到对评估结果进行排序。

1)层次分析法

层次分析法是美国著名运筹学家、匹兹堡大学Saaty教授于20世纪70年代创立的一种决策方法。它是一种定量和定性相结合的系统分析方法。层次分析法所列的每一层次中,相当于上一层次中某一元素的有关指标的单排序问题可以简化为一系列成对指标(要素)的判断比较。为了将比较定量化,层次分析中采用比率标度法,从而构成判断矩阵。通过计算判断矩阵的最大特征根及其相对应的特征向量,计算出某一层次元素相对于上一层次某个元素的相对重要性权值。然后,用上一层次元素本身的权值加权综合,即可计算出某层元素相对上一层整个层次的相对重要性权值。运用层次分析法解决问题,通常分为以下四个步骤:建立问题的递阶层次结构;构造两两判断矩阵;由判断矩阵计算被比较元素的相对权重;计算各层元素的组合权重。

2)数据包络分析

数据包络分析法(DEA)是由著名运筹学家Charnes和Cooper等在"相对效率"概念基础上发展起来的一种新的系统分析方法。DEA方法使用数学规划模型比较决策单元之间的相对效率,从而对决策单元的绩效做出评价。自DEA方法提出以来,其就广泛应用在各个行业的有效性评价上,如企业、医院、教育、科研等。应用DEA方法来评估效率,是建立在帕累托最优的观念上。所谓帕累托最优是指任何人可以在不损及他人的情况下增加个人的利益。依据帕累托最优的观念,只要求得生产边界后,将实际生产与其生产边界加以比较,即可进行效率的评估。

DEA可视为一种新的"统计"方法。传统的统计方法是从大量样本数据中分析出样本集合整体的一般情况，其本质是统计平均性。DEA方法则是从样本数据中分析出样本集合中处于相对最优情况的样本个体，其本质是个体最优性。DEA是致力于将有效样本与非有效样本分离的"边界"方法，克服了错用生产函数的风险及平均性的缺陷。

这是因为，回归统计方法把有效的和非有效的样本（decision making units，DMU）混在一起进行回归分析，得出的"生产函数"实质上是"平均生产函数"，是"非有效的"，不符合经济学中关于生产函数的定义。DEA方法则是利用数学规划手段估计有效生产前沿面，从而避免了统计方法的缺陷。这一特点在研究经济学领域中的生产函数问题时，有着其他方法无法取代的优越性。因此，DEA方法最大的优势在于它是纯技术性的，不需要给定一个带有参数的生产函数形式，而且在比较时也不需要考虑量纲归一以及指标权重的问题。因此，DEA的出现给研究多输入多输出条件下的生产函数开辟了新的途径。

DEA是一种非参数法，无须预设生产函数形态，也无须估计生产函数的参数。DEA方法可以同时处理多项投入及多项产出的效率评估问题，此法所衡量出来的效率值具有一种"相对的"（relative）的概念，由于是通过所有的投入产出数据，以数学规划方法找出比较的参考基准（reference technology），即为观察值凸集合（convex set）。依据此参考基准，凡是落在生产前沿面上的所有的DMU，即被认为其产出与投入之间是具有相对效率的；反之，凡是未落在生产前沿面上的所有的DMU，即被认为其产出与投入之间是相对无效率的。另外，这个构造的生产前沿面不仅可以衡量每个DMU的相对效率，还可以对无效率的DMU提出绩效改善的方向。因此，DEA方法具有公平性。但是，DEA模型并非是个"全才"，其自身的不足不可忽视。其一，决策单元随决策指标的增多，要求呈倍数递增，以确保模型评估结果的可靠。但是在现行公共部门评估中，极易出现不可能获取如此之多的决策单元的问题，即使有可能，评估的成本过高也违背了绩效评估的初衷。其二，相对有效性评估难以判定绩效次序、确定真实绩效水平高低，容易出现"矮子里面称高个"的情况。

基于战略的公共部门绩效评估方法本身不同于其他数量评估方法，它们往往提供的仅仅是一个愿景框架，具体的实施细节和评估过程需要与其他的定量定性方法结合使用。在我国绩效评估的实践过程中，这一类的方法用于确定绩效评估的维度或者称为类指标，然后对每个维度进行细分，分为二、三级指标，再结合第三类基于综合评价理论的综合评估方法中的一些统计学、运筹学的方法来得到最后的评价结果。基于综合评价理论的方法则出现多元融合的趋势，各种数量技术的交叉使用使得评估方法也更加复杂。

8.2.4 公共部门绩效评估的作用和影响因素

1. 公共部门绩效评估的作用

第一，它作为公共部门内部管理改革与完善措施，体现了放松规制和市场化的改革取向，是一种以结果为本的控制。对公共部门内部管理的改革和完善来说，绩效评估所体现的放松规制，并不是不要规制，而是要寻求一种新的公共责任机制：既要放松具体的规制，又要谋求结果的现实；既要提高公务员的自主性，又要保证公务员对社会公众负责、对结果负责；既要提高公共部门行政的效率与管理能力，又要切实保证公共部门管理的质量，这充分体现了公共责任的管理理念。在市场化条件下，根据社会的发展要求和社会公众的需要，提供公共服务成为公共部门最重要、最广泛的职能和最根本的任务；公共部门成为公共服务的供给者，而不再是高高在上的官僚机构和与社会相脱离的衙门。同时市场机制使公私组织之间、公共组织之间产生了充分的竞争，公民具有"用脚投票"的机会，因此，公民获得了至高无上的市场权力。如同顾客通过对产品的选择决定企业命运一样，公民对公共服务的选择可以决定公共部门的存亡，这必然迫使公共部门竭力改善服务以赢得更多的"顾客"。这样绩效评估同时成为一种比较工具，对于不同公共部门的经济、效率、效益情况进行全面比较，引导公众做出正确的选择。

第二，公共部门绩效评估有助于提高公共部门的绩效。首先，绩效评估有计划辅助的功能，绩效指标有助于管理项目的分化，更为重要的是，某一阶段的评估结果将成为下一阶段计划的基础和出发点，所以绩效评估的结果有助于确定下一阶段的指标并依此合理配置资源。其次，绩效评估具有监控支持功能，主要表现在绩效评估为监控提供了信息支持，评估虽分阶段进行，但为评估收集信息的工作却是不间断的，并最终成为日常工作的一部分。为评估而拟订的绩效指标及据此收集的系统资料就是监控的一个重要的、现成的信息来源。在《重塑公共部门》一书中，戴维·奥斯本也提出了绩效评估对提高公共部门绩效的重要作用：测量能推动工作。若不能测定效果，就不能辨别成功还是失败。看不到成功，就不能给予奖励。不能奖励成功，就可能是在奖励失败。看不到成功，就不能从中学习。看不到失败，就不能纠正失败。总之，公共部门绩效评估的广泛应用，有助于在行政组织内部形成浓厚的绩效意识，把提高绩效的努力贯穿于公共管理活动的全过程，从而提高绩效。

第三，公共部门绩效评估是改善公共部门与社会公众关系、加强社会公众对公共部门信任的措施，体现了服务和顾客至上的管理理念。随着公共部门角色和职能的重新界定、运行方式的变革，公共部门与市场和社会公众之间的关系发生了变化。公共部门与社会公众之间的关系由治理者与被治理者之间的关系变为公共服务的提供者与消费者之间的关系。公共部门行使公共权力主要是为了实现公共利益、提供公共服务和主动为社会公众谋福利。社会公众成为公共部门管理活动服务的对象，是公共服务的消费者和顾客。这不仅使顾客、消费者、社会公众与他们作为这个社会的主人、所有者具有了同一的意义，而且，由于"权力是对公共服务供给的直接控制"，根据社会公众的需要提供公共服务成为公共部门公共管理的基本任务。在这种关系基本定位的前提下，公共部门绩效评估蕴涵的服务和顾客至上的管理理念，强调公共部门管理活动必须以顾客为中心，以顾客的需要为向导；强调公共部门是公共服务的供给者，应增强对社会公众需求的回应力，更加重视管理活动的产出、效率与服务质量。为此，倾听顾客的声音、按照顾客的要求提供服务、让顾客做出选择的有效方法在实践中得以实施。

1993年9月，美国克林顿总统签署了《设立顾客服务标准》第12862号行政命令，责令联邦公共部门制定顾客服务标准，要求公共部门为顾客提供选择公共服务的资源和选择服务供给的手段，包括：①分辨谁是或应该是联邦公共部门服务的顾客；②调查和审视顾客所希望的服务种类、服务质量，以及他们对服务的满意程度；③将服务水平和评估结果告诉顾客；④为顾客提供选择公共服务的资源和选择服务供给的各种手段；⑤建立信息系统、服务系统和有利于顾客抱怨及其意见反馈的系统；⑥提供各种有效的途径让顾客表达抱怨与意见。同时，绩效评估也是向公众展示工作效果的机会，以此赢得公众的支持。展示绩效状况还能推动公众对公共部门的监督，绩效评估的实质是一种信息活动，其特点是评估过程的透明和信息的公开。因此，评估和公布绩效状况是公众"体验服务"的一种方式，把各个公共服务机构在各方面的表现情况做出全面的、科学的描述并公之于众，有助于广大群众了解、监督和参与公共部门工作，提高对公共部门的信任。

2. 影响公共部门绩效评估的因素

一是公共部门的性质。公共部门性质不同，决定了公共部门绩效评估体制不同。资本主义国家公共部门以为资产阶级整体利益和长远利益服务的绩效为中心，社会主义国家公共部门要以为人民服务的绩效为中心。如果社会主义国家的公共部门不敢接受客观评估，或者评估结果不如资本主义国家公共部门，那将是一件不可思议的事情。

二是经济体制的类型。经济体制类型不同，决定了公共部门职能范畴不同，从而决定了公共部门绩效评估体制不同。计划经济体制决定了公共部门对企业的高度集中统一管理，公共部门的绩效就由公共部门对企业集中统一管理的绩效决定，并由此形成了一整套适应计划经济体制的公共部门绩效评估体制。社会主义市场经济体制决定了公共部门职能转变，实行政企分开，公共部门只管应该管又管得好的事，如经济调节、市场监督、社会管理和公共服务，切实履行宏观调控职能，把不该管的事交给企业、社会中介组织和市场，把该管的事管好，并适应新情况，更多地运用经济和法律手段加强管理，以公共部门职能转变为中心对原有评估体制进行改革，建立起适应社会主义市场经济体制的公共部门绩效评估体制。

三是官员的政绩观。政绩观是衡量公共部门绩效的标准在人们头脑中的反映。官员的政绩观不同，对公共部门绩效衡量的标准就会不同，对政绩效果的评价标准也会不同，从而在一定政绩观指导下建立的公共部门绩效评估体制也就不同。在传统政绩观指导下，公共部门绩效评估是以社会总产值或 GDP 的增长速度为中心的，忽视了为获得一定社会总产值或 GDP 支付的物质消耗、资源浪费、环境破坏等的代价。在与科学发展观相适应的新的政绩观指导下，公共部门绩效评估是以经济发展和社会发展为中心的，公共部门绩效评估不仅要重视公共部门行为对 GDP 增长速度的影响，更要重视公共部门行为对经济增长质量的影响；不仅要重视公共部门行为对经济发展的影响，更要重视公共部门行为对社会发展的影响；不仅要重视公共部门行为对自然环境的影响，更要重视公共部门行为对人的全面发展的影响。因此，能否建立起科学的公共部门绩效评估体制，关键在于是否树立了与科学发展观相适应的正确的政绩观。

8.3 我国目前公共部门绩效管理的问题与对策

绩效管理是一个复杂的系统，而其中的绩效评估又是一项技术含量很高的工作，需要利用丰富的专业知识进行系统的、深层次的分析。从我国公共部门绩效管理和评估实践来看，仍然存在着许多问题。

8.3.1 我国目前公共部门绩效管理存在的问题

1. 评估指标设定不科学

(1) 在对指标重要程度的认识上存在偏差,表现为在评估过程中过分强调短期的、可尽快显现工作成绩的指标,忽视有利于长远发展的指标;过分强调规模、总量、速度等数量指标,忽视效益、质量、结构等质量指标;强调投入指标,对产出指标重视程度不够;等等。依据这样的指标体系评估出来的结果误差非常大,对社会发展也易造成不良影响。

(2) 指标设计过程忽略对指标内在联系的研究。设计过程不但要看指标的表象,还要细致分析指标的内在本质。有的体系中的各项指标之间存在着很大的关联性,使得被评估对象信息大量重复使用,从而降低了评估结果的效度,影响评估结果的准确性。

(3) 绩效指标"逐年递加"导致目标实现难度过高。绩效指标的设置需要带有一定的挑战性,这样才能起到激励的作用。但是,目标实现难度提高过于频繁反而会使组织成员产生严重的挫败感,极大地挫伤其工作的积极性。现实当中,许多地方政府的多数年度绩效考核指标是逐年递加的,这种年度递增压力使许多部门产生了畏难情绪,迫不得已采取消极应对措施,年底业绩"刹车",以应付绩效指标的年度递增。

2. 评估主体单一

评估公共部门绩效的根本标准,是人民群众对其绩效的满意程度。但现行绩效评估主体单一,多是政府部门评估,缺乏广大民众的参与;而且政府部门内部评估大多是上级对下级的评估,下级对上级的评估较少。评价由上而下,造成部分政府官员只对上负责,不对下负责,在实践过程中容易造成一些地方政府部门只唯上,不唯实,致使评估结果严重失真,无法达到预期目的。而且,由于是在同一体系内部相对封闭地进行,缺乏来自"体制外"的信息和监督,评价结果常常和公众、企业的感受存在一定差距,影响到人民群众对政府的信任和认同。即使有时也让"公民评议政府",但由于信息不对称,政府行为缺乏公开性、透明性,人民群众也不可能对其绩效做出客观准确的评价,导致政府公务员,特别是领导干部在权力运用上失去群众监督,由此产生严重的腐败现象。由于评估主体中缺乏人民群众和专家学者的评估,难以保证评估结果的客观公正和可信,也难以提高人民对政府绩效的满意度。

3. 评估制度不健全

公共部门绩效评估,是激励公共部门提高绩效的机制。但我国现行公共部门绩效评估制度化、法制化程度不高,表现在评估标准、评估原则、评估流程、评估时限、评估机构等方面缺乏战略性、制度性、法规性的规定,使绩效评估流于形式。现有的评估几乎都是基于政府本身需要而定,既没有明确的绩效评估制度要求,也没有建立、健全专门的评估机构,随意性大。往往在出现大的问题(如 SARS 流行、煤矿安全事故频发等)时,才对有关部门绩效进行"运动式"评估。而且绩效评估缺乏统一的规划和指导,分散在岗位责任制、目标责任制、社会服务承诺制等具体管理机制中,多以官方评估为主,以上级行政机关对下级的评估为主,缺乏社会公众对于政府绩效评估的参与;绩效评估过程不公开,多采用定性的方法,缺乏对于成绩和不足的量化评价指标;缺乏制度化、法制化的绩效评估,权威性、制约性不强。

4. 评估结果反馈力度不够

近年来，我国公共部门的绩效评估工作取得了一定的成效，但是评估结果的反馈工作仍然做得不尽如人意，造成这种情况的原因通常有两种：第一，有些政府部门在评估过之后，认为结果不能公布或没有必要对社会民众及其他相关团体公布，有些则公布一部分，而另一部分民众更为关心的信息则没有公布或公布得过于笼统，使民众无法有效判别；第二，有些地方政府虽将评估结果完全公布，但由于公布的渠道和途径较少，所以大部分关心评估的民众或相关团体对于结果还是无从得知。评估技术上的不规范导致了评估结果不科学，评估流于形式，具有封闭性、神秘性的绩效评估有时甚至创造了一些人收受礼品、收受贿赂的机会。其既难以获得全面、真实的评估信息资源，又会降低绩效评估的可信度，也不可能促进政府绩效的提高。

8.3.2 我国目前公共部门绩效管理存在问题的原因

1. 缺乏制度保障

目前我国缺乏统一的法律、法规和相关政策作为绩效评估的法定依据，各地公共部门的绩效评估活动都处于自发状态，约束机制和激励机制都不足。虽然历次公共部门机构改革都强调提高公共部门效率，但只是停留在较为抽象的原则层次上，缺乏较为具体的、具有可操作性的公共部门法律指导工作。在缺乏法律制度保障的情况下，绩效评估难以在公共部门全面系统地推行，缺乏整体的战略规划，评估活动也缺乏连贯性和持续性。这种自发的评估，经常采用运动式的方法，往往流于形式。

2. 公共部门的产出难以测量，公共部门绩效指标难以确定

绩效评估是依据一定的价值目标判断组织的活动，评估指标的选择是绩效评估的基本前提和有效评估的基础。实际操作中，绩效标准的难以确定性和不可度量性正是制约公共部门绩效评估发展的一大瓶颈。具体说来：

(1)公共部门的产出难以测量。公共部门生产的往往是中间产品，这些产品不进入市场交易体系，再加上"公共管理具有垄断性和非营利性，其产品和服务进入市场的交易体系，不可能形成一个反映其生产机会成本的货币价格，这主要带来对其数量进行正确测量的技术上的难度"。第一，正如詹姆斯·威尔逊所认为的那样，"度量一个机关的输出量常常是困难的——实际上即使是只对什么是国家部门的输出作一番设想都足以让人头昏脑涨"。第二，公共部门提供的服务也经常是无形的，只能在提供者和接受者的互动过程中来实现，这样对提供公共服务的公共部门绩效进行测定非常困难。同时，公共部门缺乏提供同样服务的竞争单位，因此就无法取得可比较的成本与收益数据。并且有些公共部门行为在长期内才能见效果，就计入不到当期的产出。除此之外，由于公共部门的生产具有较强的劳动密集型特征，劳动投入是其关键投入，公共部门效率的高低主要取决于劳动的边际生产率，公共部门中工作人员的劳动实际供给程度对公共部门绩效的高低具有重要的影响作用，而劳动的投入往往难以量化。产出难以量化对绩效评估工作的开展是一个很大的挑战。

(2)公共部门目标的多元性和弹性。公共部门中经常存在多重的甚至相互冲突的目标，表现为不同的公共部门追求政治、经济、军事、社会、文化等不同性质的目标，甚至同一部门追求多重且经常发生变化的目标。目标的设置也往往具有模糊、抽象、定性、不易量化的特点，并且在实现社会公平、提高人口素质、加强社会保障体系的建设等目标上具有很大的弹性。此外，公共部门生产过程的特点、公共部门内部管理机制的特点、绩效评估标准的限制等，也会影响评估的准确性、时效性和有效性，不利于公共部门改善管理，提高绩效。例如，功能相同的公共部门有地区性的差异，其规模、大小不一样，以同样的绩效指标来衡量它们的绩效表现出明显的不公平性。由于公共服务产生的效果与影响，既有长期的又有短期的，既有有形的又有无形的，有些甚至是相互矛盾和冲突的，很难找到一种社会全体成员都认同的、准确的计算方法。无论选择和采用哪些指标来衡量，都不可避免地受评估者的主观判断的影响，特别是那些明确以价值为取向的社会发展指标和政治发展指标。因此，评估指标难以统一，可能存在片面性。

3. 公共部门的抵制

对公共部门进行绩效评估，首要条件是要得到公共部门的支持。如果公共部门持抵制态度的话，许多评估资料无从获得，评估工作也就无法开展下去。Katharine Mark 等认为抵制的原因主要有：财力不足，认为评估简直是浪费；评估会导致削减成本有正当理由；评估所需材料难以获取；害怕因评估而失去工作。"公共部门绩效管理将使他们承担更大的成本，因为旨在降低成本、提高产出的公共部门绩效管理使他们面临着被降职、被裁员的风险，并且现有的预算制度使绩效的提高反而面临着预算被削减，而不会给他们带来收益。现有的制度并没有为公共部门管理人员提供风险和成本的补偿机制，公共部门绩效管理使他们的处境变得更糟而不是更好。……在这样的情况下，公共部门管理人员将选择对绩效管理的抵制而不是对绩效管理的配合。"

我国公共部门的现状是缺少竞争，因而不关心成本问题。旨在降低成本、提高产出的公共部门绩效评估，使公共部门的领导面临着被降职、公务员被辞退的风险，也就是说他们要对绩效评估的结果承担责任，而现有的制度安排并没有为他们提供风险和成本的补偿机制。公共部门绩效评估也缺乏对公共部门工作人员的激励机制。评估制度的引入，无异于对公共部门内部评估制度的改革，而改革又易于引起非议。在这种情况下，他们往往选择对评估采取抵制而不是配合的态度。

4. 公众监督的困难

对公共部门绩效评估的最终目的是提高公共部门绩效，但如果评估的整个过程都是在"暗箱"操作下完成的，那评估就没有什么意义了。只有让公众参与绩效评估，让公共部门的活动置于公众的监督之下，公共部门才会因评估而改善管理活动。而在公共部门实践中，公共管理者很少让公民参与到绩效评估的制定和执行中来，根据 Pofstert-Streib 1999 年的调查研究，在美国，人口在 25 000 人以上的城市中只有 3% 的城市让公民参与到绩效评估中去。我国公众监督的困难源自于公共部门的垄断性，这种服务的垄断往往伴随着对信息的垄断，使得社会公众难以掌握充分的信息对特定组织的绩效进行科学的评判。置身于公共部门管理活动之外的公众无从监督公共部门管理的过程，公共部门也就没有改进绩效的压力。

8.3.3 提高我国公共部门绩效管理的途径

1. 促进公共部门绩效评估制度化

评估制度化是对公共部门活动绩效进行评估的前提和基础，也是国内外评估的发展趋势。根据西方各国的经验，公共部门绩效管理和评估的实施，一般都通过发布法律的渠道予以保障。例如，美国1993年颁布了《公共部门绩效和结果法案》，将绩效评估提升到了法律层面，该法律规定：要评估各地公共部门的战略目标是否明确，对自身职责的履行究竟如何；要针对当地经济、社会、生态等各方面的发展，进行不同项目和指标体系的评估（而不仅仅是单纯的经济指标考核）；对于评估的结果，应与各地公共部门的财政预算挂钩（而不仅是与人口数量或个人关系的好坏挂钩）；绩效评估不仅要定期进行，还要定期向社会公开、公示。

由于我国对于公共部门绩效评估研究还处于起步阶段，因此到目前为止，尚未建立一部完整的法律对公共部门绩效评估的原则、目的、内容、具体实施办法及相关的保障、补救措施等进行系统的规范。因此，当务之急是借鉴先进国家的评估经验和做法，通过立法使我国公共部门的绩效评估走上经常化、规范化和制度化的轨道。首先要从立法上确立绩效评估的地位，使绩效评估成为公共部门公共管理的基本环节；其次，从法律上树立绩效评估的权威性，确保评估机构享有在调查、评估公共部门活动的过程中不受任何公共部门、公共组织或个人干扰的权利；最后，确保评估结果能够得到有效的传递和反馈，评估活动能够引起公众的关注，有充分的可信度和透明度。将绩效评估以法律的形式固定下来，不仅可以防止公共部门的抵制，推进绩效评估的广泛运用，而且能够保障绩效评估的统一性和规范性，从而实现绩效评估的标准化体系。

除借助于法律这种正式制度来保证对公共部门绩效的评估，达到约束和激励公共部门的目的外，政务公开、目标责任制、效能监察、效能建设和公共服务承诺制度也是评估制度化的重要表现形式。此外，还应重视非正式制度在促进公共部门绩效评估方面的作用，这里所谓的非正式制度包括公共部门的组织文化、传统、惯例等。

2. 建设电子化公共部门

信息技术和网络技术的迅猛发展，为提高公共部门管理水平提供了非常有利的物质条件和技术平台。电子化公共部门通过信息技术重组公共部门，改善公共服务，增强公众参与、政务公开和行政透明度，促进公共部门办公自动化、电子化、网络化和信息资源的共享。电子化公共部门的实施，可以大大加强公共部门行政的透明度和民主化程度，为公共部门的绩效评估提供了可利用的新型载体。

电子化公共部门所要求的公共部门信息公开，使得除了涉及国家安全、商业机密和个人隐私等法律上要求保密的信息以外的所有公共部门信息透明公开，绩效评估所要求的各种信息因而可以快速方便地获得。一方面，电子化公共部门的信息网络，使行政信息的传递更为迅速及时，反馈渠道更为畅通。对公共部门内部而言，电子化公共部门打破了传统的公共部门金字塔式的管理层级结构，使公共部门的组织结构呈现扁平化趋势，加强了操作执行层与高层决策层的直接沟通，从而切实推动了绩效管理活动的开展；对社会公众而言，电子化公共部门为公民广泛、深入、普遍的行政参与开辟了道路，它鼓励公民积极地参与公共部门管理活动,为每个公众提供了直接表达意愿、传递信息、商议、咨询、监督、审核、建议、表决的机会。另一方面,电子化公共部门为公共部门绩效评估朝着科学化、标准化、制度化的方向发展提供了多方面的支持。电子化公共部门的组织结构主要由实体要素、支撑要素、目标要素和人员要素构成。这些要素不但为绩效评估体系的建立提供了所需信息、技术、人员上的支持,还为整个绩效评估活动的开展创造了良好的物质基础和制度环境。

3. 健全评估信息资料的收集、存储和分析系统

绩效评估过程实际上就是评估主体对与评估对象有关的绩效信息进行观察、收集、组织、储存、提取、整合和评价的过程。绩效评估所需要的信息量大,涉及部门多,信息主要来源于被评估的公共部门、社会公众、对实际效果的鉴定者及所进行的调查等。通过建立完善的公共部门绩效评估信息系统,可以提供给评估主体完备的评估资料和数据,这是开展绩效评估的基础,也是信息收集准确、评估结果公正的重要保障。

现代信息技术的应用为此提供了技术上的支持。计算机技术的发展,使公共部门绩效评估所需要的数据资料的存储、分析、快速查询得以实现,评估方法更为科学,增强了评估结果的真实性和可信性。首先,应组织专门力量,从全国性角度,收集国家有关政治、经济、社会、文化、军事等各个方面的信息、资料和数据,进行必要的统计、归纳、整理和加工,根据国家的社会发展目标以及社会政治经济方面的政策,制定出应用于绩效评估的相关指数、指标和标准的评估指标体系,及时予以调整、充实,为评估工作对有关材料的收集与查询提供方便。其次,应建立有效的评估信息传递网络,把绩效评估的结果尽快反馈和扩散给有关各方,使评估信息得到广泛的应用。此外,要充分利用电子计算机和现代通信技术,把国家各项公共项目的实施结果、实施过程的监测数据、已开展的评估工作的资料、有关各地方和各部门乃至全国性的统计指标和数据等,汇集形成全国性的绩效管理数据库,实现评估信息系统网络化。

为了保证信息资料全面、客观,提高评估信息的使用价值,还必须建立与公共部门绩效评估信息系统相配套的信息收集制度,使相关信息的收集在时间上、次数上、数量上和范围上都有明确的规定,力求信息收集标准化,从内容到形式都要统一,符合社会科学研究的普通格式,特别是要采用国际通用标准,统一统计口径,以便于归纳、整理、筛选和加工。

4. 建立健全公共部门绩效评估体制

建立健全公平合理的评估体制是推进公共部门绩效评估事业发展的关键,而建立完善的评估机构是进行公共部门绩效评估的体制保障。在公共部门机构内部、立法机关和审计监督部门可以根据各自的特点,有针对性地建立进行公共部门绩效评估的机构或组织,同时鼓励民间组织对公共部门绩效进行评估。

在公共部门内部,评估机构主要是负责协调公共部门管理活动,通过对公共项目、政策等实施的检查、回顾和总结,及时发现问题,吸取经验和教训,为改进未来决策提供依据和建议。由于公共部门机构是公共项目的管理者,在项目实施过程中有能力和手段及时全面地获得项目实施的动态信息,可以快速有效地对公共项目的绩效进行动态评估,因此,公共部门机构内部的绩效评估机构具有其他评估机构不可比拟的信息资源优势。鉴于公共部门内部绩效评估机构的独特作用，我国的公共部门公共管理需要借鉴世界各国有益的评估经验，在各级公共部门内部建立完善的绩效管理机构（或评估管理机构），对公共部门实施的各种公共项目进行评估，充分发挥公共管理部门内部评估的功能，提高公共部门公共管理的水平。

立法机关可以对公共部门实施的公共项目进行审议，可以举行听证会，以提高公共项目实施的可行性、有效性，同时，立法机关中的专门委员会可以就正在实施的公共项目中的相关问题对项目负责人进行质询，以保证公共项目实施的有效性和公平性。在我国，各级人大和政协可以根据各自的特点，建立专门的委员会或工作组，评价和监督公共部门在公共政策、规划、方案、计划等项目方面的实施过程及其效果，把评估作为监督公共部门公共管理的有效手段，促进公共管理的民主化。审计部门是公共部门绩效评估的一支重要力量，具有专业的优势，可以对公共项目实施的情况进行审计和监察，向立法机关、公共部门以及公众公布评估结果。同时，应该借鉴国外思想库发展的经验，鼓励和发展民间、中介评估组织。公共部门、立法机关的评估工作可委托民间中介评估组织来完成，以节省大量的公共资源。

公共部门绩效评估是一项涉及领域广泛、技术性很强的专业性工作，需要评估人员具有专门的知识和能力，因此，评估人才的培养是开展公共部门绩效评估不可缺少的基础性工作。

5. 引入公民参与机制

公民参与是推动公共部门绩效评估的最重要途径。自20世纪90年代初，美国公共管理协会、公共部门会计标准委员会等专业组织机构采取许多措施激励公众参与公共部门的绩效评估，从而可以使公共部门官员和公民能够对公共服务的投入、产出和结果进行评估。这种激励公众参与公共部门绩效评估的努力，不再仅仅把公众看做公共部门的顾客，而是也把公众看做公共部门的主人。让公众参与公共部门绩效评估的好处之一就是这种参与使公共部门管理获得了更大程度的合法性和政治支持。

公民参与公共部门绩效评估的可行性和有效性已被美国爱荷华州立大学的调研所证明。该项目组向爱荷华的六十多位城市官员和一百多位市民代表提供调研报告，报告的结果是，在目标范围内的九个或者说是四分之一的城市同意在大致三年的时间内实行公民参与的绩效评估。我国过去习惯于将公共部门组织和公众之间的关系视为管理者和被管理者之间的关系，在有些场合，公务人员对他们的组织表现出忠诚，是以牺牲公众利益为代价的。高绩效公共部门组织试图打破这种管理者-被管理者式的两分法，满足公众需要是它们成功的根本目标。引入公民参与机制是改善公共部门绩效评估的一个有效途径。对公共部门绩效评判的最好选择是把这种评判的权力赋予公共服务的对象。改进公共部门绩效管理，必须取得公众的关注和参与，公众的关注和参与必定能有效地改进公共部门绩效管理。

首先，公民参与意味着公民可以以社会的主人和服务对象的角色对公共部门绩效提出要求，协助和监督公共部门机构对他们的开支、行动和承诺负责。这样的绩效评估不但能帮助公共部门以民众的需求目标为运作和努力导向，还能形成"鱼缸效应"，使公共部门运作像"玻璃缸里的金鱼"随时都受公众的监督。其次，公民参与意味着要重新定位公民的作用，他们不再仅仅是传统意义上的投票人、纳税人、服务的接受者，而是公共部门问题的架构者。充当问题架构者角色的公民，要积极参与公共事务，帮助公共部门机构界定重要问题，提出解决方案，判断目标是否实现。最后，公民参与意味着由公民选择、界定应评估的对象。在公共服务设计上引入"使用者介入"机制，通过公民的参与将事实（硬件资料数据）与价值取向（公民偏好）结合起来，增加指标体系的社会相关性，选择那些最需要监控又最能体现对公民负责的重要项目，以保证公共服务的提供机制符合公民的偏好。2003年，厦门市的绩效考评把民意调查和网上评议的方式作为考评的手段之一，发动群众对公共部门和基层单位的工作绩效进行考评。该市经济发展局、交通委员会、劳动与社会保障局、民政局、市政园林局、教育局6个市直机关单位成为绩效考评试点。绩效考评内容分为"公共部分"、"业务部分"和"社会评议"三部分。引人关注的是"社会评议"部分，其首次通过网上评议的方式，吸引更多的市民参与上述单位的民主评议工作。除了让公众参与公共部门绩效评估过程之外，还要让他们参与绩效评估方案的制定和执行。

"公民评议公共部门绩效，是定期选举公共部门官员的民主制度的补充。"要使公民能够方便地参与公共部门管理绩效评估的全过程，国家应该考虑建立绩效评估信息系统，完善公共部门管理信息系统建设，为公共部门管理绩效评估提供坚实的物质基础和强有力的数据支持。

第 9 章

电子政务管理

随着以计算机技术、网络技术和现代通信技术等现代信息技术为标志的信息时代的来临,电脑、手机、网络等信息载体逐渐进入了人们的视野并引起了生产、生活方式和思想观念的巨大变化。信息技术的飞速发展也开辟了现代化管理的新时代,就公共管理而言,信息技术对公共管理的影响主要表现在政府管理的电子化、网络化和信息化等方面。本章着重探讨电子政务的发展及其对现代公共管理带来的影响。

9.1 电子政务概述

目前,随着电子政务在全球政府管理改革浪潮中的蓬勃发展,人们对于电子政务的认识和理解也逐渐清晰和明朗,形成了关于电子政务的一些基本理论。

9.1.1 电子政务的基本概念

电子政务的概念最早是由美国政府提出来的。1992 年美国总统克林顿上任伊始,就在他的一揽子政府改革方案中提出了发展"电子政务"的计划。但是,对于什么是电子政务,国内外相关机构和学者们有着不同的认识和理解,至今没有一个比较统一的概念。当然,简单地说,电子政务就是借助电子信息技术而进行的政务活动。但是对于什么是"政务"以及电子信息技术以什么方式、在多大程度上影响和作用于政务,不同的学者有着不同的理解。

就第一个问题而言,"政务"有狭义和广义之分,狭义的政务仅是指政府部门的管理活动,因此,狭义上的电子政务则主要是指各级国家行政机关运用计算机技术、网络技术和现代通信技术进行的管理和服务活动。广义上的电子政务则是指各类公共部门运用计算机技术、网络技术和现代通信技术进行的管理和服务活动,在我国一些地方和部门又有"电子人大"、"电子司法"、"电子党务"、"电子军务"等不同的说法。

就第二个问题而言,电子政务的概念也有狭义和广义之分。狭义上的电子政务是指以计算机、互联网为依托,运用现代信息技术,将传统的政府管理工作移植到网络化、数字化的环境中，以提高政府部门的管理和服务效率。这种定义又称为"政府上网"、"网络化政府"等，着重强调电子政务的运行环境和依赖的主要技术手段，而没有突出电子信息技术对政府管理模式变革带来的影响。广义上的电子政务则是指政府机构应用现代信息和通信技术，将管理和服务通过网络技术进行集成，在网络上实现政府组织结构和工作流程的优化重组，超越时间、空间与部门分隔的限制，全方位地向社会提供优质、规范、透明、符合国际水准的管理和服务。这种定义重点强调了电子信息技术对政府管理活动的影响不仅是技术手段的革新，而且是公共管理在新的技术环境中的模式创新。

综上所述，电子政务是以政府为核心的公共部门依托计算机及其互联网技术，综合运用现代信息技术手段和现代公共管理理论，打破时空界限和部门分割，对传统政务进行不断的完善和革新，从而实现社会公共事务管理的一体化运行，向社会提供优质、规范、透明的公共产品和服务。

为了更好地理解电子政务的基本概念，有必要对与电子政务相关的几个概念进行比较分析。

(1) 办公自动化(office automation，OA)与电子政务。所谓办公自动化，主要是指利用现代化的办公设备、计算机技术和通信技术来代替办公人员的手工作业，从而大幅度地提高办公效率。办公自动化设备从 20 世纪 80 年代开始在我国普及应用，这些设备的应用在很大程度上改善了办公条件，提高了办事效率。办公自动化是电子政务发展的早期阶段，也可以说是电子政务发展的基础。二者之间的区别表现在三个方面：①应用的主体不同。办公自动化既可以在以政府部门为核心的公共部门广泛应用，也可以在工矿、企业以及其他私营单位中广泛应用，而电子政务，顾名思义，只能在与"政务"活动有关的公共部门，尤其是政府部门中应用。②应用的对象不同。办公自动化的应用对象主要是机关中的办公人员，而电子政务的应用对象除公共部门的工作人员外，还包括企业、事业单位以及其他社会团体、公民个人等。③应用的功能定位不同。办公自动化的基本功能在于辅助办公人员日常事务的处理，属于部门内部的应用层面，而电子政务的功能在于政务信息公开、公共事务的在线办理和互动交流，侧重于公共部门内部以及跨部门、跨系统和跨地区等方面的应用。

(2) 政府上网与电子政务。"政府上网"这个词源于 1999 年我国启动的"政府上网工程"。1999 年 1 月，中国电信联合我国四十多个部委(局、办)信息主管部门共同倡议发起的政府上网工程，旨在推动各级政府部门将为社会服务的公众信息资源汇集和应用上网。根据 2000 年 1 月发布的《政府上网工程白皮书》，所谓政府上网，就是各级各地政府部门利用 Internet/Intranet 等计算机通信技术，在互联网上建立正式站点，推动我国政府办公自动化与政府网上便民服务，在网络上实现政府在政治、经济、社会、生活等诸多领域中的管理和服务职能。政府上网和电子政务都是我国政府部门信息化建设的重要内容，电子政务诸多事项需要通过政府部门建设的网站予以发布。因此，政府上网是电子政务建设过程中一个必不可少的内容。但是，政府上网不能等同于电子政务，电子政务所涉及的范畴，除了向社会提供公共服务事项之外，还包括政府部门与相关公共管理机构之间、部门之间以及部门内部的信息交流和传递；此外，电子政务也不是简单地把政务搬到互联网上，而是和公共管理改革与发展紧密地结合在一起，其内涵要比政府上网宽泛得多。

(3)电子政府与电子政务。关于电子政府和电子政务的关系，国内外理论界和实践界观点不同，多有争论。归纳起来，主要有三种不同的观点：①把电子政府等同于电子政务。这种观点认为，电子政府和电子政务的英文翻译都是"e-government"，在国际上二者通用。同时，二者的基本内涵是一致的，如主体、服务对象、基本功能和内容等都相同，没有区别。②电子政府包含在电子政务之中，是电子政务的一个重要的组成部分。这种观点认为，一个完整的电子政务的概念，包含了政府部门内部、政府部门之间以及政府与公众之间三个不同的范围和阶段。电子政府仅包括电子政务的第三个组成部分，即政府部门通过网络与公众进行双向信息交流。③电子政府和电子政务并不是对等的概念。这种观点认为，电子政府是一种以信息和技术为依托，以实现完善的政府服务为目标的"虚拟政府"，是全新的政府管理形态，是一个理想化的目标；电子政务则是一个动态的过程，是实体政府利用信息和技术提高政府效率的一种方式。从长远的角度来看，电子政务是电子政府发展的一个重要阶段；而电子政府则是电子政务发展的长期目标。

(4)电子商务(electronic commerce，EC)与电子政务。电子商务，通常是指在全球各地广泛的商业贸易活动中，在互联网开放的网络环境下，基于浏览器/服务器应用方式，买卖双方不谋面地进行各种商贸活动，实现消费者的网上购物、商户之间的网上交易和在线电子支付以及各种商务活动、交易活动、金融活动和相关的综合服务活动的一种新型的商业运营模式。从二者的联系上看，电子商务和电子政务的支撑体系是"同构"的，即二者的发展都离不开信息技术的不断发展和进步，因此，电子商务和电子政务是相辅相成的。当然，二者也有着明显的区别，主要有：①应用的主体不同。电子商务的应用主体是以各类企业为主的经济、商业组织；电子政务的应用主体是以政府为核心的公共部门。②服务的对象不同。电子商务以信息技术网络为交易平台，为企业的客户服务；电子政务以信息技术网络为依托，为国家机关、企事业单位和社会公众服务。③指导思想不同。发展电子商务的指导思想是凭借信息技术手段，寻求把信息技术与企业经营的模式结合起来，以此拓展企业的经营渠道，加强与政府部门、其他企业和客户的沟通与交流，提高企业的竞争力；发展电子政务的指导思想是通过信息技术手段，寻求与公共管理改革的有机结合，以此实现公共管理发展和改革的创新。

9.1.2 电子政务的特点

电子政务是在现代信息技术和传统公共管理不断改革和创新过程中的产物，与传统的政务相比，电子政务作为一种新型的公共管理模式具有以下几个特点：

(1)电子政务以公共部门、企业和社会公众为行为主体。电子政务的应用涉及三大类行为主体，即公共部门、公民、企业。这三个行为主体通过信息化都可能发生变化。如果说传统的公共部门、公民、企业是一个物理世界的话，那么通过电子政务的推进，物理世界会逐步向数字化世界演变。在数字化世界，我们可以把公共部门用电子政务来概括；公民依赖的载体是社区，我们用电子化的社区来概括；企业我们可以把它概括为电子商务。电子政务活动主要是围绕着公共部门、企业和公民三种行为主体而展开，分别形成公共部门内部、公共部门之间、公共部门与企业、公共部门与公民之间的互动网络。

(2)电子政务不是简单的政务流程的电子化和网络化，而是对公共部门组织结构和流程的重组和优化。电子政务是一个在公共部门业务流程重组和优化的基础上运用计算机技术、网络技术和现代通信技术构建的完整的人机结合的应用系统，没有公共部门业务流程的重组和优化，就不可能形成完整的电子政务系统。因此，电子政务的建设过程不是传统政务与现代信息技术的简单相加，而是广泛运用计算机、网络和信息技术对符合电子化、网络化和信息化要求的公共组织结构、业务流程和服务模式进行重新组织、完善改进的过程，从而把现代信息技术融入到公共部门的改革和创新发展的过程中，提高公共部门的治理能力和服务水平。

(3) 电子政务意味着公共管理从管理走向服务。传统的公共管理范式主要强调组织内部的工作效率、部门分工与合作、层级控制等，注重通过行政隶属关系进行沟通与协调。与传统的公共管理范式相比较，电子政务作为一种新型的在线服务方式，在公共部门内部强调团队合作、多方位的沟通与协调，注重运用信息技术增进公共部门的服务功能。

(4) 电子政务是一个动态发展的整合过程。电子政务建设不可能有一步到位的结果，而是一个持续不断建设的动态过程，体现从简单(建设政府网站)到复杂(建设电子社区、数字城市、虚拟政府)的螺旋式上升过程，如图 9-1 所示。

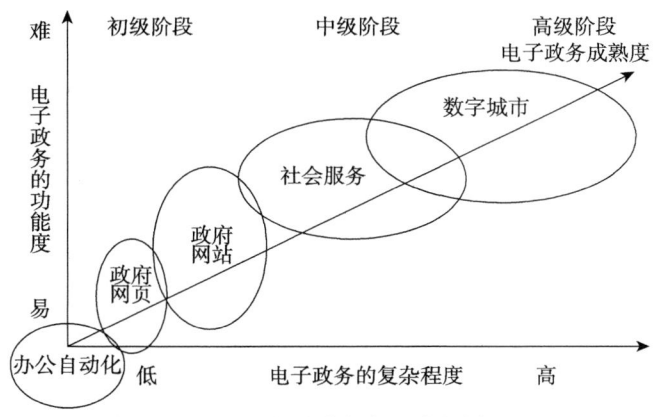

图 9-1　电子政务发展阶段图

资料来源：黄德林、田家华：《公共管理若干前沿问题研究》，
武汉：中国地质大学出版社，2006 年，第 147 页

9.1.3　电子政务的主要功能

从当前世界各国电子政务的发展阶段和建设阶段来看，电子政务的功能主要定位在以下几个方面：

(1) 在线发布"政务"信息。信息发布是电子政务的基本功能之一，其主要目的是实现公共部门的"政务"信息公开，建立与社会公众之间的信息沟通渠道。当前，绝大多数公共部门，尤其是政府部门在互联网上建立了自己的门户网站，并通过门户网站发布有关的管理和服务信息。社会公众可以通过公共部门的门户网站浏览、查询有关公共部门机构组成、政策法规以及其他"政务"信息。

(2) 部门内部的办公自动化。公共部门内部的办公自动化就是在优化公共部门业务流程的基础上，建立自动化的办公系统。部门的公文处理、报表制作和日常事务办理等业务通过计算机及其网络系统进行处理，并通过部门的局域网络进行信息、数据的交换，从而实现部门内部工作流程的科学化、系统化和自动化，提高公共部门内部的办事效率。

(3)在线交互式办公。在线交互式办公是指公共部门利用网络信息平台，通过电子政务系统面向企业和社会公众实现公共管理与服务的职能，如政府部门可以电子采购、公共工程招标、审批各类申请等；企业可以实现在线办理营业执照、工商登记、纳税等事务；公民可以实现身份登记、认证、事务申请等。与传统的办公方式相比，在线交互式办公可以克服时空限制，大大提高公共部门的办事速度和效率，节约时间和成本。

(4)各部门之间资源共享、协同办公。所谓资源共享是指公共部门把各自掌握和利用的信息资源，通过互联网络相互传递和交流，达到互通有无、共同享用的目的；所谓协同办公，就是公共部门在信息资源共享的基础上，利用公共部门的共同电子信息网络平台，对公共管理与服务的相关事项进行分工、协作，共同办理相关公共管理事务。实现公共部门的资源共享、协同办公，不仅可以促进整个公共管理系统的高效、快捷，而且也为公共部门的宏观决策、政策执行和控制提供了有效的手段，从而促进社会和经济的全面发展。

(5)参政议政、反映民意。电子政务是公共部门(尤其是政府部门)密切联系公民的桥梁和纽带，公民可以通过电子政务系统及时了解各种政务信息，并在最短的时间内对某项政策、措施发表自己的见解，参与公共管理活动。当然，公共部门也可以通过电子政务系统收集公民对公共部门及其工作人员的意见和建议，改进工作，提高提供公共产品和公共服务的质量和水平。

9.1.4 电子政务在公共管理变革中的作用

加快行政管理体制改革，建设服务型政府，是我国公共管理改革的核心内容之一。电子政务本身所特有的便捷性、开放性、互动性特征，为改进我国公共部门的服务提供了新途径，特别是在提高日常办公效率、促进政务信息公开、规范简化行政审批、增强政府与公民沟通协作、提升科学决策水平等方面具有不可替代的优势，是提高政府行政效能和服务水平不可或缺的手段。因此，发展电子政务，对于促进我国公共部门改革，增强公共部门服务职能和决策的民主化、科学化等方面具有十分重要的作用。

(1)电子政务是促进我国公共部门改革，降低工作成本、提高工作效率的重要途径。高效、节约是公共部门尤其是政府部门管理追求的基本目标。首先，就提高公共部门管理和服务的效率而言，以信息技术为依托的电子政务能够有效地利用公共部门的内外资源，改进公共管理的治理能力和水平。其次，就节约公共部门的管理成本而言，一方面，通过电子政务，大量的现代办公自动化技术、网络技术、通信技术得到了运用，大大减少了手工作业和办公、通信成本；另一方面，通过网上办公，节约了大量的人力、物力和财力以及时间等，同时还可以避免大量的有形资源如组织机构、管理人员、办公设施等方面的投资和建设，相应地也节约了公共部门的管理和服务成本。

(2)实施电子政务，有利于提高公共部门的公共服务水平，改善公共部门形象。首先，电子政务的实施强化了政府与公众之间的互动性，实现了公共管理与服务的准确、快捷和互动。一方面，公共部门可以为企业和公众提供必要的信息服务，如政策导向、信息咨询等，公众可以通过网络了解政府承担的各项公共服务的内容、程序、办事方法等，也可以通过网络平台足不出户地接受政府的"一站式"全天候的服务。另一方面，公民也可以通过网络反映民意，把自己的利益和意愿反馈到公共部门当中，并对政务活动实施有效的监督和反馈。其次，电子政务可以提高公共部门提供公共产品和公共服务的公开性、公正性和平等性。从公共管理的本质上看，公共部门提供公共产品和服务的对象涉及整个国家和社会，其中主要是企事业单位、社会团体和公民个人。在传统公共管理模式下，企事业单位、社会团体和公民个人所享受的公共产品和服务常常处在被动状态，很难保证公共产品和服务的公开、公正和平等。电子政务可以改善传统公共管理模式下的这些不足：一方面可以通过网络向所有企事业单位、社会团体和公民发布相关政务信息；另一方面，可以通过政府网站提供24小时"一站式"服务，不受时间和空间的限制。最后，电子政务为公共管理导入了全新的理念，将有利于塑造中国各级政府的形象。一方面，它提高了公共部门工作的透明度，加强了社会公众对公共部门的了解，增强了公众的信任度；另一方面，它提高了公共部门的办事效率，增加了公众对公共部门管理和服务行为的满意度。

(3)实施电子政务，有助于促进政务公开和公共部门的廉政建设。构建服务型政府，首先必须要做到政务公开。要推进政务公开，以信息网络为依托的电子政务系统是政务公开的最重要的载体。电子政务系统能使公共部门与企事业单位、社会团体和公众之间的交流渠道更加通畅、资源利用更加充分、办事过程更透明、办事程序更规范。可以说，实施电子政务一方面可以实现公共部门相关信息和业务处理的公开化，减少了传统政务中出现的"暗箱操作"，有利于公共部门政务的公开和透明；另一方面，实施电子政务可以加强公民对公共部门及其工作人员的监督，促使公共部门更加有效利用公共资源服务于社会公众。

(4)实施电子政务，有利于培养高素质的公共管理人才，提高公共部门工作人员的工作能力和业务水平。随着社会的不断发展和进步以及科技水平的不断提高，公共部门所面临的公共管理问题日趋繁多和复杂。这就需要在对公共部门的机构、业务流程等进行改革的同时，也要不断提高公共部门工作人员的素质和能力，以适应社会发展的需要。电子政务的实施，促使公共部门的工作人员必须注重自身综合能力的提高和培养，不断激励和鞭策自己努力学习，以尽快适应信息化、电子化和网络化的公共管理环境。当然，电子政务的实施也有利于提高公共部门工作人员判断、分析和解决问题的能力。工作人员可以运用电脑、网络技术及时获取大量的信息，有助于系统地分析和思考问题，开阔了视野。

(5)实施电子政务，有利于实现我国公共部门开展公共管理活动的科学化和民主化。首先，实施电子政务不是把传统政务照搬到互联网上，而是运用现代科学技术手段对公共部门的组织结构、业务流程和服务模式进行优化和重组、完善和改进。从这个意义上说，电子政务的实施和发展有助于实现公共管理的科学化。其次，实施电子政务，可以在建立公共部门和公众之间良性互动关系的同时，促使公众方便、快捷地向公共部门提出意见和建议，参与重大问题的决策，更好地行使公众对国家事务和社会公共事务的知情权、参与权和决策权，从而促进公共管理活动的民主化。

9.2 电子政务的框架体系与基本模式

电子政务是由诸多与计算机技术、网络技术、现代通信技术和公共部门政务管理相关的因素组合而成的结构系统。电子政务系统内部各种因素的排列组合构成了电子政务的框架结构体系，也构成了电子政务的基本内容。

9.2.1 电子政务的框架体系

电子政务框架体系是指构成电子政务系统的各种要素，按照某种排列组合方式所形成的整体结构。一般来说，电子政务的框架体系包括构建电子政务基础的网络应用体系、信息资源体系、功能框架体系、技术支撑体系和运行支撑体系等。

1. 电子政务的网络应用体系

电子政务的网络应用体系是电子政务的系统功能赖以实现的网络环境，一般包括政府内网、政府专网和政府外网三个网络系统。

政府内网是指服务于政府部门及其工作人员的业务办公网络。政府内网着重实现包括业务流程管理、知识信息管理、资产设备管理、项目管理、会议管理、人员管理、财务管理和政府决策支持等功能，其主要的服务对象是政府部门的办公人员。

政府专网是指独立于政府部门公共网络之外的系统专用网络，是政府部门的非涉密内部办公网，主要用于机关非涉密公文、信息的传递和业务流转等公共管理事务。政府专网为政府部门内部办公事务的协同和信息交互提供了一个广泛的应用环境。

政府外网是指政府部门针对企事业单位、社会团体和社会公众提供服务的业务网络。政府外网的主要功能包括信息发布与检索、审批申报、事务办理、在线咨询等。其服务对象主要是各类企业和社会团体、公众。

2. 电子政务的信息资源体系

电子政务信息资源是指公共部门在运用信息技术处理社会公共事务的过程中以电子形式形成的各种资料或数据，其表现形式包括文本、图像、报表、声音、视频等。电子政务信息资源可利用现有信息技术，实现数据即时传输、采集、存储、检索和分析，实现快速数据挖掘、分析和辅助决策，以及实现实时对外发布。

电子政务信息资源的内容繁杂、规模庞大。具体来说，电子政务信息资源包括以下几类：①决策信息，如发展规划、政策法规等；②工作信息，包括部门职责、办公文档、会议情况、总结报告等；③服务信息，如时政要闻、社情民意、统计报表、市场信息等；④档案信息，如人事档案、公务信息档案、企业和社会公众的档案信息等；⑤管辖区域的地理信息，如人口信息、城市基础设施信息、交通信息等。

信息资源是电子政务赖以存在的载体和内容，信息资源作为一种组织的资源和财富，在电子政务的建设与运行过程中具有十分重要的作用。围绕公共部门政务活动信息的所有建设、管理活动构成了完整统一的电子政务信息资源体系。

在电子政务活动中，信息资源通常以各种电子数据的形式存在并存储在各种类型的数据库中，因此，电子政务的信息资源体系就包括了信息资源（数据）的采集、存储、管理、交换、挖掘等诸多环节。

3. 电子政务的功能框架体系

所谓电子政务的功能框架是指根据电子政务系统的功能要素组合而成的整体结构体系。电子政务系统功能框架主要包括公共部门的核心业务系统、协同办公系统、办公自动化系统、信息资源管理系统、决策支持系统、政府门户网站等。

核心业务系统是以政府职能部门为主体形成的相对独立的业务系统。它既包括政府部门（如教育、财政、交通等）的应用系统，也包括其他国家机关（如人民法院、检察院、海关等）部门的业务系统。公共部门的核心业务系统是保障国民经济健康运行和社会管理与服务的基础，是电子政务功能框架体系的核心。

协同办公系统是根据公共部门的业务内容和社会公共服务的需求，在数据交互、共享的基础上，建立的跨部门协同办公的业务系统，如并联审批、税收监管等。协同办公系统是部门职能分配和业务流程在电子政务上的反映，体现着电子政务的发展水平以及公共服务效率和质量。

办公自动化系统是实现部门内部和部门之间的各种日常办公流程，合理地协调办公事务各环节，实现办公业务的高速、高效、科学化和智能化的应用系统。办公自动化系统是提高办公效率、办公质量和实现科学管理与科学决策的一种辅助手段。现代办公自动化系统是由计算机、通信网络和自动化办公设备以及相应的软件所组成的人机信息处理系统。它具有办公信息采集、加工、传输和存储等功能，对文字、数据、语音、图形、图像等信息能进行综合处理。

信息资源管理系统是对公共部门开展公共管理和服务过程中利用和产生的各种信息资源进行规划、采集、存储、管理、交换、挖掘等而形成的管理系统。公共部门信息资源的共享与交换，突破了政府部门与其他社会组织和公民个人，以及政府部门之间的时空限制，解决了电子政务应用系统存在的"信息孤岛"问题，为实现不同业务部门，不同的信息、数据的交互和共享提供了一个统一的平台。

决策支持系统是基于政务处理中积累的数据信息，综合运用数据仓库、联机分析处理、数据挖掘等技术，对各类政务信息进行汇总、统计分析，为公共部门的决策、审批、分析、预测进行科学化智能分析的应用系统。电子政务决策支持系统可以充分利用政府部门长期搜集和积累的大量数据，通过建立科学决策支持模型为公共部门的决策提供依据。这对于实现我国公共决策的科学化、民主化和规范化有着十分重要的意义。

政府门户网站是一级政府（中央或各级地方政府）在各政府部门的信息化建设基础之上，建立起跨部门的、综合的业务应用系统，使公民、企业与政府工作人员都能快速便捷地接入所有相关政府部门的业务应用、组织内容与信息，并获得个性化服务的网络站点。政府门户网站是整个"虚拟政府"的大门，是政府在信息化时代对国家进行管理和服务的核心窗口。

4. 电子政务的技术支撑体系

电子政务的技术支撑体系是指构成电子政务系统的基础设施、网络软件等要素排列组合所形成的体系。它包括四个基本的结构层次：

（1）门户访问层。主要是政府部门以门户网站为服务平台，向其他国家机关、企事业单位、社会组织和公民个人提供方便、快捷的服务。

(2) 业务应用层。主要是政府部门内部以及政府部门之间以电子政务办公系统为平台，进行业务协同办公、知识分享和信息处理。

(3) 数据资源层。主要是政府部门以数据库系统为平台，对政府部门的信息资源进行规划、采集、存储、交换等处理，以达到政府信息资源的交流和共享。

(4) 基础设施层。主要是政府部门以计算机、网络技术和通信技术为手段，增进电子政务软、硬件系统的有效性，从而提高政府部门电子政务的运行效率。

5. 电子政务的运行支撑体系

电子政务的运行支撑体系是指维护电子政务系统正常、高效运行的各种软、硬件因素组合而成的技术保障体系。电子政务是一个涉及面非常广的系统工程。除基础设施平台、政务信息资源库和应用系统外，电子政务的运行还需要一个完善的软、硬件环境。电子政务运行支撑体系主要包含思想观念、政策法规、业务规范、技术标准、运转资金、人力资源、宣传培训、运行维护等。

9.2.2 我国电子政务的基本框架

2001年国务院办公厅印发的《全国政府系统政务信息化建设2001—2005年规划纲要》文件中提出了"三网一库"，即机关内部办公业务网、办公业务资源网、政府公众信息网和电子信息资源库。"三网一库"的框架是我国政府通过吸收国外在电子政务领域的最新研究成果和对我国当前电子政务建设的深入研究，提出的一套三位一体的电子政务理论框架，如图9-2所示。

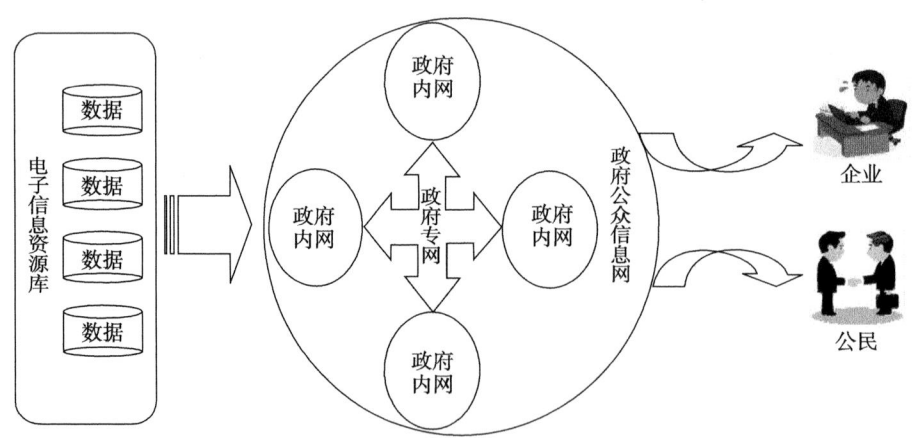

图9-2 "三网一库"的电子政务基本框架

(1) 机关内部办公业务网。机关内部办公业务网(简称"内网")是指政府机关内部涵盖所属单位(处、室等)在内的办公自动化网络。机关内部办公业务网主要围绕政府机关内部办公业务，为政府领导和各部门开展网上办公服务。为保密起见，机关内部办公业务网要求在物理上与外网(互联网)隔离。在该网上可以运用数字加密、电子认证、电子印章、数字签名等技术，实现公文无纸化传输等项应用。

(2) 办公业务资源网。部门之间办公业务资源网(简称"专网")是指以内网为基础，把政府各部门及上下级政府之间以 Intranet(内部互联网)方式相互连接,为领导决策和政府工作提供内部信息资源的办公自动化网络。办公业务资源网承载着政府系统共建共享的政务资源信息库,通过连接各部门、各地方的内网,形成覆盖从国务院到各部门、各地方的政务资源网络,为政府运转提供最主要的信息服务和业务协同支撑环境。

办公业务资源网按照国家的安全保密要求,与政府公众信息网之间采用物理隔离,以确保内部政务办公、决策指挥等系统运行的安全性。

(3)政府公众信息网。政府公众信息网(简称"外网")是以互联网为依托,为推行政务公开,服务社会公众,并为政府决策获取外部信息资源的自动化网络。一方面,政府可以通过它获取大量的决策信息和参考信息;另一方面,可以向全社会发布公共信息,推动政务公开、职能转变、网上互动,并为树立政府"公开、廉政、高效"的良好形象提供更加快速、方便、透明的服务。

(4)电子信息资源库。电子信息资源库是指政府系统共建共享的电子信息资源数据库,是一个有统一标准的数据集合。电子信息资源库通过"共建"的方式把政务信息资源按照统一标准进行收集、筛选、整理、加工后,可在政府系统内按照保密要求实现电子数据共享,提供给有权限的用户进行检索和查询。

9.2.3 电子政务的基本模式

电子政务所包含的内容极为广泛,几乎可以包括传统政务活动的各个方面。根据近些年来国际电子政务的发展趋势和我国电子政务的实践状况,根据服务对象的不同,电子政务可以分为四种基本模式,即政府间的电子政务(government-to-government,G to G 模式)、政府对企业的电子政务(government-to-business,G to B 模式)、政府对公民的电子政务(government-to-citizen,G to C 模式)、政府对公务员的电子政务(government-to-employee,G to E 模式)。

1. 政府间的电子政务

政府间的电子政务是指政府内部、政府上下级之间、不同地区和不同职能部门之间实现的电子政务活动。主要包括以下几种:

(1)政府内部网络办公系统。政府内部网络办公系统是电子政务的基础,它是指政府内部利用办公自动化系统和 Internet/Intranet 技术完成机关工作人员的许多事务性的工作,实现政府内部办公的自动化和网络化,在实现内部资源充分共享的基础上,提高政府的作业效率和业务水平。

(2)电子法规、政策系统。颁布和实施各项政策法规是各级政府部门的一项重要工作。由于政策法规的牵涉面广、信息量大、时效性强,因此,制定、发布、执行各种政策法规历来是政务活动的重要内容。通过电子化方式传递不同政府部门的各项法律、法规、规章、行政命令和政策规范,使所有政府机关和工作人员真正做到有法可依,有法必依,具有十分明显的速度和管理成本优势,既可做到政务公开,又可实现政府公务人员和老百姓之间"信息对称"。

(3)电子公文系统。公文处理是政府部门的基本职能,传统的公文处理方式是依靠纸张作为载体,借助盖章、签字等形式实现公文的传递与处理。这种公文处理方式不但浪费资源，而且因为周期长、效率低，常常会因公文"长途旅行"而影响政府决策的效率。电子公文系统借助网络技术的应用，使传统的政府间的报告、请示、批复、公告、通知、通报等在保证信息安全的前提下通过数字化的方式在不同的政府部门间实现瞬时传递，极大地提高了公文处理的效率。

(4) 电子司法档案系统。通过电子化的手段，在政府司法机关之间共享司法信息，如公安机关的刑事犯罪记录、审判机关的审判案例、检察机关的检察案例等，必将会有力促进司法工作的开展，在改善司法工作效率的同时，对提高司法工作人员的能力和水平也将大有裨益。

(5) 电子财政管理系统。分配和使用财政资金、实现政府不同部门之间的资金流转以及对财政资金使用的监控是政府管理的重要内容，也是政府财政、审计等部门的基本工作。建立在网络基础上的电子财务管理系统可以向政府主管部门、审计部门和相关机构提供分级、分部门、分时段的政府财政预算及其执行情况报告，包括从明细到汇总的财政收入、开支、拨付款数据以及相关的文字说明和图表，便于有关领导和部门及时掌握和监控财政状况，将使政府财务管理水平提升到一个新台阶。

(6) 电子培训系统。提高政府管理水平的关键在于政府公务员水平的提高，而提高公务员水平必须通过各种形式的培训来实现。长期以来，我国的各级政府管理部门对员工培训的重视程度明显不足，一方面是因为经费有限，另一方面是因为传统的培训必须要求员工在同一时间、集中在同一地点进行，对日常工作的影响大，组织培训有较大的困难。应用网络技术实现电子化培训克服了传统培训的缺点，既大大降低了培训的成本，又提高了培训的针对性和灵活性。所以，电子化培训借助网络交互的方式帮助员工通过网络随时随地注册参加各类培训课程、接受培训、参加考试等，将会给政府管理人员的学习与进修提供一条便捷的通道。

(7) 垂直网络化管理系统。垂直网络化管理系统主要适合于一些垂直管理的政府机构，如国家税务系统、海关、铁道等部门通过组建本系统的内部网络，形成垂直型的网络化管理系统，以实现统一决策，信息实时共享，有效提高系统的决策水平和反应速度。

(8) 横向网络协调管理系统。横向网络协调管理系统通过网络在政府不同部门及不同地区政府部门之间进行横向协调来实现政府的有效管理，其目的主要是通过网络的应用，使原分散在不同部门、不同地区的决策信息做到有机集成，为不同决策者所共享，减少部门间、地区间的相互扯皮现象，提高决策准确性和作业效率。

(9) 城市网络管理系统。城市网络管理系统主要应用在以下三个方面：①对城市供水、供电、供气、供暖等城市要害部门实行网络化控制与监管；②对城市交通、公安、消防、环保等部门实行网络统一化调度与监管，提高管理的效率与水平；③对各种突发事件和灾难实施网络一体化管理与跟踪，提高城市政府应变能力。

(10) 业绩评价系统。利用网络技术构筑业绩评价系统，既可以对业绩考评的各项指标进行量化考核，又可通过网络实现远程考评，与此同时还可实现员工之间的横向比较以及不同时期的纵向比较，使得考评方式更加科学、公平与公正。同时，网络业绩评价系统可按照设定的任务目标、工作标准和完成情况对政府各部门以及每一员工的业绩进行科学测量和公正评估，以达到良好的激励与约束效果。

2. 政府对企业的电子政务

政府对企业的电子政务就是政府通过信息技术，精简管理业务流程，提高办事效率，快捷迅速地为企业提供各种服务，减轻企业负担，促进企业发展。主要包括以下几种：

(1) 综合信息服务系统。综合信息服务系统是指对企业开放各种数据库信息，提供各种快捷、高效、低成本的信息服务，如商标注册管理机构可以提供已注册商标的数据库，供企业查询；科技成果主管部门可以把有待转让的科技成果在网上公开发布；质量监督检查部门可以把假冒伪劣的产品和企业名录在网上公布，以保护有关厂家的利益；政策、法规管理部门可以向企业开放法律、法规、规章、政策数据库以及政府经济白皮书等各种重要信息。

(2) 电子采购。在世界各国，政府采购的总额通常占到本国 GDP 的 10%～15%，可以说，政府采购项目是本国市场的重要组成部分。政府采购是一项牵涉面十分广泛的系统工程，其利用电子化采购和电子招投标系统，对提高政府采购的效率和透明度，树立政府公开、公正、公平的形象，促进国民经济的发展起着十分重要的作用。

(3) 电子税务。税收是国家财政收入的主要来源，降低征税成本、杜绝税源流失、方便企业纳税一直是税务部门工作的重要目标。电子税务系统可使企业直接通过网络足不出户地完成税务登记、税务申报、税款划拨等业务，并可查询税收公报、税收政策法规等事宜。

(4) 电子工商行政管理。工商行政管理部门的主要职能是对市场和企业行为的管理，传统的管理方式由于工作量大、程序复杂，效率低下，常常导致企业的不满。电子工商行政管理的实施将使传统的工商行政管理工作产生质的飞跃，如把作为工商行政管理工作主要内容的证照管理通过网络来实现，可缩短证照办理时间，还可减轻企业人力和经济的负担。

(5) 电子化外经贸管理。我国在加入 WTO 后，进出口业务的发展将进入高速成长期。对我国政府来说，一方面要通过各项符合 WTO 要求的政策鼓励国内企业开展进出口业务，特别是加快出口业务的发展和产品国际竞争力的提高；另一方面，我国的外经贸管理必须有一个新的突破，既要符合国际惯例，又要为广大国内外企业创造一个公平、高效、宽松的进出口环境。电子化外经贸管理已成为一种新的趋势，如进出口配额许可证的网上发放、海关报关手续的网上办理以及网上结汇等已在我国外经贸管理中开始应用。

(6) 中小企业电子化服务。中小企业在促进就业、活跃市场、增强出口等许多方面发挥着极为重要的作用，一个国家和地区的经济繁荣程度在很大程度上取决于中小企业的生存质量。帮助和促进中小企业的发展是各级政府义不容辞的责任，利用电子化手段是政府为中小企业开展服务的重要形式。政府可利用宏观管理优势，借助网络为提高中小企业国际竞争力和知名度提供各种帮助，如组建专门为中小企业进出口服务的专业网站，为中小企业设立网上求助中心，为中小企业提供软、硬件服务等。

3. 政府对公民的电子政务

政府对公民的电子政务是指政府与公民之间的电子政务，是政府通过电子网络系统为公民提供各种服务。政府对公民的电子政务所包含的内容十分广泛，主要应用包括以下方面：

(1)公民信息服务。公民信息服务就是政府部门通过网络为公民提供各种服务信息，如法律法规规章数据库、经济统计信息数据库、公共建设项目数据库、政府采购数据库，以及交通、天气、旅游、招聘等信息。公民信息服务可以使公民得以方便、容易、费用低廉地接入政府法律法规规章数据库；通过网络提供被选举人背景资料，促进公民对被选举人的了解；通过在线评论和意见反馈了解公民对政府工作的意见，改进政府工作。

(2)电子证件服务。电子证件服务即居民通过网络办理结婚证、离婚证、出生证、死亡证明等有关证书。例如，建立电子身份证与居民注册信息系统，可以帮助政府对每个居民实行不分地区、不分单位的高效管理，以解决农村人口大量涌入城市、城市人口流动所引起的原来户籍管理制度与新形势之间的矛盾。

(3)电子医疗服务。电子医疗服务是指政府部门通过网络向公民提供本地区医疗资源分布情况，提供医疗保险政策信息、医药信息、执业医生信息，为公民提供全面的医疗服务。

(4)电子社会保障服务。电子社会保障服务主要是通过网络建立起覆盖本地区乃至全国的社会保障网络，使公民能通过网络及时、全面地了解自己的养老、失业、工伤、医疗等社会保险账户的明细情况，政府也能通过网络把各种社会福利，如困难家庭补助、烈军属抚恤和社会捐助等，运用电子资料交换、磁卡、智能卡等技术，直接支付给受益人。

(5)电子就业服务。电子就业服务主要是通过网络向公民提供各种工作机会和就业培训，促进就业，如开设网上人才市场或劳动市场，提供与就业有关的工作职位缺口、求职信息，以及就业形势分析等。

(6)电子教育、培训服务。电子教育、培训服务主要是通过建立网络教育平台，资助教学、科研机构、图书馆接入互联网和政府教育平台；出资购买、开发高水平的教育资源，并向社会开放；资助边远、贫困地区信息技术的应用，消除"数字鸿沟"(digital divide)。利用网络手段为广大老百姓提供灵活、方便、低成本的教育培训服务，不仅是增强我国公民素质的有效途径，也是改善政府服务的重要内容。

(7)电子民主服务。电子民主服务是公民通过网络发表对政府有关部门和相关工作的评论，参与相关政策、法规的制定，还可直接向政府有关部门的领导发送电子邮件，对某一问题提出建议。

(8)公民电子身份认证。电子身份认证是通过政府信息库记录公民个人的基本信息，既包括姓名、性别、出生时间、出生地、血型、身高、体重及指纹等自然信息，也包括个人信用、工作经历、收入及纳税状况、养老保险等社会信息。电子身份认证可以使公民的身份得到随时随地的认证，既有利于人员的流动，又可以方便有关部门进行管理。

4. 政府对公务员的电子政务

政府对公务员的电子政务是指政府与公务员(即政府雇员)之间的电子政务，主要是利用Intranet建立起有效的行政办公和员工管理体系，为提高政府工作效率和公务员管理水平服务。具体应用有以下三种：

(1)办公自动化系统。主要是利用Intranet建立办公系统，并通过网络办理各种事务性的工作，如申请出差、请假、文件复印、使用办公设备和设施、下载政府机关经常使用的各种表格，以及日常考勤、内部财务管理等。

(2)电子培训系统。利用 Intranet 建立学习系统，为公务员提供各种综合性和专业性的网络教育课程，使他们可以通过网络随时随地加入培训项目、接受培训、参加考试等。

(3)业绩评价系统。即按照设定的任务目标和工作标准，对公务员的工作绩效进行评估，以此作为公务员晋升和奖惩的依据。

9.3 电子政务与公共管理模式创新

与传统的政府管理模式相比，电子政务给公共部门带来的不仅是技术上的革新和管理效率的提高，而且是一场深刻的革命，是一次公共管理改革模式的创新。电子政务的迅速发展必将给公共部门的管理和服务理念、职能转变、组织结构、运行方式等带来革命性的影响。

9.3.1 电子政务与公共管理理念的革新

进入 20 世纪 70 年代以来，随着全球经济一体化、社会信息化和管理民主化程度的提高，国际竞争日趋加剧。在此背景下，建立在工业社会基础上以官僚制为特征的传统行政管理思维与模式，日益受到新的外部环境的挑战，越来越不能适应变化纷繁的社会事务的要求。各国政府尤其是西方国家为了摆脱财政困境、提高公共部门的管理和服务效率，掀起了公共部门改革的浪潮。

公共部门改革浪潮的基本取向是引入企业管理中的相关理论、技术、方法和市场竞争机制，强调顾客导向，提高公共部门的工作效率和服务质量。在这种改革的基本取向下，公共管理的新理念呈现出四个基本特点：

(1)注重采用私营部门的管理方式，引入竞争机制。与传统政府管理理念相比，新公共管理理论主张广泛采用在私营部门行之有效的管理方式，如业务合同出租、目标管理、全面质量管理等。同时，在公共部门内部引入竞争机制，让私营部门参与公共产品和服务的供给，以提高公共部门的服务质量和效率。

(2)强调公共管理中的授权、参与和协作精神。新公共管理理论认为，公共部门应该善于下放权力，实行参与、合作式的管理，充分发挥下属的积极性和主动精神。美国学者戴维·奥斯本和特德·盖布勒在其合著的《改革政府——企业精神如何改革着公营部门》一书中认为，政府部门应通过授权来对外界变化做出反应，应将社会服务与管理的权限通过参与或民主的方式下放给社会的基本单元，如社会、家庭、志愿者组织等，让他们自我服务、自我管理，激发他们的创新精神。

(3)倡导"顾客至上"，并以此为导向提高公共服务的质量。所谓"顾客至上"，就是公共部门应该像企业一样具备"顾客意识"，把社会公众视为顾客并以为"顾客"服务为公共管理的第一要务，重视"回应性"和公众的需求，建立明确的服务标准，在降低服务成本的同时提高公共服务的质量。奥斯本和盖布勒认为，"顾客驱动"是一个校正政府运行的有力机制，它让顾客有选择权和评价手段，以驱动政府在符合社会需求的方式和服务质量的标准下行事和正常运转。

(4)重视绩效评估，并以此作为提高公共部门管理和服务效率的手段。所谓绩效评估，就是通过科学的方法、程序和标准，对公共部门及其工作人员的业绩、效率等进行的评价。新公共管理理论认为，对公共部门的评估主要以"3E"为标准，即经济、效率和效益。具体的评估内容包括服务效率、成本效益、顾客满意度、服务质量等。这些指标在具体实践中可以根据工作性质和特点形成一套科学、合理的评估体系，以便进行量化分析，并以此为据对公共部门的管理和服务活动提出指导性的改进建议。

电子政务作为一种实现公共管理新理念的工具或技术手段，被西方国家普遍采用和推广。1993年，美国副总统戈尔领导的国家绩效评估委员会在《运用信息技术改造政府》的报告中率先提出了应用先进的网络信息技术克服政府管理中存在的弊端，构建"以顾客为中心"的电子政务，实现在线服务的政府改革目标。之后，其他西方国家纷纷利用信息技术的新成果推进电子政务建设，建立了决策支持信息系统和管理信息系统等。可以说，电子政务已经不是一个技术上的概念，而成为了以信息技术为核心的政府治理新模式。

9.3.2 电子政务与政府部门职能转变

政府职能是指政府部门在管理国家事务、社会公共事务和内部事务的过程中承担的职责、功能以及所起的作用，主要涉及政府管什么、怎么管和发挥什么作用的问题。政府职能的内容和行使职能的方式并不是一成不变的，它们会随着政府部门内外环境的变化不断地进行调整或改变。

电子政务作为政务信息化的标志，实现政府管理方式由传统手段向电子政务转变，是提高行政效率、降低行政成本、增加政务透明度、促进职能转变的助推器。具体来说，电子政务对政府职能转变的影响主要表现在以下几个方面：

（1）电子政务是实现从管理型政府向服务型政府转变的重要推动力。公共服务是21世纪公共行政和政府改革的核心理念。西方国家从20世纪70年代开始倡导以"顾客至上"为理念的政府改革，被称为"新公共管理"改革运动。进入21世纪以来，建设"公共服务型政府"一直是我国政府改革的基本目标。2006年10月，党的十六届六中全会《关于构建社会主义和谐社会若干重大问题的决定》明确指出了要建设服务型政府，强化社会管理和公共服务职能。

从本质上说，服务型政府是为公民提供高效服务的政府，公民本位是服务型政府的基本理念。所谓公民本位，就是指公民是国家和社会的核心，一切工作都以公民的需求为中心而进行，公民拥有一系列切实的权利，成为独立权利主体。公民本位要求服务型政府以公民为中心，不断提高服务品质，把为公民服务作为治理的出发点和落脚点。而电子政务从很大程度上实现了政府职能由"管制型"向"服务型"的转变。首先，电子政务是以社会和公民为中心的服务平台，政府部门可以以电子政务系统为依托，完善服务职能，为社会和公民提供公平、公正的政务资源，包括政治、经济、文化和社会等一切公共领域的知识和信息。其次，在电子政务系统中，每个权利主体都是平等的，即每个社会个体都是政府部门的"顾客"或"消费者"，都有权共享政府部门的公共信息资源，政府部门可以通过信息网络向企业和公民提供周到、快捷的服务。最后，电子政务能够集中反映信息时代公民的愿望和诉求，指引着政府服务职能行使的内容和方向，同时，公民的满意程度也是衡量政府部门履行服务职能效果的基本标准。

(2)电子政务丰富了政府职能的内容，优化了政府职能行使的方式。电子政务的兴起以及在公共管理领域中的广泛应用，一方面促进了政府部门的行政效率和服务质量的提高；另一方面也给政府部门的公共管理活动带来了新的问题和矛盾，促使政府部门采取相应的措施或办法处理这些问题和矛盾，为政府部门增加了新的职能内容。具体来讲，电子政务为政府部门增添了三个方面的职能：①消除由电子政务带来的"数字鸿沟"问题，解决公平治理的矛盾。电子政务带来的一个重大问题就是"数字鸿沟"，即信息获取、信息处理能力的不平等使一部分不具备使用条件、能力和意愿的人排除在电子政务之外。所以政府应该缩小乃至消除"数字鸿沟"带来的不公正现象，使得每一个人都具有获得网络公共服务的权利。②政府部门必须加强对公共信息资源的管理，保证公共信息资源得到有效利用。在电子政务环境下，信息和知识在社会发展中的地位日益重要，经济发展、社会服务和政府行政对信息与知识的依赖程度日益加深，这就对政府管理提出了新的要求，即政府必须对公共信息资源进行有效的管理，如加强公共信息基础设施建设、合理有效地配置公共信息资源、增强对公共信息资源的安全保障等。③政府必须引导信息产业的发展。在网络化、电子化和信息化时代，信息产业是重要的支柱产业，政府部门只有有效地引导国家信息产业的发展，才能提高国家的竞争力。因此，政府部门必须提供良好的信息基础设施和信息化环境，大力加强信息产业的发展。

此外，电子政务的兴起和迅猛发展也丰富了政府部门行使职能的方式。在电子政务环境下，电子政务系统为实现由传统政府的管理职能向现代政府的管理与服务职能转变提供了新的技术手段，使政府能以各种现代手段实现政府职能。例如，政府部门利用计算机网络实现政令的发布，利用现代通信技术建立呼叫中心，实现迅捷的服务等。

9.3.3 电子政务与公共组织的变革

在现代社会，组织在国家和社会生活中的作用日趋突出。公共部门开展各种公共管理活动更是离不开各级、各类公共组织，可以说，公共组织是国家、社会公共事务的管理者和公共产品、公共服务的提供者，是公共管理活动赖以进行的载体和基础。电子政务的兴起和发展理所当然地会对公共组织的结构形态、权力结构、信息结构、管理方式等变革产生重要的影响。

1. 电子政务对公共组织结构形态的影响

组织结构形态是构成组织的各要素经过不同的排列组合所形成的形体和状态。在构成组织的诸多要素中，管理幅度和管理层次是影响组织结构形态的两个决定性因素。一般而言，传统管理模式中的组织结构是不同的管理层级和管理幅度构成的"金字塔"形的形态，如图9-3所示。

电子政务的兴起和发展对传统公共组织结构形态带来了深刻的影响，使其发生了巨大的变化，其中，最突出的影响是减少了组织的管理层次，扩大了管理的幅度，使组织结构形态由金字塔形的层级结构向扁平化的网络结构转变。这种扁平化的网络结构的突出特点是注重组织中的横向联系、沟通和协作，有利于提高组织的工作绩效；强调组织信息共享，以及组织内部各部门之间、组织之间、组织与外界环境之间的交往与开放；注重组织内部的自我管理和民主管理，人员的积极性、主动性和创造性得到充分发挥。

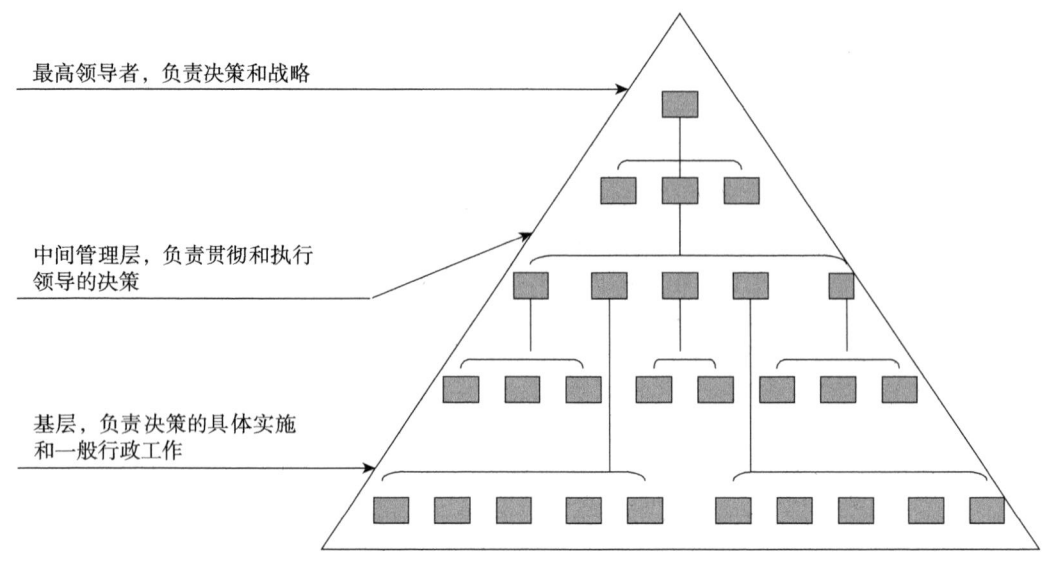

图 9-3 传统"金字塔"形的组织结构形态

2. 电子政务对公共组织权力结构的影响

所谓组织权力结构,是指组织中各种正式权力在纵横的各层级和各职位上的分配关系。公共组织权力结构决定并影响着组织内部决策、执行、监督等方面权力作用的方向和范围。

传统公共组织的权力结构是按照组织的隶属关系形成的。和组织的结构形态一样,传统公共组织的权力结构也呈现为"金字塔"形,即处于塔尖的是极少数决策者,他们在权力结构体系中处于核心地位;处于塔中间的是管理者,他们掌握一部分决策、执行和监督权力;而大量执行者则处于塔底,处在权力外围。决策者以指令的形式将其意志通过管理者下达给执行者,并要求得到切实的贯彻执行。

电子政务的兴起和发展促使公共部门的权力结构趋于分散化和"去中心化"(decentralization)。所谓权力的分散化,是指组织的管理权力不断地进行纵向和横向的分解。从纵向上看,电子政务使公共部门改变了传统的"命令—执行—控制"的权力行使模式,使得中低层的管理者尤其是低层管理者拥有更大的自主权来处理纷繁复杂的社会公共事务;从横向上看,由于信息和网络的开放性特点,公共信息资源不再由以政府为核心的公共部门所垄断,其他社会组织和部门甚至公民个人也有条件和能力参与公共部门的管理过程。所谓"去中心化",就是淡化了传统组织金字塔权力体系中的"中心",而让组织中的基层单位和个人都成为网络化管理的"中心",实现自主决策和自我管理。"去中心化"的结果是组织中的权力结构和部门之间的直接控制日趋松散,组织中各个基层单位和个人都可以通过电子化沟通及时、方便地进行交流,由此促使传统组织的大规模集权化层级结构向扁平化的横向合作结构转化。

3. 电子政务对公共组织信息结构的影响

信息是构成公共部门组织结构的神经系统,也是公共部门决策、执行、控制、协调、监督等管理活动的基础。在传统的"金字塔"形的组织结构体系中,信息结构往往与组织的结构形态、权力结构相一致，呈阶梯状、纵向层级的结构特点。这种阶梯状、纵向层级的组织信息结构具有结构简单、信息关系清晰、信息传递迅速等优点，但同时也具有信息传递的渠道和方式单一、信息完整性差等缺点。在信息传递的过程中稍有不当，就容易造成信息传递的失真、扭曲或中断。

电子政务的兴起与发展对公共部门的信息结构产生了重大的影响，促使公共部门的信息传递由阶梯状、纵向层级的结构模式向水平状、矩阵式和网络化的结构模式转化。在这种水平状、矩阵式和网络化的结构模式中，信息的收集、处理和传递是分散式的，信息沟通的渠道纵横交错，信息结构与组织的结构形态、权力结构脱钩。同时，公共部门之间、公共部门与外界之间的信息交流和沟通是开放性的、多层次的和交互式的。电子政务环境下的这种信息结构具有散射性、交错性、开放性和交互性等特点，使信息传递实现了渠道和方式多样化、传递速度高效化和内容完整化。

4. 电子政务对公共组织管理方式的影响

电子政务的出现也对公共部门的管理方式带来了深刻的影响，促使传统管理模式中科层制的上级控制和监督逐步向下级或基层单位的自我管理和参与管理转变。在传统管理模式中，为保证组织目标的实现，上级部门侧重于对下级和组织成员的控制和监督，只有这样，才能保证统一领导、统一指挥，保证个人目标和组织目标的一致性。

在电子政务环境下，一方面，随着组织结构形态的扁平化、组织权力结构的分散化和"去中心化"以及组织信息结构的网络化，下级和基层组织单位的自主性大大增加，也有条件参与组织的管理和决策；另一方面，在信息化、网络化时代，组织成员的教育程度、知识和能力得到了很大程度的提高，自主意识、自我实现的愿望也不断增强，因此，民主参与、自我管理日益成为组织管理中的主要方式，也符合电子政务环境所要求的快捷、灵活、非程序性和创新性的客观需要。

9.3.4 电子政务与公共部门运行方式的创新

从动态的角度讲，公共部门的管理和服务活动是由决策、执行、监督、评价等一系列环节构成的运行过程。电子政务的兴起与发展给公共部门的公共管理运行过程带来了极大的影响，促使了公共部门运行方式的创新。

1. 电子政务对公共决策的影响

公共决策是以政府为核心的公共部门为了有效地实现职能目标、维护社会公共利益，依据国家法律制定和选择活动方案，做出各种决定的过程。电子政务的兴起与发展对公共部门的决策活动产生了深刻的影响，促进公共部门决策的科学化与民主化。

首先，电子政务的发展扩展了公共部门决策信息的来源，压缩了信息传递的环节，提高了信息的保真率。一方面，互联网技术把各终端用户发展为潜在的信息源，网民们的意愿、观点和要求随时可以通过互联网络聚集和传播，公共部门随时可以收集大量的公共决策信息，避免了信息来源的不完整性。另一方面，网络技术的发展使得广大社会公众的意见可以借助互联网跳过诸多中间层次直接传递给公共部门中的决策层，消除了信息源和决策层之间的人为阻隔，不但使信息传递的速度大大加快，而且也大大弱化了信息传递过程中的失真现象，有利于公共部门决策层及时得到准确、可靠的信息。

其次，电子政务的发展带来了公共部门决策方法和技术的革新。决策方法和技术的革新是实现公共部门决策科学化的主要手段。电子政务作为新兴的电子技术、计算机网络技术、现代通信技术的综合应用平台，为公共部门决策方法和技术的革新提供了良好的基础和推动力。例如，可以构建起电子政务决策支持系统、大量数据库和信息化系统，为公共部门的科学决策提供技术性服务，最大限度地保证决策的科学性。

最后，电子政务的兴起与发展为公民参与公共决策过程提供了方便的渠道。实现公共决策民主化的首要途径就是公共部门在决策过程中广泛吸收、采纳公众的意见，吸收公众参与到决策过程中来。实施电子政务为所有网络终端的公众参与公共决策过程缩短了时间和空间的距离，有助于公共部门在决策过程中充分利用"外脑"的优势，同时克服"暗箱操作"带来的各种决策弊端，保证公共决策活动透明、公开，有利于实现公共决策的民主化和科学化。

2. 电子政务对公共政策执行的影响

公共政策执行是相关公共部门根据公共政策方案拟定的目标和实施步骤，依法采取计划、指挥、组织、沟通协调、控制等行为，落实政策方案、实现决策目标的活动过程。电子政务对公共政策执行活动的影响主要体现在以下两个方面：

(1)就公共政策执行的主体而言，电子政务简化了政策执行的机构，提高了政策执行人员的素质。公共政策执行的主体包括两个方面，一是公共政策执行的组织机构，二是公共政策执行的人员。在电子政务环境下，这两个方面的因素得到了整合和发展，并为政策执行提供了有力的保障。对于组织机构而言，通过实行电子政务，公共部门的组织结构得到重塑，淘汰多余的管理层级，变自上而下且等级分明的金字塔形传统组织结构为部门之间紧密合作、互相协调的扁平式组织结构。对于公共政策的执行人员而言，以信息化和网络化为特征的电子政务对公共管理人员的综合管理知识、技能和信息技术基本原理、基本应用以及实际操作等能力提出了很高的要求，这就使得公共政策执行人员必须加强自身知识和能力的培养与学习。从这个意义上说，电子政务促进了公共政策执行人员的业务素质和能力的提高，从而有助于推进公共政策的顺利实施。

(2)就公共政策执行的过程而言，电子政务改进沟通渠道，加强各因素之间的协调，提高了公共政策执行的效率。公共政策的执行过程是由一系列环节构成的，其中沟通和协调是公共政策执行过程中的关键环节。

在公共政策执行的沟通方面，电子政务改进沟通渠道。一方面，电子政务实现了公共部门内部、公共部门之间的交互式办公和信息资源共享，使得公共部门在执行公共政策时有畅通、快捷的沟通网络。另一方面，在电子政务环境下，网络的普及使得公众与公共部门之间建立了互动平台，公众与公共部门间形成良性的互动机制。这就使得公众利益的正当诉求以及对既定政策的了解成为可能，而此种情况下的政策执行也必然走向简便化。

在公共政策执行的协调方面，电子政务使得公共政策执行过程中的各种因素通过信息网络有机地结合在一起，并通过快捷、畅通的信息传递渠道建立起"一站式"的、7(天)×24(小时)的无缝隙协调机制。这种协调机制使公共政策执行机构和人员、广大群众及其他影响因素，都紧紧地围绕着既定的政策目标，构成了一个反应及时、良性互动的政策执行全过程。

3. 电子政务对公共管理监督的影响

监督是公共管理活动过程中一个十分重要的环节。加强对公共部门活动的监督，有助于公共政策目标的顺利实现，有利于维护社会和公众的根本利益。电子政务的兴起和发展对于公共管理监督方式和途径的创新起着重要的推进作用。

(1) 电子政务强化了公共组织系统内部的监督、制约机制。首先，电子政务为公共部门精简机构、层级、人员，为优化效能监督创造了便利条件。电子政务的发展带来了公共管理业务流程的信息化和网络化，简化了监督信息反馈的传输通道，避免了信息反馈的失真和滞后，使得政府部门在内部协调、对外服务的过程中，无论哪一部门、哪个环节出现停滞、拖延或其他问题，都有据可查，一目了然。其次，电子政务有效地规范了公共权力的运行方式，增强了公共管理系统自我监督的效用。电子政务作为一种新的公共管理模式，程序性是其鲜明特点之一。程序化的政务流程有效地规范了公共管理人员的权力运行方式，公共管理人员的活动受心情、性格、印象等主观因素影响的作用降低，避免了公共管理活动受到公共部门工作人员业务水平和个人偏好等因素的影响，增强了行政系统自身监督的效用。

(2) 电子政务拓展了公共管理外部监督的渠道，强化了社会监督的作用。首先，电子政务促进了政务信息的公开，有助于提高公共部门活动的透明度和监督渠道的畅通，有利于公共管理系统外部的监督主体能够全方位地对公共部门的政务活动和官员的行为进行监督、考核和评价，使公共部门及其工作人员的行为更为直接地置于社会舆论的评判之下。其次，电子政务的发展为公共管理监督主体实施监督活动提供了新的手段和方式。在电子政务环境下，利用现代信息技术和计算机、网络技术可以构建权力透明的运行网络和各种专门业务管理信息系统，实现电子公示、电子监控和电子效能考评。这种"电子眼"可以让各监督主体对公共部门及其工作人员的一言一行"看得见"、一举一动"管得住"，有效地增强了责任追究的刚性和时效性，增强了监督效率和力度，使公共管理监督实现科学化、规范化和智能化。

(3) 电子政务弥补了公共管理监督过程中的"事前"、"事中"监督环节，实现了对公共部门活动的全过程监督。公共管理监督是一种经常性的、持续性的活动。在传统政务模式下，由于受各种技术因素的限制，事前预防性监督和事中过程性监督往往成为公共管理监督过程中的薄弱环节。在电子政务环境下，利用现代信息、网络技术，公共管理监督主体可以对公共部门的决策规划、计划和实施方案等进行及时的审查、监督，做到防患于未然。同时，监督主体也可以通过计算机、信息网络等对公共部门正在实施的活动进行及时的监控，及时发现问题并及早采取必要的"矫正"措施。

9.4 国内外电子政务建设与发展趋势

20世纪90年代以来，随着信息技术的迅猛发展，特别是互联网技术的普及应用，电子政务成为当代信息化建设的最重要领域之一。为此，世界各国，尤其是西方发达国家在政府信息化的基础上积极推进电子政务建设。可以说，运用现代信息技术推进电子政务建设已经成为世界各国进行公共管理改革的主要标志之一。近些年来，我国正在逐步加快和推进电子政务建设，取得了很大的成就。探讨和研究国内外电子政务建设取得的成功经验和未来发展趋势，对于促进我国电子政务建设的科学、快速发展，有着十分重要的意义。

9.4.1 国外电子政务的兴起与发展

20世纪70年代以来，受全球经济、能源危机的影响，西方国家普遍掀起了一场声势浩大的公共管理改革浪潮。持续了近40年的公共部门的改革运动为西方国家电子政务的兴起和发展提供了巨大的推动力。与此同时，计算机技术、互联网技术、信息技术获得了迅速发展，并成为电子政务兴起和发展的外部驱动力。

1. 国外电子政务的发展概况

爱森哲（Accenture）咨询公司就2000年电子政务在22个国家和地区的发展情况做了调查，将这22个国家和地区按电子政务发展的成熟程度依次分成四个类别，即创新领先的国家，包括美国、加拿大、新加坡；积极发展的国家，包括英国、澳大利亚、挪威、芬兰、荷兰；稳步进展的国家（地区），包括新西兰、中国香港、法国、西班牙、爱尔兰、葡萄牙、德国、比利时；正在打基础的国家，包括日本、巴西、马来西亚、南非、意大利、墨西哥。根据爱森哲咨询公司关于全球电子政务发展的分类标准，我们分别探讨一下这几种典型国家的电子政务发展概况。

1）美国电子政务的发展概况

美国的电子政务起源于20世纪90年代初。1993年，克林顿政府成立了国家绩效评估委员会。国家绩效评估委员会通过大量的调查研究后，递交了《创建经济高效的政府》和《运用信息技术改造政府》两份报告，提出应当用先进的信息网络技术克服美国政府在管理和提供服务方面所存在的弊端，揭开了美国电子政务建设的序幕。

1994年12月，美国政府信息技术服务小组（Government Information Technology Services）提出了《政府信息技术服务的前景》报告，要求建立以顾客为导向的电子政府，为民众提供更多获得政府服务的机会与途径。

1996年，美国政府发动"重塑政府计划"，提出要让联邦机构最迟在2003年全部实现上网，使美国民众能够充分获得联邦政府掌握的各种信息。

1998年，美国通过《文书工作缩减法》，要求各部门呈交的表格必须使用电子方式，规定到2003年10月全部使用电子文件，同时考虑风险、成本与收益，酌情使用电子签名，让公民与政府的互动关系电子化。

2000年9月，美国政府开通"第一政府"网站（www.firstgov.gov），这个超大型电子网站旨在加速政府对公民需要的反馈，减少中间工作环节，让美国公众能更快捷、更方便地了解政府，并能在同一个政府网站站点内完成竞标合同和向政府申请贷款的业务。为保障政府信息化发展，美国还制定了《美国联邦信息资源管理法》等一系列法律法规，加上原有的《政府信息公开法》、《个人隐私权保护法》等，对政府信息化发展起着重要的保障和规范作用。

作为电子政务建设领先的典型国家，美国的电子政务具有以下三个特点：一是网站多。美国联邦级的行政、立法、司法部门都拥有独立网站，州及地方政府也拥有规模不小的网站，就连地处偏远地带的一些不起眼的小地方也同样建立了网站。二是分类细。美国电子政务网中既有政治、经济、军事方面的网站,也有国民求职、贷款、消费等方面的网站。日常生活中凡是与政府有关的事情,总有相关网站提供信息或服务。三是网联网。美国联邦一级的部门已经实现了网套网、网联网。联邦部门的网站不只介绍本部门的情况,提供相关服务,而且将下属机构的网站连起来。各州的网站既有全州的内容,也有州内各县、市网络的链接。

2)英国电子政务的发展概况

英国电子政务发展晚于美国,英国大规模的政府信息化建设可以追溯到1994年的"政府信息服务计划"。当年,英国政府开始在互联网上建立自己的网址——"英国政府信息中心"。进入该网址的用户可以查询到政府部门、学术机构、企业等网络地址。

1996年,英国政府推出"直接政府"(government direct)计划,其要旨是在"英国政府信息中心"的基础上,进一步利用计算机、互联网等现代信息通信技术,提高办公效率,改善行政管理,加快信息获取,与未来的信息高速公路顺利并轨。

1998年,英国政府率先提出"信息时代政府"的建设目标,宗旨是:开发信息与通信技术,改善公共服务,使英国政府成为使用信息与通信技术的世界典范。具体措施包括确立政府电子采购目标、制订政府电子商务计划、加强政府服务与信息电子化。

1999年3月,英国政府正式发布《现代化政府白皮书》。嗣后,相继出台了《21世纪政府电子政务》和《电子政务协同框架》,将政府信息化建设的目标聚焦于雄心勃勃的"电子政府计划"——一项全面改革政府和公共服务机构运作方式的专项计划,明确提出:到2008年,政府所有公共服务项目全面实现电子化,建立网上"虚拟政府",提供24小时"无缝"服务,把英国改造为在使用互联网方面居于世界第一位的国家。

2000年4月,英国政府发布电子政府行动方案,提出政府在信息化时代的建设目标就是充分运用信息资源,实现对公民、企业的电子服务传递;加强中央与地方各级政府的协同工作,发展政府部门与私营企业的合作关系。嗣后,又相继实施了首相在线战略(the Prime Minister's UK Online Strategy)、政府部门电子事务战略(Departmental e-Business Strategy)和英国在线运动(the UK Online Campaign)等一系列行动计划。

英国电子政务发展的最大特点是起步较晚、发展迅速、成效显著。根据《2002年英国在线年度报告》,英国政府已经实现政府信息提供的电子化,54%的政府信息已经通过电子方式提供。英国政府在电子政务建设上优先发展一些关键的服务领域,包括对企业的服务,个人收入与税收,交通、票务预订信息,教育、健康,公民与司法系统的互动,土地与房地产,农业与电子民主等。

3)法国电子政务的发展概况

在西方发达国家中,法国是电子政务发展相对较晚的国家。其主要原因是担心互联网的发展会对法国传统文化造成冲击。但法国的电子政务有一个很好的开端,现在法国约有60%的人拥有电脑。从1998年起,法国政府开始重视政府信息化的发展,并制订了一系列相应的计划。1999年1月,法国政府宣布实施一个"为法国进入信息社会作准备"的政府项目,其中一个重要的内容就是利用信息技术使公共服务现代化,特别是政府部门利用互联网提供对公众的服务。法国政府认为,应让法国的公民直接从互联网上自由地获取政府信息,尽管这种做法可能对政府精英和大型商业集团享有特权的法国是一种挑战,但是，信息技术正在改变着等级社会。法国政府提出，要让所有的政府机关都联网，资助企业上网，要让法国人通过网络更简便地办理各种事务。

为了加快政府信息化的步伐，围绕电子化政府建设，法国政府主要制定了以下一些措施：一是行政管理部门提供的各种窗口服务必须进入网络，将政府信息对外开放；二是为了使农村及偏僻地区使用互联网，国家和地方政府增设一些公共网点，帮助信息产品进入家庭；三是增加网上教育的内容，鼓励学校等机构更多地应用网络；四是推动网络政府的国际合作，提高政府在国际社会中的竞争力等。

4）日本电子政务的发展概况

日本是亚洲地区比较重视电子政务建设和发展的国家，早在1993年10月，日本临时行政改革推进审议会就将政府信息化作为行政改革的重要内容之一，要求制订政府信息化的推动计划。1994年8月，日本政府成立了高度情报通讯社会推进总部，内阁总理大臣亲任总部部长。同年12月，日本内阁会议通过了关于政府信息化推进基本计划的决议，该计划从1995年度开始，为期5年。1997年，日本政府又将原来的《计算机白皮书》更名为《信息化白皮书》，把政府信息化与产业信息化、家庭信息化结合在一起，共同构成日本经济与社会信息化的主体。

为了刺激长期处于低迷的日本经济，日本政府确立了"IT立国"的方针，并在2000年3月提出了气势恢宏的"e-Japan"计划，把IT作为振兴日本的重要推动力。该计划列出了三项基本措施：软件、硬件双管齐下的信息社会基础设施建设；官民一体普及信息技术的国民运动；雄心勃勃的IT战略及IT外交。在电子政务网络建设方面，日本政府提出了"四极互联网"的概念，即由中央政府、各级地方政府、公民个人和企业共同构成电子政务网络的四个节点，中央政府和各级地方政府的内联网分别通过互联网与公民个人、企业连接起来，构成一个全国统一的、功能完善的电子政务网。

日本电子政务的发展把开发政府相关资源、提高政府管理现代化水平和促进政府改革紧密结合起来，使电子政务切切实实产生出应有的社会效益。在政府信息资源开发方面，日本政府充分发挥政府各类数据库的作用，并促进各部门对数据库的补充、开发和运用，对共同性信息建立共同性数据库，同时，研究并推动资料代码及资料项目的标准化，使过去沉淀在政府各相关部门的信息资源发挥出重要的价值。在政府管理创新方面，日本政府非常注重实施电子政务与现有政府管理业务流程再造的结合。日本政府首先对现有的各种证件执照申请及核准规定加以修订，以适应电子政务的发展；其次，在行政业务流程的设计方面，考虑到公众的需要和便利，简化申报作业的服务手续，向公众提供跨机关、跨单位的服务。

2. 国外电子政务的发展特点及其经验

从电子政务在全球的发展来看，其目的大都集中在简化政府管理流程、提高政府工作效率、树立政府形象等方面，电子政务的出发点基本上都是以满足本国人民对政府经济事务的管理和社会服务等要求为主。综观美国、英国、法国、日本等发达国家电子政务发展的状况，虽然这些国家在电子政务建设的具体做法方面有许多差异，但有一些共同的特点值得我们关注和借鉴。

（1）以政府业务流为主线发展电子政务。以政府的业务流为主线，要根据轻重缓急将政府职能中带有不变性的业务流一个一个地计算机化和网络化。从国外电子政务的发展情况看，无论是中央政府各部门，还是地方政府，在电子政务的发展中均以政府的业务流为主线，逐个实现政府业务流的信息化，这样既有利于通过信息化来实现政府的重构，又有利于政府的职能转变和政府的重构。

(2) 以服务为中心，引进客户关系管理技术，将改善对企业和公众的服务作为电子政务建设的基本目标。电子政务的核心价值之一，就是要从根本上改善政府的公共服务。西方国家在确定电子政务目标时，把电子化服务作为重要的衡量指标。在电子政务建设过程中，遵照以用户为中心，按照用户的意向和需求，从服务的角度来设计政府网站。因此，客户关系管理技术开始用于电子政务之中，这样可以帮助政府更好地为"客户"(企业和公众)服务，从而建立新的、更好的政府与企业、政府与公民的关系。

(3) 把电子政务建设与政府改革紧密地结合在一起，实现"政府再造"或"重塑政府"的目标。近20年来，西方国家在社会压力、财政压力以及经济全球化压力下，普遍进行了大规模的政府改革。为了巩固这些改革成果，西方发达国家普遍把推动政府信息化放在了十分重要的地位，并把巩固改革成果与推动政府信息化、发展电子政务有机结合起来，从而收到了显著效果。

(4) 遵循"审慎规划、小步快走"(think big, start small, scale fast)的战略原则。"审慎规划，小步快走"是全球对于信息系统工程建设的一个原则共识，即想的要大，起步要小，扩展要快。就电子政务而言，"审慎规划"是根据实际情况以及对信息技术发展的预期，审慎地确定电子政务长远的发展目标。这个规划的目标应该是具体的、可以测量的，而不是抽象的、概念化的。"小步"是要以小的项目、以容易实现的项目、以效果明显的项目起步，确保"初战必胜"，赢得民众的支持和信任。"快走"是在已经取得经验和效益的基础上，加快系统扩张的步伐，尽快拿下这个系统所应有的全部经济和社会效益。这样，一方面可以充分享受信息化和信息技术带来的好处；另一方面，也可以通过系统的发展扩大影响，在更大程度上取得公众的支持。

(5) 利用互联网络实现资源共享和集成。利用互联网络实现政府资源共享和集成，一方面是由于发达国家经过近50年的信息化努力，政府内部的管理信息系统和各种决策支持系统已经基本完成，有可能利用互联网将政府的信息系统在技术上向政府外部延伸；另一方面也是因为互联网的出现和发展为重新构造政府和建立政府、企业、公众三者之间的新型互动关系提供了一个全新平台。

3. 国外电子政务的发展趋势

纵观国外(尤其是西方发达国家)电子政务的发展状况及其特点，未来全球电子政务的发展将会展现出以下五个趋势：

(1) 以"顾客"为导向、以民众为中心的服务理念日益成为电子政务建设的核心理念。现代电子技术、信息技术和网络技术对当代社会带来的重大影响之一是缩短了人们信息沟通、交流的时空距离。就公共部门和民众之间的关系而言，以现代电子技术、信息技术和网络技术为依托的电子政务拉近了公共部门和民众之间的距离，各国政府都将在电子政务建设过程中广泛运用现代电子技术、信息技术和网络技术，增强社会民众对"政务"的参与程度，以社会民众的需求为服务导向，把未来的政府建设成为以民众为中心的"电子政府"。

(2)电子政务与政府改革的结合日趋紧密,以电子政务推动政府创新成为主流。当前,随着信息技术水平的不断提高,社会公众对电子政务的期望和需求也不断提高。尽管各国电子政务建设仍在不断推进,但与公众的预期还有一定距离。各国政府已经意识到,造成这种差距的原因虽然是多方面的,但是政府自身能力无法满足新的信息技术环境和公众的需求是一个非常重要的方面。加快政府创新,成为各国电子政务建设亟待解决的问题之一。从近些年来众多国家电子政务的发展来看,电子政务发展的推动力已经主要不是靠技术,而是政府创新。一方面,政府创新需要电子政务来做支撑;另一方面,电子政务的发展也需要通过政府的不断创新来推动。电子政务推动政府改革和管理创新,也为建立服务型政府提供创新的动力源泉。

(3)电子政务由"信息管理"迈向"知识管理"。全球电子政务的发展从20世纪80年代的数据管理开始,经历了20世纪90年代的信息管理,已发展到今天的第三代电子政务,即知识管理型电子政务。知识管理作为一种新的管理理念和方法,是将获取的各种信息转化为知识,并通过网络和信息技术实现知识发现和使用的流程。电子政务中的政务办公信息流、公共事务信息流和政务咨询信息流等通过运用知识管理加以协同和综合,可以实现政务信息的最大限度交流和共享。第三代电子政务的核心就是借鉴知识管理的理论和方法,帮助以政府为核心的公共部门将单一的信息转变为可共享的知识,实现政府信息资源的全面共享,加强政府部门内部协同工作,为公众提供一站式服务。

(4)在电子政务建设过程中更加注重发挥市场机制的作用。在政府直接投入这种传统模式仍然在电子政务的建设中占有支配地位的同时,电子政务的市场化正在成为世界各国推动电子政务发展的一个重要趋势。一方面,这是为了让企业和民间的投资在电子政务的发展中扮演日益重要的角色。企业既具有投资的能力,又具有创新的活力。企业的加入将使电子政务的发展更具有创造力和活力。另一方面,电子政务的可持续发展归根结底还是要依赖于本国、本地区产业的发展和企业的发展。企业的介入,不但促进了电子政务的发展,也推动了相关产业和经济的发展。

(5)电子民主成为未来各国电子政务建设中的焦点。所谓电子民主就是指通过信息技术实现民主过程中价值理念、政治观点或其他个人意见等的交流和反映。电子民主的内容涉及范围很广,包括在线选举、民意调查、选举人与被选举人的电子交流、在线政务公开、在线立法、公众参与等。信息技术和互联网的发展为公众参与政府决策提供了良好的契机,同时也对传统政府理念和制度产生了巨大的冲击。电子民主的发展不仅能使民众有效监督政府决策,促进政府勤政廉政,提高公众对政府的信任度,而且也能反映电子政务的公众需求导向。

9.4.2 我国电子政务建设的发展和完善

与西方发达国家相比,我国电子政务建设的起步较晚,计算机技术、信息技术和网络技术在公共部门中应用的程度不高。近些年来,我国在政府信息化建设方面取得了较快发展,但在运用现代信息技术向社会提供优质服务等方面仍然有很长的路要走。

1. 我国电子政务建设的实践回顾

我国的电子政务建设起步于 20 世纪 80 年代的办公自动化系统建设，大致经历了四个阶段，即办公自动化阶段、"金"系列工程阶段、政府上网工程阶段和电子政务建设的全面推进阶段。

1) 办公自动化阶段

从 20 世纪 80 年代开始，计算机、网络和信息通信技术日益成为提高综合国力和促进社会经济发展的关键因素，并引起了各国政府的重视，我国政府也不例外。自 20 世纪 80 年代中期，我国政府部门开始进行信息化建设。1985 年前后，党中央和国务院为推进党政首脑机关的信息化，决定在党中央和国务院所在的中南海实施称为"海内工程"的建设项目，为此成立了该项目的领导小组并设立了办公室。这一项目成为我国政府行政首脑机关信息网络化建设的开端，为我国日后电子政务建设打下了良好的基础。当时政府系统的办公自动化还主要处在信息技术的单机应用和分散开发阶段，更多表现在政府机关办公室工作中引入微机打字和管理文件，软件、硬件和数据资源应用水平低，有的地方政府才刚刚开始使用小型机；在文件传输方面，开始较多地引入传真机。

1987 年和 1988 年，国务院先后在北戴河、山东泰安召开了"全国政府办公厅系统办公自动化工作会议暨全国政府办公厅系统软件交流会"、"办公自动化研讨会"，对我国的政务信息化进行了经验总结与探索。同时，1988 年成立了"全国政府办公厅系统办公自动化工作协调小组"，开始为全国电子政务的实施做前期准备工作。

2) "金"系列工程阶段

进入 20 世纪 90 年代后，在全球信息化浪潮的推动下，从 1993 年起，我国加快了国民经济信息化进程，正式启动了国民经济信息化的起步工程——"三金工程"，即金桥工程、金关工程和金卡工程。

金桥工程属于信息化的基础设施建设，是我国信息高速公路的主体。金桥网是国家经济信息网，它以光纤、微波、程控、卫星、无线移动等多种方式形成空、地一体的网络结构，建立起国家公用信息平台。其目标是：覆盖全国，与国务院部委专用网相连，并与 31 个省(自治区、直辖市)及 500 个中心城市、1.2 万个大中型企业、100 个计划单列的重要企业集团以及国家重点工程联结，最终形成电子信息高速公路大干线，并与全球信息高速公路互联。

金关工程是国家经济贸易信息网络工程，可延伸到用计算机对整个国家的物资市场流动实施高效管理。它还将对外贸企业的信息系统实行联网，推广电子数据交换(electronic data interchange，EDI)业务，通过网络交换信息取代磁介质信息，消除进出口统计不及时、不准确，以及在许可证、产地证、税额、收汇结汇、出口退税等方面存在的弊端，达到减少损失，实现通关自动化，并与国际 EDI 通关业务接轨的目的。

金卡工程是金融电子化工程。即从电子货币工程起步，计划用 10 多年的时间，在城市 3 亿人口中推广普及金融交易卡，实现支付手段的革命性变化，从而跨入电子货币时代，并逐步将信用卡发展成为个人与社会的全面信息凭证，如个人身份、经历、储蓄记录、刑事记录等。

随后，税务系统的"金税"工程、公安系统的"金盾"工程、交通系统的"金通"工程、农业系统的"金农"工程等"金"字系列的重大信息系统工程相继展开,并列为国家中长期发展规划。这标志着我国的信息化建设在各领域形成了强劲的发展势头,为以后我国电子政务建设的全面推进打下了良好的基础。

3) 政府上网工程阶段

1999年在我国政府机关正式启动的"政府上网工程",标志着我国政府信息化开始普遍步入互联网时代。事实上,此前已有国内一些政府机构积极探索将互联网用于政务活动。例如,1998年,青岛市政府在互联网上建立了我国第一个严格意义上的政府网站"青岛政府信息公众网"。

1999年1月,由当时的国家经贸委经济信息中心和中国电信牵头、联合四十多家部委信息主管部门,在北京召开了"'政府上网工程'启动大会","政府上网工程"主网站"www.gov.cn"也开始试运行。为配合政府上网,中国电信对上网的政府机构专门出台了优惠政策,包括在一定期限内,减免接入专线月租费、相关通信费和主机托管费,组织互联网服务提供商[ISP(全称为 Internet Service Provider) 和 JCP①]免费为政府上网制作部分主页,以及对相关人员免费提供培训等。

"政府上网工程"得到各地政府部门的积极响应。此后,参与"政府上网工程"的政府机构不断增加,许多地方纷纷召开专门会议,成立专门机构,安排必要的资金予以落实。一些地方政府主管部门还规定了"政府上网"的完成期限。

在政府主管部门的大力推动和有关方面的积极配合下,我国政府信息化建设在此阶段取得了快速发展。互联网的应用开始受到更多政府机构的重视,尤其表现在"政府上网工程"推动越来越多的政府网站不断建成开通。截至2002年年底,各级政府在 gov.cn 上注册的域名数量就达6686个,已经建成的政府门户网站数量达4929个。国家各部、委、办、局以及地市级以上的地方政府都已建起了自己的网站,一些经济中心城市的政府网站已初具规模。

4) 电子政务建设的全面推进阶段

2002年8月,中共中央、国务院办公厅以中办发〔2002〕17号文件转发了《国家信息化领导小组关于我国电子政务建设指导意见》,对"十五"期间我国电子政务的指导思想、建设原则、目标、任务和措施等做出具体部署,我国电子政务开始以战略性的地位纳入政府行动计划,即全面建设电子政务阶段。

2003年,国家信息化领导小组第三次会议讨论通过了《国家信息化领导小组关于加强信息安全保障工作的意见》,进一步提出要抓紧推行电子政务,按照统一规划、突出重点、整合资源、统一标准、保障安全的原则,逐步建成电子政务体系的基本框架。

从2004年起,各级政府相继调整了电子政务发展策略,强调电子政务建设应当在已经取得成绩的基础上,统筹规划、整合创新、稳步推进。《2005中国信息化发展报告》明确提出,2005年中国电子政务建设的重点任务是构建国家电子政务总体框架,明确现阶段中国电子政务的战略定位和在未来国家行政体制改革中的作用及两者之间的关系,明确

---

① JPC(Java Community Process)是一个开放的国际组织,主要由 Java 开发者和被授权者组成,其职能是发展和更新。

中央与地方在电子政务建设中的关系原则，理顺电子政务运行管理体制。在继续推进重点电子政务工程建设的同时，逐步完善电子政务系统运行管理体制，加快制定电子政务建设项目管理办法，规范项目立项、招投标、工程监理等，保证项目建设质量和效益。至此，中国电子政务建设也进入了一个相对平稳和理性发展的阶段。

2. 我国电子政务建设的现状

我国电子政务经历近 30 年的发展，取得了一定成绩，大幅度提高了政府部门的办事效率和公共服务质量，逐步提升了政府部门决策的科学化、民主化水平。然而，从总体来看，我国电子政务建设仍处于摸索阶段。我国电子政务的发展在经历了全面"热启动"之后，也暴露出不少问题。

1)我国电子政务建设取得的主要成就

总结我国 30 年来的电子政务建设，取得的成绩和进步是显著的，这些成就也可以看做我国电子政务建设的成功经验。其主要表现在以下几个方面：

(1)领导重视，成效显著。从我国电子政务发展的历程看，我国的电子政务建设从一开始就受到了党和国家领导人的重视。2001 年 8 月，党中央、国务院成立了国家信息化工作领导小组。此后，在党的十六大、十七大报告中更是提出了"进一步转变政府职能，改进管理方式，推行电子政务"、"推进决策科学化、民主化，完善决策信息和智力支持系统"、"电子政务，强化社会管理和公共服务"的战略思路。正是由于国家的高度重视和大力支持，我国电子政务的建设才得以快速推进，并取得显著成效。

(2)我国电子政务治国理政和服务于民的架构已具雏形。经过近几年的建设，中央级传输骨干网已经开通，国家电子政务外网也投入运行，可承载中央和地方部门的部分政务业务，为进一步整合内、外网及专项网资源，实现国家电子政务网络的互联互通和政务业务系统的协同互动奠定了基础；中央政府门户网站已开通运行，各级政府网站基本建立，为政府有效联系公众、服务公众建立了新的纽带。政务信息系统建设已经覆盖了税务、海关、农业、银行、公安和社会保障等关系国计民生的重要领域，为政务部门履行经济调节、市场监管、社会管理和公共服务职能提供了重要的技术支撑，我国电子政务建设已从部门办公自动化开始走上了支撑部门职能业务的发展道路。

(3)我国电子政务建设的人才储备逐渐增多。经过 30 年来的电子政务建设，我国全面发展、锻炼和储备了大量的信息化建设人力资源，如计算机技术人才、网络技术人才、电子政务系统管理人才、信息安全人才等。电子政务建设的管理和技术人才在公共信息资源开发、大型网络工程建设、信息安全基础设施建设、电子政务工程实施与管理等方面发挥着十分重要的作用。

2)我国电子政务建设中存在的问题和矛盾

我国当前电子政务建设主要面临以下三个问题：

(1)思想、观念方面的问题。当前，一些公共部门在进行电子政务建设的过程中还存在一些思想、观念和认识上的误区。这些观念误区主要表现在三个方面：一是把电子政务看做政府部门的计算机化，重"电子"、轻"政务"，结果是在电子政务的硬件设施方面投入了大量的资金和人力，而软件方面如业务流程、信息共享、协同办公等方面建设不足。二是简单地把电子政务看做"政府上网"，认为只要把政府部门的机构设置、工作职责、政策法规搬到网站上就是电子政务，结果导致政府网站的形式化、表面化。三是缺乏管理和服务意识，重投入、轻管理、轻服务，结果导致电子政务的软、硬件设施长期得不到维护，缺乏相应的服务信息等。

(2)电子政务系统自身建设的问题。由于缺乏科学的引导，当前我国电子政务系统建设本身也存在诸多问题。

首先，我国的电子政务系统建设缺乏整体规划和统一的标准，各地方、部门的电子政务系统建设处于个别应用、各自为政的状态。各地区、各部门电子政务系统缺乏统一的技术标准，导致公共信息资源无法共享，形成"信息孤岛"[①]。

其次，电子政务立法滞后。从我国电子政务立法的整体情况看，目前我国电子政务的立法还处于一个纲领性立法尚未出台、各部门立法尚待加速进行的状态。这种立法上的滞后，直接影响电子政务系统功能的发挥，如公民信息(尤其是个人隐私)保护、数字签名、电子证书等，由于没有明确的法律规定，实施过程中难免遭遇重重问题。

最后，政府网站建设存在短期性的问题。目前，我国的政府上网工程虽呈轰轰烈烈之势，但其中许多已建成的政府网站表现出一些急功近利的现象，极易导致短期效应的弊端。一些地区和部门为了赶时、出政绩，仓促地建立网站、注册域名、买进硬件设备、配备相关软件，但热闹过一阵子之后，许多事便无人问津。这不仅有悖于国家建立电子政务的初衷，而且容易造成人、财、物等资源的极大浪费。

(3)与电子政务系统建设相配套的其他问题。电子政务是一个复杂的系统工程，涉及面非常广，不但涉及先进的电子、通信、计算机等方面的技术，而且涉及管理体制、人员素质、社会信息化程度等多种因素。

第一，就政府管理体制改革而言，随着社会主义市场经济的发展，特别是我国加入WTO后，政府管理体制及运行机制有了很大的改变，但从总体上看仍存在部门职能交叉、审批过多、办事程序不规范、行政流程不合理、透明度低和暗箱操作等问题。这些都成为了电子政务深入发展的障碍。

第二，公务人员的信息知识和运用信息工具的水平较低，难以适应电子政务发展的要求。近年来我国在加强公务员的知识培训、提高公务员的管理能力和水平方面进行了一系列卓有成效的工作，包括公务员的计算机知识水平等方面都有了显著提高。但从整体上看，仍然不能适应政府信息化发展的需要。

第三，政府信息公开程度不高，制约着电子政务功能的发挥。信息的通畅、公开，是电子政务的基础。信息公开的程度从根本上决定了电子政务服务的深度和广度，制约着电子政务的发展空间。但就目前而言，我国政府部门信息公开的程度不高。一是法律制度仍不完善。我国已于2008年开始实施的《政府信息公开条例》在一定程度上保障了公民的参与权和监督权，但该条例的相关规定比较笼统，导致政府在具体执行中存在很多问题。二是信息公开的内容质量不高。一方面，适用信息不多，针对性不强；另一方面，虚假信息过多。

---

① 所谓信息孤岛，是指在一个单位的各个部门之间由于种种原因部门与部门之间完全孤立，各种信息(如财务信息、各种计划信息等)无法或者无法顺畅地在部门与部门之间流动。这样就会形成信息孤岛。其是重硬轻软、重网络轻数据的表现。

第四,"数字鸿沟"问题。所谓"数字鸿沟",是指在信息社会中,因为对信息、网络技术等拥有和应用程度的不同而造成的不同国家、地区、行业、企业和人群之间的"信息落差"、"知识分隔"和"贫富分化"现象。就电子政务而言,数字鸿沟主要体现在现代化的电子网络和信息技术与政务服务对象的知识水平之间的差距。数字鸿沟问题无论在发达国家还是发展中国家都普遍存在,而在我国尤为突出。由于自身素质、计算机技能、经济状况和当地信息技术设施等限制,我国绝大多数人还不能享受到电子政务带来的好处。电子政务的实施,如果不能做到居民普遍上网,那么电子政务只能是为少数人提供了方便和服务。这将使社会的强势群体更强,而弱势群体更弱,并因而强化了社会的不公平。

3. 完善和发展我国电子政务的举措

电子政务是一项复杂而艰巨的系统工程,应当客观、公正地看待我国电子政务建设过程中出现的各种问题和矛盾。电子政务的发展必须从实际出发,循序渐进,讲求效益,这样才能取得成功。针对我国电子政务建设过程中的问题,参考国外电子政务建设与发展的经验,应当从以下几个方面加以完善和改革:

(1)转变观念,消除认识上的误区。首先,要以战略的眼光看待电子政务建设,把政府部门的电子化、网络化和信息化手段与政府改革紧密配合起来,真正地实现"电子"和"政务"的有机结合。其次,以政府为核心的公共部门应当树立重管理、重服务的公共管理理念,提高电子政务管理活动的效率,并在此基础上着力营造电子政务的软环境和应用服务,真正让电子政务系统成为公共部门与企业、社会公众沟通的桥梁和纽带,成为落实公共管理改革措施的有效平台。

(2)建立统一的规划、技术标准和制度、监督体系。首先,电子政务的发展必须要有统一的规划、明确的发展目标和各个部门、各个行业的任务、目标,并且要有组织、有步骤地按照先易后难、逐步推进的原则实施,这样才能适应电子政务本身的特性,并指导我国电子政务的健康发展。其次,要有统一的技术标准。技术标准化是电子政务系统实现互联互通、信息共享、业务协同、安全可靠的前提。目前,必须重点建立一套具有自主知识产权、适合我国政府办公特点并与国际标准兼容的电子政务标准。最后,要同时建立电子政务相关制度和法律体系。制度建设是电子政务顺利推进的一个根本保证。在推动电子政务中,各地遇到的最大困难不是资金、技术,而是传统的行政弊端。解决这一问题,要把"电子政务"同"政府管理创新"相结合,建立完善一系列规章制度和管理办法。

(3)继续推进行政管理体制改革,建立适应电子政务要求的体制。实施电子政务,将使原有的行政方式转换到通过互联网来实现,它需要从业务模式上作较大的调整,需要优化和扩展行政管理模式和服务方式,将信息技术在政府机构的应用从简单的取代手工劳动提高到工作方式优化的新层次。更重要的是需要与企业、团体、民众、社会服务机构等众多的网上客体协调。所以,政府要在未来社会中提升管理的权威和效率,真正发挥信息技术的优势,就必须适应新的行政环境,按照电子政务的要求,调整行政组织,转变行政方法,对现有的行政管理职能、组织以及业务流程进行重组和再造。

(4)加强对电子政务人力资源开发的力度。首先,应明确电子政务人力资源开发的重点和方向。相关机构和部门应重点培育能够应用最有效的IT技术手段在政府管理中实施电子政务的技术型人才,能够利用最恰当的手段合理配置、协调多种电子政务资源共同有效发挥作用的管理型人才,以及拥有指挥、协调、控制、统领地方政府电子政务整体运作的决策领导型人才。其次,应建立电子政务人力资源激励、引导机制。例如,设立电子政务专业尖端人才教育与培养专项政府基金,利用政策引导和扶植等手段促进电子政务人力资源开发的国际化合作等,借此提高我国电子政务人才教育与培养的效率及效果。再次,加强对现有公务员队伍的信息技术培训,提升公务员队伍的业务素质,提高其利用现代信息技术对信息资源进行收集、整理、分析、加工的能力。最后,在新的电子政务框架下,应建立科学的业绩评价系统,把公务员电子政务培训与业绩相结合,把建设和实施电子政务的成果纳入政府业绩考核的范围,提高公共部门及其工作人员应用和开发电子政务的能力。

(5)建设电子政务的法制和法律环境。首先,应加快电子政务的整体立法。从我国电子政务立法的现状来看,目前还没有电子政务整体立法。但在社会主义市场经济条件下,执法必须有法可依,立法的滞后或不完善必将严重影响和制约电子政务的建设和实施。其次,应加快制定与电子政务建设相关的法律法规,如电子文件法、电子签名法、电子版权法、数据保护法、电子身份证法等。最后,应尽快制定与计算机网络、信息安全相关的法律法规。当前,随着我国计算机网络、信息技术的飞速发展,利用计算机、网络或现代通信技术从事违法、犯罪活动日渐猖獗,而我国目前针对计算机、网络和通信手段违法犯罪的处罚条款还分散于《刑法》、《民法》等法律法规体系中,在具体实践过程中不够系统和全面,具体操作也比较困难。因此,我国有必要制定专门的法律法规,为打击计算机、网络违法犯罪提供必要的法律依据,也为我国电子政务建设的健康发展提供一个良好的法律环境。

(6)大力推进政务公开,提升电子政务与社会公众的互动性,推进服务型政府建设。政务公开在电子政务建设过程中起着十分重要的作用。电子政务的许多功能,如网上协同办公、在线办理和公众反馈等都与政务公开有着密不可分的联系。要进一步推进政务公开,首先是要完善政务公开的立法。其次,应当形成公共信息资源的共享机制。政务公开是一项系统工程,其中,信息公开与共享是其重要的核心内容。公共部门应该杜绝狭隘的部门、地方利益,从整体出发,建立信息资源共享的平台,提高公共信息资源的利用效率。最后,强化政府网站的建设。在继续通过政府公报、政务公开栏、公开办事指南和充分利用报刊、广播、电视、网络等媒体及其他形式的基础上,进一步强化政府网站建设,逐步扩大网上审批、查询、交费、办证、咨询、投诉、求助等服务项目的范围,使之成为政府信息公开和办理公共事务的主渠道。

(7)积极推动社会信息化建设,逐步消除"数字鸿沟"。首先,积极推动整体的社会信息化建设,信息化不仅要覆盖年轻人群,更要覆盖中老年人以及广大农民,尽力满足弱势群体对信息技术的需要,解决因年龄、地域、经济条件等客观因素导致的问题。其次,大力推进电子社区建设,为公众提供廉价、便捷的上网平台。最后,利用多样化的手段服务于公众。公共部门可以通过网站、广播、电视、电话、公告栏等多种手段提供服务,让公众自由选择适合自己的服务方式。

第10章

第三部门

10.1 第三部门的概念

曾有学者指出,"对于第三部门的研究就是探索建立一个概念和实证术语的过程"[①],第三部门的概念为什么如此难以界定呢？因为从一开始,对第三部门问题的研究就没有独立进行过。

学界关于第三部门的研究总体上看可以分为两种思路：一是从国家的角度出发,将那些能分担某些政府职能的非经济类组织视为第三部门,这可以称为"国家中心论"；二是从社会的角度出发,将那些能实现某种程度自治的非经济类组织视为第三部门,这可以称为"社会中心论"。

因此,第三部门的研究一直游离在国家中心论和社会中心论之间,第三部门概念的内涵和外延也就仁者见仁、智者见智。

10.1.1 第三部门概念的由来

第三部门的提法是学者们基于社会结构三分法引申出来的研究概念,基本的社会结构一般可理解为由政治领域、经济领域和社会领域构成,在政治领域中活动的组织称为政治组织,在经济领域中活动的组织称为经济组织,但是在社会领域活动中的组织称为社会组织是不太合适的,社会组织这个概念要宽泛得多,也是已经约定俗成的语汇,所以,只好以一种否定的方式进行概念界定,即是一种非政治、非经济类组织。由此,如果把政治组织(狭义上仅指政府组织)作为第一部门,经济组织(主体是企业)作为第二部门,那么非政治、非经济类组织就是第三部门。

"第三部门"这个词汇是由美国学者莱维特(Levitt)最先使用的。以前人们往往把社会组织一分为二,非私即公,非公即私。莱维特认为这种划分太粗陋,忽略了一大批处于政府与私营企业之间的社会组织。它们所从事的是政府和私营企业"不愿做,做不好,或不

---

① 美国约翰·霍布金斯大学"非营利部门比较研究项目"负责人塞拉蒙(Lester M. Salamon)持这种观点。

常做"的事。莱维特将这类组织统称为"第三部门"。此后这个概念在美国学术界被频繁使用。

1994年，德福尼·杰奎斯试图用"辅助性活动"来界定"第三部门"，但"辅助性"如何界定依然不明确。肯德尔·杰瑞米和纳普·马丁在1995年指出"第三部门"这一概念的核心特征是其含义的不明确性。为了解决用否定法界定第三部门所存在的缺陷，泰勒·玛丽琳和保罗·霍盖特等呼吁借用其他部门为自己"正身"的做法理应摒弃，第三部门需要创造"自己的隐喻"以从正面界定第三部门。海德利·罗德尼则采用"中介组织"的概念，按照韦尔的说法，中介组织"介于国家和营利部门之间"[①]。

10.1.2 关联概念

学者们在进行国际比较研究当中发现这样一种组织形式，其在不同国家以及不同的领域有着不同的叫法，如"非营利组织"、"非政府组织"、"慈善组织"（charitable sector）、"志愿者组织"（voluntary sector）、"第三部门"（the third sector）、"公民社会"（civil society）、"民间组织"、"免税组织"（tax-exempt sector）、"独立部门"（independent sector）、"社会经济"、"网络组织"等。

比较常用的是非营利组织和非政府组织的提法。具体判断一个组织是否属于非营利组织有多种标准。根据美国会计学会（American Accounting Association，AAA）在"非营利组织会计实务委员会报告"中对"非营利"的定义，一个非营利组织应同时具备下述四个条件：①无营利的动机；②不拥有组织的权益股份或所有权；③组织的权益或所有权不得任意出售或交换；④通常都不可以任何方式给予资金捐助者或赞助人财务上的受益。就非政府组织来说，世界银行把任何民间组织，只要它的目的是援贫济困，维护穷人利益，保护环境，提供基本社会服务，或促进社区发展，都称为非政府组织，狭义的非政府组织一般是指活跃在国际事务中的民间组织。

在一般的阐述中，以上这些提法可以相互替代，仅仅在考虑问题的角度上和具体的实证中才需要选择合适的概念以便清晰化表述。实体层面上，这类组织集中表现为社团、行业协会、医院、大学、研究机构、慈善机构、社会服务机构、职业介绍和培训中心、博物馆、艺术馆等组织的全部或部分。而第三部门管理这个概念则有内部管理和外部管理两个方面的含义，第三部门内部管理可以归入非营利组织管理领域，第三部门外部管理可以归入公共管理领域。

10.1.3 第三部门的特征

美国研究非营利组织的专家约翰·霍普金斯大学的莱斯特·M. 萨拉蒙（Lester M. Salamon）教授指出，非营利组织有六个最关键的特征：①组织性（正规性），即有一定的组织机构，是根据国家法律注册的独立法人；②民间性，即非营利组织在组织机构上独立于政府，既不是政府机构的一部分，也不由政府官员来主导；③非营利性，即不是为其拥有者积累利润，非营利组织可以盈利，但所得利润必须用于组织使命所规定的工作，而

---

① 参阅李恒光：《非营利社会中介组织浅析》，《广东青年干部学院学报》，2002年，第1期，第38页。

不能在组织的所有者和经营者中进行分配；④自治性，非营利组织有不受外部控制的内部管理程序，自己管理自己的活动；⑤志愿性，在组织的活动和管理中都有相当程度的志愿参与，特别是形成由志愿者组成的董事会和广泛使用志愿人员；⑥公益性，即服务于某些公共目的和为公众奉献[1]。在讨论非政府组织的时候，萨拉蒙则把非政府组织看做非营利组织的一部分，他在上述非营利组织的六个特征之外另加了两个特征，即非宗教性（活动不是为了吸引新信徒）和非政治性（不卷入推举公职候选人）。人们经常把非政府组织与非营利组织这两个概念互换使用[2]。

如何理解非营利组织与非政府组织的特征呢？这要从两个概念的"非"进行分析。任何概念的使用都基于一定的场合和研究目的，非营利组织与非政府组织这类"非"字型的词汇，显然的目的是区分于营利组织和政府组织，但是到底是区分什么呢？

以非营利组织为例，有一种看法认为营利组织和非营利组织做的事情是不同的，营利组织以营利为目的，非营利组织不以营利为目的，所以，一旦非营利组织从事营利活动，它就不是非营利组织了。同理，一旦非政府组织从事政治活动，似乎也不是非政府组织了，似乎非政府组织只能从事社会公益等活动。

这种认识实际上是有偏颇的。非营利组织和非政府组织这类词汇的使用，显然的目的是区分于营利组织、政府组织，所以强调非营利性、非政治性是恰当的。但它们之间的区分是手段和方法的区别，在目的性上是可以相融的，所以，非营利组织可以正常从事营利活动，但是所得仅用于公共开支，而不用于私人收益，同样，非政府组织可以正常从事政治活动，但是底线应该是不挑战现有的公法体系。

因此，比方说学校，无论是公立学校还是私立学校，如果是出于慈善则可以归入非营利组织，如果转型为营利组织，则应该与其他类型的市场主体同等对待，不应该享受公共财政、税收等方面的优惠。

10.2 国际第三部门的发展分析

20世纪60年代以来，英国、美国等一些后现代国家发生了一场范围广泛的所谓"结社革命"，即"第三部门"运动。这一时期，成千上万的"第三部门"组织出现在上述这些国家，范围涉及环保、医疗、宗教、慈善、教育等。人们从不同的角度对这一"革命"给予了积极的关注。作为一种社会结构，"第三部门"实际上是人们早期寻求互助的公共集合体，但是人类社会在创造了高度发达的政治共同体的今天，却回过头来倾心于原始的交往形式，以至于逐步地将政府的部分权力转移到"第三部门"，让"第三部门"中的社会组织代行政府的职能，从而带来了政府职能弱化的结果。

10.2.1 全球性社团革命

1995年，美国共有116.4万个大大小小、形形色色的非营利组织。而在1945年，美

---

[1] 莱斯特·M. 萨拉蒙：《全球公民社会——非营利部门视界》，贾西津、魏玉等译，北京：社会科学文献出版社，2002年。

[2] 王绍光：《多元与统一——第三部门国际比较研究》，杭州：浙江人民出版社，1999年，第1~20页。

国只有9.95万个非营利组织,即使在1967年,全美的非营利组织也只有30万个。法国20世纪60年代平均每年有1.1万个民间组织问世,而到20世纪80年代中期,每年新成立的民间组织达5万多个。相比于其他西方国家,意大利的第三部门不算发达,但1985年的一项调查发现,40%的民间组织成立于1977年以后。"社团革命"并不局限于发达资本主义国家。东亚地区本来非营利组织不甚发达,但在过去十年里,日本、中国香港、中国台湾、新加坡等的民间组织数量都急剧增加。转型国家的变化更是惊人。20世纪80年代以前,这些国家只有一些官办的"人民团体",而现在匈牙利、波兰、罗马尼亚、捷克等都涌现出一大批独立性很强的民间团体。第三世界国家也不例外。"印度、印度尼西亚、巴西、埃及、南非都在不同程度上目睹了自己的'社团革命'。"①

国外有的学者甚至这样评价:"一场真正的社团革命现在似乎正在全球范围内展开,在20世纪末出现的这场革命所具有的社会和政治的意义有可能会同19世纪民族国家的崛起相媲美。"②前联合国秘书长安南1997年9月向第52届联合国大会提交的工作报告中阐述的当前全球发展的八大因素中第五大因素即是跨国性的社团的迅速发展,可见非政府组织的作用越来越大。

10.2.2 第三部门兴起的成因

第三部门运动的发生不是偶然的,它的兴起有着深刻的经济和政治原因,这些原因发端于福利国家政策在后现代国家的普遍失败这一事实。

从经济上来说,20世纪五六十年代福利国家政策在西方国家大行其道,凯恩斯主义几乎成了"医治"经济问题的灵丹妙药。这一时期,福利国家政策成为资本主义世界发展的主流模式,到了20世纪70年代,这一政策使以英美为主的后现代国家社会福利开支日益庞大,损害了私人投资,政府在人们心目中的地位开始下降,越来越多的人认为,政府作为发展的推动力是有限的,而第三部门机构有其优越性。最明显的例子是,美国里根政府和英国的撒切尔政府将发展志愿团体作为削弱政府社会支出战略的核心内容③。

从政治上来说,发达国家公共生活面临种种危机。由于福利国家政策的推广,国家向社会领域的无限渗透缩小了人们的自由生存空间,使得社会制约国家的功能急剧衰退,而公共领域批判性功能的衰退又激发了人们的危机意识。正如约翰·基恩所言,"今天,能避免在独立自主的公共领域里活动的普通公民实事求是的批评的国家机构绝无仅有。福利国家试图消除社会抗议并永久保持一个'社会性'时代,却无意中导致了一个'不服从'的过程、政治活动的高涨和激进的民主期待"④。

人们之所以热衷于第三部门,不仅是因为它在经济活动和社会生活中能够分解部分政府职能,而且因为"第三部门"在保障人权方面发挥着积极的作用。因此,第三部门就被赋予了一定的政治功能。这些功能主要有:①政府合法性的资源供给。现代政府的合法性资

---

① 引自王绍光:《多元与统一——第三部门国际比较研究》,杭州:浙江人民出版社,1999年。
② Salamon L M. The rise of the nonprofit sector. Foreign Affairs, 1994, 73: 109. 相关内容参阅毕监武:社团革命, 青岛:山东人民出版社,2003年,第266~289页。
③ 李亚平、于海:《第三域的兴起》,上海:复旦大学出版社,1998年,第14~15页。
④ [美]约翰·基恩:《公共生活与晚期资本主义》,刘利圭等译,北京:社会科学文献出版社,1999年,第22页。

源既不是靠传统型也不是个人魅力型来提供，更不是靠政府自己来提供，而是来自于广大民众的共同支持，第三部门是政府合法性的资源供给者。②制衡政府权力。在民主国家，尽管在体制内建立了权力制衡机制，但是权力仍然得不到有效制约。制约权力的最强大的力量不是来自体制内部而是来自体制外，然而单个的人是没有力量与政府抗衡的，个人只有结成有机的整体即社会组织，才有可能抵制来自政府的强权，才能实现制约政府的目的，这也就是从"权力制约权力"观念到"社会制约权力"观念的转变。第三部门为人们的自由结社提供了自我组织的空间。③民主价值观的培育。现代社会，人们的民主自由理念很大程度上不是靠政府和市场来培育，而是通过在第三部门中的自由结社、自我管理的社会生活逐步养成的。美国的民主得益于"新英格兰的乡镇精神"，这种精神体现的是一种自觉的自治原则，第三部门实际上已经成为民主价值社会化的重要途径。

10.2.3 国情和文化对第三部门发展的影响

各国第三部门的发展是不均衡的，第三部门的发展需要与国情和文化联系起来。下面以第三部门发展迅猛的美国为例进行分析。美国是一个很有特色的国家。美国学者彼得·德鲁克认为，美国的最大特色是普遍的、广泛的第三部门这种非营利组织的存在①。第三部门虽在美国由来已久，有近400年的历史，而且作为一种社会存在的组织形式对美国的经济发展和人民生活水平的提高发挥了重要的作用，但它在学术界一直备受冷落，在社会生活中也未能引起人们足够的重视。这种情况直到20世纪80年代才得到改观，研究第三部门的论文和专著大量出现，与此同时，第三部门组织的数量也急剧扩大，这种发展的趋势是其他国家所无法企及的，其原因正在于美国的历史沉淀和现实需求。

从历史上看，美国有结社的传统。第三部门在美国的雏形可以追溯到17世纪初第一批欧洲移民来到北美这块新大陆上，为了对抗恶劣的环境以求生存而自发形成的结社。正如托克维尔在《论美国的民主》中所论述的："他们来到此行的目的地，移民们上岸后第一件关心的事就是建立自己的社会。"②久而久之，这种结社以自助的习惯逐渐内化到美国人民的精神血脉之中，成为美国人民光荣而又悠久的传统之一。结社的传统是第三部门在美国产生的首要原因。

美国人的自由主义价值观是第三部门在美国产生的另一个重要原因。美国人民历来崇尚自由，这种自由主义传统对政府极不信任（政府的存在仅仅被看做是必要的邪恶），同时又十分害怕政府权力扩大以干涉他们的自由，所以，除非万不得已，否则他们决不求助于政府帮助他们解决困难，以免政府乘机扩大权力，而是利用结社这一手段结成第三部门来自助。

民主的社会现实是第三部门在美国产生的又一重要原因。美国是一个民主的国家，托克维尔认为，"在民主国家中，他们几乎不能单凭自己的力量去做一番事业，其中任何人也不能强迫他人帮助自己，因此，他们如不学会自动地互助，就会全体陷入无能为力的状态"③。

---

① [美]彼得·德鲁克：《新现实》，刘靖华等译，上海：上海三联书店，1991年，第152页。
② [法]托克维尔：《论美国的民主》，董果良译，北京：商务印书馆，1991年，第38页。
③ [法]托克维尔：《论美国的民主》，董果良译，北京：商务印书馆，1991年，第637页。

10.3 我国第三部门的发展状况

目前，我国的第三部门主要由事业单位、民办非企业单位、社会团体、社区管理型组织构成。全面回顾各类组织发展的历史是不现实的，本节主要选取社团组织进行阐述。在这些组织中，社团比较有代表性，作为第三部门成员的社团，它与公民的集体行动特别是结社活动直接相关，是这些组织中最具有"公共性"的组织形式。实际上，我国社会领域的"公共性"主要就是通过社团、大众传媒和理论研究组织的活动体现出来的。1989年10月25日，国务院发布的《社会团体登记管理条例》把社会团体定义为"中国公民自愿组成，为实现会员共同意愿，按照其章程开展活动的非营利性社会组织"。

10.3.1 发展历史

1. 发展初期

这一阶段的时间跨度是1921～1949年。中国共产党诞生以后所进行的革命活动，与工人、农民、青年和妇女等组织有着紧密的联系。由于这些组织与中国共产党的特殊关系，在新中国成立后确立了自己的位置，并延续至今。这一时期形成的社团组织主要有工会、中国共产主义青年团、农民协会等。在此之前的社团组织还有行会、商会等，它们曾经是工商界的主要形式。这一阶段的特点是自下而上型组织较多，带有政治色彩的组织较多，而且非常活跃。

在现代社团出现之前，中国历史上最为活跃的是融宗教、医术、巫术、武术为一体的迷信色彩较浓的门会组织。虽然它们在民间性上体现着与现代社团共有的特征，但是缺乏制度化，不能算做真正意义上的社团。

2. 调整与改造

第二阶段是从1949年中华人民共和国成立到1978年十一届三中全会。中华人民共和国成立给中国社会带来了翻天覆地的变化。新的革命政权根据自己的价值判断对社会组织进行了重新选择和组合。例如，一些政治性倾向明显的团体被称为民主党派，如中国民主同盟、九三学社等。在政治协商制度下，它们都被归为政治党派，从而与一般社团相区别。而那些"封建组织"和"反动组织"被取缔，从而确定了中国社团的非政治性。另外，如工商业者联合会在20世纪50年代是作为新政权联系私营工商界的重要渠道而建立的，其前身是旧商会。1949年后，旧商会自然解体。1950年又开始陆续继续重建新的工商业者联合会。

1950年9月，政务院制定了《社会团体登记暂行办法》，确立了社会团体的分级登记原则，并形成了社会团体分级登记管理体制。1951年3月内务部制定了《社会团体登记暂行办法实施细则》。据此，内务部和地方政府对人民群众团体、社会公益团体、文艺工作团体、学术研究团体、宗教团体进行了依法登记，确立了其法律地位。这一时期，中国的社团在原有规模上有了较大的发展。据统计，1956年全国性社团由解放初期的44个增长到近100个；地方性社团发展到6000多个。

但是，1966年开始的"文化大革命"使民主与法制遭到严重破坏，也影响了社团的发展[①]。值得注意的是文革阶段的红卫兵团体，其意识形态方面的出生阶级划分，导致另类特殊群体（根正苗红者）无政府主义的泛滥，社会无序、失序，所以以第三部门概念来理解这段历史已没有意义。

3. 20世纪80年代以后的新崛起

第三阶段就是1978年以后。改革开放政策的全面推行，使中国的经济、政治、社会生活以及文化观念发生了巨大的变化。这种变化为社团的发育提供了全新的土壤，带来了社团发展的春天。

从数量上看，20世纪80年代社团组织增长十分迅速。据民政部不完全统计，1990年萧山市市级社团总数达到99个。同时，不少纯民间社团，服务于社区和社会福利的社团数量也在稳步增加。另一类民间组织——民办非企业单位在20世纪90年代迅速发展，据估计，到1999年，全国各种形式的民办非企业单位总数可达到70多万个[②]。

10.3.2 我国社团发展的组织状况

新中国成立以来，政府一直对社团实行严格控制，还间或进行"清理整顿"。据现有的资料显示，1965年，中国有全国性社团将近100个，地方性社团60 000多个。1966～1976年的"文化大革命"期间，全国各类社团基本上处于"瘫痪"状态。1976年以后社团开始"复活"，并进入繁荣时期。据民政部统计，1989年年初，全国性社团已经发展到1600多个，相当于"文化大革命"以前的16倍；地方性社团猛增到20多万个，相当于"文化大革命"前的33倍[③]。1989年10月25日，国务院发布了《社会团体登记管理条例》。20世纪90年代初期，对全国社团进行复查登记。经过清理整顿之后，1992年得到确认登记的全国性社团有1200个，减少了400多个；地方性社团有18万个，减少了2万多个。截至1998年6月，全国性社团又增加到1800多个，地方性社团再度接近20万个。

虽然我国社团的发展比较迅速，数量急剧增加，但是也应该看到，相比于其他国家而言，我国社团发展还不够充分，虽然数量不断增加，但是人均占有量不足。

我们用每万人拥有的非营利组织的数量来衡量一个国家和地区公民社会的发展程度。表10-1中给出了14个国家和地区中，每万人拥有的非营利组织的数量。从表10-1中可以看出，发达的民主国家中每万人拥有的非营利组织的数量明显高于其他国家，这些国家包括法国、日本和比利时。而中国每万人拥有的非营利组织数量为1.45个，这个比例同埃及比较接近，不仅远远低于发达国家，而且也低于印度和巴西两个发展中国家。

表10-1　14个国家和地区每万人拥有的非营利组织数

国家（地区）	非营利组织数量/个	人口数/万人	每万人非营利组织数/个
法国	600 000～700 000	5 885	110.45

---

① 王名、刘国翰、何建宇：《中国社团改革——从政府选择到社会选择》，北京：社会科学文献出版社，2001年，第6～7页。
② 吴忠泽：《民间组织管理》，《清华大学发展研究通讯》，1999年，第13期，第65～68页。
③ 吴忠泽、陈金罗：《社团管理工作》，北京：中国社会出版社，1996年。

续表

国家(地区)	非营利组织数量/个	人口数/万人	每万人非营利组织数/个
日本	1 228 344	12 641	97.17
比利时	82 000	1 020	80.39
美国	1 400 000	27 030	51.79
匈牙利	35 915	1 011	35.52
德国	180 000~250 000	8 205	26.20
印度尼西亚	350 000	20 368	17.18
新加坡	4 600	316	14.56
巴西	210 000	16 587	12.66
中国台湾	20 473	2 192.9	9.34
波兰	29 850	3 867	7.72
罗马尼亚	12 000	2 250	5.33
埃及	15 000	6 140	2.44
中国	181 318	124 810	1.45

资料来源：联合国计划开发署：《1999年中国人类发展报告：经济转轨与政府的作用》，北京：中国财政经济出版社，1999年；王绍光：《多元与统一——第三部门的国际比较研究》，杭州：浙江人民出版社，1999年；Salamon L M. Global Civil Society: Dimensions of the Nonprofit Sector. The Johns Hopkins Center for Civil Society Studies, 1999

社团人均拥有量不足不仅制约着中国市场经济的发展，还制约了中国社会的民主化建设过程。

从社会团体的空间分布来看，城乡之间和地方之间呈现出高度的不平衡性。社团的数量、规模以及活动能力与所在地区的经济发展水平和对外开放程度密切相关。越是改革开放的区域，越是工业化程度较高、经济发达、社会发育程度较高的区域，社团组织的数量越多，活动领域越广阔，成员覆盖面越大。总的来说，城市社团发展水平远远高于农村，经济发达地区远远高于经济落后地区，沿海地区远远高于内陆地区。

美国每年一版的《社会百科全书》对1989年美国社团的活动领域划分了17个类别，涉及商业、农业、政府、法律、科学技术、教育文化、通信等诸多方面，共21 911个社团。与美国社团相比，中国社团还处在发育的初始阶段，虽已经开始进入社会生活的许多领域，但在许多领域都不够深入。就全国性组织看，美国各种社团组织共有21 911个，而在中国全国性社团到1991年年底申请登记的为836个，2009的数据则为1788个[1]，这说明社团在每个领域都有很大的发展余地。

10.3.3 我国社团发展的困境

我国社团在发展过程中面临的困境主要有两个：一是组织运转的人力、财力短缺；二是组织发展的合法性基础薄弱。

1. 人力、财力短缺

与政府机构、营利机构相比，当前社团的人力资源状况具有四个突出的特征：一是人

---

[1] 中华人民共和国民政部网站"民政统计"，http://www.mca.gov.cn/statistics/index.html。

员老化几乎成为中国社团普遍存在的问题或基本特征。绝大部分社团成了离退休官员发挥余热的场所。二是兼职工作人员所占比例过高。这些兼职人员不是通常意义上的"志愿者",而是在社团拿工资的正式员工,但同时又是业务主管单位的正式职工。作为业务主管单位的职工,与其他职工享受同样的权利,如分配住房、医疗和养老保险、晋级、评职称等。三是专职人员不但所占比例偏低,而且素质也偏低。四是民间倾向较强的社团,由于缺少"脚踏两只船"的兼职人员,也没有财力雇用专职人员,因而只能主要依靠社团的发起人和领导成员的献身精神来维持运转。时断时续、或多或少的志愿者也是这类社团人力资源的重要组成部分。

经费缺乏更是我国社团组织所面临的最普遍的问题。如表10-2所示,中国社团面临的主要问题中,有41.4%的被调查者将"缺乏资金"勾选,据调查,不少社团长期以来依靠政府拨款生存,经费来源单一。政府精简机构,压缩财政开支,使得不少社团陷入更加困难的境地。经费严重不足使得部分社团活动停滞,陷入瘫痪。

表10-2 中国社团面临的主要问题类型

类型	比例/%	排序	类型	比例/%	排序
缺乏资金	41.4	1	缺乏活动场所与办公设备	11.7	2
缺乏人才	9.9	3	政府的支持力度不够	8.5	4
组织内部管理问题	7.5	5	缺乏信息交流与培训机会	5.2	6
开展的活动得不到社会的回应	3.6	7	相关法律法规不健全	3.4	8
缺乏项目	3.0	9	不存在问题	1.8	10
政府的行政干预太大	1.1	11	其他	9.3	

资料来源:邓国胜:《全国问卷调查分析》.联合国区域发展中心,清华大学NGO研究中心,2001

虽然绝大部分社团都能或多或少地得到业务主管部门的资金支持,但是这种支持的规模是极为有限的,一般仅限于社团的"人头费",很少能够用来支持社团开展符合宗旨的活动。互助性社团也只是可以得到会员缴纳的少量会员费。大多数社团得不到社会捐助。绝大多数社团都面临着严峻的财务危机,它们只能在非常低的开支水平上维持机构的运转,其中很大一部分处于典型的"休眠状态"。王名、刘国翰、何建宇等学者2000年2月在湖南省益阳市的调查中发现,该市40%的社团几年来一直没有开展活动,160个市级社团中至少100个社团注册经费达不到3万元[①]。

2. 合法性基础薄弱

对于中国的社团来说,必须同时争取两种合法性:一种是来自政府的承认和信任,即"官方"合法性。《社会团体登记管理条例》中规定:"申请成立社会团体,应当经其业务主管单位审查同意,由发起人向登记管理机关申请筹备。"从现行的《社会团体登记管理条例》来看,能否找到业务主管部门是社团进行合法登记的前提条件。由此可见,社团的"'官方'合法性"不仅含有依法登记注册的普通含义,还包含党政部门对社团的直接管理。另一种是来自社会的承认和信任,即社会合法性。

[①] 王名、刘国翰、何建宇:《中国社团改革——从政府选择到社会选择》,北京:社会科学文献出版社,2001年,第6~7页。

1998年6月，全国性社团近1800个，地方性社团则接近20万个。而国家统计局公布的数据显示，1998年年底全国社会团体法人只有44 371个①。一项范围有限的调查显示，目前仅在北京就有上千个外资企业的行业组织在活动，而其中只有十几个进行了注册登记②。苏力、葛云松等学者根据收集的北京大学校友会的资料发现，它们大多成立了较长的时间，无锡、江西、内蒙古的校友会已经有12年的历史，但是它们至今还没有登记注册。首先，它们想注册，可是不能满足注册所要求的条件，如资金不足等；其次，它们不注册也能够开展自己的活动，所以是否注册关系不大。不具备注册条件其实应该成为促使他们创造条件去履行法律手续的压力，然而，不注册也能办事却减缓了注册的迫切性和必要性。

这样一来，就出现了一大批处于政府控制之外也就是没有获得"官方"合法性的"地下社团"或者"非正式社团"。

10.4 我国第三部门现状的成因分析

随着政治经济体制的发展，社会分层导致游离于体制外的个人以及相关利益团体的出现，这些个人以及相关利益团体有着与体制内的个人以及相关利益不同的存在状态，他们的要求满足途径也发生了根本性的变化，这种变化的突出表现是经济领域和社会领域的自主性发展，尤其是社会领域作为第三途径有着独特的方面，在此背景下，我国第三部门现状究竟是怎么形成的呢？

10.4.1 我国第三部门的"官民二重性"

英国学者格登·怀特(Gordon White)就市民社会问题对当代中国非政府组织现状进行了考察。通过对浙江萧山市的各种社团组织的实证研究，他认为中国经济改革的不充分导致国家在经济领域中仍然保持着主导地位，使得当代中国的新兴社团组织呈现出"半官半民性"，这种"半官半民性"是市民社会仍处于萌芽状态的柔弱表现，随着经济改革的加快，非政府组织的扩张将逐渐削弱国家的主导地位，一个较为强大的市民社会将会出现③。

王颖、折晓叶和孙炳耀也在浙江萧山做了调查，在他们看来，社团的民办性来自成员自助、互益和自我管理的需要，而官办性则来自政府间接管理的需要，他们认为目前的半官半民的组织特性是双轨经济体制的产物；随着改革开放的逐步深化，社团的民间性特征将逐步加强，"官办"将转成"官助"，即社团和政府共同管理社会的状况④。

此后，清华大学教授秦晖和沈原、中国人民大学的于晓虹和李姿姿等从第三部门失

---

① 国家统计局：《中国统计摘要(1998)》，北京：中国统计出版社，1998年。
② 康晓光：《创造希望——中国青少年发展基金会研究》，桂林：漓江出版社、广西大学出版社，1997年，第630~631页。
③ White G. Prospects civil society in China: a case study of Xiaoshan City. Australian Journal of Chinese Affairs, 1993.
④ 王颖、折晓叶、孙炳耀：《社会中间层》，北京：中国发展出版社，1993年。

灵、体制依赖、交易成本等视角对官民二重性做了进一步的阐述。

秦晖将官民二重性称为"第三部门失灵",认为其最本质的表现是"慈善不足"与"独立不足"。前者使第三部门"靠拢市场",后者使它靠拢政府。并指出,解决这个问题,我们所能期待的是第三部门内部机制的健全以及在它的影响下政府组织、市场组织也继续良性改进,以便反过来使第三部门能"靠拢"一个更好的政府、更好的市场[①]。

沈原等以青基会对外交往活动为个案,探讨了我国社团的发育状况,他用"形同质异"这一概念来描述我国社团的发育,考察了现有社团对原有体制的"体制依赖"途径,强调当代我国社团的"官办性",进而认为社团的国际交往将可以增加社团的自主性,从而完成"官办性"向"民间性"的转化[②]。

于晓虹、李姿姿对北京市海淀区个体私营劳动者协会做了调研,她们认为我国第三部门的官民二重性源于第三部门的官方组织成本小于自组织成本,第三部门的出现和生存是第三部门与政府在为维持自身利益最大化的考虑之下的理性选择,是相互交易的结果,并得出结论:在自组织成本低于官方组织成本之前,这种官民二重性将持续、良性有效地运行下去[③]。

此外,陈健民、丘海雄运用"社会资本"概念分析了社团组织的作用,王川兰从团体意识的视角分析了社团组织发展对政治参与的积极影响,高丙中对社团组织的合法性问题进行了研究,王名等从公共管理的角度对社团组织变革、评估、管理等问题进行了广泛的探讨。

回顾这些观点,目前大部分学者赞同我国第三部门"官民二重性"的现状界定,但是"官民二重性"是否对我国第三部门的现状有足够的解释力呢?

10.4.2 我国第三部门在二元结构中的定位

"官民二重性"观点的基本假设前提是国家-社会作为二元结构的存在,第三部门组织是被当作"社会"的实体进行研究的。所以,在关于"官民二重性"的讨论中,国家-社会关系问题上的不同理解和取向会导致结论上的明显差异。

中国国家与社会之间究竟是什么关系呢?目前这个问题的研究主要涉及国家与社会的边界、社会的自主发展以及国家与社会的关系模式等分支,得出了以下有代表性的观点:①国家和社会是不同的两个领域,三十多年的改革是国家权力从社会领域中退出的过程,为社会提供了自主发展空间,虽然标准的公民社会并没有出现,但一个独立于国家的社会领域正在成长;②社会的自主发展主要是培育社会的力量,而社会的力量来自它自身的整合,这种整合又依赖于社会的组织化;③从大小、强弱、优次方面探讨了国家与社会关系模式,指出我国正在由"大政府、小社会"、"强政府、弱社会"、"国家优先"向"小政府、大社会"、"强政府、强社会"、"社会优先"转型。

---

① 秦晖:《政府与企业以外的现代化》,杭州:浙江人民出版社,1999年。
② 沈原、孙五三:《"制度的形同质异"与社会团体的发育——以中国青基会及其对外交往活动为例》,载中国青少年发展基金会:《处于十字路口的中国社团》,天津:天津人民出版社,2000年。
③ 于晓虹、李姿姿:《当代中国社团官民二重性的制度分析——以北京市海淀区个私协为个案》,《开放时代》,2001年,第9期,第90~96页。

应该注意的是,"官民二重性"是在学者们探求中国国家与社会关系的实证研究中得出的,而针对传统中国全能国家的理念和现实所进行的研究,一开始就不得不以与政治国家相对应乃至相对抗的方式进行,市民社会理论成为有力的批判武器和分析框架,因此,可以说学者们的研究中已经"预设了西方市民社会的历史经验以及在其间产生的市民社会观念为一种普世的、跨文化的经验和观念"[①]。其中的价值介入使我们相信,原本可以做两可性解读的经验材料有了片面性解读的可能。

但考察我国第三部门的实际情况,发现国家和社会的分野,其意义在于强调社会领域是不同于国家的领域,并不表示国家和社会的分割、分立、分离或对抗,两个领域是相互依存、相互交织的,因此,第三部门组织不能简单地归入"社会"领域进行考察,第三部门组织所在的领域用黄宗智先生提出的"第三域"概念来描述更加恰当。

运用第三域概念而不是运用国家与社会的二分观念,其区别在于究竟是力图客观描述我国社会衍生发展的实际状态,还是实现市民社会的崛起或者修正体制的回应性等外在价值。黄先生在谈及第三域概念时,深刻地指出:"它(第三域)是价值中立的范畴,可帮我们摆脱……公共领域那种充满价值意义的目的论。……它也可更为清晰地界分出一种理论上区别于国家与社会的第三区域。这样一种概念还可以阻止把第三区域化约到国家或社会范围的倾向。"[②]

因此,假如我们把第三部门不是看做仅仅具有简单的"社会"属性,而是看做国家与社会交融的产物,那么这种假设就不再兼有批判现实的"直接价值"关照,而更可能客观地描述第三部门自身的运作逻辑和演化趋势。而且由于不再受制于国家与社会关系的二元框架,我们更可能将第三部门描述为多维度变量相互作用的产物,这样的分析,更可能动态描述第三部门衍生的多种组合,把原本作为依据的西方普世道路视为论辩对象,真正符合我国的国情。

10.4.3 解释与反思

我们的思路是从对"官民二重性"观点的逻辑质疑开始的。"官民二重性"观点隐含着官方性和民间性二元状态,但是官方性和民间性之间究竟是什么样的关系呢?为什么在中国第三部门的现实中官方性常常压倒了民间性而成为主导呢?或者说为什么政府在给予第三部门合法性的同时要有所限制或保留呢?对此,"官民二重性"本身不能给予足够的解释。并且"官民二重性"观点的发展必然推导出第三部门管理体制的安排是在官方性和民间性两者之间进行适度的选择,但是不能解释选择的依据,因为官方性和民间性都有存在的合理性,而且绝对的官方性或者民间性并不存在。

我们尝试通过体制的路径依赖角度,寻求对我国第三部门现状另外的解释途径。我们认为,"准单位制"是对我国第三部门现状较为合适的描述。其理由如下:

其一,长期以来,第三部门发展与社会自主性发展的关系问题总被认为是互为前提的,按照"官民二重性"来推论是无法准确说明的,因为如果第三域的兴起意味着社会自主

---

① 邓正来、[英]亚历山大:《国家与市民社会》,北京:中央编译出版社,2002年,第18页。
② 邓正来、[英]亚历山大:《国家与市民社会》,北京:中央编译出版社,2002年,第429页。

性的增长，那么第三域中的政治参与应该是广泛而有效的，而实际的情况是有关第三域中的政治参与事实确实存在，但是其影响力却十分弱小，这种政治参与是被动的、分散的，效果也是不稳定的。

为什么出现这种现象呢？我们认为，第三部门发展现状是国家权力对体制外力量实施控制的结果，第三域的兴起和发展总体上是国家政策作用的产物，是政府和市场两种行为的结果，政府在让出一定的活动空间和部分自由流动资源的同时，仍保持了对社会的绝对主导地位，从体制上说，其是一种"准单位制"。

在"官民二重性"的逻辑中，官方性和民间性是一个连续体的两个极端或者两个独立的维度，讨论的是官方性和民间性两个变量的消长、组合关系，而在"准单位制"的逻辑中，官方性和民间性是多维变量环境中的两个变量，还要加入制度以及第三部门自身发展状态等权变的情境变量。

其二，传统体制下的中国是单位制的中国，作为一种历史遗留，单位制不会一夜之间烟消云散，单位制在中国目前的现状是有所松动，而不是彻底解体，因此，看待中国政府的社会控制体制安排仍然不能脱离单位制的理解范式。

从第三部门的发展现状看，政府通过登记管理等相关制度安排，强化了第三部门对政府的依赖关系，第三部门承担了大量由政府赋予的管理职责，成为"第二行政"渠道，第三部门又通过政府赋予的合法性地位控制了一定的社会资源，转而与个人之间形成基于交换的互相依赖关系，这与传统体制下的单位制安排有着一定的相似性。

其主要的不同在于传统体制下单位与个人的依赖关系是个人对单位的全面依赖，而现在体制下第三部门与个人之间的依赖关系是双方有限的部分互相依赖；传统体制下的单位是基于科层模式的执行结构，而现在体制下的第三部门是基于动员模式的执行结构。因此，"准单位制"是较为确切的描述。

由以上的分析和阐述，我们得出以下基本结论：

(1)我国第三部门的现状中官方性远远大于民间性，这是由我国现有政治体制决定的，第三部门之所以表现出一定的民间性是为了更好地体现官方性，民间性的强大，不是说明第三部门独立性的增加，反而说明第三部门完成政府期望的能力的增加，从而对政府依赖性进一步得到强化。

(2)第三部门"官民二重性"是政府对社会控制重构的结果，国家现行的第三部门管理体制仍然没有脱离单位制的范式，社团是"准单位"。

(3)国家通过第三部门"准单位制"管理体制安排，不是促成了社会领域的发育和成熟，而是模糊了国家与社会的界限，使作为国家对应物的社会力量在国家的有效控制之下。

(4)政府给予第三部门合法性的前提是第三部门活动能够在政府的容忍和控制之下，给予一定限制的原因是政府政治体制的适应性安排机制尚未建立，政府有必要通过一定限制防止第三部门做出失范行为。

(5)有可能的推论是，政府的有关制度安排力图瓦解社会阶层的聚合状态，使有力量的政治行为得到预防和有效制止[①]。

---

① 罗辉：《第三域若干问题研究》，武汉：中国地质大学出版社，2006年。

10.4.4 我国第三部门的未来

从以上分析可以看出,我国第三部门的发展仍然是在走体制内的道路,这与西方国家社团革命的体制外道路是截然不同的,二者不能相提并论,与其说要讨论中国第三部门的发展出路,不如说讨论单位制的转型出路。诚如前文对美国第三部门的分析,如果没有结社传统、自由观念和民主现实,我们也难以看到今天如此强大的美国第三部门。中国的第三部门发展必须依赖体制内的变革,而这种变革的实质是国家的政治经济体制改革。

我国第三部门的"依附式发展"与美国第三部门的"自由发展"哪个更好呢,这需要结合不同的文化背景进行分析,我国的儒家文化中并不缺乏互助助人的精神,但是被宗法体系所扭曲,如果能从上施下取、各安本分的情感体系上升为平等互助、互惠合作的法理秩序,那么我国第三部门的"依附式发展"也能形成自己的特色。在情感和法理系统孰优孰劣上的讨论将有助于我们判断我国第三部门发展的未来,这个未来也许是二者的均衡。

第11章

公共危机管理

我国目前正处在公共危机事件的高发时期，地震、矿难、暴雨灾害、群体性事件等一系列危机事件的发生给人民的生命和财产安全造成了极大的危害，因此，如何有效地防范和应对公共危机，维持人民安居乐业的社会秩序，是各级政府不可或缺的重要职责和必备能力。公共危机管理，就是研究公共部门如何增强危机意识，提高应对能力，最大限度地避免和降低危机带来的损失。

11.1 公共危机管理概述

现实生活中危机无处不在，不可能被完全消灭，但可以通过积极的管理，降低危机发生的概率，减少危机造成的损失。公共危机同样可以通过管理进行有效的应对，而正确理解与认识危机和公共危机的基本概念是我们应对公共危机的前提和基础。

11.1.1 公共危机管理的基本概念

1. 危机的概念

"危机"最初是一个医学术语，原意为决定病人走向死亡还是恢复的关键时刻，是描述病人生死的关头、决定性的一刻，是一件事情转机与恶化的分水岭。关于危机的定义，很多学者从不同的角度进行了解释。

在西方学术界，危机研究的先驱查尔斯·赫尔曼(Charles F. Hermann)给危机下了一个经典的定义：危机是威胁到决策集团优先目标的一种形势，在这种形势中，决策集团做出反应的时间非常有限，且形势常常朝着令决策集团惊奇的方向发展。赫尔曼关于危机的这一定义强调了危机具有以下三个要素：决策集团的首要目标受到威胁；决策者反应的时间有限；事件具有突然性。

美国学者罗森豪尔特认为危机是指"对一个社会系统的基本价值和行为准则架构产生严重威胁，并且在时间压力和不确定性极高的情况下必须对其作出关键决策的事件"。显然，罗森塔尔倾向于把危机定义为一个过程。他认为"危机是一段剧变和集体紧张的时期。

在这段时间里,日常的生活方式和社会体系的核心价值观受到威胁,且威胁的方式是我们意想不到的,甚至是无法想象的"。这是目前人们一般使用的危机定义。

学者胡百精在《危机传播管理》一书中指出:危机的发生是社会组织内部和外部的构成要素、运作规则和发展秩序由常态异化、裂变为威胁性体系的过程。在危机中,组织面临的挑战不单纯是一个威胁性事件,而是一种涉及内部与外部多重利害关系的复杂困境。与此相应,危机管理也不单纯是事件处理,而是对组织威胁性生存环境的修复和改造……危机本质上是一种威胁性的形势、情境,或者状态。

综合以上观点,可以认为危机就是一种突发的紧急事件或态势,会导致组织环境恶化、危及生命财产安全,要求决策者迅速做出反应。

2. 公共危机的概念

公共危机特指一种突发事件,涉及较大规模的公共利益,需要以政府为主体的公共部门介入处理。关于公共危机的定义,学者张成福认为,"公共危机是来自社会经济运行过程内部的不确定性及由此导致的各种危机,或者说它是这样一种紧急事件或者紧急状态,它的出现和爆发严重影响社会的正常运作,对生命、财产、环境等造成威胁、损害,超出了政府和社会常态的管理能力,要求政府和社会采取特殊的措施加以应对"。

学者王小璐认为,"公共危机是指人们在面临突发公共事件时所出现的共同重要生活目标受阻的状态,这里的阻碍是指一定时间内,无法使用常规的解决办法"。学者董平的表述为:"公共危机是由意外原因或者社会内部矛盾积累引起的,对不特定多数人的利益构成重大威胁的紧急态势。"

综合以上定义,可以认为公共危机是指严重威胁或者破坏社会公共利益,并容易引发公众恐慌和社会混乱,需要以政府为主体的公共部门介入处理的紧急事件。

公共危机具有以下四个特征:

第一,突发性。公共危机往往是在意想不到、没有准备的情况下突然爆发的,也就是说,危机发生之前很少有人会意识到会发生危机。这也是一般危机的共性。公共危机来得突然,又有很强的冲击力和破坏力,往往使人们措手不及,如果处理不当可能会给公共生活和公共秩序带来巨大的破坏。因此,需要社会公众和管理部门及时拿出对策,化解危机,消除影响,减少损失。

第二,不确定性。危机并不是一种静态的存在,而是动态发展的,其潜伏、爆发、发展、结束的规律与趋势不易为人们所准确把握。公共部门面临的危机难以预测,又受到多种原因影响,另外,大众的反应程度及社会管理的有效程度也是难以预知的,因此,公共危机具有高度的不确定性和易变性。

第三,公共性。公共危机是发生在公共领域内的危机事件,影响到的往往是公共利益和社会利益。由于信息传播渠道的多元化、速度的高速化,危机会迅速公开化,政府任何一点小的失误都会酿成轩然大波。因此,政府部门必须高度重视,及时处理。

第四,破坏性。一个事件或一个状态之所以被称为公共危机就在于人们正常的工作和生活秩序受到影响,基本的价值观受到威胁,如果不加以及时控制,一个群体或一个社会就有可能被肢解,发生混乱。如果没有负面影响,事件或状态就不能被称之为危机。不同的公共危机造成的后果一定是负面的，所不同的只是程度大小。

3. 公共危机管理的概念

公共危机管理是危机管理的一种特殊类型，何为危机管理？史蒂文·芬克（Steven Fink）认为危机管理是组织对所有危机发生因素进行预测、分析、化解、防范等而采取的行动，包括组织面临的政治的、经济的、法律的、技术的、自然的、人为的、管理的、文化的、环境的和不可确定的等所有相关的因素的管理。格林（Green）认为，危机管理的任务是尽可能控制事态，在危机事件中把损失控制在一定范围内，在事态失控后要争取重新控制住。实践中，危机管理是一个动态的过程，包括事前的预警预防、事中的应急处理和事后的善后处理。

所谓公共危机管理，学者朱荣春认为，公共危机管理是一种有组织、有计划、持续动态的管理过程，针对潜在的或者当前的危机，在危机发展的不同阶段采取一系列的控制行动，以期有效地预防、处理和消除危机。

公共危机管理的目的是为了提高对危机发生的预见能力、危机发生后的救治能力以及事后的恢复能力，是指政府部门为避免或减少危机所造成的损害而采取的危机预防、事件识别、紧急反应、应急决策、处理以及应对评估等管理行为。

11.1.2 公共危机产生的原因

公共危机产生的根本原因在于事物的矛盾运动和矛盾运动的激烈表现。其具体原因有：①自然力原因，主要表现为自然灾害。一类是自然界本身的矛盾运动引起自然灾害，如地震、火山爆发、台风、海啸等；另一类是人类活动的扩大引起自然界失衡带来的灾害，如温室气体效应、土地石漠化或沙漠化、物种灭绝等。②社会性原因，包括政治原因、经济原因、文化原因、宗教原因、意识形态等。

但是，在当今世界，这种区分不是截然的，实际上两种危机现象有着越来越密切的联系。有些危机之所以成为危害巨大的危机事件，往往是自然原因和人类社会自身原因交互作用的结果，如美国2005年8月29日发生的"卡特里娜"飓风灾害。

11.1.3 公共危机管理的分类、分级与分期

危机管理体系的基础是对危机进行科学分析，建立分类、分级和分期管理体系。公共突发事件从理论上可以有不同的分类方法，结合国内外先进的应急管理经验，以及《中华人民共和国突发事件应对法》（简称《突发事件应对法》）、《国家突发公共事件总体应急预案》的基本规定，根据突发公共事件的发生过程、性质和机理，我国对公共危机管理体系提出了"四类四级四期"的基本规定。

1. 公共危机的分类

（1）从危机发生领域来划分，将其分为自然灾害、事故灾难、突发公共卫生事件、突发社会安全事件四大类。学者薛澜、钟开斌基于公共危机产生的原因，又将经济危机单独提出来，形成了自然灾害、事故灾难、突发公共卫生事件、突发社会安全事件、经济危机五大类划分法，见表11-1。

表 11-1 突发公共事件的类型划分

类型	突发公共事件示例
自然灾害	水旱灾害，台风、冰雹、雪、高温、沙尘暴等气象灾害，地震、山体滑坡、泥石流等地质灾害，森林火灾和重大生物灾害等
事故灾难	民航、铁路、公路、水运、轨道交通灯重大交通运输事故，工矿企业、建筑工程、公共场所及机关、企事业单位所发生的各类重大安全事故，造成重大影响和损失的供水、供电、供油和供气等城市生命线事故，以及通信、通信网络、特种设备等安全事故，核辐射事故，重大环境污染和生态破坏事故等
突发公共卫生事件	突然发生，造成或可能造成社会公共健康严重损害的重大传染病疫情、群体性不明原因疾病、重大食物和职业中毒、重大动物疫情以及其他严重影响公众健康的事件
突发社会安全事件	重大刑事案件、涉外突发事件、恐怖袭击事件以及规模较大的群体性突发事件
经济危机	资源、能源和生活必需品严重短缺，金融信用危机，以及其他严重经济失常、经济动荡等涉及经济安全的突发事件

(2)从发生层次上划分，将其分为全球性危机(如能源危机、气候变暖、恐怖主义等)、区域性危机(如亚洲金融危机)、国家级危机(如 2003 年非典疫情)、地方危机(如区域性旱灾)

(3)从原因来划分，将其分为自然力形成危机(如地震、海啸、山洪等自然原因)、人为原因引起的危机(如战争、暴乱)、人与自然共同作用引发的危机(如生态失衡、物种灭绝等)。

2. 公共危机的分级

按照社会危害程度、影响范围等因素，将自然灾害、事故灾难、突发公共卫生事件分为特别重大、重大、较大和一般四级。

根据突发公共卫生事件的性质、社会危害程度、影响范围等因素，将突发公共卫生事件分为特别严重、严重、比较严重和一般严重四个等级。

根据《突发事件应对法》的规定，将可以预警的自然灾害、事故灾难和公共卫生事件的预警级别分为四级，即一级、二级、三级和四级，依次用红色、橙色、黄色、蓝色四种颜色标示。

3. 公共危机的分期

公共危机的发展周期可以划分为预警期、爆发期、缓解期和善后期四个阶段：①预警期，主要任务是防范和阻止突发公共事件的发生，或者把突发公共事件控制在特定类型以及特定的区域内，其关键在于预警预备能力。②爆发期，主要任务是及时控制突发公共事件并防止其蔓延，其关键在于快速反应能力。③缓解期，主要任务是降低应急措施的强度并尽快恢复正常秩序，其关键在于缓解恢复能力。④善后期，主要任务是对整个事件处理过程进行调查评估并从事件中获益，其关键在于善后学习能力。当然，由于突发公共事件演变迅速，各个阶段之间的划分有时不一定很容易确认，而且很多时候是不同的阶段相互交织、循环往复，从而形成突发公共事件应急管理特定的生命周期。

根据《突发事件应对法》的规定，人民政府应对突发事件的工作原则是预防为主、预防与应急相结合。

11.1.4 公共危机管理的基本模式

关于危机管理的具体过程，不同的学者具有不同的界定。下面介绍几种较为常见的模式。

1. 奥古斯丁的六阶段模式

奥古斯丁将危机管理划分为六个不同的阶段，并针对不同的阶段提出了具体的管理建议：

第一阶段，危机的避免。危机的避免即预防危机的发生。许多人往往忽视了这一既简便又经济的办法。在这一阶段，管理者必须竭力减少风险，对于无法避免的风险，必须建立恰当的保障机制。

第二阶段，危机管理的准备。组织需要做好危机发生的准备，包括建立危机处理中心，制订应急计划，事先选定危机处理小组成员，提供完备和充足的通信设施，建立重要的关系等。在为危机做准备时，需要留心那些细微的地方，忽略其中任何一方面，其代价都将是高昂的。

第三阶段，危机的确认。通过收集各种有效的信息，确认危机已经发生，并找出危机的根源。尽快地识别危机是有效控制和解决危机的前提。在寻找危机发生的信息时，需要尽可能倾听不同公众的看法，也可以寻求外部专家的帮助。

第四阶段，危机的控制。需要根据不同情况确定控制工作的优先次序，尽快将危机所造成的损失控制在最小的范围之内。在这一阶段，果断决策是最重要的。由于在危机发生之前已经制订了明确的危机管理计划，因此，危机控制过程一般都有计划地进行。

第五阶段，危机的解决。根据危机发生的原因，实施针对性强的危机解决对策。在这一阶段，速度至关重要。

第六阶段，从危机中获利。危机管理的最后阶段就是总结经验教训。如果在危机管理的前五个阶段做得较好，第六阶段就可以提供一个至少能弥补部分损失和纠正所造成错误的机会，还可以为避免今后发生类似事件提供经验教训。

2. 罗伯特·希斯的 4R 模式

罗伯特·希斯将危机管理过程概括为 4R 模式，即危机管理可以划分为缩减(reduction)、预备(readiness)、反应(response)、恢复(recovery)四个阶段。有效的危机管理是对 4R 模式所有方面的整合。

(1) 缩减阶段。在缩减阶段，主要任务是预防危机的发生和减少危机发生后的冲击程度。对任何有效的危机管理而言，缩减是其核心，因为在缩减阶段危机最易控制、花费也最小，只要对各种细小的变化多加注意，防微杜渐，就可以防止一些危机的发生。促进管理、增强沟通、提升品质等皆可以在不知不觉中降低危机事发的可能性。

(2) 预备阶段。在火灾发生之后才去学习灭火器的使用方法显然已经太迟了。在危机发生之前，就必须做好响应和恢复计划，对员工进行技能培训和模拟演习，保证这些计划深入人心并落到实处，其目的是一旦危机发生，使损失最小化，并尽快恢复到常态。

(3) 反应阶段。在危机爆发之后，需要及时出击，在尽可能短的时间内遏制危机发展的势头，运用各种资源、人力和管理方法解决危机，防止事态的进一步恶化。

(4)恢复阶段。通常在经历过危机之后，人和物都会受到不同程度的冲击和影响。危机情境一旦得到控制，应着手恢复工作，还应就危机处理过程中反映出来的问题对危机管理工作进行改进，对危机管理计划进行修订。

3. 米特罗夫和皮尔森的五阶段模式

(1)信号侦测阶段：识别危机发生的预警信号。
(2)准备及预防阶段：对可能发生的危机做好准备并尽力减少潜在损害。
(3)损失控制阶段：在危机发生之后，努力使危机不影响企业的其他部分或外部环境。
(4)恢复阶段：尽快从危机的伤害中恢复过来，实现正常运转。
(5)学习阶段：从危机处理的整个过程中，汲取危机再次发生的经验教训，即便危机再次发生，也能提高危机处理的效率。

总之，根据危机发展的规律，总结不同学者的概括，我们认为可以将公共危机管理过程分为预警、预防、应急处理、恢复四个阶段。

11.2 公共危机管理机制

面对日益复杂和频繁的公共危机，政府应根据危机的潜伏期、爆发期和解决期的特点与难点，建立事前控制、事中应对和事后恢复的管理机制。公共危机的事前控制包括收集信息、识别危机、发出警示、建立预案；公共危机爆发后的应对包括调查分析、安抚公众、联络媒介、控制损害；公共危机结束后的恢复管理包括落实整改、消除影响、修补关系、矫正形象。因此，高效、科学的公共危机管理机制应由识别与评估机制、预警预防机制、决策应对机制、沟通公关机制及善后处理机制等几个方面构成。

11.2.1 公共危机的识别与评估机制

现实社会中存在着众多不确定因素，公共危机发生的突然性与不可避免性的特征越来越明显，公共危机一旦发生，其对社会的危害性是空前的，因此就要求政府及早发现引发危机的诱因，预测危机可能发生的基本方向和程度，将危机扼杀在萌芽状态，做到"未雨绸缪，防患于未然"。

公共危机的识别与评估是指根据一国或一个地区公共危机过去及现在的数据、情报和资料，运用科学的推理及预测方法，对公共危机的发展趋势做出评估，进而指导人们有计划、有步骤地进行公共危机预防的一系列活动。

1. 公共危机识别与评估的重要作用的表现

(1)公共危机的识别是预防和应对突发事件的起点。
(2)公共危机的识别与评估能够最大限度地减少公共危机带来的损失。准确地识别危机，并对危机的性质、可能带来的损失程度等做出及时的估价，可以使政府、公众在第一时间做好物质和心理准备，并采取各种措施避免危机的发生，或者降低危机发生的破坏程度。
(3)公共危机的识别有助于从小的冲突中发现大的危机。任何大的危机、大的冲突都是由细小的矛盾和冲突逐步发展而来的，政府应善于及时发现一些苗头和带有倾向性的问题，并对这些苗头和倾向进行深入的分析。通过对各类矛盾进行量的分析，见微知著。如果能够把握住它们的发展程度，明确其发展的方向，就能促使政府采取有针对性的措施，防微杜渐。这既有利于改善政府的管理方式，提高政府的管理效率；也有利于避免小的冲突和矛盾成为大的冲突和矛盾。

2. 公共危机识别与评估的基本原理

公共危机的种类多种多样，引发的原因也各不相同。但是，公共危机的发生与发展有着其共同的发生规律和发展轨迹，是有规律可循的。因此，必须掌握识别与评估突发事件的基本原理，准确地把握公共危机发生的规律和发展的轨迹，这是识别与评估突发事件的关键。

1）相关性原理（普遍联系的原理）

任何公共危机的发生都不会是孤立的，总会有一些蛛丝马迹，会有一些前兆，最终发生的公共危机与社会生活中的一些异常现象具有相关性。因此，进行公共危机的识别和监控，首先必须进行突发事件前兆与突发事件发生、蔓延之间的相关性分析和研究。必须设定与各类突发事件发生相关的若干个前兆变量，通过考察、评价这些前兆变量，预测公共危机发生的概率，评估突发事件的性质，以及可能造成的后果。

2）相似性原理（共性原理）

在公共危机的发生与发展过程中，同一性质的公共危机尽管在发生的时间、地点和规模上会有区别，但是，其发生的规律、性质是极为相似甚至是一致的。因此，我们通过对历史上和现实中各类公共危机发生规律的认识，可以捕捉到未来可能出现的征兆及发展的趋势，采取有针对性的措施来预防、控制，或者制止突发事件。

3）统计原理（量化管理、统计概率）

尽管突发事件的发生常常带有很大的随机性和不确定性。但是，如果从一个较长的历史时期观察，不同类型的公共危机还是有一定的规律的，可以通过概率论和数理统计的理论与方法，找出规律，从而为公共危机的识别与评估提供依据。

3. 公共危机识别与评估的方法

公共危机识别是要找出政府面临的各种风险，识别并确认潜伏的风险，主要回答"会发生什么风险"和"发生的形式"等问题。首先，应识别风险的来源、范围、特征以及行为或现象的不确定性，界定风险的本质特征。其次，风险识别要求全面做好风险的排查工作，不断提高预测和预防风险的技术水平。最后，做好风险薄弱环节的评估和管理，以便在风险发生成为危机之前得以发现和解决。具体的步骤包括：①搜集资料。在搜集资料时，首先要明确搜集资料的目的。其次是确定资料搜集的内容与范围。最后，要确定资料搜集的方法，一般有访谈法、问卷调查法和观察法等。②分析资料。对搜集到的资料进行去伪存真、去粗取精的分析、加工、整理和传输等工作，从中确定出可能发生的危机。分析资料可分为定性分析和定量分析两种方法。③整理结果。在处理资料的基础上，集思广益，群策群力，及时、全面、准确地研究可能引起危机的远因、近因、内因、外因，并参照当前已经出现的各种危机的可能性，分析正在形成的各种趋势、征兆、苗头，进行综合判断，从而确定出科学的预测值。

11.2.2 公共危机的预警预防机制

任何危机的发生都会有征兆,如果能够监测和捕捉到这些征兆,在危机预警期进行预防,就可以有针对性地采取防范措施,减少或避免公共危机带来的损失。因此,作为公共危机应对最重要的主题,政府部门需要做好危机预警工作,在相关法律法规的指引下,进行资料整合、议题监测和预测分析,在风险评估的基础上为危机预警提供科学依据。

1. 公共危机预警预防机制的分类

公共危机预警预防机制是为了能在危机来临时尽早地发现,而建立的一套能感应危机来临的信号,并能判断这些信号与危机之间关系的系统。公共危机预警从手段上划分为电子预警系统、指标性预警系统,从时间上划分为中长期预警、短期预警。

2. 公共危机预警预防机制的建立过程

公共危机预警预防机制的建立过程包括:①确定需要对哪些危机建立预警系统;②评估危机风险源、危机征兆、危机征兆与危机发生之间的关系;③根据评估结果,确定危机监测的内容和指标,并确定危机预警的临界点;④确立建立什么样的危机预警系统,采用什么样的技术、设备、程序,需要为危机预警准备哪些资源;⑤评估危机预警系统的性能,了解危机系统的特性;⑥配备适当的人力资源,制定相应的制度;⑦向公众说明危机系统的原理与使用方法。

3. 公共危机预警预防机制的内容

(1)制定相关的法律法规。在 2004 年以前,我国宪法没有关于危机状态或者紧急状态下的规定,政府紧急管理权也没有明确的宪法授权。这是公共危机法律法规不完善的根本问题所在。2004 年 3 月 14 日,第十届全国人大第二次会议通过宪法修正案,将现行《宪法》中的第 67、80 和 89 条有关"戒严"的规定修改为"紧急状态"。"紧急状态"条款入宪。如今,《突发事件应对法》已在 2007 年 8 月 30 日由全国人大常委会第二十九次会议通过,自 2007 年 11 月 1 日施行。制定相关的法律法规,能使政府的公共危机管理法制化,使紧急状态的认定、政府的紧急管理权、紧急状态的法律责任等都有法可依。

(2)建立危机预警系统。危机管理的核心在于平时,在于预防,而不在于出现了危机之后力挽狂澜。建立危机预警系统在政府公共危机管理中至关重要。政府部门要根据各类可能发生的公共事件,开展风险分析,建立灵敏、准确的信息监测系统。特别是要利用高科技手段及时捕捉收集相关信息,并加以分析处理,对危机管理做到心中有数。达到公开要求的风险信息应马上向公众预警,没有达到设定等级的风险继续追踪。根据危机事件的危害程度和政府的控制能力不同,可将危机事件分为特别严重(一级)、严重(二级)、较重(三级)和一般(四级)四个级别,依次用红色、橙色、黄色和蓝色进行预警和分级管理。当公共危机发生时,及时公布危机的级别,以便于各级管理部门和社会大众提高防范意识,及时采取相应的对策。

(3)事先做好危机应急预案。应急预案又称应急救援预案,它一般包括应急预案制定的目的和依据、应急预案的适用范围、突发公共事件的分类分级、工作原则、组织领导体系、应急机制、保障措施、预案管理等相关内容。制定应急预案要做到科学、实用和权威。在危机尚未出现时,应尽可能通过经验和预测来制定出针对危机出现以后的处理预案。并不是所有的危机都能在事先通过预警得以避免,很多危机往往是无法准确预测的,因此,必须为危机做好准备,包括战略规划、危机管理预案的制定、通信计划以及重要关系的建立等。应急预案的制定必须具有很强的操作性,必须明确回答突发事件事前、事发、事中、事后,谁来做,怎样做,做什么,何时做,用什么资源做。

(4)进行危机应急预案演练。应急预案编制以后还要进行预案的演练,以检验预案是否合理有效,发现问题后及时进行修正与完善;同时也通过预案演习,锻炼管理人员和工作人员特别是救援人员的实战能力,提高其协调配合水平和救援所需要的实际技术,加强人们的防范意识。实践证明,建立应对危机的培训与开展应急演练是提高综合应急能力的有效途径,是提高各行各业实战水平的有力措施,可以达到检验预案、锻炼队伍、磨合机制和宣传教育的目的。演练的一个重要功能就是发现问题。

(5)做好应急战略储备。应对各类突发事件,必须要有一定的人力、物力、财力和技术保障。在支持保障上,要全面考虑突发事件的组织动员、基础设施、技术支持、物资装备、人员培训等资源要素。作为家庭也应该做好应对灾难的物资准备。例如,在日本,几乎家家户户都备有紧急避难用品包,一旦灾害发生,就立刻带上它疏散到安全处。

(6)深入开展面向全社会的应急宣传教育。经验表明,当灾害迫在眉睫或正在发生时,个人的行动是否积极合理,往往决定了他在灾难中能否生存。强化全民的危机意识,教育群众掌握避灾、救灾知识和自救、互救本领,显得尤为重要和迫切。这几年,各地各部门采取多种形式宣传普及公共安全和应急知识,群众的安全意识和防灾避险能力普遍提高,成功自救互救的典型事例不断涌现。

11.2.3 公共危机的决策应对机制

建立快速有效的危机决策应对机制是实现危机管理的重要环节。俄罗斯解决莫斯科人质事件就说明了这一点。事件发生后,俄罗斯的危机管理系统紧急启动;联邦安全局和内务部宣布实施应对突发事件的"雷雨"计划;政府成立了解救人质指挥部;"阿尔法"反恐怖小组立即进入临战状态;警察和军队封锁了通往事发现场的道路,并疏散了事发现场周围居民;国家首脑和内务部召开紧急会议研究如何解救人质。这些应对措施为解救行动提供了充分的保证。我国应借鉴国外先进经验,加快公共危机决策应对机制的构建,建立一套完备的公共危机应急联动计划,并从法律上加以确定。

1. 公共危机决策的含义

公共危机决策就是要求组织在有限的时间、资源、人力等约束条件下完成应对危机的具体措施,即在出现预料之外的某种紧急情况下,为了不错失良机而打破常规,省去决策中的某些"繁文缛节",以最快的速度做出应急决策。因此,危机决策是一次性的非常规的决策活动。危机决策是一种特殊类型的决策。与常规决策相比,危机决策通常具有四个方面的特点,即决策目标动态权变、决策环境复杂多变、决策信息严重不对称、决策步骤非程序化。

2. 公共危机决策应该遵循的原则

与常规决策相比,公共危机决策应遵循以下几条原则:

(1)权利集中原则。在紧急状态下,权利集中有利于全方位地调动人力资源与物质资源应对危机，也有利于适当简化程序，提高决策效率。

(2)结果优先原则。在危机状态下，因形势严峻，难以全面考虑应对方式被公众接受的程度，决策应以结果优先，即把决策结果放在更加重要的位置。

(3)短期目标优先原则。在危机状态下，因时间紧迫、信息资源有限，很难迅速地对问题作全面深入的分析，因此，在不违背长期目标的情况下，首要的任务是找到引发危机的直接原因以及可能导致局势恶化的因素，即优先实现短期目标。

(4)强制原则。为调动一切可以利用的资源，最大限度地限制公共危机带来的损害，决策机构需要以相对强硬的姿态制定、推行相关决策。这一原则虽与民主价值观不相符合，但在危机状态下是需要的。

(5)勇于承担风险原则。在时间有限、信息有限、资源有限以及不确定性极高的情境下做出决策，必定带有一定的风险性。决策者在尽可能降低决策风险的同时，必须做好承担风险的思想和物质准备。

3. 公共危机管理的决策执行过程

公共危机管理的决策执行过程包括决策执行的计划、指挥和协调等过程。

(1)决策执行计划。决策执行计划是指根据实际情况，科学、及时地制定出达到决策目标的行动方案。其内容主要有：第一，对决策总目标进行分解，分清目标结构主次，明确行动方向。第二，分析决策执行的主客观条件，编制决策执行的计划，进行人力、物力、财力的统筹安排，合理配置资源。第三，确定时间期限，制定较为周密、具体的行动措施。第四，确定实施程序、方法及有关的具体制度，规定人员的岗位职责要求等。这样，就把危机决策放在实际条件下规划成有序的连续工作过程。

(2)决策执行指挥。决策执行指挥是执行危机决策的领导者按照既定的决策目标和计划，对下层管理活动进行指示、引导、监督和控制的过程。决策执行指挥是保证危机决策执行协调有序进行的重要手段。在复杂的涉及面广的公共危机管理中，管理工作往往层次多、分工细，各项管理措施环环相扣、相互制约，一个环节出现问题就会影响全局。如果没有强有力的指挥，整个决策执行过程不可能有序进行。

(3)决策执行协调。协调是指在管理过程中，不同的管理主体为了达到共同的目标，在决策执行过程中建立相互信任、互助合作、配合默契的良好关系，有效地实现危机决策目标，以及为此目标而开展相关管理活动。决策执行中的协调可以避免不同管理部门和管理人员之间发生互相扯皮、互相推诿的现象，避免内耗，达到和谐一致，保证管理工作的有序运转，提高工作效率。

11.2.4 公共危机的沟通公关机制

政府在进行公共危机管理过程中要及时、有效地和各个部门进行沟通交流，向社会公开信息，避免由于信息沟通不畅引发危机事件升级。

1. 公共危机沟通的原则

(1)三T原则。英国危机公关专家里杰斯特提出危机处理必须遵循三T原则，即以我为主提供情况(tell you own tale)、提供全部情况(tell it all)、尽快提供情况(tell it fast)。在公共危机信息的沟通过程中要做到：主动沟通，把握信息发布的主动权；及时沟通，在危机发生的第一时间发布信息；充分沟通，提供关于危机的全部事实，避免谣言的产生。

(2)梯度发布原则。梯度信息发布就是根据事件发展的不同阶段、事件对公众的影响程度、公众对事件的信息需求程度和心理承受程度，有计划、分步骤地发布信息。梯度信息发布策略对于公共信息发布而言是一种节奏调控器，能够将组织与公众之间的交流置于一个有序的轨道上。

2. 公共危机管理的沟通原则和策略

在处理危机过程中，公共管理部门要及时地向社会发布真实信息，以争取社会的理解、配合和支持。当危机发生时，可以开通专门的热线电话和网站，保证信息渠道畅通、及时、权威，形成公共危机管理部门和社会的良性互动。可以利用电视、广播、互联网、报纸、杂志、墙报、板报等宣传工具和方式向国内外及时发布相关消息。对于造成重大危害的公共危机，公共危机管理部门还应该建立新闻发言人制度，由公共危机管理部门授权，由专门的新闻发言人向社会公布危机的程度、危机管理的进展等。新闻发言人代表公共危机管理部门对外发布消息，可以保证信息及时和权威。因此，发生公共危机事件时，政府要及时畅通正规的沟通渠道，成立危机新闻中心，找出事实真相并保持信息口径一致。

(1)危机爆发期的沟通原则：激发公众情绪，统一舆论基调；设置舆论焦点，塑造政府的良好形象；稳定民心，帮助保持社会正常运转。

(2)危机爆发期的沟通策略：时间第一，争取舆论主动权；言行一致，确立信息沟通的可信度和权威性；明确危机新闻发言人及规范信息发布渠道；危机新闻发言人必须与最高决策层有直接沟通，本人有权参与决策；恰当处理和"敌对"媒体的关系。

3. 危机中媒体的运用及特点

(1)舆论对于重大时间非常敏感。

(2)非常重大事件容易使舆论朝两极发展，在事件的本质未完全暴露之前，舆论不会趋于稳定。

(3)媒体对事件的描述和评论在舆论形成中是非常重要的，因为人们急于了解事情的真相。

(4)当舆论尚未完全形成时，一个既成事实使舆论朝着接受它的方向发展。

(5)公众舆论由需求决定。

(6)由于人们的教育程度的差异和信息不对称，刚开始的公众舆论是一种不成熟、不冷静的表现。

(7)当舆论被社会广泛接受并持续发展时，公众舆论将会成为政府政策的先导。

11.2.5 公共危机的善后处理机制

1. 公共危机善后处理机制的重要性

危机应对阶段的结束并不意味着危机管理的结束，而是进入了一个新的阶段——危机恢复阶段。在这个阶段，政府应认真思考危机产生的原因，亡羊补牢，"提供一个至少能够弥补部分损失和纠正造成的错误的机会"。

公共危机的善后处理机制是指在危机应对阶段结束之后，危机管理机构要立即投入到恢复和重建工作中去，尽快消除由危机造成的不良影响，使人民生活进入正常状态，并做好危机管理的评估工作，总结经验。这是公共危机管理的重要组成部分，也是重振政府形象的关键。政府首先要设置危机善后处理工作的专门机构，依靠它引导社会舆论，缓解和消除人们紧张和恐惧的情绪，鼓舞人们的勇气；组织发动社会各界（国内和国际）力量，筹集用于自救与生产（恢复和重建）的资金和物资，巩固危机管理的成果，变危机为机遇。同时，危机主管部门还要做好危机管理的评估工作。评估如果做得认真、客观，就能帮助人们从以往的事件中总结经验，产生积极的效果，完善危机管理的组织结构和制度，使危机应对和恢复更加有效。

2. 公共危机善后处理机制的内容

公共部门要在危机发生后尽快恢复机构的正常运作，加强公共危机后的反馈调整机制，具体来说是要更新管理制度、完善管理机构的建设、改进管理政策；做好资料记录与保存工作；进行客观充分的事故调查，找到危机发生的内因和外因；清算损失，补偿损失，最大限度地帮助人民群众渡过危机的艰难时期；稳定人心，建立、健全灾后精神卫生的救援制度，通过立法途径将心理救援纳入政府救灾计划；充分发挥新闻媒体在危机管理中的心理引导作用。

11.3 我国应对群体性事件的机制

随着我国经济结构、产业结构、社会结构的不断调整，就业问题、分配问题、贫富差距等各种深层次的社会矛盾日益显现。由此引发的群体性事件频频发生，其规模不断扩大，表现形式愈趋激烈，成为影响政府日常管理和地方稳定的多发、频发事件，造成的后果和影响也越来越严重，已引起社会各界的广泛关注。

11.3.1 群体性事件的内涵

群体性事件是因人民内部矛盾引发，由部分公众或个别团体、组织参与，为了争取和维护自身利益或发泄不满而采取群体行动方式，表达诉求和意愿，以非法的形式或手段，为达到本群体利益而聚众实施的、对社会稳定产生不良影响甚至破坏作用的事件。其在一定范围内对政府管理、社会秩序和稳定造成一定影响和危害。

群体性事件的表现形式通常有集会、游行，集体上访、罢课、罢市、罢工，集体围攻冲击党政机关、重点建设工程和其他要害部位，阻断交通，械斗，甚至采取打、砸、烧、杀、抢等方式。

根据群体性事件的定义，群体性事件有以下四个特点：

(1) 复杂性。近年来，我国发生的群体性事件已涉及多数省、区、市的城市、农村、企业厂矿、机关、学校等众多行业和领域；参与主体包括在职职工、下岗工人、退休人员、农民、外来民工、待业青年、社会闲散人员。甚至还有刑满释放、劳教解除人员趁机混杂其中伺机挑起事端。

(2) 突发性。群体性事件产生的突发性是其显著特点，即从爆发到结束的时间比较短，给人"意料之外"的感觉，发展轨迹呈剧烈的起伏，政府在早期处理时很难对事件的发生和发展做出预先的判断,容易陷入被动。

(3)群众性。群体性事件的发生往往是由于一个范围内的行为人对某一利益产生不满,因此往往参加此事件的群众众多,其具有共同的利益与要求。

(4)危害性。在群体性事件中,由于参加者众多,对于社会秩序的稳定产生了极大的隐患。大多数事件的发生往往伴随着交通堵塞,人群聚集,对社会影响面大,处理不妥会产生诸多遗留问题,不仅直接导致社会经济生活的巨大损失,且容易破坏原有秩序,对社会的稳定与和谐发展产生危害。

11.3.2 群体性事件的成因

群体性事件的形成原因是多方面的,反映出经济和社会变革过程中的各种矛盾和冲突。

(1)存在大量社会问题,社会保障体系不够健全。近年来,我国就业问题形势严峻、贫富差距拉大、农村土地征用、城镇房屋拆迁、环境污染、医患矛盾、城镇执法、劳资矛盾等诸多社会问题引发了一系列的社会矛盾。而我国社会保障机制不够完善,在很多方面与群众的期望和实际要求有较大的差距,致使相当一部分处于社会底层的弱势群体心理极度不平衡,一旦遇到利益争端,部分人往往无法正确对待和处理涉及自身利益的矛盾问题,导致群体性事件。

(2)基层基础工作薄弱,调控能力不足。有些基层组织特别是村级班子社会管理职能弱化,群众基础不牢,基层组织的威信相对减弱;由于对国家相关政策要求不甚了解,在涉及群众利益时常常出现操作不规范、兑现政策不充分等问题,有些基层组织不得力,不作为,不管事,预警不及时,坐失化解良机;有的基层干部官本位思想严重,工作方法简单粗暴,深入、细致的思想工作不到位,有的地方村级财务缺乏透明度,村级干部贪污腐败时有发生等。诸如此类问题极易引起群众不满,形成聚集上访等突发性群体事件。

(3)部分群众维权意识增强,但法制观念淡薄。我国群体性事件的法律法规建设还有待加强和完善;部分群众利益受到损害时,不懂得用民主、法律的手段去维护自己的合法权益,缺乏用民主、法律方式解决问题的信心和耐心。一些群众法制观念和权利义务观念淡薄,政策概念和法制意识不强,信访不信法,习惯用上访、请愿、闹事等方式表达意见和愿望,这些群众不愿意通过正常的渠道反映问题或通过司法途径解决问题。"小闹小解决、大闹大解决、不闹不解决"的思想在这部分群众中普遍存在。另外,极个别人员为达到个人目的,甚至挑动、唆使不明真相的群众向政府施压,导致群体性事件不断发生。

(4)引发、激化群体性事件的政治因素增多。国内外各类敌对势力从未停止过对我国的颠覆和破坏,他们利用深化改革中出现的人民内部矛盾,激化对立情绪,把利益矛盾问题政治化。一有时机就把矛头指向党和政府,敌对党的路线、方针、政策。煽动闹事,制造谎言,导致具有政治色彩的群体性事件出现。

(5)部分党政干部贪污腐败严重,损害群众利益,是引起群体性事件的主要原因之一。

11.3.3 群体性事件的应对机制

(1)建立和完善民意表达机制。从当前立法来看,我国早在1989年便颁布了《中华人民共和国集会游行示威法》,从法律的角度来保障人民群众在法律的框架下自由表达意见的权利。但是从该法历来的实践与运用来看,并没有起到应有的作用。一方面,地方政府往往顾虑游行示威所可能带来的暴力后果或群众情绪,而对于游行示威极少批准同意;另一方面,当人民群众未经批准而组织游行示威时,该法又成为地方政府用来对付未经批准的游行的工具,从而扭曲了该法的立法目的。当民意无法通过一个合适的途径得到表达时,人民群众的呼声无法发出,从而导致了更严重的群体性事件的出现,而在这种情况下,暴力行为更多的发生,造成了社会秩序的混乱。因此,应该建立和完善民意表达机制,使公民可以通过适当、合法的方式来表达自己所面临的问题以及反映相关意见。

(2)健全完善应急信息管理机制。要按照及时、准确、迅速、全面的要求,构建多层次、灵敏高效、覆盖整个社会的信息网络,及时准确地掌握各种社会矛盾和不安定因素的动态。要建立健全群体性突发事件信息传递网络,理顺公共信息发布渠道,规范信息报送和预警发布办法,为有效处置群体性事件赢得时间和空间。妥善有效地引导舆论走向,及时公布事态进展,对社会上的谣言进行充分的解释,使得真相为公民所知,这才能有效消除事件所带来的不利影响。

(3)构建有效的化解处置机制。我国接连发生具有较大规模的群体性事件,在这些事件后,各级政府纷纷制定应急处理预案。群体性事件的处置工作是一项全局性、综合性、系统性的工作,因此,必须要建立统一领导、分级负责、反应及时、处置科学、指挥有力、密切配合的多方联动机制,要整合各种处置群体性突发事件的社会资源,增强处置群体性突发事件的有效性。建立政府各有关职能部门参加的群体性事件分析例会制度,定期对群体性事件的原因、动向、特点及预防与处置的重点、难点、热点问题进行分析研讨,总结成功经验,剖析失误教训,研究预防和处置对策。要制定预案,加强演练,不断提高指挥人员和参与处置人员的应急管理水平,增强应急处理的实战能力。

(4)慎用警力。

本章思考题

1. 如何理解危机?
2. 公共危机的特征有哪些?
3. 简述公共危机的分类、分级和分期。
4. 公共危机管理机制包含哪些具体内容?
5. 简述群体性事件的应对机制。

> **案例分析**

8·23菲律宾劫持香港游客事件

8·23菲律宾劫持香港游客事件发生于2010年8月23日,一辆装载23名(包括22名香港乘客和1名香港领队,其中包括3名儿童)乘客的旅游车在菲律宾马尼拉市中心基里诺大看台附近被菲律宾前警察门多萨劫持,经过谈判,6名香港游客于中午前获释。

8月23日晚7时40分左右,菲律宾警方实施突击解救行动,香港游客中8人死亡,6人受伤。香港特区政府于2010年8月24日下半旗向遇难同胞致哀,8月25日菲律宾全国哀悼香港遇害游客。

8月24日,杨洁篪就香港游客被劫持事件与菲律宾外长通电话。杨洁篪表示,中国政府对发生此次事件深感震惊,对多名香港同胞罹难深感悲痛,对劫持歹徒对我无辜游客实施暴行的行为表示强烈谴责。中方要求菲方彻查此事件,尽快通报事件有关详细情况,全力抢救受伤人员,妥善处理善后事宜。

"8·23"人质事件发生后,香港公众对菲律宾当局和警方表示了强烈的愤怒。菲律宾警方承认参与营救行动的警察团队训练不够,团队领导无能,营救行动计划不周。菲律宾政府已经下令对这起事件展开认真调查,并且将派遣一个高级代表团访问香港,做出解释。

菲律宾马尼拉人质案香港死因庭2011年3月23日宣判,陪审团裁决,康泰领队谢廷骏等8人皆死于非法被杀。

案例启示和简评

1. 对政府作用的反思

政府是群众的守护者,是百姓生活的依靠。而危机来临时,政府所应该扮演的角色正是一呼百应的召集人和力挽千钧的超人。

以下几点原则在政府处理危机时显得尤为重要:

(1) 提前准备,将危机扼杀在摇篮中。如果菲律宾政府在危机发生前就强调治安的整治,管理民间枪支,那么惨剧就很可能不会发生。

(2) 安全和公众利益至上。公众财产利益至上,而公众生命则更高于公众财产。在处理公共危机时,应将照顾公众的生命和健康放在首位。

(3) 快速反应和适度。在危机发生时,迅速根据危机特点和应急预案实施管理,达到减缓危机发生、降低危机损害的目的。

(4) 讲究效率和协同。公共危机往往具有突发性,如果不及时处理,很可能造成更大范围的损害。本次危机中,政府和媒体协同不够,造成了媒体不合适的报道,所以协同合作同样重要,也有利于更好地提高效率。

(5) 透明和真诚坦率。公共危机处理过程中,民众的反应很大程度上取决于政府对问题处理过程的公开和透明程度,如果政府能够和媒体协调好,第一时间把消息告知群众,免除好奇和不安心理,反而有利于平复公众的情绪,甚至收到公众建议、群策群力的效果。政府的首要职能就是全心全意为人民服务,人民有对政府行为的知情权,只要抱着共同应对、共同解决的真诚心态,始终站在公众的一方,那么公共危机就能够得到妥善的解决。

(6) 合法和科学。公共危机的处理需要有一套合理的程序和安排,以及合理的统筹和计划,而实际过程中,往往事先安排无法应对突发事件,这时,在预先安排的前提下,根据实际情况随机应变地合理调整安排也是很重要的。

2. 对媒体作用的反思

媒体在现代社会中扮演着越来越重要的角色,而角色作用发挥的好坏则取决于其行为的原则和目的，为了更好地发挥其作用，媒体应该坚持以下四点原则：

(1) 寻找和报道真相。不以意志为转移，坚持发现和发掘事件背后的真相，敢于直言，敢于触及利益集团的利益，伸张正义。

(2) 将伤害降到最低。在真相发掘的情况下，为了保护受害者或者广大群众的长远利益，有保留、有步骤地淡化部分新闻，以配合政府行动，达到最好的效果。例如，在灾难发生后，不反复播放灾难场面，以达到分散群众注意力，化解悲痛情绪的作用。

(3) 独立自主，不偏袒利益集团。媒体报道应以正义为自己的行动指南，不做政府的喉舌，也不做利益集团的代言人，要站在广大人民的立场说话。

(4) 对采访行为负责任。部分可能激化社会矛盾的行为应三思而行。例如，在本次危机处理中，对拘捕枪手弟弟镜头的直播，成为惨剧最终发生的导火索之一。

第12章

公共管理的变革与创新

12.1 当代西方国家公共管理的改革

12.1.1 西方国家公共管理改革的动力

经济全球化及信息化、社会和人口、财政危机、企业管理模式的示范性是推动西方国家公共管理改革的主要动力。

1. 经济全球化及信息化因素

经济全球化时代的国家竞争,本质上不是企业与企业之间的竞争,而是政府之间的竞争,这正如经济合作与发展组织所指出的:"经济的迅速全球化使得保持国际竞争力十分必要,这是公共部门制度革新的一个强有力的推动因素。这不仅是欧洲统一体公共部门改革的一个重要考虑因素,它也适用于其他国家。"

发源于20世纪80年代的信息革命,从三个方面影响着政府公共管理改革。首先,信息革命进一步推动了全球化的历史进程,进而加快了各国政府治理模式转型的步伐。其次,信息技术的迅猛发展与信息容量的高速扩大,导致了社会公共事务的极度复杂化,削弱了民族国家对本国经济政策的控制力,各国政府对资本财产和资本收入征税的权力被大大削弱,使得政府部门传统的接收、加工、处理信息趋于瘫痪。因此,各国政府通过宏观经济管理战略防止失业率上升的能力大大丧失,为了限制公共支出,减轻负担,重新构筑社会政策就需要政府进行改革。最后,信息技术革命为打造新的政府模式提供了强劲的动力和技术手段。信息技术在世界范围内的迅猛发展,特别是互联网技术的普及应用,不仅能大大提高政府效率、降低成本、增强管理的透明度,还能极大地方便公民与企业。因此,为了满足社会对政府公共服务的要求,需要政府进行公共管理手段的改革。

2. 社会和人口因素

社会和人口因素的变化是当代西方公共管理改革的"推进剂"。随着预期寿命的延长、家庭生活模式的改变(尤其是离婚率和单亲家庭数字的上升),以及同1950~1973年繁荣时期相比大大上升的平均失业水平,这些变化对国家提供或资助的服务提出越来越多的要求——特别是卫生保健、社会保健和社会保障。这些服务水平的广泛提高，就意味着公共开支的大幅度增加。

为应对以上问题，西方各国对政府的相关部门和机构进行全面重组，从而注入更强劲的经济和效率动力。

3. 财政危机因素

传统官僚体制（科层制）的失效和政府职能膨胀引起的财政危机为改革提供了直接的动因。随着社会的发展，官僚体制和政府职能的弊端逐渐暴露出来，表现为政府规模过于庞大，导致管理中的失调、失控、效率低下和腐败行为等。特别是20世纪70年代的世界性经济衰退，导致西方发达国家出现了经济"滞胀"与高额财政赤字。其结果是民众对政府的不满情绪高涨，政府形象受损，政府机构出现了较为普遍的信任危机。

西方各国为了保证统治的合法性与治理的有效性，纷纷探索开源节流、平衡预算的现实选择。因此，通过改革政府治理方式，以控制财政赤字，缓解日益尖锐的社会经济矛盾，自然就成为一个可行的手段。

4. 企业管理模式的示范性

企业管理模式的示范性影响是当代西方公共管理改革兴起的另一个动因。随着社会经济的迅速发展，企业中的顾客导向、分权制、绩效考核、激励制度、竞争原则等管理模式使企业运营效率获得重大突破，对公共管理方式产生了巨大的示范影响。其各种先进的管理方法、制度、原则为公共管理改革提供了借鉴作用。

除上述因素外，西方执政党的政治观念、政治精英对改革的认识等也是推动西方国家进行公共管理改革的因素。

在上述推动因素的影响下，西方国家公共管理改革的趋势集中于：

（1）提高效率。强烈关注财政控制、成本核算和效率问题，关心信息系统的完善；建立更强有力的管理中心，权力向资深管理者转移；强调对顾客负责，让非公共部门参与公共物品的提供；解除劳动力市场的规制，加快工作步伐，采用绩效工作制以及短期聘用合同；减少雇员自我调节权力，权力向管理者转移，吸收部分雇员参与管理过程，采用更透明的管理形式；增加更具有企业管理色彩的授权，强调责任制；采用公司治理的新形式，权力向组织战略顶层转移等。

（2）小型化与分权。从早期强调以市场为中心向更精致和更成熟的准市场扩展；从层级管理向合同管理转变；较松散的合同管理形式出现；小战略核心与大操作边缘分离，市场检验和非战略职能的合同承包；公共资助与独立部门供应相对分离，购买者和提供者分离；作为一种新组织形式的购买型组织出现；从标准化的服务向灵活多样的服务系统转变等。

（3）追求卓越。在由下而上的形式中，强调组织发展和组织学习，将组织文化看做一种组织发展的黏合剂；强调由结果判断绩效，主张分权和非中心化。在由上而下的形式中，努力促进组织文化的变迁，管理组织变迁项目；重视领导魅力的影响和示范作用。

（4）公共服务取向。主要关心提高服务质量，强调产出价值，但必须以实现公共服务使命为基础；在管理过程中反映使用者的愿望、要求和利益，以使用者的声音而非顾客的退出作为反馈回路；怀疑市场机制在公共服务中的作用，主张将权力由指派者转移到民选的地方委员会；强调对日常服务提供的全社会学习过程；要求连续不断地重申公共服务的使命与价值，强调公民参与和公共责任制等。

12.1.2 西方各国的公共管理改革

20世纪70年代后期，西方市场经济国家出现了以低经济增长、通货膨胀、财政赤字和高失业率为特征的"滞胀"现象，促使人们对建立在凯恩斯理论基础上的干预模式进行了批判性反思。针对公共管理干预模式的弊端，自20世纪80年代以来，西方各主要市场经济国家进行了"再造或重塑政府"式的行政改革，一方面是对传统政府组织、文官制度、行政程序、行政方法以及权力体制的改革，使政府组织自身的状况与功能得到改善；另一方面则通过国有企业私有化、公共事务民营化、政府业务合同化等项措施，使政府与社会的关系得到调整。经过十余年的改革，20世纪90年代后，西方各主要市场经济国家政府基本上实现了从公共管理干预模式向市场模式的转变。公共管理的市场模式是一种政府与市场分权、政府与市场共同参与公共管理过程的公共管理模式。在这种公共管理模式下，政府不再垄断公共服务的供给过程，市场对公共管理的参与是直接而非间接的。在这种模式中，政府的公共管理职能得到强化，政府与社会、政府与市场的关系得到调整，政府不再垄断公共服务的供给过程，而是通过政府与市场的分权，充分发挥市场的作用和力量，为公众提供公共服务，使政府的公共服务供给能力大大提高。

1. 英国公共管理的改革

英国是公共管理改革的发源地之一。1979年玛格丽特·撒切尔当选英国首相后，英国保守党政府推行了西欧最激进的政府改革计划，开始这种以注重商业管理技术、引入竞争机制和顾客导向为特征的新公共管理改革。

在20世纪80年代，英国采取了一系列的行政改革措施：实行大规模的私有化，将包括英国石油、英国电信、英国钢铁、英国航空等著名公司在内的四十多家大型国有企业卖给私人；对地方政府的预算开支实行总量控制；要求所有的地方建筑和公路建设项目实行公共部门与私营部门公开竞标。最为引人注目的是，于1979年在英国公共部门引入商业管理技术，对公共部门的绩效进行调查评估，并以雷纳（Rayner）评审委员会的成立为标志。雷纳评审委员会针对公共部门中人们相当熟悉并司空见惯的事务提出问题和置疑，以便发现存在的问题和不足，从而提出提高效率的具体方法和措施。1980年，英国环境事务部率先建立了"部长信息系统"，集目标管理与绩效评估于一体，旨在向部长提供全面、规范的信息。随后，撒切尔政府颁布了"财务管理新方案"，要求政府的各个部门树立浓厚的"绩效意识"。1983年"财政管理创议"启动，建立起一个自动化的信息系统来支持财政管理改革；1987年著名的《改善政府管理：下一步行动方案》实施，主要目的在于增进政府管理与公共服务的传送，提倡采用更多的商业管理手段来改善执行机构，提高公共服务的效率。英国政府开始将提供公共服务的职能从政府各部门分离出来，成立专门的半自治性的"执行局"来承担这些职能。到1996年，英国成立了126个这样的执行局，将近75%的公共服务交由这些局承担。1991年，梅杰政府"公民宪章"白皮书明显地体现了"新公共管理"的顾客导向和改善服务的特征；而1979年以来英国公共公司以及公共机构的私有化浪潮则清晰地烙上了引入市场竞争机制这一特征，1992年，梅杰政府"为质量而竞争"的政策文件则更加明确了这一做法。这些措施促使提供公共物品和服务的公共部门接受市场检验；各公共部门之间、公共部门与私人部门之间为公共物品和服务的提供展开竞争，尤其是通过公开投标，赢得竞争并提供优质服务的单位才能生存与发展。

到了布莱尔首相这一任，因为管理已经得到了足够的提升，所以他强调的是长期规划与各部门的协调，要求政策更有战略眼光。

总之，英国的行政改革已经进入了一个新的阶段，这样的阶段主要涉及政府绩效提升所需要的各种技术。可以看出，正是由于前期所进行的以注重引入竞争机制和顾客导向为特征的新公共管理改革，当前的改革就更关注于政府之间的整合与政府绩效提升的技术。

2. 美国公共管理的改革

美国作为现代管理科学的摇篮，更明显地带有管理主义或"新泰勒主义"倾向。1981年，罗纳德·里根当选美国总统，提出"强大的美国"的口号。政府开始大规模削减政府机构和收缩公共服务范围，并组建了专门负责推行改革的格鲁斯（Grace）委员会。委员会分析了导致美国公共部门低效及失败的主要原因，并着手将私人部门成功的管理方法引入公共部门管理领域之中，以提高政府效率。1993年克林顿当选总统后，开始了大规模的政府改革——"重塑政府运动"（reinventing government movement），把建立一个"工作得更好而花费得更少"的政府作为其优先目标之一，并坚持顾客导向、结果控制、简化程序和一削到底原则；改革的基本内容是精简政府机构、裁减政府雇员、放松管制、引入竞争机制以及推行绩效管理。克林顿政府于1993年提出了国家绩效检评。随后，各项行政改革措施在包括联邦政府在内的全美各级政府大范围地逐步展开。到20世纪90年代中期，有39个州实施了公共服务质量计划，29个州开展了政府部门绩效测评，30多个州简化了人事制度，28个州就公共服务向作为"顾客"的公众征求反馈意见。这场改革的一个纲领性文献是戈尔所领导的国家绩效评估委员会的报告 I《从过程到结果：创造一个少花钱多办事的政府》（简称"戈尔报告"）。"戈尔报告"指出了政府改革的四项主要原则：①消除繁文缛节，由注重过程的系统转变为注重结果的系统；②把顾客放在首位；③授权雇员以取得成果；④一削到底，并创造出一个少花钱多办事的政府。"戈尔报告"还引用了英国、新西兰和澳大利亚的改革经验，指出美国在发展新公共管理方面已经落后了。

2000年，克林顿在总统管理议程上提出了"以公民为中心、以结果为导向、以市场为基础"的原则，同时也表示要利用互联网帮助联邦政府提高工作效率，希望建立一个"充满活力，但又有限"的政府，使公民有能力以一种更及时和更有效的方式和联邦政府机构进行交流。

3. 新西兰与澳大利亚公共管理的改革

新西兰、澳大利亚与英国一同被人们视为新公共管理改革最为迅速、系统全面和激进的国家。特别是新西兰，作为"改革实验室"和"政策创新者"，它因改革的深度、广度、持续时间和成效已经赢得了世界各国的普遍关注，也因此而被许多西方国家誉为"改革的典范"。在新西兰和澳大利亚，旧的公共行政传统以管制经济和由政府部门提供一切公共服务（即福利国家）为特征。20世纪70年代末80年代初，两国面临相同的问题与压力。20世纪80年代初期和中期两国相继开始了全面的行政改革（澳大利亚从1983年开始，新西兰从1984年开始，但是新西兰财政部1987年提交的《政府管理》被广泛认为是国际新公共管理运动的宣言)。尽管两国改革的总体框架、制度设计改革进程和管理实践等方面存在着差别(新西兰的改革先有总体框架,而澳大利亚是在改革进程中逐步形成总体框架),但是这两个国家与其他经济合作与发展组织成员国相比,更多、更明确地采用了管理主义的模式,在公共部门引入私人部门的管理方式以及市场机制,是公共管理方式的根本性转变,几乎涉及所有公共部门以及公共部门的组织过程角色和文化等方面。改革的具体措施包括结构变革分权化、商业化、公司化、私有化等。正如戴维·奥斯本在《摒弃官僚制政府再造的五项战略》中所言,新西兰就是使用企业化管理扭转了半数以上政府官僚机构严重"无效率"的局面。因此,新西兰推行的公共管理改革成为系统化改革的典范:历经十多年的多方位改革,新西兰以政府运作的高透明度,把管制的经济引向开放,实现了高于美国的经济增长率,低于德国和法国的通货膨胀率,低于荷兰的失业率。

4. 欧洲大陆各国公共管理的改革

欧洲大陆各国(德国、法国、荷兰、瑞典等)的行政改革有所不同,它不具有英国、美国、新西兰和澳大利亚等国行政改革的那种系统、全面、连续和激进的特点,但是欧洲大陆的行政改革同样带有明显的管理主义色彩。

例如,在德国,20世纪70年代末至90年代初的行政改革采取了非连续性渐进主义模式,即改革具有非连续性、渐进性和零碎性特点,但其改革的基本内容——调整公共事业、"给国家减肥"(或"苗条国家")、削减公共服务人员、压缩公共人事开支、转变公共组织结构等在某种程度上是以管理主义为取向的。特别是20世纪90年代开始的地方政府改革推行从荷兰借鉴而来的"地方治理模式"。它与英国、美国等国的新公共管理模式十分相似。其特征是产出与结果控制、项目预算和绩效指标、服务和顾客导向、责任委托给商业单位等。

又如,在荷兰,尽管改革没有更新政治、行政体制,改革具有渐进和零碎的特点。但改革也是以管理主义为取向的,即改革的目标是改善政府组织的运作,提高行政效率与效能,方法是放松管制、分权、私有化和引入商业管理模式及市场机制等。1982年发起的"大手术"改革(以分权、放松管制、私有化、裁员和文官制度改革为主要内容)、1989~1994年推行的"社会更新活动"(核心是提倡和鼓励公民及社区积极参加公共事务管理活动)、1990年开始的"大效率运作改革"(目的是提高文官系统的效率和削减预算)都具有公共管理改革的痕迹。

12.2 我国公共管理的改革

改革开放以来,我国大致经历了三个阶段的公共管理改革。

12.2.1 我国公共管理改革的第一阶段——市场取向的改革

1. 1982年的行政改革

1976年,鉴于当时经济上已处于崩溃,故沿用并发展了20世纪50年代后期的管理体制和机构设置。以后,各项事业百废俱兴,我国进入现代化建设的新历史时期。1977年开始,国务院也很快恢复了部门管理体制。到1978年年底,国务院行政单位达到76

个。此后，由于种种复杂的原因，国务院继续增设机构。到 1981 年，国务院设部委机构 52 个，直属机构 43 个，办公机构 5 个，机构总数高达 100 个，工作部门达到了新中国成立以来机构设置的最高峰。

1978 年 12 月召开的中共十一届三中全会标志着我国的行政改革进入了"改革开放"的新时代，开始了经济体制改革，社会主义现代化建设成为这个时期国家工作的重心，随着由高度集中的计划经济体制向社会主义市场经济体制转变的逐步深化，政府行政改革也迈出了新的步伐。

在 1981 年 12 月第五届全国人大第四次会议的政府工作报告中，国务院决定，从国务院各部门首先做起，进行机构改革，限期完成。1982 年 3 月 8 日，第五届全国人大常委会第二十二次会议通过了全国人大常委会关于国务院机构改革问题的决议。

这样，从 1982 年开始，国务院率先进行了较大幅度和规模的机构以及人员调整，形成了一次较大的国家行政改革。其主要内容包括：一是改革国务院领导体制，国务院副总理由原来的 13 人减少为 2 人，同时设置了国务委员，并由国务院总理、副总理、国务委员、国务院秘书长组成国务院常务委员会；二是大幅度精简机构，国务院部委由原来的 52 个裁并为 42 个(新设国家体委)，直属机构由原来的 42 个裁并为 15 个，办公机构由原来的 5 个裁并为 3 个；三是大幅度减少各级领导干部职数，规定部委正副职职数为 3～5 人(计委、经委、外交部除外)，部属司、局正副职职数为 2～3 人；四是实行干部离退休制度，规定部长任职年龄一般不超过 65 周岁，副部长和司局长一般不超过 60 周岁，废除事实上存在的领导职务终身制；五是精简人员，规定当时国务院及所属各部门 51 000 名机关工作人员精简 25%。但考虑到精简人员的安置问题有难度，在紧缩编制的同时实行了定编不定人的改革措施，对富余人员进行了在职培训。

改革后，国务院部委机构为 42 个，直属机构为 15 个，办事机构为 3 个，新增国家经济体制改革委员会，机构总数为 61 个。

这次改革历时三年，是新中国成立以来规模较大、目的性较强的一次建设和完善行政体制的努力。通过精简各级领导班子和废除领导职务终身制，加快了干部队伍的年轻化，是一个很大的突破。同时，这次行政机构改革是在国家工作中心全面转移到社会主义现代化建设上来之后进行的首次行政改革。它所提出和建立的关于改革的思想，在一定程度上为以后的行政改革提出了理论基础，所以说，它起到了由机构调整到领导制度、管理体制改革的先导作用。

但由于这次改革和机构精简是在经济体制尚未全面改革的情况下进行的，未能建立起与社会主义初级阶段发展特征相适应的国家行政管理的基本模式，还有许多改革尚不配套；再加上当时经济体制改革的重点在农村，对于行政管理没有提出全面变革的要求，所以政府机构和人员都没有真正减下来。

2. 1988 年的行政改革

1982 年行政改革时，国务院的工作机构由 100 个减少到 61 个。之后 1982～1987 年的 5 年中，由于没有触动高度集中的计划经济管理体制，没有实现政府职能的转变等原因，政府机构不久又呈膨胀趋势。到 1987 年年底，国务院部委机构 45 个，直属机构 22 个，办事机构 4 个和 1 个办公厅，机构总数达到 72 个。此外，又成立了 12 个部委归口管理机构，增设了一批非常设机构、政企不分的公司、政事不分的事业单位等，从而又构成了一种膨胀的态势。这种增设机构、扩大编制、提高级别的趋势在某些地方政府甚至更严重。因此，从中央到地方都有必要通过机构改革来进行精简和整顿。

根据1984年《中共中央关于经济体制改革的决定》提出的实行政企职责分开，正确发挥政府机构管理经济的职能的要求，以及1987年10月中国共产党第十三次全国代表大会关于政治体制改革七项任务中改革政府机构的要求，1988年政府行政机构改革再度开始，这次行政机构改革是新中国成立以来第五次较大规模的行政体制改革，其直接原因是国务院机构自身建设的要求，深层次的原因是经济体制和政治体制改革的要求。其目标主要集中在转变职能、下放权力、调整机构、精简人员和抓好配套改革五个方面，其中以转变政府职能为关键，以经济管理部门为重点。

在机构改革方面，在对机构改革的重点部门实行"三定"（定职能、定机构、定编制）的基础上，改革国务院机构设置，国务院工作部门由原来的72个调整为包括国务院办公厅在内的67个。其中部委由45个减为41个，直属机构由22个减为19个，办事机构由4个增至7个。这次改革仅在国务院66个部委局中就有32个部门共减少1.5万多人，还有30个部门共增加5300人，增减相抵，改革后的国务院人员编制比原来减少了9700多人。这次改革虽然从精简机构的数量上看不算大，但是其调整所涉及的面还是不小的。更为重要的是，这次机构精简按照转变职能的方向和原则，本着加强综合治理与宏观调控、减少直接管理与部门管理的原则，着重对国务院的专业经济部门和综合部门中的专业机构进行了适当调整，为建立一个适应经济体制改革和政治体制改革要求的新行政管理体制打下了一定的基础。

但是，这次改革未能有效地促进政府职能的转变，涉及职能转变的几个主要问题，如政企分开、进一步下放权力、加强宏观调控、减少部门的直接管理以及与政治体制改革相关的几个问题都没有得到很好的解决。

3. 1993年的行政改革

1993年3月22日，第八届全国人大第一次会议审议通过了《关于国务院机构改革方案的决定》。同时，十四届三中全会确立了社会主义市场经济的基本框架，我国正式开始建设市场经济，所以说，这次行政改革是在确立社会主义市场经济体制的背景下进行的。它的核心任务是在推进经济体制改革、建立市场经济的同时，建立起有中国特色的、适应社会主义市场经济体制的行政管理体制。这次改革的指导思想是：适应建立社会主义市场经济体制的要求，按照政企职责分开和精简、统一、效能的原则，转变职能、理顺关系、精兵简政、提高效率。而改革的重点是转变政府职能。

但是，这次改革最引人瞩目的是专业经济部门的改革。按照不同的情况，将专业经济部门的改革分为三类：一是改为经济实体，不再承担政府行政管理职能；二是改为行业总会，作为国务院的直属事业单位，保留行业管理职能；三是保留或新设行政部门。按照这个方案，国务院原有的18个专业经济部门撤销7个，新组建5个。经过这次改革，国务院工作部门由原来的86个减少到59个，非常设机构由85个减为26个，精简人数达7400人，即由原来的37 000人减到29 600人，减幅达到20%。地方各级政府的改革也按照中央制定的方针和方案进行，通过改革，全国共精简行政人员200万人。

4. 1998 年的行政改革

1998年3月10日，第九届全国人大第一次会议审议通过了《关于国务院机构改革方案的决定》，这是新中国成立以来第七次较大规模的行政体制改革，也是一次规模宏大、意义深远的变革，是在我国经济体制改革进入重要阶段、社会经济发展进入关键时期进行的。

这次改革的目标是：建立办事高效、运转协调、行为规范的行政管理体系，完善国家公务员制度，建设高素质的专业化行政管理队伍，逐步建立适应社会主义市场经济体制的行政管理体制。

这次改革的原则是：按照社会主义市场经济的要求，转变政府职能，实现政企分开；按照精简、统一、效能的原则，调整政府组织结构，实行精兵简政；按照权责一致的原则，调整政府部门的职责权限，明确部门之间的职责分工，完善行政运行机制；按照依法治国、依法行政的要求，加强行政体系的法制建设。

根据"改革既要积极，又要稳妥"的方针，改革工作逐步展开。为了顺应市场经济发展的需要和形式的要求，全国撤销了一大批专业经济管理部门和行政性公司，结束了我国长期在计划经济条件下依靠设置专业经济部门管理的历史；政府组织结构的调整优化，为我国现代化建设提供了重要的组织保证。在转变政府职能方面也采取了多项措施，如全国范围内推行了政府机关与所办经济实体和所管理的直属企业脱钩；加强和改进经营国有资产的监管，政企分开迈出了重要步伐等。同时，各级政府加大了行政审批制度改革，使转变政府职能有了新的切入点和突破口。

国务院调整和撤销了那些直接管理经济的专业部门，加强了对宏观调控和执法监督部门的管理。调整的机构主要有两类：一类是主管企业的专业经济部门，如机械、煤炭、石油化工、冶金纺织等，逐步予以撤销，原来所管的企业按照建立现代企业制度的要求，向集团化、公司化、市场化的方向重新组合。二是业务相近、可以合并的机构，如将地质矿产部、国家土地管理局、国家海洋局和国家测绘局共同组建为国土资源部。

2001年2月，几乎与"入世"同时，我国政府又新设了世界贸易司、中国政府世贸组织通报咨询局、进出口公平贸易局、外商投资企业注册局和产业损害调查局5个司局。同时，为了顺应加入WTO的新形势，我国政府与时俱进，又成立了数个新部门，如司法考试局、反洗钱工作处等。这些新设的司局可以更好地与WTO相衔接，也便于更积极主动地参与国际合作和竞争。

截至2002年6月，就全国而言，除部分市县乡机构改革尚在实施外，这次历时四年半的机构改革已基本结束。经过这次改革，国务院组成部门由40个减少到29个，部门内部设的司局级机构减少了200多个。在人员编制方面，全国各级党政群机关共精简行政编制115万名。同时，按照转变政府职能、实行政企分开的要求，国务院各部门转交给企业、社会中介组织和地方的职能有200多项，在部门之间调整转移的职能有100多项，各级政府通过转变政府职能，初步改变了计划经济条件下形成的传统管理观念和管理方法，逐步转向主要运用经济手段、法律手段来管理社会经济事务。通过这次改革，我国基本改变了传统计划经济时期形成的行政管理体制和组织机构，逐步形成了适合社会主义市场经济需要的行政管理体制框架。

12.2.2 我国公共管理改革的第二阶段——入世后的挑战

我国传统公共管理面临着多方面的挑战,而经济全球化的出现,加强了各国对本国经济竞争力的高度重视。因为政府的公共管理能力是一国政府综合实力和竞争力的主导性因素,所以,政府公共管理部门如何引导和调控国民经济运作,参与国际经济竞争,促进经济发展,自然成为重中之重,经济全球化对政府的公共管理提出了更高的要求,经济全球化从国际规则制约、权力权威的多元化和国家控制力三方面对公共管理提出了挑战。而我国加入WTO以后,经济全球化进程进一步加快,来自外部的冲击将更为猛烈和直接,而我国作为发展中国家加入到以发达国家为主导的世界经济体系中,在起点上就处于不利的地位,同时我国由计划经济向市场经济的转型尚未完成。所有旧的阻力和新的活力共同将我国的公共管理置于一个新型的、复杂的、陌生的生态环境之中,并对我国的公共管理制度、官僚群体和公共政策等予以深层次的冲击,这是今后我国公共管理改革必须面对的挑战。

2003年3月,第十届全国人大第一次会议通过了新一轮国务院机构改革方案。本次行政改革的主要内容有五点:

第一,深化国有资产管理体制改革。设立国务院国有资产监督管理委员会(简称国资委)。为贯彻落实党的十六大的要求,进一步搞好国有企业,推动国有经济布局和结构的战略性调整,发展和壮大国有经济,更好地坚持政企分开,实行所有权和经营权分离,真正使企业自主经营、自负盈亏,实现国有资产保值增值,将国家经贸委的指导国有企业改革和管理的职能、中央企业工委的职能以及财政部有关国有资产管理的部分职能等整合起来,设立国资委。

第二,完善宏观调控体系。将国家发展计划委员会(简称国家计委)改组为国家发展和改革委员会(简称国家发改委)。为综合协调各方面改革,使改革更好地为促进发展服务,将国家计委改组为国家发改委,并将国务院经济体制改革办公室的职能并入国家发改委。

第三,健全金融监管体制。设立中国银行业监督管理委员会(简称银监会)。为加强金融监管,确保金融机构安全、稳健、高效运行,提高防范和化解金融风险的能力,将中国人民银行对银行、资产管理公司、信托投资公司及其他存款类金融机构的监管职能分离出来,并和中共中央金融工作委员会的相关职能进行整合,设立银监会,作为国务院直属的正部级事业单位。

第四,继续推进流通管理体制改革,组建商务部。此前,国内贸易和对外贸易以及反倾销反补贴工作分别由国家经贸委和对外贸易经济合作部管理;产品的进出口工作分别由国家计委、国家经贸委和外经贸部负责。这种内外贸分割、国内外市场分割和进出口配额分割的管理体制,不能适应加入WTO新形势的需要,不能适应建立和健全统一、开放、竞争、有序的现代市场体系的要求。为适应内外贸业务相互融合的发展趋势和加入WTO的新形势,促进现代市场体系的形成,将国家经贸委的内贸管理、对外经济协调和重要工业品、原材料进出口计划组织实施等职能,国家计委的农产品进出口计划组织实施等职能,以及外经贸部的职能等整合起来,组建商务部。

第五,加强食品安全和安全生产监管体制建设。为保障人民群众身体健康和生命安全，加强对食品安全的监管，在国家药品监督管理局的基础上组建国家食品药品监督管理局，仍作为国务院直属机构。其主要职责是：继续行使国家药品监督管理局职能，负责对食品、保健品、化妆品安全管理的综合监督和组织协调，依法组织开展对重大事故的查处。为进一步强化对安全生产的监管，将国家经贸委管理的国家安全生产监督管理局改为国务院直属机构，负责安全生产的综合监督管理和对煤矿的安全监察。

经过这次行政改革后，国务院有些相关部门的职能得到了调整，进一步与国际接轨。

12.2.3 我国公共管理改革的第三阶段——深化行政管理体制改革

2008年2月27日，中共十七届二中全会研究了深化行政管理体制改革问题，提出了深化行政管理体制改革的指导思想、基本原则和总体目标，以及具体的措施。

1. 深化行政管理体制改革的指导思想、基本原则和总体目标

深化行政管理体制改革，要高举中国特色社会主义伟大旗帜，以邓小平理论和"三个代表"重要思想为指导，深入贯彻落实科学发展观，按照建设服务政府、责任政府、法治政府和廉洁政府的要求，着力转变职能、理顺关系、优化结构、提高效能，做到权责一致、分工合理、决策科学、执行顺畅、监督有力，为全面建设小康社会提供体制保障。

深化行政管理体制改革，必须坚持以人为本、执政为民，把维护人民群众的根本利益作为改革的出发点和落脚点；必须坚持与完善社会主义市场经济体制相适应，与建设社会主义民主政治和法治国家相协调；必须坚持解放思想、实事求是、与时俱进，正确处理继承与创新、立足国情与借鉴国外经验的关系；必须坚持发挥中央和地方两个积极性，在中央的统一领导下，鼓励地方结合实际改革创新；必须坚持积极稳妥、循序渐进，做到长远目标与阶段性目标相结合、全面推进与重点突破相结合，处理好改革发展稳定的关系。

深化行政管理体制改革的总体目标是，到2020年建立起比较完善的中国特色社会主义行政管理体制。通过改革，实现政府职能向创造良好发展环境、提供优质公共服务、维护社会公平正义的根本转变，实现政府组织机构及人员编制向科学化、规范化、法制化的根本转变，实现行政运行机制和政府管理方式向规范有序、公开透明、便民高效的根本转变，建设人民满意的政府。今后5年，要加快政府职能转变，推进政府机构改革，加强依法行政和制度建设，为实现深化行政管理体制改革的总体目标打下坚实基础。

2. 加快政府职能转变

深化行政管理体制改革要以政府职能转变为核心。加快推进政企分开、政资分开、政事分开、政府与市场中介组织分开，把不该由政府管理的事项转移出去，把该由政府管理的事项切实管好，从制度上更好地发挥市场在资源配置中的基础性作用，更好地发挥公民和社会组织在社会公共事务管理中的作用，更加有效地提供公共产品。

要全面正确履行政府职能。改善经济调节，更多地运用经济手段、法律手段并辅之以必要的行政手段调节经济活动，增强宏观调控的科学性、预见性和有效性，促进国民经济又好又快发展。严格市场监管，推进公平准入，规范市场执法，加强对涉及人民生命财产安全领域的监管。加强社会管理，强化政府促进就业和调节收入分配职能，完善社会保障体系，健全基层社会管理体制，维护社会稳定。更加注重公共服务，着力促进教育、卫生、文化等社会事业健康发展，建立健全公平公正、惠及全民、水平适度、可持续发展的公共服务体系，推进基本公共服务均等化。

各级政府要按照加快职能转变的要求，结合实际，突出管理和服务重点。中央政府要加强经济社会事务的宏观管理，进一步减少和下放具体管理事项，把更多的精力转到制定战略规划、政策法规和标准规范上，维护国家法制统一、政令统一和市场统一。地方政府要确保中央方针政策和国家法律法规的有效实施，加强对本地区经济社会事务的统筹协调，强化执行和执法监管职责，做好面向基层和群众的服务与管理，维护市场秩序和社会安定，促进经济和社会事业发展。按照财力与事权相匹配的原则，科学配置各级政府的财力，增强地方特别是基层政府提供公共服务的能力。

合理界定政府部门职能，明确部门责任，确保权责一致。理顺部门职责分工，坚持一件事情原则上由一个部门负责，确需多个部门管理的事项，要明确牵头部门，分清主次责任，健全部门间协调配合机制。

3. 推进政府机构改革

按照精简统一效能的原则和决策权、执行权、监督权既相互制约又相互协调的要求，紧紧围绕职能转变和理顺职责关系，进一步优化政府组织结构，规范机构设置，探索实行职能有机统一的大部门体制，完善行政运行机制。

深化国务院机构改革。合理配置宏观调控部门的职能，做好发展规划和计划、财税政策、货币政策的统筹协调，形成科学、权威、高效的宏观调控体系。整合完善行业管理体制，注重发挥行业管理部门在制定和组织实施产业政策、行业规划、国家标准等方面的作用。完善能源资源和环境管理体制，促进可持续发展。理顺市场监管体制，整合执法监管力量，解决多头执法、重复执法问题。加强社会管理和公共服务部门建设，健全管理体制，强化服务功能，保障和改善民生。

推进地方政府机构改革。根据各层级政府的职责重点，合理调整地方政府机构设置。在中央确定的限额内，需要统一设置的机构应当上下对口，其他机构因地制宜设置。调整和完善垂直管理体制，进一步理顺和明确权责关系。深化乡镇机构改革，加强基层政权建设。

精简和规范各类议事协调机构及其办事机构，不再保留的，其任务交由职能部门承担。今后要严格控制议事协调机构设置，涉及跨部门的事项，由主办部门牵头协调。确需设立的，要严格按规定程序审批，一般不设实体性办事机构。

推进事业单位分类改革。按照政事分开、事企分开和管办分离的原则，对现有事业单位分三类进行改革。主要承担行政职能的，逐步转为行政机构或将行政职能划归行政机构；主要从事生产经营活动的，逐步转为企业；主要从事公益服务的，强化公益属性，整合资源，完善法人治理结构，加强政府监管。推进事业单位养老保险制度和人事制度改革，完善相关财政政策。

认真执行政府组织法律法规和机构编制管理规定，严格控制编制，严禁超编进人，对违反规定的限期予以纠正。建立健全机构编制管理与财政预算、组织人事管理的配合制约机制，加强对机构编制执行情况的监督检查，加快推进机构编制管理的法制化进程。

4. 加强依法行政和制度建设

遵守宪法和法律是政府工作的根本原则。必须严格依法行政，坚持用制度管权、管事、管人,健全监督机制,强化责任追究,切实做到有权必有责、用权受监督、违法要追究。

加快建设法治政府。规范行政决策行为,完善科学民主决策机制。加强和改进政府立法工作。健全行政执法体制和程序。完善行政复议、行政赔偿和行政补偿制度。

推行政府绩效管理和行政问责制度。建立科学合理的政府绩效评估指标体系和评估机制。健全以行政首长为重点的行政问责制度,明确问责范围,规范问责程序,加大责任追究力度,提高政府执行力和公信力。

健全对行政权力的监督制度。各级政府要自觉接受同级人大及其常委会的监督,自觉接受政协的民主监督。加强政府层级监督,充分发挥监察、审计等专门监督的作用。依照有关法律的规定接受司法机关实施的监督。高度重视新闻舆论监督和人民群众监督。完善政务公开制度,及时发布信息,提高政府工作透明度,切实保障人民群众的知情权、参与权、表达权、监督权。

加强公务员队伍建设。完善公务员管理配套制度和措施,建立能进能出、能上能下的用人机制。强化对公务员的教育、管理和监督。加强政风建设和廉政建设,严格执行党风廉政建设责任制,扎实推进惩治和预防腐败体系建设。

5. 做好改革的组织实施工作

深化行政管理体制改革意义重大、任务艰巨,各地区各部门要在党中央、国务院的领导下,精心组织,周密部署,狠抓落实。

要认真组织实施国务院机构改革方案,抓紧制定地方政府机构改革、议事协调机构改革、事业单位分类改革的指导意见和方案,制定和完善国务院部门"三定"规定,及时修订相关法律法规。

要严肃纪律,严禁上级业务主管部门干预下级机构设置和编制配备,严禁突击提拔干部,严防国有资产流失。重视研究和解决改革过程中出现的新情况、新问题,加强思想政治工作,正确引导舆论,确保改革顺利推进。

12.2.4 我国公共管理改革取得的成就

改革开放以来,我国先后进行了五次大规模的行政管理体制和政府机构改革,分别是1982年、1988年、1993年、1998年、2003年的改革,党的十七大以来又开始了新一轮的改革。回顾近30年的改革成就,可以用"一个基本判断"和"一个历史性转变"来概括。所谓"一个基本判断",即从总体上看,我国的行政管理体制基本适应经济社会发展的要求,有力地保障了改革开放和社会主义现代化建设事业的发展。所谓"一个历史性转变",即基本实现了从传统计划经济体制下的行政管理体制向适应社会主义市场经济需要的行政管理体制的转变。尽管改革还要继续深化,深化改革的任务还很艰巨,尽管建立比较完善的中国特色社会主义行政管理体制还要经过一些时间,但是,从总体上说,体制转换、政府转型已经取得重要成果。

改革开放以来特别是党的十六大以来,我国行政管理体制改革不断深化,取得了一定的进展,具体表现在以下八个方面:

(1)以科学发展观为指导,提出了通过行政管理体制改革促进全面建设小康社会与和谐社会建设的重大战略目标，实现了行政管理体制改革在指导思想上的与时俱进。党的十六大以来，党中央和国务院对深化行政管理体制改革做出了一系列重要部署。党的十六届二中全会集中研究了继续推进行政管理体制改革的问题，在总结改革开放以来我国行政管理体制改革经验的基础上，进一步明确了指导思想。党的十六届三中全会提出了科学发展观，要求"坚持以人为本，树立全面、协调、可持续的发展观，促进经济社会和人的全面发展"；强调"按照统筹城乡发展、统筹区域发展、统筹经济社会发展、统筹人与自然和谐发展、统筹国内发展和对外开放的要求"，推进改革和发展。党的十六届四中全会提出了构建社会主义和谐社会的任务，强调以科学发展观指导行政管理体制改革，着眼于全面建设小康社会与构建和谐社会，使深化行政管理体制改革有了更为明确的目标。党的十六届五中全会做出了加强党的执政能力建设的决定，特别强调提高科学执政、民主执政、依法执政的能力，对深化行政管理体制改革提出了新的要求。党的十七届二中全会通过了《关于深化行政管理体制改革的意见》，进一步明确了深化行政管理体制改革的指导思想、基本原则和总体目标。

（2）把转变政府职能作为行政管理体制改革的核心，加快服务型政府建设，政府职能转变迈出新步伐。党的十六大以来，党中央明确界定了政府公共管理的主要职能，加快了政府职能转变的步伐。2002年，党的十六大提出"完善政府的经济调节、市场监管、社会管理和公共服务的职能"。党的十六届二中全会指出，深化行政管理体制改革，必须始终抓住转变职能这个关键，减少和规范行政审批，完善政府的经济调节、市场监管、社会管理和公共服务职能。

在政府职能转变的过程中，针对社会管理和公共服务等薄弱环节，提出重点加强政府社会管理和公共服务职能。2004年2月21日，国务院总理温家宝在省部级主要领导干部"树立和落实科学发展观"专题研究班结业式上的讲话中，明确阐述了政府社会管理与公共服务职能的内涵，第一次提出了建设服务型政府的要求。2005年2月20日，国务院修订《国务院工作规则》，强调"要强化公共服务职能，完善公共政策，健全公共服务体系，努力提供公共产品和服务"。2005年3月5日，温家宝总理在《政府工作报告》中指出，要"努力建设服务型政府。创新政府管理方式，寓管理于服务之中，更好地为基层、企业和社会公众服务"。近年来，着重从三个方面推进政府职能转变：一是大力推进投资、金融、价格、土地、流通体制等方面的改革，经济和法律手段在经济调节和市场监管中的作用日益增强，政府管理经济的方式进一步转变，市场配置资源的基础性作用显著增强；二是以贯彻实施行政许可法为契机，继续推进行政审批制度改革，加大清理、规范行政审批项目的力度，进一步规范了政府的行政权力和行政行为；三是建立和完善社会保障机制、利益协调机制、矛盾疏导机制和突发事件应急机制等，大力推进教育、卫生、科技、文化、体育等社会事业，政府履行社会管理和公共服务的职能明显增强。

（3）政府机构改革稳步推进，适应社会主义市场经济体制要求的政府机构体系初步建立，优化政府组织结构取得了新成效。从1982年开始，我国对政府机构进行了五次大规模的改革。1998年，国务院组成部门由40个减少到29个，内设机构精简四分之一，人员总数减少一半；2001年，又撤销了9个国家行业主管局。同时，地方也陆续撤销了工业经济管理部门，结束了计划经济条件下形成的由工业经济管理部门直接管理企业的历史。2003年，按照党的十六大要求，根据精简、统一、效能和依法行政的原则，以及决策、执行、监督既相互制约又相互协调的要求，进一步调整了机构设置，理顺了部门职能分工，优化了政府组织结构。重点调整了宏观调控、资产管理、金融监管、应急管理、安全生产、能源规划、国土资源以及食品药品安全、邮政监管等领域的管理体制和机构设置。同时，按照政事分开、事企分开的原则，积极稳妥地分类推进事业单位改革试点。结合农村税费改革，加快乡镇机构改革步伐，积累了有益的经验。

(4) 科学民主决策制度和机制建设不断加强，科学民主决策水平有了新提高。改革开放以来，特别是党的十六大以来，我国政府系统在决策科学化、民主化方面迈出了重要步伐，取得了显著成绩。主要表现在：社会公众参与决策的渠道不断拓宽；实行重大决策、重大政策、重大项目的专家论证制度，各类专家参与决策的方式逐步多样化；不断健全科学民主决策的法律法规体系，探索建立科学民主决策的评估、反馈、纠错、问责机制。国务院按照决策科学化、民主化的要求，及时修订了《国务院工作规则》，把科学民主决策作为政府工作的三项基本准则的第一条，进一步完善公众参与、专家论证和政府决策相结合的决策机制。在国务院工作中，凡是关系国计民生、改革开放的重大决策，凡是涉及群众切身利益的重要事项，都认真听取社会各界和专家学者的意见，坚持由国务院常务会议集体研究决定。

地方各级政府按照党中央、国务院的要求，积极探索并建立健全重大问题集体决策制度、专家咨询制度、社会公示制度、社会听证制度以及决策责任制度等，均取得了明显成效。

(5) 加强行政立法和依法行政，法治政府建设取得新进展。通过完善行政立法，我国法治政府建设不断深入。2003年8月27日，《行政许可法》由第十届全国人大常委会第四次会议通过，于2004年7月1日正式施行。《行政许可法》按照合理与合法、效能与便民、监督与责任的原则，对行政许可的设定和实施都进行了规范，对行政审批权力、简化行政审批程序、提高办事效率和提供优质服务等方面做出了明确规定，是我国行政审批走向制度化、规范化、法制化的重要标志。2004年，国务院制定并发布了《全面推进依法行政实施纲要》，确立了用10年左右时间基本实现建设法治政府的目标，明确了推进依法行政的指导思想、主要任务和具体措施。2005年7月，国务院办公厅印发《关于推行行政执法责任制的若干意见》，明确提出要建立权责明确、行为规范、监督有效、保障有力的行政执法体制。此外，制定并实施了《公务员法》。从2002年到2007年，国务院共向全国人大常委会提交39件法律议案，制定、修订137件行政法规。从总体上看，我国政府立法工作机制逐步完善，立法质量不断提高。行政执法体制逐步健全，执法中存在的诸如多头执法、多层执法、执法扰民等突出问题正在逐步得到解决。广大公务员特别是各级领导干部依法行政的意识明显增强，依法行政的能力和水平进一步提高。

(6) 提出构建社会管理的基本格局，政府危机管理体系初步建立，应对突发事件和危机管理的能力有了新增强。为了构建社会主义和谐社会，中央提出要重视和加强社会建设、完善社会管理体系，健全党委领导、政府负责、社会协同、公众参与的社会管理格局。在实践中，坚持以人为本，从改革发展稳定的大局出发，正确处理新形势下的人民内部矛盾，妥善解决不同利益群体关系和社会矛盾纠纷，认真解决了人民群众最关心、最直接、最现实的利益问题；推进了社会预警体系建设和社会治安防控体系建设，深入开展了平安创建活动，取得了突出成效。按照发挥行业自律机制作用和完善社会自我管理的要求，规范和发展了行业协会、咨询组织等社会中介组织。

为了提高政府危机管理能力，国务院提出了加快建立健全各种突发事件应急机制。目前，我国突发公共事件应急预案编制工作基本完成，全国应急预案框架体系初步建立。主要表现在：发布了《国家突发公共事件总体应急预案》；我国突发公共卫生事件应急预案体系初步形成，制定了《国家突发公共卫生事件应急预案》和《国家突发公共事件医疗卫生救援应急预案》，2005年基本实现了用3年时间建立健全突发公共事件应急机制的目标，全国应急预案体系初步形成。国务院、各省（区、市）政府都建立了应急管理机制或机构，初步形成了分级响应、属地管理、信息共享、分工协作的应急组织管理体系。

(7) 增强政府工作的透明度，加大反腐倡廉和行政监督、责任追究力度。坚持把政务公开作为各级政府施政的一项基本原则和基本制度，政务公开取得明显成效。各地区、各部门按照统一的部署和要求，把推进政务公开作为保障人民群众知情权、参与权、监督权的重要举措，采取有效措施，把这项工作不断推向深入。中央政府门户网站已于2006年正式开通，国务院部门和县级以上地方政府大多数也都建立了门户网站，政府新闻发布制度普遍建立。乡镇和县一级的政务公开工作走上规范化轨道，市（地）和省（部）级机关政务公开工作正在全面展开。随着政府工作透明度不断提高，对政府的民主监督制度进一步健全。各级政府及其工作部门在接受人大、政协、司法和社会各方面监督的同时，加强政府自身的层级监督，以及监察、审计等专门监督，强化行政责任追究。几年来，国务院加强对失职渎职案件的查处力度，特别是对重大传染病疫情防治、重特大安全生产事故、重大食品药品安全事故、重大环境污染事件行政责任的追究力度不断加大，起到了一定警戒作用。

(8) 加强了政府自身建设，政府管理的现代化水平与规范化程度上了一个新台阶。2004年3月5日，温家宝总理提出了加强政府自身建设的要求，指出"各级领导干部必须适应新形势新任务，不断提高行政能力和管理水平"。国务院突出强调实行科学民主决策、坚持依法行政和加强行政监督三项基本准则。政府自觉接受人民监督，加强了政风建设和公务员队伍建设；提出了提高行政效率、降低行政成本的要求，提出了完善政府绩效管理与绩效评估体系的新任务；推进了政府信息化建设，电子政务建设取得了重大进展。同时，为了建设一支善于治国理政的高素质公务员队伍，以提高政府行政能力为目标，以建立健全选拔任用和管理监督机制为重点，不断推进公务员管理工作的科学化、民主化和制度化。公务员的录用、考核、奖惩、培训等方面的制度日臻完善。

12.3 公共管理新治理模式

20世纪末以来，许多西方学者结合当代西方行政改革的实践，开始关注未来的公共管理模式，以期能够克服现存模式的弊端。其中的典型代表是美国学者彼德斯将这些模式分为四类，即企业家政府模式、参与模式、放松政府管制模式和灵活政府模式。这四种模式从不同角度对新公共管理模式加以了概括，付诸实践中也取得了一定的成效。

12.3.1 企业家政府模式

该模式注重将私营部门成功的经营管理经验引入到政府部门,以提高政府部门的绩效。企业家政府模式主要涉及公共行政与私人行政关系的调整,并主张将竞争机制引入政府所提供的公共服务中,有了竞争,才能提高服务效率,使投入少而产出多,通过竞争还可以打破垄断,从而迫使公共垄断组织对顾客的需要做出反应,在公共部门也能充分实现顾客至上的良好服务氛围。该模式认为,企业型政府必须具有企业家"顾客至上"的理念,促使政府从官僚制需要、政府本位转向公民需要、顾客本位;要能够建立起完善的成本收益分析体系,使资源合理配置使用;政府的功能应侧重于掌舵而不是划桨,要能够从过去直接提供各种服务的传统习惯中解脱出来,通过间接手段向公民提供公共物品和服务;要能够把市场竞争机制引入政府,打破垄断,促进竞争,通过公与公、公与私、私与私之间的竞争来提高公共管理效率;能够打破各种不必要的法律、法规,放松政府规制,让政府在信息化社会条件下更具有创新性和灵活性;能够通过减少层级数量,进行纵向和横向的权利分解,以此让基层公务员和公民参与到政策制定和执行过程中来,使政府更加贴近基层、贴近民众。

12.3.2 参与模式

参与模式又称授权模式,它"否认官僚体制在提供公共服务方面的核心地位,取而代之的是寻求合作方式和利用个人参与来加强政府效能。官僚体制在某些功能上仍然有其存在的必要,但人们自己可以在整个体制上发挥更重要的作用"。该模式认为,传统科层官僚制的组织结构和管理方式是影响行政效率发挥的主要障碍。传统科层官僚制把行政看成只是执行政治决策,而执行又按层级逐级发指令,到了组织结构的基层,就只能完全按指令和规章办事了。这样既不能调动基层公务员的勤政积极性,又抑制了他们创造潜能的发挥,最终导致行政效率低下并因此引起社会公众的不满。针对传统科层制的缺陷,参与模式提倡,在政策决策上,主张自下而上,而不是自上而下的过程,充分发挥基层机构和人员在政府中的积极性和创造性。在体制结构上,参与模式极力反对传统金字塔式的组织结构,主张宽松的控制体系,减少中间层次,尽可能缩小组织高层与基层的沟通路径,使信息快速准确地传递,给基层组织更多的行政决策权力。在管理上,参与模式推崇内部参与管理,尤其强调给基层公务员更多的参与权力分配的机会,提高公共管理的效能。

12.3.3 放松政府管制模式

放松政府管制模式又称"解除管制政府模式"、"非管制政府模式",也是所谓的"规制缓和",就是通过去除公共部门众多的束缚公务员及社会公众办事的规章制度,相信并依靠公务员的责任心和能力来从事新的创造性工作,提高办事效率,增进社会的整体利益。这一模式主要涉及政府与公务员、政府与公众之间关系的调整。一方面,在传统的行政组织中,公务人员受到严密组织和烦琐规章制度的束缚,只能按章办事、循规蹈矩,做不到灵活应变,使自身的潜能、创造性和积极性无法得到充分发挥,而且行政效率低下,从而影响整个社会的利益。另一方面,公共部门规章制度烦琐、行政程序繁杂,致使行政成本过高,不仅造成了社会资源浪费，还造成了政府的官僚主义和腐败，加重了公众的负担和政府与公众的对立、摩擦。因此，放松政府管制模式通过废除过多、过繁的行政规章，使政府公务员获得了更多的权变决策机会和执行规章制度的灵活性，使公务人员能最大限度地发挥自己的创造力和工作积极性，从而造福于整个社会。另外，放松政府管制模式减少了行政程序和手续，使公众获得了来自政府的简便、快捷的服务，较好地协调了政府与公务员、政府与公众的利益关系。从实质上说，放松政府管制模式就是提倡政府具有企业家的精神。

12.3.4　灵活政府模式

灵活政府模式，亦是"弹性化政府模式"，主要是针对科层官僚制带来的政府僵化弊端设置的，是指政府和其公共部门要有能力根据环境的变化制定相应的政策，而不是用固定的方式回应新的挑战，为此，只有具有灵活性和弹性的组织结构才可能适应迅速变化的外部世界。在传统的行政模式中，政府机构的常设性和公务员的终身制导致了政府的僵化，公共部门明明知道规章过时不适用了，也不愿意改变原来的过时规章制度，这样长此以往，整个政府机构必然保守、僵化，如同死水一潭，没有声色。针对传统行政模式死板的弊端，灵活政府模式强调在组织上应该建立临时性的机构，如一些一般和特别的工作委员会、工作小组或项目小组等，完成一些日常事务和专门性的特别任务。这种做法可以改善政府组织状况，使政府组织保持对行政环境变化的快速应变能力，又可以避免"终身制"对政府雇员的消极影响，使政府雇员时刻保持敏锐的判断力和积极的创新、进取精神。

12.3.5　四种新治理模式的利弊

企业家政府模式、参与模式、放松政府管制模式和灵活政府模式都是市场化的模式，它们有着共同的行政理念，即在现代市场经济条件下，对传统政府的职能结构、机构设置、行为方式、管理手段、行政文化等做到全面、彻底的清理，以政府的革命性的变化，更好地适应行政环境的变化和服务于公共利益。自进入新公共管理时期以来，公共行政与企业管理的差异性被进一步淡化，但国内外许多学者认为，由于政府和企业是两种不同性质的组织，政府当然不能像企业那样运作，但在理念和精神上应当是相通的。"任何机构，无论是公营私营，都可以有企业家的精神，正像任何公私机构，都会出现官僚主义。"因此，将企业中有效的具体的管理方法应用于政府公共部门不失为一种有效的行政措施，如顾客服务意识、成本意识、质量意识、创新意识、目标管理、全面质量管理、战略管理和战略规划等，这些运用于企业的管理方法是可行也是有效的。"新公共管理者"普遍认为，重建一个"做得好和花钱更少的政府"，必须是企业精神影响和推动的服务型的政府。

纵观新公共管理模式下的政府公共管理模式，我们不难看出，企业家政府模式、参与模式、放松政府管制模式和灵活政府模式都是具有企业精神的政府公共管理模式，都是现如今公共管理者所推崇的服务型的政府的典范。

其优点主要体现在：①改变了原来政府的作用，使政府存在的目的是掌舵而不是划桨，是授权而不是专政。②通过对企业优秀管理方法的运用，善于把竞争机制引入到所提供的公共服务中去，更好地提高了服务质量。③企业精神的加入，使政府办公注重顾客的需要，而不是为了满足官僚政治的需要，这就要求政府以市场为导向，通过市场的力量进行行政变革。总之，企业精神推动和影响的服务型的政府是有事业心、上进心的政府，它会有收益，但是却不浪费行政成本费用；其是有预见性、有眼光的政府，在困难发生前就能加以预防，而不是在困难出现时才治疗；其是有使命感、讲究效果的政府，改变原有照章办事的组织形式，做事不仅讲究效率，也强调效果。

然而，在新公共管理模式运行的过程中，许多学者发现了有些做法欠妥，例如，在新公共管理理论中过分注重市场机制，过度缩小政府规模，完全把企业管理方法引进政府部门等。在市场经济条件下，仅仅依靠市场力量的调节是不够的，必须依靠政府代表公众整体的利益掌握公共权威，才能把握社会发展方向，促进公共利益的实现，因而，更多的学者认为：①政府官员不可能像企业人员那样在与对手们的竞争中追求市场与利润，它们应注重公共利益、社会公平和正义的实现。②作为公共部门服务的对象——公众，其不同于私营部门的消费者和供应商，其需求也与他们有很大的区别。而在公共部门工作的行政人员所需要的知识技能、经验技术、工作特质与私营部门也有很大差异。因此，不能简单地将企业管理方法搬到政府公共部门中去。

本章思考题

1. 推动西方国家公共管理改革的动力主要有哪些？
2. 现今西方国家公共管理改革的趋势主要有哪些？
3. 简要回顾主要西方国家公共管理改革的措施。
4. 简要回顾我国公共管理改革的主要进程。
5. 简述四种公共管理新治理模式，并指出其利弊。

➤案例分析

世行"长江水资源开发项目"与参与式灌溉管理改革试点的启动

1985年3月，我国正式加入亚洲开发银行。1986年7月，亚洲开发银行在其总部菲律宾首都马尼拉召开了"灌溉水费地区讨论会"，主要针对普遍存在的灌溉工程建成投产后管理不善、水费回收率不高、灌溉设施老化失修、难以维持的状况进行了专题研讨。当时我国水利部也派人参加了会议，随后向亚洲开发银行申请了赠款进行水费改革调研。1988年，"改进灌溉管理与费用回收"项目正式启动，在我国6个灌区进行了调查研究。在中外专家共同合作完成的项目研究报告中，提出了吸收灌区农户参与灌溉管理的建议。正在此时，由世界银行贷款的"长江水资源开发项目"（项目编号：P003596）处于准备阶段，该项目包括湖北省的4个大型灌溉整治改造项目和湖南省的2个大型灌溉系统建设项目。在后来，"长江水资源开发项目"为我国参与式灌溉管理改革实践的起步提供了初始平台。

世界银行的官方网站中明确指出，长江水资源开发项目的目标包括：提升农业产量和农民收入；减少洪水的风险和影响；在灌排工程的运行与维护中引进一个更加持续性的、有成本效益的管理体制；在水利部门中推进制度变革并加强水环境的规划与监控。该项目最为核心的制度发展目标就是引进水资源的综合治理体制以及基于农户参与的"经济自立灌排区"(self-financing irrigation and drainage district，SIDD)。在我国，长江水资源开发项目的实施于1990年11月由国家计委批准立项。1992年5月至1994年9月，世界银行、联合国粮农组织就实施该项目进行了一系列的考察评估活动。在此期间，世界银行项目经理理查德·瑞丁格博士向项目省提出了通过改革现有灌排区管理体制和运行机制，建立经济自立灌排区的要求和建议。1994年，在湖北省武汉市还召开了由国际灌溉管理研究院等机构资助的"国际灌溉管理体制及经营机制转换研讨会"，会上来自三十多个国家的代表交流了本国在灌溉管理体制上由国家统一管理到国家与农民联合管理或者全部由农民管理的做法与经验。最终，经过世界银行与项目省的交流，双方就在此次世界银行贷款项目区中进行经济自立灌排区的试点工作达成一致意见，并将其写入了世界银行贷款协定中。经过1995年3月的项目谈判，长江水资源开发项目于当年4月25日获得世界银行执行董事会的批准。1995年7月18日，中国与世界银行就该项目签署了《贷款协定》，这意味着长江水资源开发项目的正式启动。随后，在世界银行贷款项目的直接支持下，我国第一个农民用水户协会——旗庙支渠农民用水户协会于1995年6月16日在湖北省漳河灌区挂牌成立。而在另一个项目区——湖南省的第一个农民用水户协会——长塘农民用水户协会也于当年12月在铁山灌区成立。到1996年，世界银行就发现在项目区中农民用水户协会的发展速度超出预想，但是在资金上对协会支持的预算在项目期内安排滞后。于是，世界银行方面建议修改预算，将原计划中于项目后期安排给用水户协会发展支持的资金提前预付。当然，世界银行方面所提出的参与式灌溉管理改革方案中，在用水户层面建立农民用水户协会并非是唯一的改革内容，还包括灌区管理机构本身的变革。根据世界银行的要求，原有的作为准公益性事业单位存在的灌区专管机构应该将其供水管理部分剥离出来组建一个独立的、按"公司法"注册的、自负盈亏的供水公司（Water Supply Company，WSC），并且供水公司的组建与农民用水户协会的发展应该同步。在成立供水公司之后，用水户协会与供水公司之间发生灌区供用水的经济互动，而非行政管理过程。在湖南项目区中，1992年岳阳市政府就批准成立了铁山供水总公司，以便对铁山灌区的主干输水系统提供统一管理，使得公司既可向岳阳市供水，又可向农业供水。而在湖北项目区中，独立的供水公司直到1996年也未能建立起来。因此，世界银行对湖北项目区提出应该将"供水公司的组建放在优先的地位，并与用水户协会的组建协同进行"的要求。1997年5月底，湖北东风项目区成立白河水库供水公司，该公司当时拟作为东风渠供水总公司的一个分公司。接下来，在6月里，湖北漳河项目区又成立了三干渠供水总公司和刘集分公司，其中刘集分公司还不具备独立法人资格。但在此之后，在长江水资源开发项目区内独立供水公司的组建再也没有实质性地向前推进，参与式灌溉管理改革由预想的农民用水户协会与供水公司齐头并进模式转向了单纯强调农民用水户协会的建设和发展。根据《贷款协定》，"长江水资源开发项目"关闭的日期原定为2001年6月30日，后延期至2002年12月31日。在项目关闭之后，2004年，作为主要项目区之一，湖北省水利水电科学研究所与湖北省水利厅外资项目办公室联合进行了一项"世行贷款长江水资源项目湖北项目区农民用水户协会可持续性、质量和影响状况"调查，调查报告显示，世界银行贷款项目在湖北的五个项目区，包括漳河水库三干渠灌区、宜昌东风渠灌区、温峡口水库灌区、引丹灌区和四湖排灌区中，从1995年6月到2001年12月共组建了农民用水户协会56个。

在"长江水资源开发项目"之后，陆续也还有其他的对华国际援助计划将焦点锁定在我国参与式灌溉管理体制和农民用水户协会的发展上，如项目实施期为2004年9月至2008

年12月的"面向贫困人口的农村水利改革项目"。该项目是利用英国政府赠款实施的，项目分两期实施，每期两年。该项目的主要目标是通过在项目区中建立和完善农民用水户协会，总结经验，支持农村小型水利设施管理体制改革，并使贫困地区的农民特别是弱势群体受益。"面向贫困人口的农村水利改革项目"所涉及的项目区为湖南省(铁山灌区、韶山灌区、六都寨灌区)、湖北省(东风渠灌区)和新疆维吾尔自治区(一期为喀什地区、巴州，二期为三屯河灌区)。总体来看，世界银行的"长江水资源开发项目"在参与式灌溉管理理念进入中国的过程中扮演了"引路人"的角色，并为我国最初的参与式灌溉管理试点提供了必要的资金支持。在"长江水资源开发项目"中所确立的"灌区专管机构＋农民用水户协会"管理模式在后来也成为我国大面积推广参与式灌溉管理经验的典范，其他各省纷纷派人到湖北、湖南两省考察取经，以便将参与式灌溉管理模式引入本省。

参考文献

本书编写组. 2001. 公民道德建设实施纲要学习问答. 北京：中共中央党校出版社
蔡立辉. 2002. 论公共管理的特征与方法. 武汉大学学报（社会科学版），55(4)：432～439
曹望华. 2007. 国内公共管理伦理学研究综述. 广东行政学院学报，(1)：93～95
曹现强，王佃力. 2005. 公共管理学概述. 北京：中国人民大学出版社
陈庆云. 2001. 公共管理研究中的若干问题. 中国人民大学学报，(1)：22～28
陈庆云. 2006. 公共政策分析. 北京：北京大学出版社
陈荣富. 2002. 公共管理学前沿问题研究. 哈尔滨：黑龙江人民出版社
陈宪，曹闻民. 2007. 公共管理通论. 北京：国家行政学院出版社
陈振明. 2001. 什么是公共管理(学)——相关概念辨析. 中国行政管理，(2)：13～16
陈振明. 2004. 政策科学. 北京：中国人民大学出版社
陈振明. 2006. 公共管理学. 北京：中国人民大学出版社
崔斌. 2007. 国民德性的拯救：公共管理伦理的对策性价值. 行政论坛，(5)：35～38
冯锋，李庆均. 2008. 公共政策分析·理论与方法. 合肥：中国科学技术大学出版社
高泰伟. 2002. 从国家行政到公共管理——历史视角中的公共行政. 四川行政学院学报，(2)：5～8
公磊. 2004. 新公共管理与我国的行政改革. 上海师范大学硕士学位论文
顾爱华. 2002. 公共管理. 沈阳：东北大学出版社
顾媛媛. 2006. 我国政府公共管理模式取向研究. 东北财经大学硕士学位论文
韩东. 2009. 当代中国公共服务的社会化改革研究——以参与式灌溉管理为例. 华中师范大学博士学位论文
侯江红. 2002. 关于公共管理基础理论的探讨. 黔西南民族师范高等专科学校学报，(2)：24～28
黄德林，田家华. 2004. 公共管理学概论. 武汉：湖北人民出版社
黄键荣. 2005. 公共管理新论. 北京：社会科学文献出版社
林修果，曾盛聪，李月凤. 2006. 公共管理学. 长春：吉林人民出版社
刘丽霞. 2002. 公共管理学. 北京：中国财政经济出版社
马蔡琛. 2002. 西方公共管理改革的比较与借鉴. 社会科学，(11)：31～34
苏云成. 2005. 当代西方公共管理改革透视及其借鉴意义. 石河子大学学报（哲学社会科学版），(1)：82～84
唐铁汉. 2008. 中国行政管理体制改革的回顾与展望. 新视野，(6)：46～50
汪辉勇. 2002. 公正：公共管理道德的基本原则. 学术论坛，(6)：127～131
王沪宁，竺乾威. 1988. 行政学导论. 上海：上海三联书店
王惠岩. 2002. 公共管理基本问题初探. 国家行政学院学报，(6)：43～46
王延超，张登国，戚汝庆. 2004. 当代公共管理导论. 济南：济南出版社
夏书章. 2001. 现代公共管理概论. 长春：长春出版社
向涛，马金城. 2001. 公共管理学概论. 北京：中国商业出版社
肖百冶，毛正刚. 2003. 国家公务员道德修养研究. 成都：西南交通大学出版社
谢明. 2004. 政策分析概论. 北京：中国人民大学出版社
辛传海. 2007. 公共管理学. 北京：对外经济贸易大学出版社
张成福，党秀云. 2001. 公共管理学. 北京：中国人民大学出版社
张国庆. 1997. 现代公共政策导论. 北京：北京大学出版社

张金马. 2004. 公共政策分析：概念·过程·方法. 北京：人民出版社

张康之. 2002. 寻找公共行政的伦理视角. 北京：中国人民大学出版社

张康之，凌岚，马蔡琛，等. 2003. 公共管理导论. 北京：经济科学出版社

张良. 2001. 公共管理学导论. 上海：华东理工大学出版社

张文芳. 2002. 初探公共管理伦理. 华东经济管理，(4)：151～153

赵罡. 2006. 从新公共管理的发展看当代中国行政管理体制改革. 山东大学硕士学位论文

赵汝周，林德萍. 2001. 论国家公务员道德修养. 西南民族学院学报，专集

朱广忠. 2002. 我国公共管理主体与客体的实证分析. 理论探讨，(2)：62～64

朱海东. 2005. 论加强行政道德建设的对策. 求索，(3)：123～124

庄序莹. 2005. 公共管理学. 上海：复旦大学出版社

Bozeman B, Straussman J D. 1990. Public Management Strategies: Guidelines for Managerial Effectiveness. Sanfrancisco: Jossey Bass: 3～5

Garson G D, Overman E S. 1983. Public Management Research in the United states. New York: Praeger Publishers: 94～97

Hughes O E. 1998. Public Management and Administration: An Introduction (2nd ed.). New York: St. Martin's Press: 4～6

后　　记

　　本书自 2007 年起开始筹备,2008 年获得中国地质大学(武汉)研究生精品教材建设项目支持,进入实质性工作阶段,于 2013 年 5 月完成全部书稿,历时六年。参加本书编写的作者分别来自中国地质大学、武汉大学、中国人民大学、中南财经政法大学、广西师范大学五所高等院校。

　　本书各章执笔者为:第 1 章,钟慧玲、黄德林(中国地质大学);第 2 章,刘芳、孔维臻、孙婵、秦晓健(中国地质大学);第 3 章,扬程、陈世香(中国人民大学、武汉大学);第 4 章,侯翔(广西师范大学);第 5 章,王林丽(中南财经政法大学);第 6 章,蒲明强(中国地质大学);第 7 章,屈文彬(中国地质大学);第 8 章,刘中兰、黄亦青(中国地质大学);第 9 章,浦明强(中国地质大学);第 10 章,罗辉(中国地质大学);第 11 章,王林丽、蒋晖(中南财经政法大学);第 12 章,徐伟、黄德林(中国地质大学)。

　　本书编写大纲由黄德林教授起草,经集体讨论后确定。全书由主编、副主编审阅统稿,徐伟协助主编进行了部分统稿工作。中国地质大学(武汉)公共管理学院学生陈宏波、黄强,浙江大学公共管理学院研究生陈永杰,华中师范大学研究生黄恬恬等协助收集了部分资料。

　　本书在写作过程中参考了已有的许多成果,在书中已经尽可能地予以注明。在此向各参考书和文献的作者表示感谢。

　　本书写作历时六年,统稿虽然有六个月之久,但缺点一定难以避免,恳请各位读者批评指正。

作者
2013 年 6 月 17 日